DICTIONNAIRE
DE LA BIBLE

CONTENANT

TOUS LES NOMS DE PERSONNES, DE LIEUX, DE PLANTES, D'ANIMAUX
MENTIONNÉS DANS LES SAINTES ÉCRITURES
LES QUESTIONS THÉOLOGIQUES, ARCHÉOLOGIQUES, SCIENTIFIQUES, CRITIQUES
RELATIVES A L'ANCIEN ET AU NOUVEAU TESTAMENT
ET DES NOTICES SUR LES COMMENTATEURS ANCIENS ET MODERNES
AVEC DE NOMBREUX RENSEIGNEMENTS BIBLIOGRAPHIQUES

PUBLIÉ PAR

F. VIGOUROUX

PRÊTRE DE SAINT-SULPICE

AVEC LE CONCOURS D'UN GRAND NOMBRE DE COLLABORATEURS

FASCICULE XXXIX et dernier. TUTEUR — ZUZIM

PARIS

LETOUZEY ET ANÉ, ÉDITEURS

76bis, RUE DES SAINTS-PÈRES (VIIe)

1912

Ce fascicule contient trois planches hors texte

CONDITIONS ET MODE DE PUBLICATION

Le *Dictionnaire de la Bible* paraît par fascicules in-4° de 160 pages (320 colonnes) représentant chacun la valeur de 3 vol. in-12 de 300 pages. — Deux cartes simples, ou une carte double, ou une gravure hors texte tiennent lieu de 16 pages de texte. — Le prix de chaque fascicule (rendu franco) est de **5** fr. net pour les souscripteurs à l'ouvrage complet.

Il est tiré 100 exemplaires sur grand papier vélin blanc, au prix de **10** fr. le fascicule.

Les fascicules ne se vendent pas séparément. Les exemplaires d'occasion et de seconde main ne sont ni complétés ni continués.

Le payement doit être envoyé dans la quinzaine qui suit la réception du fascicule. Dans le cas contraire, les frais de recouvrement sont à la charge du souscripteur.

OUVRAGES DE F. VIGOUROUX

Manuel biblique, ou COURS D'ÉCRITURE SAINTE, à l'usage des Séminaires, avec cartes et illustrations. Ancien Testament. 12e édition. 2 vol. in-12. . . . . 7 »

La Bible et les découvertes modernes en Palestine, en Égypte et en Assyrie, avec cartes, plans et illustrations d'après les monuments par M. l'abbé Douillard. 6e édition. 4 vol. in-12. . . . . 16 »

Le Nouveau Testament et les découvertes archéologiques modernes, avec des illustrations d'après les monuments par M. l'abbé Douillard. 2e édition. In-12. . . 4 »

Mélanges bibliques. La COSMOGONIE MOSAÏQUE d'après les Pères de l'Église, suivie d'études relatives à l'Ancien et au Nouveau Testament, avec des illustrations par M. l'abbé Douillard. 2e édition. In-12. . . . . 4 »

Les Livres Saints et la critique rationaliste, histoire et réfutation des objections des incrédules contre les Saintes Écritures, avec des illustrations d'après les monuments par M. l'abbé Douillard. 5e édition. 5 vol. in-12. . . . . 20 »

Les tomes I et II contenant la première partie, et les tomes III, IV et V contenant la seconde partie, se vendent séparément.

La Sainte Bible selon la Vulgate, traduite en français par l'abbé Glaire. 4e édition, avec introductions, notes complémentaires et appendices par F. Vigouroux. 4 vol. in-8° . . 26 »

La Sainte Bible polyglotte, contenant le texte hébreu original, le texte grec des Septante, le texte latin de la Vulgate et la traduction française de M. l'abbé Glaire, avec les différences de l'hébreu, des Septante et de la Vulgate, des introductions, des notes, des cartes et des illustrations . 8 vol. in-8°

Le Psautier polyglotte (Extrait de la Bible polyglotte). . . . . 5 » ici un « temps marqué à l'avance »; προθεσμία, *præfinitum tempus,* qui a dû être réglé par le père avant sa mort. L'Apôtre applique cette comparaison à l'humanité, qui a été en état de servage, comme un héritier en tutelle, pendant les siècles qui ont précédé, mais qui entre en jouissance de l'héritage de salut, au moment librement fixé par les décrets divins. Cf. Cornely, *Epist. ad Galat.,* Paris, 1892, p. 591, 592; Prat, *La théologie de saint Paul,* Paris, 1908, p. 251.

H. Lesêtre.

TYCHIQUE (grec : Τύχικος, nom qui a le même sens en grec que *Fortunatus* et *Felix* en latin), compagnon de saint Paul. — 1° Il était originaire de la province d'Asie, Act., xx, 4, et il accompagna saint Paul dans son troisième voyage de missions, ℣. 4, mais pas d'une manière continue. Lorsque l'Apôtre se rendit à Jérusalem avec Trophime, xxi, 29, Tychique resta en Asie, probablement à Milet, xx, 15, 38. — 2° Pendant l'emprisonnement de Paul à Rome, nous retrouvons Tychique auprès de lui, sans que nous sachions précisément ce qu'il avait fait dans l'intervalle. Son maître l'envoya aux Colossiens, afin qu'il pût se rendre compte de leur situation et l'en informer exactement, tout en leur donnant de ses nouvelles. Dans son Épître, il le leur présente comme un frère bien-aimé et un ministre fidèle, serviteur comme lui du Seigneur, ainsi qu'Onésime, leur compatriote, qui l'accompagne. Col., iv, 7-8. Ils devaient porter l'un et l'autre la lettre que saint Paul adressait aux Colossiens. — 3° Saint Paul avait chargé aussi Tychique de porter aux Éphésiens l'Épître qu'il leur écrivait. Voir Éphésiens (Épitre aux), t. ii, col. 1852. Il l'appelle de la même manière que dans l'Épître aux Colossiens, *charissimus frater et fidelis minister in Domino.* Eph., iv, 21. — 4° Dans son Épître à Tite, iii, 12, saint Paul lui annonce qu'il lui enverra en Crète Tychique ou Artémas et il lui demande de venir lui-même le rejoindre promptement à Nicopolis, où il veut passer l'hiver. — 5° Dans sa seconde Épître à Timothée, écrite à Rome pendant son emprisonnement, saint Paul dit à son disciple, iv, 12, qu'il a envoyé Tychique à Éphèse. Les commentateurs ne sont pas d'accord sur l'époque précise de cette mission. — Le Nouveau Testament ne nous apprend pas autre chose sur Tychique. Suivant la tradition, il devint évêque de Chalcédoine en Bythinie. D'après le Ménologe grec, au 8 décembre, il succéda à saint Sosthène, comme évêque de Colophon en Ionie. Voir *Acta sanctorum,* t. iii julii, p. 613.

TYMPANUM. Voir Tambour, col. 1982.

TYPIQUE (SENS), un des noms du *Sens spirituel.* Voir Sens de l'Écriture, ii, 2, col. 1610; Spirituel (Sens), col. 1858.

TYR (hébreu : *Ṣôr;* Septante : Τύρος; en assyrien : *Ṣurru; Ṣarra*), aujourd'hui *Ṣûr,* ville de Phénicie, à 35 kilomètres au sud de Sidon, et à une distance un peu moindre au nord de Saint-Jean-d'Acre, sur la Méditerranée (fig. 532).

I. Situation. — Son nom, qui signifie « rocher », lui vient de son emplacement. En effet, elle était bâtie, du moins en grande partie, sur un îlot rocheux, alors situé à environ 600 mètres du continent. Le papyrus Anastasi I parle de Tyr comme d'une ville entourée par les flots de la mer. Ézéchiel, xxvi, 4, 14, et xxvii, 4, dit aussi qu'elle s'élève « au cœur des mers », et qu'après sa ruine elle sera semblable à « un rocher nu ». Cf. Is., xxiii, 4. Par sa situation, complétée par de solides remparts, Tyr devint promptement une forteresse de premier ordre, Jos., xix, 29; II Reg., xxiv, 7, etc. Son territoire et celui de la tribu d'Aser étaient limitrophes. Sa beauté et celle de ses alentours sont mentionnées plusieurs fois dans la Bible. Cf. Ezech., xxvii, 3, 4, 10, 11; Ose., ix, 13. L'île tyrienne n'ayant qu'une étendue restreinte (22 stades de périmètre, c'est-à-dire environ 4000 mètres), on avait dû donner aux maisons une élévation peu ordinaire chez les anciens; elles étaient plus hautes qu'à Rome. Strabon, XVI, ii

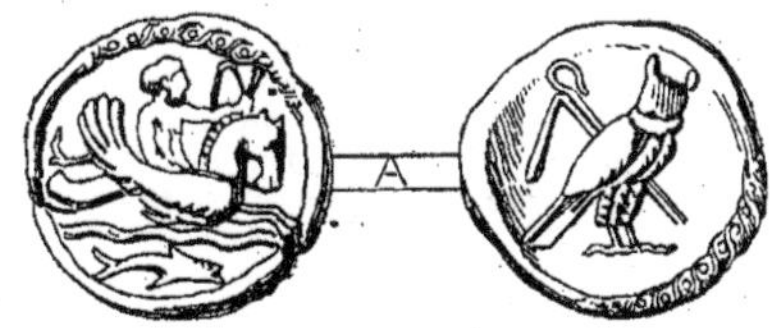

532. — Monnaie d'argent de Tyr.

Melkarth à cheval sur un hippocampe ailé; sous les flots, un dauphin. — ℞. Chouette debout à droite portant le fléau et le sceptre égyptien.

23. Manquant d'eau potable, elle s'en procura par un système fort bien combiné de canaux, qui allaient en chercher jusqu'aux sources abondantes du Ras-el-Aïn, sur le continent, à environ une heure et demie de marche de l'île, dans la direction du sud. Voir Ménandre d'Ephèse, dans Josèphe, *Ant. jud.,* IX, xiv, 1; Arrien, *Anabas.,* ii, 20, etc. — Tyr (fig. 533) avait deux ports naturels : l'un au nord, du côté de Sidon, et nommé sidonien pour ce motif; l'autre au sud, le port égyptien. Par des travaux considérables, dont on admire encore les restes, on les avait abrités tout à la fois contre le vent, les vagues et les ennemis extérieurs. Strabon,

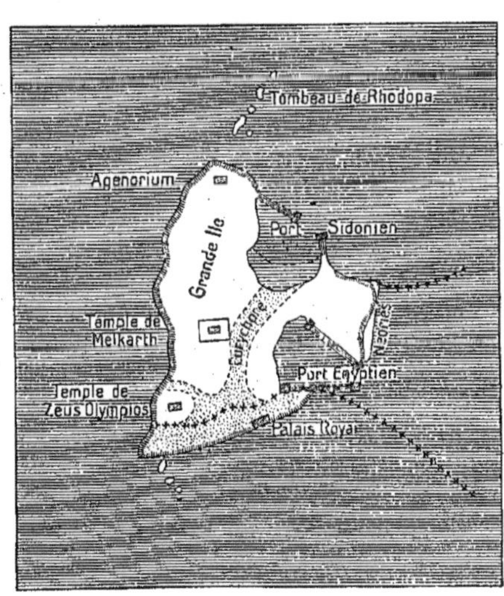

533. — Plan de Tyr insulaire.

XVI, ii, 23; Pline, *H. N.,* v, 17; Arrien, *Anab.,* ii, 20-21. Cf. Ezech., xxvii, 3.

En face de la Tyr insulaire, dans la plaine peu large (2 kil. seulement), mais très longue, qui s'étale entre le rivage et les collines de l'est, voir le plan, fig. 535, col. 2344, était construite la cité continentale, dont le point central paraît avoir été le rocher nommé aujourd'hui Tell-el-Machoûkh, et qui s'étendait au sud, jusqu'au Ras-el-Aïn. Elle dut être, aux jours les plus florissants de son histoire, plus considérable encore que la ville bâtie dans l'île. Les anciens historiens ou géographes grecs et romains parlent d'elle sous les noms de Παλαίτυρος, ἡ πάλαι Τύρος, *Vetus Tyrus*. Cf. Ménandre, dans Josèphe, *Ant. jud.*, IX, XIV, 2; Diodore de Sicile, XVII, 40; Strabon, XVI, II, 24; Pline, *H. N.*, V, 17; Quinte-Curce, IV, II, 18; Justin, XI, X, 11, etc. Pline affirme que les deux villes réunies auraient eu un périmètre de 19 milles romains (28 kil. 1/2) et une largeur de 22 stades (4 kil.). Comme son nom même l'indique, la ville continentale aurait été la plus ancienne. L'emplacement de Palætyr et l'époque de sa construction ont été de nos jours l'objet d'assez vives discussions. Guthe, dans *Realencylopädie für protest. Theologie*, 3e édit., t. XVIII, p. 285. Voir la Tyr actuelle, fig. 534.

II. LE COMMERCE ET LA RICHESSE DE TYR, SES VICES, MENACES DE CHATIMENTS. — D'après la Bible, comme au dire des écrivains classiques qui se sont occupés de Tyr, cette ville était particulièrement renommée pour son vaste commerce et pour les immenses richesses qu'il lui procurait. Ses marins n'étaient pas moins célèbres par leur hardiesse que par leur habileté, et c'est grâce à eux surtout qu'elle était devenue, selon le mot d'Isaïe, XXIII, 3, « le marché des nations. » Ézéchiel, XXVII, 12-27, commentant pour ainsi dire cette parole, dresse une longue et éloquente nomenclature des peuples avec lesquels Tyr était en relations commerciales, et des marchandises qu'elle importait, exportait et échangeait. Elle était vraiment, comme il l'écrit, XXVII, 3, « le marchand de peuples d'îles nombreuses, » c'est-à-dire qu'elle trafiquait avec un grand nombre de contrées. Au moyen de ses vaisseaux de petites dimensions, qui, chargés de produits de toute nature, longeaient les rives de la Méditerranée sans en excepter une seule, remontaient le Nil, n'avaient pas craint de franchir le détroit de Gibraltar et d'explorer non seulement les îles Canaries et les côtes occidentales de l'Afrique, mais même le littoral anglais, elle avait fondé sur tous ces points des factoreries, des centres commerciaux, des colonies. Elle entretenait aussi un grand commerce par la voie de terre avec les régions du nord et de l'orient. Elle était ainsi le trait d'union des peuples et favorisait singulièrement l'industrie, la civilisation, les relations de contrée à contrée. En cela, elle envisageait avant tout son propre profit. Si elle ne manifesta aucune envie de conquérir le monde les armes à la main, elle chercha constamment à s'enrichir le plus possible aux dépens des autres. Ses produits spéciaux étaient le verre et la pourpre qui portait son nom. Voir PHÉNICIE, t. V, col. 233. Si les prophètes hébreux signalent son opulence et sa grande puissance, Is., XXIII, 8; Ezech., XXVII, 25, 33; XXVIII, 5; Zach., IX, 3, etc., ils n'oublient pas de lui reprocher son orgueil, son luxe coupable, son avidité, sa ruse, et de prédire les châtiments terribles que ces vices devaient lui attirer de la part du Seigneur. Is., XXIII, 8-14; Jer., XXV, 22; XXVII, 3; XLVII, 4; Ezech., XXVI, 2-21; XXVII, 26-36; XXVIII, 1-19. Cf. Matth., XI, 21-22; Luc., X, 13-14.

III. HISTOIRE. — L'histoire de Tyr, en tant qu'elle se confond d'une manière générale avec celle des Phéniciens, a été racontée plus haut. Voir PHÉNICIE, col. 242-247. Nous n'avons à en exposer ici que les traits particuliers les plus saillants.

1° *Ses débuts* sont très obscurs. Tyr remonte certainement à une haute antiquité, Is., XXIII, 7; Strabon, XVI, II, 22; mais ses origines, telles que les racontent les anciens historiens, sont remplies de détails légendaires. C'est ainsi qu'Hérodote, II, 44, s'appuyant sur le témoignage des prêtres du dieu tyrien Melkarth, fait remonter sa fondation à l'année 2750 avant Jésus-Christ. Il est frappant, sous ce rapport, de constater que Tyr n'est mentionnée nulle part dans le Pentateuque, tandis que Sidon, qui fut tour à tour sa rivale, sa suzeraine et sa vassale, est signalée dans la Table ethnographique de la Genèse, X, 15. D'autre part, Josèphe, *Ant. jud.*, VIII, III, 1, abaisse beaucoup trop l'origine de Tyr, lorsqu'il affirme qu'elle ne fut bâtie que 240 ans avant la construction du Temple de Salomon, vers l'année 1250. Le passage biblique où elle fait sa première apparition, Jos., XIX, 29, nous apprend qu'elle était déjà une « ville forte » lorsque les Hébreux prirent possession de la Terre Promise (environ 1450 av. J.-C.). Homère ne cite nulle part son nom. Cf. Strabon, XVI, II, 22. Sur ses monnaies, Sidon se dit la « mère » de Tyr comme de toutes les autres cités phéniciennes, et, d'un autre côté, Isaïe, XXIII, 12, nomme cette dernière ville la « fille de Sidon »; mais ces termes sont généraux, et ils ne signifient pas d'une manière absolue que Tyr ait été fondée par Sidon. Elle existait depuis longtemps déjà, lorsqu'elle fut « remplie par les marchands de Sidon, » Is., XXIII, 2, qui vinrent s'y réfugier lorsque les Philistins eurent pris et saccagé leur cité (1252 avant J.-C.). C'est surtout à partir de cette date que Tyr exerça sur la Phénicie entière une hégémonie qui dura jusqu'en 877.

2° *Période d'hégémonie.* — Les relations de Tyr avec les Hébreux appartiennent spécialement à cette époque florissante. (D'après les Septante et la Vulgate, Eccli., XLVI, 21, Samuel aurait écrasé les Tyriens, mais l'original hébreu porte : « il soumit les chefs des ennemis. » *Ṣôr* = « adversaire, ennemi ».) Un peu plus tard, un des plus grands rois de Tyr, Hiram Ier (voir HIRAM, t. III, col. 717-718), qui régna de 969-936, noua des relations très étroites d'amitié et de commerce, soit avec David, II Reg., V, 11, soit avec Salomon. III Reg., IX, 11-14, 26-28; II Par., II, 11-16; VIII, 2, 17-18. D'après de précieux fragments des historiens grecs Dios et Ménandre, conservés par Josèphe, *Contra Apion.*, I, 17-18 (cf. *Ant. jud.*, VIII, V, 3), Hiram agrandit et embellit notablement la Tyr insulaire, à laquelle il réunit le petit îlot qui portait le temple du Zeus phénicien. Il reconstruisit aussi les sanctuaires de Melkarth et d'Astarté (Hérodote, II, 44), et établit à l'est de la ville une grande place qui reçut plus tard le nom d'*Eurychoron*. Un des successeurs d'Hiram Ier, l'Ethbaal de la Bible (t. III, col. 2005), qui donna sa fille Jézabel en mariage à Achab, roi d'Israël, régnait tout à la fois sur Tyr et sur Sidon. Si l'esprit de spéculation des Tyriens rendit quelques services aux Hébreux, il pesa parfois lourdement sur le peuple théocratique : de là, les graves dénonciations et les menaces des écrivains sacrés. Cf. Ps. LXXXII, 6-8; Joël, III, 4-8; Amos, I, 9-10; Is., XXIII, 1-14; Jer., XXV, 22, et XLVII, 4; et surtout Ezech., XXVI-XXVIII. Sur la description du commerce de Tyr par Ezéchiel, voir G. Rawlinson, *Phœnicia*, 1889, p. 150-164; id., *History of Phœnicia*, 1889, p. 271-308. Même à l'époque de sa grandeur et de son opulence, Tyr eut souvent à souffrir de luttes intestines.

3° *Tyr et l'Assyrie.* — C'est dès le IXe siècle avant J.-C., sous le règne d'Ethbaal, que les Assyriens commencèrent à pénétrer dans l'histoire de Tyr. Vers 865, cette ville est mentionnée sur le monolithe de Nimroud, parmi les contrées qui payaient le tribut à Assurbanipal. Au VIIIe siècle, nous la retrouvons dans les listes analogues de Salmanasar II, de Ramman-nirar III, de Théglathphalasar III. Vers l'année 724, Salmanasar IV ayant envahi la Syrie et la Phénicie, Tyr osa seule lui résister. Il en fit le blocus pendant plusieurs années, sans pouvoir s'en emparer. Sargon, son successeur, ne fut pas plus heureux. Une transaction mit fin à cet état de choses : le roi tyrien Élouli s'engagea à payer un tribut annuel, et les Assyriens levèrent le siège. Lorsque Sennachérib eut succédé à Sargon, Élouli crut le moment favorable pour supprimer sa redevance; mais l'armée assyrienne accourut et réussit

534. — Vue de la ville de Tyr actuelle.

cette fois à prendre Tyr. Cette défaite porta un grand coup à la puissance tyrienne, qui avait déjà beaucoup décru; néanmoins, la ville conserva sa flotte et son commerce durant toute cette période de la domination assyrienne. Asarhaddon, fils de Sennachérib, cite à son tour la ville de Tyr parmi ses vassaux et tributaires. En 667, elle eut encore quelque velléité de révolte; mais les Assyriens s'en emparèrent de nouveau.

4° *Tyr sous les Chaldéens et les Perses.* — Au VIe siècle avant notre ère, Tyr, alors gouvernée par Ethbaal ou Ithobaal III, était encore assez puissante pour tenir tête au conquérant Nabuchodonosor II, qui vint l'assiéger aussi. Le siège dura treize ans, et les habitants résistèrent avec vaillance. Mais l'heure était venue où devaient s'accomplir les oracles d'Isaïe, de Jérémie et d'Ézéchiel : en 574, la ville fut prise d'assaut. Voir Ménandre, dans Josèphe, *Contr. Ap.*, I, 21. C'est probablement d'alors que date la disparition de la Tyr continentale. Une période d'anarchie succéda à ce grand malheur. *Ibid.* En 536, Tyr passa sous la domination des rois de Perse, cf. I Esd., III, 7, dont le joug fut moins lourd que celui de Babylone. Cyrus rendit la liberté à ceux des Tyriens qui avaient été emmenés en captivité par Nabuchodonosor.

5° *Tyr sous la domination grecque et sous les Romains.* — Après la bataille d'Issus (333 avant J.-C.), Alexandre le Grand reçut la soumission de la plupart des villes phéniciennes; mais Tyr, vaillante jusqu'à l'audace, lui ferma ses portes. Elle s'était rangée du côté de Darius Codoman, et elle voulut lui rester fidèle même après sa défaite. Arrien, *Anab.*, II, V, 10; XVII, 5. Vivement irrité, le jeune conquérant en fit le siège. Ne voulant pas perdre son temps à un long blocus, il fit construire par ses soldats, avec les débris de Palætyr, une chaussée gigantesque qui réunit au continent l'île sur laquelle Tyr était bâtie. De la sorte, il put s'approcher jusqu'au pied des remparts et donner victorieusement l'assaut (332). Il fut d'ailleurs aidé par sa propre flotte, qui immobilisa celle des Tyriens. Sa vengeance fut terrible. Il détruisit la ville en partie; 8000 habitants furent massacrés, 30000 vendus comme esclaves. Cf. Arrien, *Anab.*, II, XXI, 2; Diodore de Sicile, XVII, 40; Quinte-Curce, IV, IV, 10-18. Après la mort d'Alexandre, en 323, Tyr à demi ruinée partagea le sort très accidenté de la Syrie. Elle appartint aux Ptolémées jusqu'en 198 et passa ensuite aux Séleucides. Les livres des Machabées la mentionnent trois fois durant cette période. I Mach., XI, 59, et II Mach., IV, 18, 44. Grâce à ses relations commerciales d'autrefois, elle parvint à reprendre une certaine vie. Strabon, XVI, II, 23. L'an 126, elle acheta son autonomie, qui fut confirmée par Pompée, lorsque Tyr passa, avec toute la Syrie, au pouvoir des Romains (64 avant J.-C.). Cf. Josèphe, *Ant. jud.*, XV, IV, 1. Mais Auguste restreignit ses libertés (20 avant J.-C.). Voir Dion Cassius, LIV, 7.

6° *Tyr durant la période chrétienne.* — Les habitants de Tyr sont cités, Marc., III, 8; Luc., VI, 17, parmi les foules qui accouraient en Galilée pour voir et entendre Notre-Seigneur. Jésus paraît être allé lui-même jusque sur son territoire. Matth., XV, 21; Marc., VII, 24. Il l'a nommée avec Sidon, dans un de ses discours, comme une ville très coupable, mais qui aurait pu se convertir à sa voix. Cf. Matth., XI, 21; Luc., X, 13-14. — Au livre des Actes, XII, 20, il est dit que les Tyriens vinrent trouver à Césarée, avec des paroles de regret, le roi Hérode Agrippa Ier, dont ils avaient excité la colère. Un passage du même livre, XXI, 3-6, nous apprend que, lorsque saint Paul vint à Tyr par mer, au cours de son voyage à Jérusalem qui s'acheva par un long emprisonnement (59 après J.-C.), il y trouva une chrétienté déjà considérable. — L'antique cité conserva longtemps une certaine prospérité commerciale et industrielle. Pline l'Ancien, *H. N.*, IX, 60; XXI, 22; XXXV, 26, signale, dans la seconde moitié du Ier siècle de notre ère, sa pourpre, ses tissus et sa métallurgie. Au IVe siècle, saint Jérôme écrit, *In Ezech.*, XXVI, 7, et XXVII, 2, t. XXV, col. 242, 247, que Tyr était encore la plus belle et la plus florissante des villes phéniciennes. Les Sarrasins s'en emparèrent, l'an 638 de notre ère, sous le khalifat d'Omar. De 1124 à 1291, elle fut au pouvoir des croisés, qui en firent une place forte de premier ordre. Elle redevint ensuite la propriété des mahométans, qui rasèrent ses murs. Elle ne recommença à avoir une histoire qu'en l'année 1766, grâce aux Arabes métoualis, qui vinrent s'y établir. La nouvelle ville, détruite en partie par le tremblement de terre de 1837, fut relevée par Ibrahim-Pacha. Voir PHÉNICIE, col. 241-247.

IV. ÉTAT ACTUEL. — La prédiction des prophètes

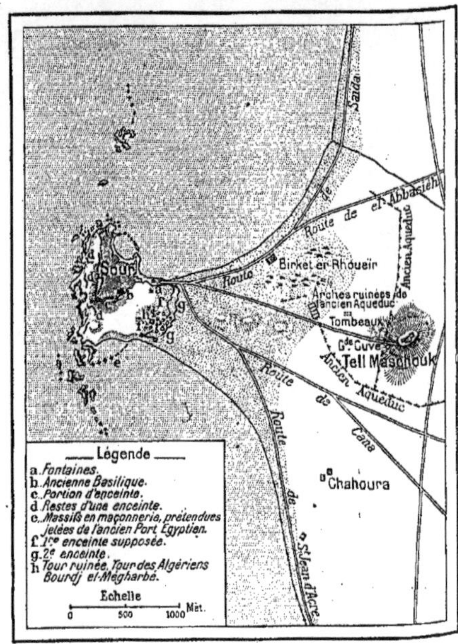

535. — Tyr et ses environs.
D'après Gaillardot, dans E. Renan, *Mission de Phénicie.*

d'Israël s'est accomplie d'une manière saisissante sur Tyr, qui est à peine aujourd'hui l'ombre d'elle-même. « Les deux tiers au moins de l'emplacement qu'occupait (la cité) sont maintenant envahis par la solitude, par des cimetières, par des jardins et par des décombres informes. » V. Guérin, *Galilée*, t. II, p. 194. La ville actuelle, réduite à moins de 6 000 habitants (métoualis en majorité, grecs orthodoxes, chrétiens maronites, juifs, etc.), s'élève « sur une presqu'île autrefois entièrement détachée du continent, auquel se rattache maintenant un isthme sablonneux; l'île primitive, basse et rocailleuse, était parallèle à la côte et mesurait environ 1 609 mètres de long. Les deux extrémités forment les bras de la croix de chaque côté de l'isthme (voir le plan, fig. 535), et, se prolongeant encore par une ligne d'écueils, interceptent deux baies au sud et au nord. La ville est construite de ce côté, au point de jonction de l'île et de l'isthme. » Chauvet et Isambert, *Syrie, Palestine*, Paris, 1887, p. 563-564. La chaussée élevée par Alexandre existe donc toujours; par l'effet des vents et des vagues qui, des deux côtés, ont apporté des masses de sable, elle s'est même considérablement élargie et consolidée. Dans sa partie la plus étroite, elle mesure au delà de 600 mètres de largeur; sa longueur, y compris l'île, est d'environ 1 kil. et demi. Le port du sud est complètement ensablé; celui du nord l'est en partie notable. — Les ruines de la Tyr insulaire, plusieurs fois explorées scientifiquement (en particulier, au XIXe siècle, par MM. de Bertou, E. Renan, J. N. Sepp et V. Guérin), n'ont rien de bien remarquable. Elles consistent dans les remparts, aux trois quarts détruits, qu'avaient bâtis les croisés, dans les restes d'une cathédrale construite au IVe siècle sur les débris d'une basilique encore plus ancienne (Origène et Frédéric Barberousse y ont été ensevelis), en de nombreux fûts de colonnes enfoncés sous terre, encastrés dans les murs ou visibles dans les flots, lorsque la mer est calme, V. Guérin, *Galilée*, t. II, p. 182-184, 187, en plusieurs piliers ou blocs gigantesques. La plupart de ces colonnes et

536. — Le tombeau d'Hiram.

piliers avaient été apportés d'Égypte et avaient servi à orner les temples des dieux tyriens ou les autres édifices publics. — De Palætyr, la cité continentale, il reste moins de souvenirs encore : pas un seul édifice, mais, dans la plaine déserte et sans culture, seulement quelques tombeaux (grottes sépulcrales taillées dans le roc, hypogées funéraires, sarcophages), des cuves à pressoir, des pans de mur, etc. Le monument qui porte le nom de « tombeau d'Hiram » (fig. 536) remonte à une haute antiquité, bien que la tradition qui le rattache au roi Hiram présente fort peu de garantie. — Quant au commerce qui remuait tout l'ancien monde, il est réduit à un peu de coton, de tabac, d'éponges et à quelques meules de moulin. La flotte tyrienne se compose de quelques barques de pêcheurs et de caboteurs, qui ne se risquent qu'à de courtes distances.

V. Bibliographie. — Robinson, *Palästina und die angrenzenden Länder*, in-8°, Halle, 1842, t. III, p. 659-684; comte de Bertou, *Essai sur la topographie de Tyr*, in-8°, Paris, 1843; F. C. Movers, *Die Phönizier*, in-8°, Bonn, 1841-1856, t. II, 1re part., p. 188-201; Poulain de Bassay, *Tyr et Palætyr*, in-8°, Paris, 1863; E. Renan, *Mission de Phénicie*, in-fol., Paris, 1864, p. 527-694; Thomson, *The Land and the Book*, nouv. édit., in-12, Londres, 1876, p. 178-194; H. Prutz, *Aus Phönizien, Geogr. Skizzen und litterar. Studien*, in-8°, Leipzig, 1876, p. 202-225; J. N. Sepp, *Meerfahrt nach Tyrus zur Ausgrabung der Kathedral*, in-8°, Leipzig, 1879, et *Das Resultat der deutschen Ausgrabungen in Tyrus*, dans *Historische Zeitschrift*, t. VIII (1880), p. 86-115; V. Guérin, *Description de la Palestine, La Galilée*, in-8°, Paris, 1880, t. II, p. 180-231; G. Ebers et H. Guthe, *Palästina in Bild und Wort*, in-fol., Stuttgart, 1884, t. II, p. 67-80; D. Lortet, *La Syrie d'aujourd'hui*, in-fol., Paris, 1884, p. 117-144; Fr. Lenormant et Babelon, *Histoire ancienne de l'Orient, jusqu'aux guerres médiques*, in-4°, Paris, 1888, t. VI, p. 471-534; A. Jeremias, *Tyrus bis zur Zeit Nebukadnezar's*, in-8°, Leipzig, 1891; Lukas, *Geschichte der Stadt Tyrus zur Zeit der Kreuzzüge*, in-8°, Marbourg, 1895; H. Winckler, *Altorientalische Forschungen*, in-8°, Leipzig, 1898, t. II, p. 65-70; E. Schrader-Winckler, *Die Keilinschriften und das Alte Testament*, in-8°, Berlin, 1903, p. 126-132; P. Cheminant, *Les prophéties d'Ézéchiel contre Tyr* (XXVI-XXVIII, 19), in-8°, Paris, 1912.

L. Fillion.

TYRAN (Vulgate : *tyrannus*). La Vulgate a traduit par ce mot divers noms de dignité. — 1° Dans Esther, VI, 9; Dan., I, 3 (cf., III, 2, 3), les *tyranni* sont les grands ou les premiers personnages de la cour de Perse que l'hébreu appelle *partemim*. — 2° Dans Job, XXXIV, 19, la Vulgate porte : *(Deus) non cognovit tyrannum, cum disceptaret contra pauperem*. On lit dans l'original : « Dieu ne distingue pas le riche du pauvre. » — 3° Dans Job, XXXV, 9, *tyranni* traduit le mot *rabbîm*, « puissants », et 4° Dans Habacuc, I, 10, le mot *rôznîm*, « princes ». Cf. Jud., V, 3; Ps. II, 2; Prov., VIII, 13, 15; XXXI, 4; Is., XL, 23. — 5° Le texte de l'Ecclésiastique, XI, 5, *multi tyranni sederunt in throno*, rend inexactement, d'après les Septante, l'hébreu qui porte : « Beaucoup qui étaient humiliés [נדכאים] ont occupé le trône. » — 6° Dans Sap., XII, 14; XIV, 16; I Mach., I, 5; II Mach., IV, 40; V, 8, τύραννος = *tyrannus*, est pris dans le sens de chef; II Mach., IV, 25: VII, 27, dans le sens de cruel.

TYRANNUS (grec : Τύραννος), rhéteur d'Éphèse, dans l'école duquel logea saint Paul. Act., XIX, 9. L'Apôtre y prêcha l'Evangile pendant son séjour de deux ans, après qu'il eut quitté la synagogue. Les salles où enseignaient à cette époque les philosophes portaient le nom de σχολαί. Tyrannus était sans doute un rhéteur ou philosophe grec qui avait de nombreux auditeurs et il pouvait mettre ainsi à la disposition de Paul un local assez vaste pour y prêcher l'Evangile aux païens qui voudraient l'entendre. Tyrannus n'était pas sans doute chrétien lui-même quand il accueillit saint Paul dans son école, puisque saint Luc ne lui en donne pas le titre et l'appelle simplement « un certain Tyrannus », mais il le devint probablement dans la suite. — Suidas, *Lexicon*, édit. Bernhardy, Halle, 1853, t. II, col. 1247, mentionne un sophiste appelé Τύραννος, mais on ne sait si c'est celui dont parlent les Actes.

TYROPŒON (VALLÉE DE), à Jérusalem. Voir Jérusalem, t. III, fig. 237, col. 1325-1326; fig. 247, col. 1351-1352; fig. 249, col. 1355-1356.

U

U. Voir Vav, col. 2369.

UBIL (hébreu : אוֹבִיל; Septante : Ἀϐίας; *Alexandrinus :* Οὐϐίας), intendant des chameaux du roi David. I Par., xxvii, 30. Il était d'origine ismaélite. Son nom signifie le chef des chameaux, d'après Gesenius, *Thesaurus*, p. 15. Les Ismaélites, vivant en Arabie, devaient être plus entendus que les Juifs pour l'élève des chameaux.

UCAL (hébreu : *'Ukâl*), fils ou élève d'Agur, d'après une interprétation assez commune parmi les modernes. Prov., xxx, 1. Voir, sur le sens de ce passage obscur, Agur, t. i, col. 288, Ithiel et Jakéh, t. iii, col. 1039, 1111.

UGOLINO Blasio, savant juif converti de Venise, né en 1748, est l'éditeur de la célèbre collection intitulée *Thesaurus antiquitatum sacrarum complectens selectissima clarissimorum virorum opuscula, in quibus veterum Hebræorum mores, leges, instituta, ritus sacri et civiles illustrantur*, 34 in-f°, Venise, 1744-1769. Il contient les écrits des savants les plus célèbres du xviie et du xviiie siècle sur les antiquités bibliques, avec une traduction de plusieurs traités du Talmud et des *Midraschim*. Il y a là réunis de nombreux opuscules qu'il est aujourd'hui difficile de trouver ailleurs, de Buxtorf, Hottinger, Bonfrère, Selden, Lowth, Reland, Huet, Bochart, Carpzov, etc. Le t. xxxiv renferme quatre index du contenu de l'œuvre entière : *Index auctorum, locorum S. Scripturæ, dictionum hebraicarum*, et *Rerum et Verborum*.

ULAÏ (hébreu : *'Ûlâï;* Septante : Οὐλαί), fleuve de la Susiane, mentionné dans Daniel, viii, 2, 16. Les auteurs classiques l'appellent Eulæus et Pasitigris; il porte aujourd'hui le nom de Karoun. Pline, *H. N.*, vi, 27, dit qu'il entourait la ville de Suse. Daniel, viii, 2, 16, décrit une vision (celle du bélier et du bouc), qu'il eut à la porte de Suse, appelée d'Ulaï. Les rivières de la Susiane ont tellement modifié leur cours dans la suite des siècles qu'il est difficile d'en faire une description certaine. Voici ce qu'on en sait aujourd'hui : Le Karoun ou Kouran est formé des torrents de la Susiane du nord et du Louristan méridional. Il était autrefois navigable jusqu'à la mer, mais il « ne roule plus qu'une faible partie de ses eaux directement au golfe [Persique]; un canal artificiel l'a détourné vers le Chat-el-Arab, et maintenant il n'est plus guère qu'un affluent du grand fleuve... [Près de Suse,] la rivière Dizfoul, affluent du Karoun, se rapproche de la Karkha; les deux cours d'eau, développant leurs méandres à la rencontre l'un de l'autre, ne sont plus qu'à une distance de quinze kilomètres, et la plaine qui les sépare est assez unie pour qu'on y ait creusé de nombreux canaux d'irrigation dérivés des deux rivières; en outre, un canal naturel d'écoulement, le Chapour ou Chahwer, assez large et assez profond pour recevoir les embarcations de commerce, s'est formé en amont de Suse, et descend au sud-est vers la rivière Karoun : la plaine de Suse est donc une petite Mésopotamie et le sol en est aussi fécond que celui des bords de l'Euphrate; c'est à peine si au printemps les chevaux peuvent traverser l'herbe épaisse qui recouvre les campagnes arrosées par le Chapour. » Élisée Reclus, *Nouvelle géographie universelle*, Paris, 1884, t. ix p. 177, 292. Voir la carte de Babylonie, fig. 410, t. i, col. 1361-1362. Sur le Karoun, voir J. Dieulafoy, *La Perse, la Chaldée et la Susiane*, in-f°, Paris, 1887, p. 525, 536-539, 718.

ULAM (hébreu : *'Ûlâm;* Septante : Οὐλάμ), nom de deux Israélites.

1. ULAM, fils de Sarès, descendant de Galaad, le petit-fils de Manassé. Il eut pour fils Badan. I Par., vii, 16-17. Voir Badan 2, t. i, col. 1381.

2. ULAM (Septante : Αἰλάμ; *Alexandrinus :* Οὐλάμ), fils aîné d'Ésec de la tribu de Benjamin et de la descendance de Saül. Ses fils furent de vaillants archers et eurent cent cinquante fils et petits-fils. I Par., viii, 39-40.

ULCÈRE (hébreu : *mâzôr, šeḥîn;* Septante : ἕλκος; Vulgate : *ulcus*), lésion spontanée et purulente d'une des parties molles du corps, spécialement de la peau ou des membranes muqueuses. Cette lésion provient essentiellement d'une cause interne ou d'un vice local. Les versions ne rendent pas le mot *mâzôr*, Jer., xxx, 13, ou le traduisent par ὀδύνη, « douleur », *vinculum*, « lien ». Ose., v, 13. — 1° A la sixième plaie d'Égypte, Moïse prend de la cendre et la jette en l'air pour qu'elle produise des ulcères sur les hommes et sur les animaux. Les magiciens ne peuvent imiter ce fléau et en sont eux-mêmes atteints. Exod., ix, 9-11. Ces ulcères bourgeonnaient en pustules. Voir Pustules, col. 881. Moïse désigne sans doute un mal de même nature, quand il menace Israël infidèle de « l'ulcère d'Égypte », celui qui était endémique sur les bords du Nil et qui s'était généralisé à la sixième plaie. Deut., xxviii, 27. Il parle ensuite d'un ulcère malin et inguérissable, qui frappera les rebelles aux genoux et aux cuisses. Deut., xxviii, 35. Il s'agit ici probablement de l'éléphantiasis, dont Job fut également affligé. Job, ii, 7. Voir Éléphantiasis, t. ii, col. 1662; Ebstein, *Die Medizin im A. T.*, Stuttgart, 1901, p. 93. — 2° Les ulcères purulents accompagnent aussi la lèpre, à un certain degré de son développement. Lev., xiii, 18-20. Voir Lèpre, t. iv, col. 176. — 3° La maladie d'Ézéchias était causée par un ulcère. IV Reg., xx, 7; Is., xxxviii, 21. Elle réduisait le patient à une extrême faiblesse : « Comme un lion, il brisait tous mes os, » Is., xxxviii, 13, et elle allait causer sa mort. IV Reg., xx, 1. Le siège en était cependant localisé, puisque Isaïe guérit le malade par l'application d'un cataplasme de figues sur l'ulcère. IV Reg., xx, 7; Is., xxxviii, 21. Il n'y a pas de relations à établir entre cette maladie du roi et la peste pernicieuse qui fit périr 185000 Assyriens aux environs de Jérusalem. IV Reg., XIX, 35. Car, bien que les deux récits se suivent dans la Bible actuelle, il est très probable que la maladie d'Ézéchias précéda l'invasion assyrienne. Voir ÉZÉCHIAS, t. II, col. 2145. Les renseignements fournis par le texte sacré ne permettent pas de déterminer exactement la nature de la maladie. L'application du cataplasme de figues ne paraît pas non plus très significative à cet égard, car il ressort du texte que la guérison fut surtout miraculeuse. Voir FIGUE, t. II, col. 2241; Ebstein, *Die Medizin*, p. 100. — 4° Le pauvre Lazare gisait ἡλκωμένος, *ulceribus plenus*, « couvert d'ulcères », à la porte du mauvais riche. Ses ulcères suppuraient et il n'avait pas la force d'écarter les chiens qui venaient impunément les lécher. Luc., XVI, 20, 21. La misère et le manque de soins avaient déterminé en lui cette décomposition douloureuse. — 5° Jérémie, XXX, 13, compare le péché d'Israël à un ulcère que personne ne soigne. Osée, V, 13, appelle du même nom l'infidélité de Juda.

H. LESÊTRE.

ULFILAS, évêque goth et auteur de la version gothique de la Bible.

I. VIE ET ŒUVRES. — 1° Wulphila (Wölflin, le « petit loup ») était le fils d'un Goth et d'une femme de l'Asie Mineure, qui probablement avait été faite prisonnière à la guerre et était esclave. Il était chrétien. Comme il parlait grec, il fut choisi pour remplir la fonction de lecteur. A l'âge de trente ans, il accompagna une ambassade des Goths à la cour de l'empereur. Il fut sacré évêque par Eusèbe de Nicomédie, probablement à Antioche, lors du synode réuni en cette ville en 341. Il adopta les erreurs ariennes et appartint au parti homéen, dont les doctrines prévalurent au concile de Constantinople en 360. Sa profession de foi, publiée au mois de juin 383 peu avant sa mort, énonce les mêmes doctrines. Il était retourné parmi les Goths, mais la persécution d'Athanarich l'obligea à repasser sur le sol de l'empire avec un grand nombre de ses fidèles. Selon Auxentius, il aurait, après son sacre, vécu sept années au pays barbare et trente-trois années en terre grecque. Il mourut en 383, âgé de 70 ans environ.

2° Son disciple Auxentius nous apprend qu'il a prêché en grec, en latin et en goth et qu'il a publié en ces trois langues *plures tractatus et multas interpretationes*. De ces homélies et explications de l'Écriture, il ne nous est rien parvenu. On lui a attribué cependant plusieurs écrits : 1. Krafft lui a rapporté les fragments d'un commentaire arien sur l'Évangile de saint Luc, publiés par le cardinal Mai, *Scriptorum veterum collectio*, t. III, 2, p. 191-207, dont un morceau se trouvait aussi dans le fragment de Bobbio, *ibid.*, p. 208-239. Cf. Mercati, *Antique reliquie liturgiche Ambrosiano-Romane, con un excursus sui fragmenti dogmatici ariani del Mai*, dans *Studi e Testi*, Rome, 1902, t. VII, p. 47. Mais ces fragments de commentaire n'ont rien à voir avec Ulfilas. Cf. *Zeitschrift für wissenschaftliche Theologie*, t. XLVI, p. 244-245. — 2. Au 44e congrès des philologues allemands, tenu à Dresde en septembre 1897, Friedberg a prétendu qu'Ulphilas était l'auteur de l'*Opus imperfectum in Matthæum*, longtemps attribué faussement à saint Jean Chrysostome. On a montré que l'auteur de cet écrit, qui est, du reste, de la fin du IVe siècle, sinon du Ve siècle, n'était pas un Goth. Cf. *Allgemeine Zeitung* de Munich, 1897, n° 44; *Zeitschrift für deutsche Philologie*, 1898, t. XXX, p. 361-362, 431. F. Kauffmann a soutenu que ce commentaire reproduisait au moins des parties d'un écrit goth. *Zur deutschen Altertumskunde aus Anlass des sogenannten Opus imperfectum*, dans *Zeitschrift für deutsche Philologie*, 1899, t. XXXI, p. 451; 1900, t. XXXII, p. 464-472; *Zur Frage nach den Quellen des Opus imperfectum*, *ibid.*, 1902, t. XXXV, p. 4; 1903, t. XXXV, p. 483-491; Th. Paas, *Das Opus imperfectum in Matthæum*, Krefeld, 1907. — 3. Une explication de l'Évangile de saint Jean en goth : *Skeireins Aiwaggeljons pairte Jôhannân*, dont les fragments retrouvés ont été publiés par Massmann, à Munich, en 1834, et par W. Braun, *Die Mailänden Blätter der Skeireins*, dans *Zeitschrift für deutsche Philologie*, 1898, t. XXXI, p. 426-451, a été attribuée à Ulfilas par l'éditeur, par Krafft, *Kirchengeschichte*, t. I, p. 348, et par Dietrich, qui l'a rééditée : *Die Bruchstücke der Skeireins*, dans *Texte und Untersuchungen zur altgermanischen Religionsgeschichte. Texte*, Strasbourg, 1902, t. II. Mais le *Skeireins* diffère de la Bible gothique notamment par l'emploi des participes absolus; il n'est donc pas d'Ulfilas, quoiqu'il soit important pour l'étude de la version gothique du quatrième Évangile. Cf. Stolzenberg dans *Zeitschrift für deutsche Philologie*, 1905, t. XXXVII, p. 388; K. Marold, *Die Schriftcitate der Skeireins und ihre Bedeutung für die Textgeschichte der gotischen Bibel*, Kœnigsberg, 1893. Cf. Auxentius, *Epistola de fide, vita et obitu Ulfilæ*, édit. par G. Waitz, *Ueber das Leben und die Lehre des Ulfila*, Hanovre, 1840, et par F. Kauffmann, *Aus der Schule des Wulfila*, dans *Texte und Untersuchungen zur altgermanischen Religionsgeschichte. Texte*, Strasbourg, 1899, t. I; Philostorge, *H. E.*, l. II, n. 5, t. LXV, col. 468-469; Socrate, *H. E.*, l. II, c. XLI; Sozomène, *H. E.*, l. IV, c. XXIV; l. IV, c. XXXVII, t. LXVII, col. 349, 1189, 1404-1408; Cassiodore, *Historia tripartita*, l. VIII, c. XIII, t. LXIX, col. 1118-1120; W. Krafft, *Die Anfänge des Christentums bei den germanischen Völkern*, Berlin, 1854, t. I; W. Bessel, *Ueber das Leben des Ulfilas und die Bekehrung der Goten zum Christenthum*, Gœttingue, 1860; E. Bernhardt, *Wulfila oder die gotische Bibel*, dans *Germanistische Handbibliothek* de Zacher, Halle, 1875, t. III; G. Kauffmann, *Kritische Untersuchung der Quellen zur Geschichte Ulfilas*, dans *Zeitschrift für deutsches Alterthum*, t. XXVII, p. 193; F. Kauffmann, *Der Arianismus des Wulfila*, dans *Zeitschrift für deutsche Philologie*, 1898, t. XXX, p. 93-113; Stamm, *Ulfilas*, 11e édit., par Heyne, Paderborn, 1908; H. Böhmer, art. *Wulfila*, dans *Realencyclopädie für protestantische Theologie und Kirche*, Leipzig, 1908, t. XXI, p. 548-558.

II. SA VERSION GOTHIQUE DE LA BIBLE. — L'évêque goth Ulfilas, voulant traduire l'Écriture Sainte en sa langue maternelle, inventa l'alphabet goth, et sa traduction de la Bible fut le premier document écrit en goth. D'après Socrate, il l'aurait faite au pays des Goths, vers 369. Ses motifs étaient d'ordre pratique : le manque de prêtres ou de lecteurs sachant le grec et pouvant traduire le texte grec de l'Écriture et le grand nombre d'églises chez les Goths le déterminèrent à faire une traduction écrite pour le service liturgique. D'après Philostorge, *H. E.*, l. II, n. 5, t. LXV, col. 469, il n'aurait pas traduit les quatre livres des Rois pour ne pas exciter l'ardeur guerrière des Goths par la lecture des récits de batailles et de victoires. La traduction de ces livres n'existait pas encore vers le milieu du Ve siècle. On ne sait pas au juste si Ulfilas a traduit lui-même tout le reste de la Bible. De nos jours, les spécialistes sont portés à ne lui attribuer personnellement que la traduction des Évangiles; les autres livres du Nouveau et de l'Ancien Testament auraient été traduits en goth après lui. D'ailleurs il est difficile de se prononcer catégoriquement à ce sujet, puisqu'il ne nous reste qu'un petit nombre de fragments de la version gothique de l'Écriture. C'est exclusivement par ces fragments que nous pouvons la juger.

1° *Ancien Testament.* — Il ne nous est parvenu que de rares fragments : Gen., V, 3-30, d'après un manuscrit de Vienne; les deux versets 2 et 3 du Ps. LIII (LII) dans le *Skeireins* avec les citations des Psaumes qu'on trouve dans les Évangiles de saint Luc et de saint Jean et dans l'Épître aux Éphésiens; enfin quelques noms propres, extraits de Neh., V-VII plutôt que d'Esdras, II. Cf. A. Uppström (pour Néhémie), Upsal, 1868; O. Ohrloff, *Die Bruchstücke vom A. T. der Gotischen Bibelübersetzung kritisch untersucht*, Halle, 1873; *Die alttestamentlichen Bruchstücke der gotischen Uebersetzung*, dans *Zeitschrift für deutsche Philologie*, Halle, 1876, t. VII, p. 251-295; E. Laugner, *Die gothischen Nehemiafragmente*, Sprottau, 1903 (programme); J. Mühlau, *Zur Frage nach der gotischen Psalmenübersetzung*, Kiel, 1904 (dissert.). Paul de Lagarde avait supposé que cette version était faite sur la recension de Lucien. *Librorum V. T. pars prior*, p. XIV. Cf. A. Kisch, *Der Septuaginta-Codex des Ulfilas*, dans *Monatschrift für Geschichte und Wissenschaft des Judenthums*, Breslau, 1873, t. XXII, p. 42-46, 85-89, 215-219. F. Kauffmann l'a clairement démontré. *Zur Quellenkritik der gotischen Bibelübersetzung*, dans *Zeitschrift für deutsche Philologie*, 1897, t. XXIX, p. 315-337. Mais il conclut que, dans le fragment de Néhémie, ce texte a été traité capricieusement, que la version n'est pas d'Ulfilas et qu'elle n'a pas été faite au IVe siècle.

2° *Nouveau Testament.* — Nous n'avons que des fragments des quatre Évangiles et des Épîtres de saint Paul. Il ont été successivement découverts, publiés et étudiés.

1. *Les textes.* — *a*) Le *Codex Argenteus* d'Upsal. Voir son histoire, sa description et ses éditions, avec un fac-similé, t. I, col. 948-949. Ajoutons seulement qu'en 1665 ce manuscrit se trouvait en Hollande en la possession d'Isaac Vossius et qu'il fut transcrit ligne par ligne par Derrer. Le manuscrit et sa copie furent achetés en 1662 par le comte Magnus Gabriel de la Gardie, qui les donna à l'université d'Upsal. La copie périt dans un incendie en 1702. Voir encore G. J. Heupel, *Dissertatio de Ulphila a versione IV evangelistarum gothica*, 1683; *Ulphilas illustratus* de Ihre, reproduit avec d'autres écrits du même par Büsching, Berlin, 1773. S. Haushall a publié saint Matthieu à Londres en 1807, et J. A. Schmeller de même à Stuttgart en 1827. Sur l'édition d'Uppström, voir Gabelentz et Löbe, *Uppström's Codex Argenteus. Eine Nachschrift zu der Ausgabe des Ulfilas*, Leipzig, 1860. Guillaume Uppström a réédité à Stockholm en 1861 les fragments de saint Matthieu de l'édition de son père, André Uppström. N. Skeat a donné à Londres, en 1882, les fragments de saint Marc. Voir enfin I. Peter, *Die Zahl Blätter des Codex Argenteus*, dans *Germania*, Vienne, 1885, nouv. série, t. XVIII, p. 314-315; E. Meyer, dans *Zentralblatt für Bibliothekwesen*, décembre 1911.

b) Le *Codex Carolinus* de Wolfenbüttel. — Sous quelques feuilles d'un manuscrit, écrit en Espagne au IXe siècle et reproduisant les *Origines* de saint Isidore de Séville, F. A. Knittel, bibliothécaire de Wolfenbüttel, découvrit quelques fragments de l'Épître aux Romains, XI, 33-36; XII, 1-5, 17-21; XIII, 1-5; XIV, 9-20; XV, 3-13, à côté du texte latin correspondant. Il les publia à Brunswick, en 1762. J. Ihre les réédita à Upsal l'année suivante, et cette réédition est reproduite par Büsching, Berlin, 1773, p. 97. Zahn les réédita encore avec le *Codex Argenteus*, en 1805. Ce manuscrit *goticolatinus* est du Ve siècle.

c) *Nouveaux fragments des Évangiles et des Épîtres.* — Angelo Mai en 1817 découvrit à l'Ambrosienne de Milan sous un palimpseste du VIIIe siècle, provenant de Bobbio et reproduisant les Homélies de saint Grégoire le Grand sur Ézéchiel, G, 22, des fragments de toutes les Épîtres de saint Paul sauf les deux Épîtres aux Thessaloniciens et la lettre aux Hébreux. Sous un autre palimpseste du IXe siècle, contenant en seconde écriture le commentaire de saint Jérôme sur Isaïe, il remarqua des extraits des mêmes Épîtres hormis celles aux Romains et aux Hébreux. Un manuscrit latin des Évangiles contenait une feuille d'un codex plus ancien, reproduisant en latin et en goth deux passages de saint Matthieu, XXV, 38-XXVI, 3; XXVI, 64-XXVII, qui comblaient partiellement les lacunes du *Codex Argenteus*. Mai fut aidé dans son travail de déchiffrement par le comte Charles-Octave Castiglione, et ils publièrent ensemble une notice sur leur découverte, avec la description des manuscrits et un spécimen du texte, Milan, 1819. Mai, devenu bibliothécaire du Vatican, laissa au comte Castiglione le soin de la publication. Celui-ci s'en acquitta par morceaux : en 1829, il donna II Cor.; en 1834, Rom., I Cor., Eph.; en 1835, Gal., Phil., Col., I Thes., et en 1839, II Thes., I et II Tim., Tit., Philem., le tout à Milan, avec une traduction, des notes et un glossaire. J. F. Massmann trouva dans un manuscrit du Vatican le *Skeireins*, dont nous avons déjà parlé, et le publia à Munich en 1834. Ce commentaire de saint Jean fournit, en dehors du texte du quatrième Évangile, des citations des trois autres Évangiles et de l'Épître aux Hébreux. H. C. de Gabelentz et J. Löbe recueillirent tous les fragments connus tant de l'Ancien que du Nouveau Testament, collationnèrent soigneusement les manuscrits et, aidés par le comte Castiglione, ils donnèrent un texte plus soigné avec une traduction latine, un glossaire et une grammaire goths, rédigés en allemand, Altenbourg et Leipzig, 1836, t. I; Leipzig, 1843, t. II. Cet ouvrage a été reproduit par Migne, *Patr. lat.*, t. XVIII, col. 455-1558; mais la grammaire et le glossaire ont été traduits de l'allemand en latin par Tempestini. Ces textes ont été reproduits et étudiés, comme étant les plus anciens documents de la langue allemande, par J. Gaugengigl, *Ulfilas, Urschrift, Sprachlehre, Wörterbuch*, Passau, 1848, et sous un titre nouveau : *Aelteste Denkmäler der deutschen Sprache erhalten in Ulfilas gotischen Uebersetzung*, 3e édit., 1853; 4e édit., 1856; par H. F. Massmann, *Ulfilas*, Stuttgart, 1855, 1857; par F. L. Stamm, *Ulfila oder die uns erhaltenen Denkmäler der deutschen Sprache* (texte, grammaire et dictionnaire), Paderborn, 1858; depuis la 5e édit., en 1872, cet ouvrage a été revu par M. Heyne; 11e édit., 1908; A. Uppström, *Fragmenta gothica selecta*, Upsal, 1861; *Codices gotici Ambrosiani*, etc., Upsal, 1868. Reifferscheid découvrit à Turin quatre feuilles ayant appartenu au manuscrit de Milan, et Massmann les édita, *Turiner Blätter der gotischen Bibelübersetzung*, dans *Germania*, Vienne, 1868, t. XIII, p. 271-284. Les fragments nouveaux étaient des Épîtres aux Galates et aux Colossiens. E. Bernhardt, qui avait publié : *Kritische Untersuchungen über die gothische Bibelübersetzung*, Meiningen, 1864, 1869, donna deux éditions de la version gothique de l'Écriture : *Vulfila oder die gotische Bibel, mit dem entsprechenden Text*, Halle, 1875; *Die gotische Bibel des Vulfila* (texte, variantes et glossaire), Halle, 1884. G. H. Balg a édité cette Bible avec introduction, syntaxe et glossaire : *The first Teutonic (Germanic) Bible*, Milwaukee, 1891; P. Odefey, *Das gotische Lukas-Evangelium*, Flensburg, 1908; W. Streitberg, *Die gotische Bibel*, dans *Germanische Bibliothek*, part. II, t. III, 1, Heidelberg, 1908; t. III, 2 (dictionnaire goth, grec, allemand), 1910. Cf. K. Marold, *Stichometrie und Leseabschnitte in den gothischen Episteltexten*, Kœnigsberg, 1890; J. M. N. Kapteijn, *Die Uebersetzungstechnik der gotischen Bibel in den Paulinischen Briefen*, dans *Indogerm. Forschungen*, 1911, t. XXIX, fasc. 3 et 4.

d) Un nouveau fragment bilingue, gothique-latin, comme le *Codex Argenteus*, a été acheté au cours des années 1907-1908 auprès d'Antinoé dans la Haute-Égypte et apporté à Berlin en 1908. Il appartient maintenant à la bibliothèque de l'université de Giessen, n. 651/20. Deux pages de parchemin reproduisent incomplètement le texte latin de Luc., XXIII, 2-6; XXIV, 5-9, et le texte gothique de Luc., XXIII, 11-14; XXIV, 13-17. Le fragment latin a été étudié par P. Glaue et le fragment goth par K. Helm, *Das gotisch-lateinische Bibelfragment der Universitäts-bibliothek zu Giessen*, Giessen, 1910. M. Glaue a montré que le texte latin se rapprochait de très près de celui du *Codex Brixianus* de l'ancienne Italique et il pense que le fragment bilingue a été apporté en Égypte par un soldat, un clerc ou un moine goth. Des indices paléographiques permettent de le dater du commencement du Ve siècle, et le texte est écrit *per cola et commata*. La reconstitution du texte gothique a été d'autant plus difficile à M. Helm que le texte est incomplet et qu'il n'a pas son pendant dans les fragments connus jusqu'à présent. F. Rühl a étudié l'origine de ce fragment bilingue, et il conclut que vraisemblablement il a été rédigé en pays vandale et apporté en Égypte par les soldats. *Zur Herkunft der lateinisch-gotischen Bibelfragmente*, dans *Zeitschrift für neutestamentliche Wissenschaft*, 1911, t. XII, p. 85-86. Cf. *Journal of theological Studies*, 1910, t. XI, p. 711-613. W. Streiberg s'en est occupé dans l'introduction de la seconde partie de *Die gotische Bibel*, Heidelberg, 1910. Cette découverte récente est venue confirmer les conclusions qu'on avait précédemment tirées sur les caractères de la version gothique du Nouveau Testament.

2. *Caractères de cette version.* — Ils se rapportent à deux points : *a*) dépendance directe du texte grec antiochien ou syrien; *b*) ressemblances avec la version latine dite l'*Itala*. — *a*) *Dépendance directe du texte grec d'Antioche.* — E. Bernhardt avait cru que la version gothique du Nouveau Testament se rapprochait de très près du *Codex Alexandrinus B* et il en avait conclu qu'Ulfilas avait traduit le texte grec sur un manuscrit parent de *B*. La comparaison exacte de la traduction gothique avec ce manuscrit n'autorise pas cette conclusion. En réalité, cette version a été faite sur un texte grec semblable à celui que présentent les manuscrits antiochiens du texte dit *syrien*, spécialement à celui que cite et commente saint Jean Chrysostome dans ses Homélies sur saint Matthieu et saint Jean, avec quelques divergences toutefois. Sur les rapports de saint Jean Chrysostome avec les Goths, voir Batiffol, dans la *Revue biblique*, 1899, p. 568-569. Tous les critiques antérieurs, depuis Fell, avaient reconnu cette parenté. F. Kauffmann, dans *Zeitschrift für deutsche Philologie*, 1897, t. XXIX, p. 306-315. Les manuscrits onciaux, auxquels ressemble la version gothique, sont EFGHSUVΛΠ. F. Kauffmann, *ibid.*, 1898, t. XXX, p. 143-183; 1899, t. XXXI, p. 181-190; 1903, t. XXXV, p. 433-453, 458-463; E. Dietrich, *Die Bruchstücke des Skeireins*, Strasbourg, 1903. H. von Soden a reconnu aussi à la base de la version gothique un texte grec tout à fait analogue à celui des Pères cappadociens et de saint Chrysostome, un texte de la Κοινή, dans lequel des leçons de *I* avaient pénétré çà et là. Aussi comme cette traduction a peu de leçons particulières au sens propre du mot, elle peut servir à la reconstitution du texte de la Κοινή. *Die Schriften des N. T.*, Berlin, 1907, 333, p. 1469-1470. Le traducteur, en effet, a suivi de très près le texte grec, sur lequel il travaillait, et dans la plupart des cas, il le traduit mot à mot; le plus grand nombre des différences provient du génie propre de la langue gothique, des règles de sa syntaxe; elles sont purement grammaticales. H. Stolzenberg, *Die Uebersetzungstechnik des Wulfila untersucht auf Grund der Bibelfragmente des C. A.*, dans *Zeitschrift für deutsche Philologie*, 1905, t. XXXVII, p. 145-193, 352-388. Le traducteur insère dans son œuvre des mots grecs et latins. C. Elis, *Ueber die Fremdworte und fremden Eigennamen in der gotischen Bibelübersetzung in grammatischer und archäologischer Hinsicht* (dissert.), Gœttingue, 1903; K. Gaebeler, *Die griechischen Bestandteile in der gotischen Bibel*, dans *Zeitschrift für deutsche Philologie*, 1911, t. XLIII, p. 1-118.

b) *Ressemblances avec l'Itala.* — Cependant la version gothique contient quelques leçons dites *occidentales*, qui se rencontrent notamment dans la version latine nommée l'*Itala*. Bangert, *Der Einfluss lateinischer Quellen auf die gothische Bibelübersetzung des Ulfila*, Rudolstadt, 1880 (progr.), et Marold, *Kritische Untersuchungen über den Einfluss der lateinischen auf die gotische Bibelübersetzung* (dissert.), Kœnigsberg, 1881, en avaient conclu qu'elle avait été revue au VIe siècle, à l'époque où les Goths occupaient l'Italie, sur la Vulgate latine, qui n'est qu'une revision de l'*Itala*. Mais un examen plus attentif du sujet a montré que la version gothique ressemblait étonnamment au *Brixianus* et au *Monacensis*, deux manuscrits de l'*Itala* non revisée. Cf. F. Kauffmann, dans *Zeitschrift für deutsche Philologie*, 1899, t. XXXI, p. 177-180, 190-194; F. Conybeare, dans *The Journal of theological studies*, 1899-1900, t. I, p. 129-134; H. C. Hoskier et F. Conybeare, *ibid.*, 1911, t. XII, p. 456-459; H. Stolzenberg, dans *Zeitschrift für deutsche Philologie*, t. XXXVII, p. 388-392. Bien plus, le *Brixianus* a les mêmes lettres d'argent et la même écriture violette que le *Codex Argenteus* d'Upsal; ils sont tous deux de la même école calligraphique italienne. Or, le *Brixianus* contient deux feuillets étrangers, que Bianchini avait édités, *Evangeliarium quadruplex*, et qui sont reproduits par Migne, *Patr. lat.*, t. XII, col. 18-19, et par Bernhardt avec une traduction allemande, *Zeitschrift für deutsche Philologie*, 1870, t. II, p. 295 sq. Voir aussi J. Dräseke, *Der Gothen Sunja und Frithila Præfatio zum Codex Brixianus*, dans *Zeitschrift für wissenschaftliche Theologie*, 1907, t. L, p. 107-117. Ils contiennent un fragment d'une polémique contre saint Jérôme et le mode de traduction, qui tient compte du sens plutôt que des mots, qu'il a suivi dans sa revision de l'*Itala*. Or, le saint docteur répond aux mêmes reproches que lui avaient faits deux prêtres goths, Sunnia et Fretella, au sujet de sa traduction des Psaumes. *Epist.* CVI, *ad Sunniam et Fretellam*, t. XXII, col. 857. Cf. J. Mühlau, *Zur Frage nach der gotischen Psalmenübersetzung*, Kiel, 1904, p. 19-26. Enfin, on remarque dans la version gothique des notes marginales sur les étymologies des mots grecs et latins. Toutes ces considérations ont amené F. Kauffmann, dans *Zeitschrift für deutsche Philologie*, 1900, t. XXXII, p. 305-335, à conclure que Sunnia et Fretella sont les auteurs de la préface, intercalée dans le *Brixianus*, et qu'ils l'ont placée en tête d'une édition critique de la version gothique, faite, vers 410, par eux en vue de la rendre plus littérale. Au VIe siècle, cette édition fut mise en rapport étroit avec le *Brixianus* et la Vulgate de saint Jérôme, en un manuscrit bilingue ou peut-être même trilingue, dont nous avons un reste dans le *Carolinus* de Wolffenbüttel. Le *Brixianus* aurait été copié sur un manuscrit *gotico-latinus*, dont le texte gothique est reproduit dans le *Codex Argenteus*, écrit, comme le *Brixianus*, dans le nord de l'Italie. La découverte du fragment *gotico-latinus* d'Antinoé vient confirmer ces conclusions, et M. Glaue pense même que ce fragment, antérieur au VIe siècle, est un reste du travail de Sunnia et Fretella. *Das gotisch-lateinische Bibelfragment der Universitäts-bibliothek zu Giessen*, p. 9-14.

Toutefois, M. von Soden, *loc. cit.*, n'admet pas cette revision de la version gothique et il croit que les manuscrits nous donnent le texte pur d'Ulfilas. Il explique autrement les ressemblances de cette version avec les manuscrits de l'*Itala*. Selon lui, elles proviennent de ce que l'*Itala* a subi l'influence de la recension *I*, dont la version gothique reproduit certaines leçons. Mais M. Nestle y trouve avec raison des traces d'une revision postérieure, et il en signale quelques-unes. *Einführung in das Griechische Neue Testament*, 3e édit., Gœttingue, 1909, p. 154-155. Cf. F. G. Kenyon, *Handbook to the textual criticism of the New Testament*, Londres, 1901, p. 204; K. Lake, *The text of New Testament*, 4e édit., Londres, 1908, p. 46.

Cf. J. L. Hug, *Einleitung in die Schriften des N. T.*, 4e édit., Stuttgart et Tubingue, 1847, § 130-142, t. I, p. 431-460; E. Sievers, *Gotische Literatur*, dans H. Paul, *Grundriss der germanischen Philologie*, Strasbourg, 1889, t. II, p. 65-70; E. Eckstein, *Ulfilas und die gotische Uebersetzung der Bibel*, dans *Illustrierte Monatschrift*, décembre 1892, p. 403-407; *Dictionary of the Bible*, de Hastings, Édimbourg, 1902, t. IV, p. 861-863; C. R. Gregory, *Textkritik des N. T.*, Leipzig, 1902, t. II, p. 730-733; 1909, t. III, p. 1343; E. Nestle, *Einführung in das Griechische Neue Testament*, 3e édit., Gœttingue, 1909, p. 153-155; A. Risch, *Die gotische Bibel*, dans *Studien und Kritiken*, t. LXXXIII, 1910, p. 515-619; F. Kauffmann, *Zur Textgeschichte der gotischen Bibel*, dans *Zeitschrift für deutsche Philologie*, 1911, t. XLIII, p. 118-132; Id., *Beiträge zur Quellenkritik der gotischen Bibelübersetzung*, *ibid.*, p. 401-428.

E. MANGENOT.

UNICORNE (hébreu : *re'êm;* Septante : μονοκέρως, ἀαδρός), animal sauvage nommé dix fois dans l'Écriture. Num., XXIII, 22; XXIV, 8; Deut., XXXIII, 17; Job, XXXIX, 9, 10; Ps. XXII, 22; XXIX, 6; XLII, 10; XCII, 11; Is., XXXIV, 7. La Vulgate traduit *re'êm* par *unicornis*, Ps. XXI, 22; XXVIII, 6; LXXVII (hébreu : LXXVIII), 69 : « les hauteurs »; *râmîm*); Ps. XCI, 11; Is., XXIV, 7. Elle le rend par rhinocéros, Num., XXIII, 22; XXIV, 8; Deut., XXXIII, 17; Job, XXXIX, 9, 10. Voir RHINOCÉROS, col. 1088. Le *re'êm* ou *rêm* est en réalité le bœuf sauvage, l'aurochs. Voir AUROCHS, t. I, col. 1260; LICORNE, t. IV, col. 244.

UPSAL (CODEX D'). Voir CODEX ARGENTEUS, t. I, col. 948-949, le fac-similé, fig. 252, vis-à-vis col. 948; ULFILAS, col. 2351.

1. **UR** (hébreu : *'Ûr;* Septante : Θυροφάρ), nom probablement altéré du père d'un des vaillants soldats de David, appelé Éliphal. I Par., XI, 35. Dans II Reg., XXIII, 34, Éliphal est appelé Éliphéleth, fils d'Aasbal. Voir ÉLIPHÉLETH 1, t. I, col. 1686.

2. **UR DES CHALDÉENS** (hébreu : *'Ûr Kaśdîm;* Septante χώρα τῶν Χαλδαίων), ville de Chaldée. En assyrien *'ûr* signifie « ville », et c'est pour distinguer cette ville des autres villes en général qu'elle est appelée Ur des Chaldéens. — 1° La Genèse, XI, 28, nous apprend qu'elle était la patrie d'Aran, fils de Tharé et frère d'Abram (Abraham), et c'est de là que partit Tharé avec Abraham, son fils, pour se diriger vers la terre de Chanaan. Gen., XI, 31. — 2° Le second livre d'Esdras, IX, 7, rappelle cette origine du père des Juifs sorti de *'Ûr Kaśdîm* pour aller dans la contrée destinée à devenir le séjour de ses descendants. Dans ce passage, les Septante traduisent χώρα τῶν Χαλδαίων, comme ils l'avaient fait dans la Genèse, XI, 28, mais la Vulgate latine, au lieu de *Ur Chaldæorum*, nom dont elle s'était servie avec raison dans la Genèse, traduit *de igne Chaldæorum*, en adoptant une légende juive, fondée sur ce que le mot *'ûr* en hébreu a, entre autres significations, celle de « feu », ce qui avait fait croire aux rabbins que les compatriotes d'Abraham avaient voulu le faire brûler dans une fournaise. Rien ne prouve que cette légende ait le moindre fondement. — 3° Saint Étienne, dans son discours, Act., VII, 4, dit en parlant d'une manière générale qu'Abraham « sortit de la terre des Chaldéens, et alla habiter à Haran, » indiquant ainsi d'une manière très précise le pays où était situé Ur.

Ur Kasdim porte aujourd'hui le nom de Mughéir. Quand le voyageur descend le cours de l'Euphrate, à peu près à moitié distance entre Babylone et l'embouchure du Chat el-Arab dans le golfe Persique, il remarque à l'ouest, sur une légère élévation, un monceau de ruines (fig. 537). Ce sont les restes d'Ur Kasdim. La plaine à l'entour est si basse que, lorsque les eaux grossissent annuellement, elle devient un véritable

537. — Ruines d'Ur (Mughéir). D'après Taylor, *Journal of the Asiatic Society*, 1855, t. XV, entre p. 260 et 261.

marais, au milieu duquel Mughéir prend l'apparence d'une île où l'on ne peut aborder qu'en bateau. Il n'en était pas ainsi quand y naquit Abraham. Les eaux de l'Euphrate, « la vie de la contrée », comme l'appellent les textes assyriens, *Cuneiform inscriptions of Western Asia*, t. II, pl. 51, 25, n'inondaient point alors impétueusement la campagne, mais, emprisonnées dans des canaux et savamment distribuées, elles la fertilisaient au lieu de la rendre malsaine. La ville d'Ur était florissante, luttant pour la grandeur et la civilisation avec la Babylone contemporaine. Les sciences et les arts y étaient cultivés et on y écrivait sur l'argile des livres dont les copies nous ont été partiellement conservées.

On y a trouvé les restes encore imposants d'un temple à étages (voir fig. 537), construit en l'honneur du dieu Sin (la lune), d'où sans doute le nom de Kamarina (de *kamar*, en arabe, « la lune »), qui était donné à Ur. Eupolème, dans Eusèbe, *Præpar. Ev.*, IX, 17, t. XXI, col. 708. Ce temple avait été construit longtemps avant Abraham. Ses ruines ont plus de vingt mètres de hauteur. Il était à trois étages, de forme rectangulaire, parfaitement orienté et construit en larges briques. Il s'élevait sur une plate-forme dont la longueur était de plus de soixante mètres et la largeur de quarante-

538. — Maison chaldéenne d'Ur.
D'après Taylor, *Notes on the ruins of Muqeyer*, dans *Journal of the Royal Asiatic Society*, t. XV, p. 266.

quatre. Abraham a dû voir souvent le monument dont les débris subsistent encore, après avoir reçu plusieurs réparations successives.

Les fouilles nous ont fait aussi connaître ce qu'étaient les habitations des anciens habitants. « On a mis au jour parmi les ruines (d'Ur)... les restes de quelques maisons où logeaient sans doute des gens de bonne famille. Elles sont construites en belles briques, dont une couche mince de bitume cimente les lits, et elles n'aventurent au dehors que des lucarnes percées irrégulièrement vers le haut des parois ; la porte basse, cintrée, défendue de lourds vantaux en bois, forme un corridor aveugle et sombre qui aboutit d'ordinaire à la cour, vers le centre des bâtiments. On distingue encore à l'intérieur de petites salles oblongues, tantôt voûtées, tantôt couvertes d'un plafond plat que des troncs de palmier soutiennent; les murs atteignent le plus souvent une épaisseur considérable (fig. 538), dans laquelle on pratiquait çà et là des niches étroites. La plupart des pièces n'étaient que des magasins et contenaient les provisions et la richesse de la famille; d'autres servaient à l'habitation et recevaient un mobilier... fort simple. » G. Maspero, *Histoire ancienne des peuples de l'Orient classique*, t. I, p. 745-746.

C'est peut-être dans une maison de ce genre que naquit Abraham et que s'écoula son enfance. Cependant un certain nombre de savants pensent que Tharé, son père, menait la vie pastorale et vivait en nomade sous la tente à Ur ou dans son voisinage. Les Septante, ne connaissant pas d'ailleurs peut-être l'existence de la ville d'Ur, le font vivre simplement « dans la terre des Chaldéens. »

Les commentateurs ont été aussi très partagés et le sont même encore sur l'identification d'Ur Kasdim. Il n'est plus guère possible de soutenir avec quelque vraisemblance, comme on l'a fait autrefois, que Ur Casdim est Orfah ou Édesse en Mésopotamie. Ad. Neubauer, *La géographie du Talmud*, in-8°, Paris, 1868, p. 379, a émis l'opinion singulière que Cutha est peut-être l'Ur Casdim de la Bible. Les titres de la ville antique, sur les débris de laquelle s'élève aujourd'hui Mughéir, semblent bien les mieux établis pour réclamer la gloire d'avoir donné le jour au patriarche Abraham. — Voir F. Vigouroux, *La Bible et les découvertes modernes*, 6e édit., t. I, p. 417-433.

URAÏ (hébreu : *'Îrî ;* Septante : Οὐρί), cinquième fils de Béla, de la tribu de Benjamin. I Par., VII, 7.

URBAIN (grec : Οὐρβάνος, nom latin grécisé), chrétien de Rome. Saint Paul le salue dans son Épître aux Romains, XVI, 9, et l'appelle « notre coopérateur (συνεργόν) dans le Christ Jésus. » Il n'est connu que par ce passage dans le Nouveau Testament. Il mourut martyr; sa fête est marquée au 31 octobre. — Un esclave appelé Urbain est mentionné *Corpus inscript. lat.*, t. VI, n. 4287.

URBINAS (CODEX). Ce manuscrit grec des Évangiles appartient au fonds d'Urbino de la Bibliothèque Vaticane. Il fut apporté d'Urbino au Vatican par le pape Clément VII. C'est un manuscrit d'écriture cursive, XIIe siècle, de 325 feuillets à une colonne, mesurant 18 cent. sur 13. Majuscules dorées, exemplaire de luxe, exécuté pour l'empereur Jean II Porphyrogénète, et, croit-on, en 1128. Le texte en est composite et présente des leçons anciennes remarquables. Il a été collationné par Scholz, et avant Scholz étudié par Bianchini. Voyez Gregory, *Prolegomena*, p. 500-501.

P. BATIFFOL.

URI (hébreu : *'Ûrî* de *'ûr*, « enflammé »), nom de trois Israélites.

1. **URI** (Septante : Οὐρείας; Οὐρεί, dans I Par., II, 20), fils d'Hur, descendant de Caleb, fils d'Hesron, de la tribu de Juda, et père de Béséléel. Exod., XXXI, 2; XXXV, 30; XXXVIII, 22; I Par., II, 20; II Par., I, 5.

2. **URI** (Septante : 'Αδαί; Lucien : 'Αδδαί), père de Gaber, l'un des préfets de Salomon, chargé de l'approvisionnement de sa cour dans le pays de Galaad. III Reg., IV, 19.

3. **URI** (Septante : 'Ωδουέ; *Alexandrinus* : 'Ωδουέ ; Lucien : Οὐρίας), un des Lévites portiers. I Esd., X, 24. Il avait épousé une femme étrangère et fut obligé de s'en séparer du temps d'Esdras.

URIE (hébreu : *'Ûriyâh*, *'Ûriyâhû*, « Jéhovah est ma lumière » ou « flamme de Jéhovah »), nom d'un Héthéen et de trois Israélites.

1. **URIE** (Septante : Οὐρείας), héthéen, un des trente vaillants soldats de David, II Sam. (Reg.), XXIII, 39; I Par., XI, 41, et mari de Bethsabée. II Reg., XI, 3; Matth., I, 6. Quoique étranger, son langage, II Reg., XI, 11, montre qu'il pratiquait la religion juive. Il épousa Bethsabée, femme d'une rare beauté, et ce fut pour son malheur. Sa maison à Jérusalem était au-dessous du palais royal. David l'aperçut sur le toit de sa demeure, lorsqu'elle prenait un bain, et conçut pour elle une passion criminelle à laquelle elle ne résista point. En ce moment, Urie était loin, prenant part au siège de Rabbath Ammon dans l'armée de Joab. Pour dissimuler sa faute, David se fit envoyer Urie sous prétexte de lui apporter des nouvelles de la guerre, mais il ne put décider ce vaillant soldat à aller passer

la nuit dans sa propre maison. « L'arche de Dieu, et Israël et Juda, lui répondit-il, habitent sous la tente, et mon seigneur Joab et les serviteurs de mon seigneur demeurent en rase campagne, et moi j'entrerais dans ma maison! » II Reg., XI, 11. Sa généreuse conduite fut la cause de sa mort. Le roi, n'ayant pu le déterminer à rentrer chez lui, le fit porteur d'une lettre à Joab, dans laquelle il chargeait ce dernier d'exposer Urie à l'endroit le plus dangereux du combat, afin qu'il y trouvât la mort, et le général israélite n'hésita pas à exécuter cet ordre inique et cruel et à faire périr ce brave soldat. II Reg., XI. Le prophète Nathan reprocha au roi avec raison d'avoir frappé lui-même Urie par l'épée des fils d'Ammon. II Reg., XII, 9. Ce fut là la grande tache du règne de David, III Reg., XV, 5, et Dieu la lui fit expier sévèrement, II Reg., XII, 11, 14-18, quoiqu'il lui pardonnât à cause de sa pénitence exemplaire, ℣. 13.

2. URIE (Septante : Οὐρίας), grand-prêtre du temps d'Achaz, roi de Juda. Sur l'ordre de ce prince, il construisit, IV Reg., XVI, 10, un autel au sujet duquel les opinions sont partagées, ainsi que sur la nature du sacrifice qui y fut offert. D'après les uns, ce sacrifice fut célébré en l'honneur des dieux de l'Assyrie, d'après les autres en l'honneur du vrai Dieu, parce qu'il fut offert par le souverain pontife et conformément aux prescriptions de la Loi. Ces derniers, pour justifier leur opinion, s'appuient sur ce que dit Isaïe d'Urie, qui, VIII, 9, le compte comme un des deux témoins fidèles qui peuvent attester l'authenticité de la prophétie concernant *Maher-šalal-ḥaš-baz*. Il n'est pas certain que l'Urie constructeur de l'autel soit le même que celui dont parle Isaïe, mais c'est néanmoins fort probable. Quoi qu'il en soit, le fait raconté dans Isaïe est antérieur à l'événement rapporté dans les Rois; Urie n'aurait donc été infidèle à son devoir que postérieurement à ce que dit de lui le prophète. — Urie n'est pas nommé dans la généalogie sacerdotale, I Par., VI, 4-15, mais il y a des lacunes entre Amasias, ℣. 11, et Sellum, ℣. 13.

3. URIE (hébreu : *'Ûriyâhû;* Septante: Οὐρίας), prophète, fils de Séméi de Cariathiarim. Il prophétisa sous le roi Joakim contre Juda et Jérusalem et ce prince voulut le faire mettre à mort. Pour échapper à sa colère, Urie se réfugia en Égypte, mais Joakim l'y fit poursuivre par ses gens qui, avec le consentement du pharaon, le ramenèrent en Palestine et le remirent entre les mains du roi. Joakim le fit périr par le glaive et ordonna de jeter son corps au milieu des tombeaux de la populace. Jer., XXVI, 20-23.

4. URIE (Septante : Οὐρίας), chef de la septième famille sacerdotale, cf. I Par., XXIV, 10, père de Mérémoth. Celui-ci revint avec Esdras de la captivité en Palestine. I Esd., VIII, 33; II Esd., III, 21; VIII, 4. Voir MÉRÉMOTH, t. IV, col. 996.

URIEL (hébreu : *'Ûrî'êl*, « El (Dieu) est ma lumière »; Septante : Οὐριήλ), nom de deux Israélites.

1. URIEL, fils de Thaheth et père d'Ozias, Lévite, chef des Caathites. I Par., VI, 24 (9); XV, 5, 11. Il vivait du temps de David et prit part, comme chef des Caathites, avec 120 d'entre eux, au transport de l'arche de la maison d'Obédédom à Jérusalem.

2. URIEL, de Gabaon, grand-père maternel d'Abia et père de la reine Michaïa ou Maacha, femme de Roboam. II Par., XIII, 2. Voir MAACHA 4, t. IV, col. 465.

URIM et THUMMIM (hébreu : *'ûrîm ve-ṭûmmîm;* Septante : δήλωσις ou δῆλοι καὶ ἀλήθεια ou ὁσιότης; Vulgate : *doctrina et veritas*), oracle au moyen duquel les anciens Israélites connaissaient la volonté de Jéhovah. Ce qui concerne l'Urim et Thummim est enveloppé d'obscurité.

1° *Signification des mots.* — Les anciens traducteurs ont attribué aux deux mots des étymologies qui trahissent leur embarras. Si *'ûrîm* vient de *'or*, « lumière », ou de *'ûr*, « feu », mots dont le sens était bien connu, pourquoi les traductions δήλωσις ou δῆλοι, « indication », action de rendre visible? Aquila rend plus littéralement par φωτισμοί, « illuminations ». La Vulgate traduit par *doctrina*, donnant ainsi à *'urîm* un sens intellectuel qu'il n'a pas, et qui d'ailleurs ne convient pas à la chose, puisqu'il ne s'agit pas ici de révélation sur le dogme ou la morale. Quant à *ṭûmmîm*, qui ne pourrait venir que de *ṭôm*, « plénitude, totalité, perfection », Aquila: τελειώσεις, on ne voit pas qu'il puisse aboutir régulièrement au sens de ἀλήθεια, *veritas*, « vérité », ou ὁσιότης, « sainteté ». Il est donc à croire que les anciens traducteurs ne connaissaient plus exactement le sens originel des deux mots *'ûrîm* et *ṭûmmîm*, et qu'ils les ont rendus par à peu près, en s'écartant notablement de la signification courante de *'or* et de *ṭôm*. Ils ont supposé d'ailleurs avec raison que la forme

539. — Pectoral égyptien, représentant le dieu Ra et la déesse Ma. D'après Wilkinson, *Manners and customs*, édit. Birch, t. III, p. 183.

plurielle des deux mots pouvait marquer l'excellence des objets plutôt que leur pluralité. — Gerber, *Die hebräisch. Verba denominativa*, 1896, p. 195, pense que *'ûrîm* viendrait plutôt de *'ârar*, « exécrer », en assyrien *arâru*, et Schwally, dans *Zeitschrift für die alttest. Wissenschaft*, t. XI, p. 172, prête à *ṭûmmîm* le sens de *berâkâh*, « bénédiction ». De la sorte, le Thummim serait favorable et l'Urim défavorable. — Des commentateurs croient retrouver en Égypte l'origine de l'Urim et Thummim. Le grand-prêtre égyptien, quand il rendait ses jugements comme souverain juge, portait un pectoral sur lequel était représenté Ra, le dieu de la lumière, d'où *Urim*, et Ma, avec l'article Tma, la déesse de la justice (fig. 539), Riehm, *Handwörterbuch des biblischen Altertums*, 2e édit., 1893, t. I, p. 931. — D'après Dhorme, *Les livres de Samuel*, Paris, 1910, p. 124, le sens des deux mots devrait être emprunté à l'assyrien : *'ûrîm* viendrait de *urê*, de la même racine que *urtu*, « précepte, loi », et *ṭûmmîm*, pluriel de *tummu*, dériverait de *tamû*, « prononcer une conjuration, une formule magique ». — L'Urim et le Thummin sont ordinairement nommés ensemble. Une fois, Deut., XXXIII, 8, les deux termes sont intervertis, et deux autres fois, Num., XXVII, 21; I Reg., XXVIII, 6, l'Urim est nommé seul. Le plus souvent, il est seulement question de « consulter Jéhovah ».

2° *Institution.* — Moïse reçut de Dieu cet ordre : « Tu mettras au pectoral du jugement l'Urim et le Thummim, pour qu'ils soient sur le cœur d'Aaron lorsqu'il se présentera devant Jéhovah, et qu'ainsi il porte constamment sur son cœur, devant Jéhovah, le jugement des enfants d'Israël. » Exod., XXVIII, 30 Lev., VIII, 8. L'expression employée dans ce passage, *nâṭattâ 'él ḥošén*, ἐπιθήσεις ἐπὶ τὸ λογεῖον, *pones in rationali*, « tu mettras dans le pectoral » ou « sur le pectoral », est identique à celle qui ordonne de mettre dans l'Arche les tables de la loi : *nâṭaṭṭâ 'él hâ'ârôn*, ἐμβαλεῖς εἰς τὴν κιβωτόν, *pones in arca*. Exod., XXV, 16. On peut déjà conclure de là que l'objet en question est distinct du pectoral et qu'il est réel et visible. Sa destination fait donner au pectoral le nom de « pectoral du jugement », c'est-à-dire au moyen duquel Dieu fait connaître ses jugements, ses décisions. Il est nécessaire qu'il soit sur le cœur d'Aaron. Dans le poème chaldéen de la création, I, 137, on voit Tiamat donner à son lieutenant, Qingou, « les tablettes du destin » et les accrocher à sa poitrine. Cf. Dhorme, *Textes religieux assyro-babyloniens*, Paris, 1907, p. 19. De même, l'Urim et Thummim sont fixés sur la poitrine du grand-prêtre. Après Aaron, Éléazar se servira de l'objet pour faire connaître à Josué les volontés de Jéhovah : « Il se présentera devant le prêtre Éléazar, qui consultera pour lui le jugement de l'Urim devant Jéhovah; c'est sur son ordre que Josué sortira, sur son ordre qu'il entrera, lui, tous les enfants d'Israël et toute l'assemblée. » Num., XXVII, 21. Il suit de là que l'Urim et le Thummim est comme l'oracle de Jéhovah, l'organe de son pouvoir théocratique. Il est aux mains du grand-prêtre, qui seul peut le consulter devant Jéhovah, c'est-à-dire avec l'intention d'obtenir de Jéhovah une réponse. Cependant l'oracle ne s'occupe pas des intérêts particuliers; il est seulement à l'usage du peuple tout entier et de son chef. Le texte sacré ne fournit pas d'autres détails précis sur la nature et le fonctionnement de l'oracle.

3° *Consultations.* — Les livres historiques enregistrent un certain nombre de consultations adressées à Jéhovah par l'Urim et le Thummim, sans qu'on puisse assurer qu'elles aient été les seules. Ces consultations fournissent certains renseignements sur la manière dont l'oracle répondait. Il est probable d'ailleurs qu'on ne recourait à l'oracle que quand on ne pouvait être éclairé par les moyens ordinaires. Quand Josué et les Israélites se laissèrent tromper par la feinte des Gabaonites, ce fut « sans consulter la bouche de Jéhovah. » Jos., IX, 14. Ils auraient dû, en cette occasion, en appeler à Jéhovah. Il est à croire que, conformément à l'ordre reçu, Num., XXVII, 21, Josué ne manqua pas de le faire en plusieurs autres circonstances importantes. Il est possible que les communications faites à Josué par Jéhovah aient eu l'Urim et le Thummim pour intermédiaire. Jos., I, 1; III, 7; IV, 1; etc. — Après la mort de Josué, les Israélites demandent à Jéhovah qui doit prendre la tête de l'invasion contre les Chananéens, et l'oracle répond : « Juda montera; voici que j'ai livré le pays entre ses mains. » Jud., I, 2. — Pendant la guerre contre les Benjamites, l'oracle est consulté par trois fois, et il commande à Juda de marcher en avant, et à tout Israël de marcher contre Benjamin. Jud., XX, 18, 23, 28. — Après l'élection de Saül, l'oracle révèle la cachette où se tient le nouveau roi. I Reg., X, 22. — Deux fois Saül, devenu infidèle, consulte Jéhovah, pour savoir s'il doit poursuivre les Philistins, I Reg., XIV, 36, 37, et ce qu'il doit faire à Gelboé. I Reg., XXVIII, 6. En ces deux circonstances, l'oracle ne répond pas; les songes et les prophètes n'en disent pas davantage. Jéhovah se refuse donc formellement à diriger le roi réprouvé. — David, déjà oint par Samuel, se réfugie à Nobé, près du grand-prêtre Achimélech. Le traître Doëg rapporte ensuite à Saül qu'Achimélech a consulté Jéhovah pour David. Pour se défendre, Achimélech dit à Saül : « Est-ce aujourd'hui que j'aurais commencé à consulter Dieu pour lui ? » faisant entendre, sans doute, qu'il avait déjà interrogé l'oracle à l'occasion des missions confiées par le roi à son gendre, mais qu'il n'aurait pas commencé à le faire le jour où Saül accusait David de rébellion. I Reg., XXII, 10-15. — A Ceïla, David dit à Abiathar, successeur d'Achimélech : « Apporte l'éphod. » et il demande si Saül viendra et si les habitants de Ceïla le livreront. L'oracle répond : « Il descendra » et « Ils te livreront. » I Reg., XXIII, 9-12. On voit ici que l'Urim et Thummim est inséparable du pectoral et de l'éphod. — Une autre fois, David demande de la même manière s'il doit poursuivre une bande d'Amalécites, qui avaient fait captives deux de ses femmes et celles de ses gens. Il lui est répondu de poursuivre et qu'il recouvrera ce qu'on lui a pris. I Reg., XXX, 7-8. — Après la mort de Saül, il consulte pour savoir s'il doit monter dans une ville de Juda et dans laquelle. L'oracle répond : « A Hébron. » II Reg., II, 1. — Plus tard, il demande s'il faut marcher contre les Philistins, et l'assurance lui est donnée qu'il les battra. II Reg., V, 19. — Comme les ennemis reviennent à la charge, l'oracle lui dit de les tourner par derrière et que Jéhovah marchera avec lui pour lui assurer la victoire. II Reg., V, 23, 24. — Il est à remarquer que ces réponses ne sont pas faites seulement par « oui » et « non », mais que plusieurs d'entre elles fournissent des indications circonstanciées qui dépassent les termes de l'interrogation. Ces réponses sont positives et claires ; elles n'ont rien du vague et de l'ambiguïté des oracles païens. Ce qu'elles indiquent s'accomplit toujours à la lettre. On ne les obtient que par l'intermédiaire du grand-prêtre, sans qu'un autre, pas même le roi, puisse les provoquer directement. Malgré le caractère officiel de la consultation et la promesse de Jéhovah, Dieu se réserve de refuser une réponse quand il le juge à propos, comme il le fait deux fois pour Saül. L'exemple de Josué, dans l'affaire des Gabaonites, montre d'ailleurs que l'on n'était pas toujours fidèle à consulter l'oracle quand il l'aurait fallu. Enfin, il faut encore observer que Jéhovah ne prend jamais l'initiative de faire savoir sa volonté par l'Urim et le Thummim. Il ne parle que quand il est interrogé. Jéhovah parlait aussi dans le *debîr* ou sanctuaire proprement dit. Il s'y adressait à Moïse ou au grand-prêtre pour donner ses ordres, mais sans avoir besoin d'être consulté, ce qui distinguait le *debîr* de l'Urim et Thummim. Voir ORACLE, t. IV, col. 1846. — Après David, l'histoire n'enregistre plus de consultations de Jéhovah par l'Urim et le Thummim, d'où il faut conclure probablement qu'elles cessèrent à partir de la construction du Temple. On voit dès lors les prophètes intervenir directement, et même dès les derniers temps de David, pour faire connaître les volontés de Dieu sur ce qui était à faire ou à éviter. Le prophétisme remplaça donc l'Urim et le Thummim. Après la captivité, on exclut du sacerdoce les prêtres qui ne pouvaient justifier de leur généalogie, « jusqu'à ce qu'il s'élevât un prêtre pour consulter l'Urim et le Thummim, » c'est-à-dire pour consulter Dieu efficacement par l'ancien oracle sur la réalité de leur origine sacerdotale. I Esd., II, 63; II Esd., VII, 65. Les versions traduisent *kohên le'ûrîm ûletummîm* par ἱερεὺς τοῖς φωτίζουσι καὶ τοῖς τελείοις, « prêtre pour les choses lumineuses et parfaites », *sacerdos doctus atque perfectus*, « prêtre instruit et parfait ». Josèphe, *Ant. jud.*, III, VIII, 9, dit que l'Urim et Thummim n'était disparu, à son époque, que depuis deux cents ans. Mais son renseignement est suspect. Les rabbins affirmaient que cinq choses manquaient dans le second Temple : l'Arche d'alliance, le feu céleste, l'Urim et Thummim, la *šekînâh* (voir GLOIRE, t. III, col. 252) et l'huile sacrée. Cf. *Gem. Yoma*, 21, 2. La disparition de l'oracle remontait donc très haut, peut-être même à la fondation du premier Temple. Dans son éloge d'Aaron, l'Ecclésiastique, XLV, 12, dit qu'il était vêtu, entre autres choses, λογείῳ κρίσεως δήλοις ἀληθείας, « du pectoral du jugement, des manifestations de la vérité », *judicio et veritate præditi*, « doué de jugement et de vérité ». Il y a dans le texte hébreu : « du pectoral du jugement, de l'éphod et de la ceinture. » L'Urim et le Thummim ne sont pas nommés expressément. Ils peuvent être compris dans l'éphod, comme le supposent plusieurs anciens textes. I Reg., XXIII, 9; XXX, 7.

4° *Fonctionnement.* — Les textes ci-dessus rappelés permettent de conclure à l'objectivité et au caractère surnaturel des réponses adressées au grand-prêtre par l'Urim et le Thummim. Mais ils n'expliquent pas le fonctionnement de l'oracle, soit qu'il fût bien connu à l'époque où vivait l'historien sacré, soit plutôt qu'il dût rester mystérieux et que le grand-prêtre et quelques autres fussent seuls à connaître le secret. Ce secret n'a pas été transmis; aussi s'est-on livré aux conjectures les plus diverses pour expliquer de quelle manière l'Urim et le Thummim rendaient des oracles divins. — 1. Josèphe, *Ant. jud.*, III, VIII, 9, confond l'Urim et le Thummim avec le pectoral lui-même, et il dit qu'avant la bataille les pierres du pectoral rayonnaient avec un éclat qui annonçait le secours divin et la victoire. Il semble ainsi borner l'emploi de l'oracle aux cas de guerre, ce qui ne se justifie pas au moins en deux circonstances. I Reg., X, 22; II Reg., II, 1. Abarbanel et d'autres Juifs ont adopté la donnée de Josèphe en la spécialisant. D'après eux, le grand-prêtre obtenait la réponse en lisant les lettres qui brillaient successivement à ses yeux parmi celles qui composaient les noms des douzes tribus inscrits sur les pierres du pectoral. « Les mots Urim et Thummim désigneraient les lumières et les obscurités qui passaient sur la face du pectoral, lorsque, placé vis-à-vis du chandelier à sept branches, quelques-unes des lettres gravées sur les pierres précieuses s'illuminaient, tandis que les autres restaient baignées d'obscurité. Peut-être alors, d'après des règles qui restaient un des secrets du sanctuaire, le grand-prêtre groupait les caractères lumineux pour former la réponse de l'oracle. » Ancessi, *Atlas géogr. et archéol.*, Paris, 1874, *Index archéol.*, p. 19. Mais à l'ensemble des lettres qui formaient les noms des douze fils de Jacob, il en manquait quatre pour faire un alphabet complet : ח, ט, צ, ק, de sorte qu'on n'aurait pu, par exemple, lire le nom de la ville d'Hébron, qui commence par un ח, *Ḥébrôn*. Cf. II Reg., II, 1. Quelques rabbins supposent qu'à ces noms étaient joints ceux des patriarches, Abraham, Isaac et Jacob, ce qui ajoutait au total les trois lettres ח, צ, ק. D'autres compliquaient encore la lecture en faisant intervenir le nom de Jéhovah. Il est difficile de prendre en considération ces différentes hypothèses, parce qu'elles ne maintiennent pas la distinction qu'imposent les textes entre le pectoral et l'Urim et Thummim. — 2. Philon, *Vit. Mos.*, 3; *De monarch.*, 2, édit. Mangey, t. II, p. 152, 226, imagine que deux images, ἀγάλματα, appelées δήλωσις et ἀλήθεια, étaient jointes au pectoral. D'autre part, on sait par Diodore de Sicile, I, 48, 75, et Élien, *Var. Hist.*, XIV, 34, que le grand-juge égyptien portait sur la poitrine une image appelée : Vérité. Voir plus haut, col. 2360. Mais cet insigne n'ajoute rien à la valeur personnelle du juge, tandis que l'Urim et Thummim est l'organe essentiel des consultations obtenues de Jéhovah, si bien que, s'il fait défaut, le grand-prêtre ne peut plus rien. Dans les grandes circonstances, les prêtres babyloniens suspendaient aussi à leur cou une étoffe rouge garnie de plusieurs sortes de pierres précieuses. Cf. Lagrange, *Étud. sur les relig. sémit.*, Paris, 1905, p. 236. Il ne faut donc pas se hâter de tirer des conclusions de ressemblances extérieures qui ne suffisent pas à justifier la parité entre les institutions hébraïques et celles des autres peuples. — 3. D'après d'autres, l'Urim et Thummim serait une espèce de Théraphim, voir col. 2174; cf. Ose., III, 4; Spencer, *De leg. Hebr. ritual.*, La Haye; 1686, III, 7, ou des sortes de dés de diamant, l'un brillant, l'autre rouge, sur lesquels était gravé le nom de Jéhovah, et dont le grand-prêtre interprétait les combinaisons, de préférence devant l'Arche. Züllig, *Comm. in Apoc.*, Stuttgart, 1834, *Excurs.*, II. Pour Braun, *Vest. sacerdot. Hebr.*, Amsterdam, 1701, t. II, p. 614, l'Urim et le Thummim n'aurait été qu'un symbole et les communications divines au grand-prêtre auraient eu un caractère exclusivement interne. Cf. Bähr, *Symbolik des mosaisch. Cult.*, Heidelberg, 1835, p. 136-141. Il serait difficile de justifier par les faits ces différents systèmes. — 4. Plus commune est l'explication de l'Urim et Thummim par un tirage au sort. Cette explication est suggérée par un épisode de l'histoire de Saül. Quand Dieu refusa de lui répondre pour la seconde fois, le roi attribua son silence à une faute commise soit par lui-même, soit par son fils Jonathas, soit par le peuple. Le texte hébreu paraît avoir souffert en cet endroit. On y lit seulement : « Dieu d'Israël, fais paraître la perfection, *hâbâh ṭamîn.* » I Reg., XIV, 41. Le texte des Septante est beaucoup plus complet : « Si l'iniquité est en moi ou en Jonathas, mon fils, Seigneur, donne la clarté, δὸς δήλους, et si telle est la réponse, donne à ton peuple d'Israël, donne la sainteté, δὸς ὁσιότητα. » Le sort désigne alors Saül et Jonathas, et, à une seconde épreuve, Jonathas seul. La Vulgate reproduit à peu près les Septante : *da ostensionem,... da sanctitatem.* Il est possible qu'ici les mots δῆλοι, *ostensio*, traduisent *ûrîm*, disparu du texte hébreu, et que ὁσιότης, *sanctitas*, soit mis pour *ṭûmmîm*, que les massorètes ont lu *ṭâmîm*. Cf. Dhorme, *Les livres de Samuel*, Paris, 1910, p. 123. On aurait alors ici, pris sur le vif, le fonctionnement de l'Urim et Thummim. C'était un sort plus solennel, tiré à l'aide de deux pierres que le grand-prêtre conservait dans le pectoral, et qui était officiellement garanti par Jéhovah. On n'y avait recours que dans les circonstances d'intérêt public ou en faveur des chefs de la nation. Des consultations de ce genre étaient coutumières chez les Babyloniens. « Aux consultations précises adressées par le roi sur l'opportunité ou le succès de ses entreprises, Shamash ou Adad devaient répondre par oui, *annu*, ou par non, *ullu*, par une réponse proprement dite, *šupiltu*, par un oracle, *tamit*, *tertu*, *piristu*, *parsu*, par un jugement, *dîna dînu*, une sentence, *purussu*, par une illumination, *napaḫu*, ou encore par une vision ou une parole... Le dieu dictait ou inspirait son oracle, *abitu*, à ses prêtres. » F. Martin, *Textes religieux assyriens et babyloniens*, Paris, 1903, p. XXVI. Voir le texte de plusieurs consultations, p. 28, 108, 300. Il y a donc analogie entre la pratique babylonienne et celle des Israélites; de plus, l'illumination, *napaḫu*, se retrouve dans l'idée exprimée par *'ûrîm*, et l'oracle, *tamit*, dans *ṭûmmîm*. Il n'est pas anormal qu'une coutume babylonienne ait été en vigueur chez les Hébreux; mais Jéhovah a voulu faire pour son peuple ce que les divinités assyriennes ne pouvaient faire pour le leur. — Néanmoins, quelques difficultés subsistent avec cette explication de l'Urim et Thummim. Si l'on admet deux pierres différentes qui, tirées au sort, pouvaient signifier « oui » ou « non », à quoi reconnaissait-on le refus de répondre? I Reg., XIV, 36; XXVIII, 6. Michaelis, *Mosaisch. Recht*, Francfort-s.-M., 1775, t. I, p. 293; t. VI, p. 162; Iahn, *Archæol. biblic.*, III, 4, 358, dans le *S. Scripturæ curs. compl.* de Migne, t. II, col, 1040, etc., imaginent qu'aux deux premières pierres en était jointe une troisième qui marquait l'absence de réponse. Mais les textes ne mentionnent que deux objets; ils auraient fait allusion à un troisième, s'il avait réellement existé pour remplir le rôle important qu'on lui attribue. Il faut penser que le refus de réponse résultait d'une combinaison que nous ignorons. Une autre difficulté provient du genre de réponses fournies par l'Urim et Thummim. Il est malaisé de les réduire toutes à des réponses par « oui » ou « non ». On pourrait néanmoins supposer que l'historien sacré a parfois résumé sous forme d'indication positive ce qui résultait de l'élimination de différentes hypothèses proposées par le consultant. Ainsi, quand il est dit à David de monter à Hébron, II Reg., II, 1, la réponse peut être la conséquence de plusieurs questions successives : Faut-il monter dans une ville de Juda ? Oui. A telle ou telle ville ? Non. A Hébron ? Oui. De même en est-il pour l'attaque contre les Philistins, II Reg., v, 23, 24 : Faut-il monter contre les Philistins ? Non. Faut-il les prendre par derrière ? Oui. Du côté des mûriers ? Oui. Jéhovah marchera-t-il avec moi ? Oui. Me donnera-t-il un signe de son assistance ? Oui. Lequel ? Fera-t-il un bruit dans les cimes ? Oui ; etc. — En tout cas, à s'en tenir au texte de l'Exode, XXVIII, 30, il semble bien que l'Urim et Thummim n'était pas une institution récente qu'il ait été nécessaire de décrire en détail, mais plutôt quelque chose d'ancien, qui fonctionnait déjà depuis longtemps et que Dieu, pour détourner son peuple de la consultation des oracles idolâtriques, jugea à propos de conserver en lui communiquant un caractère sacré. Cf. De Hummelauer, *In Exod.*, Paris, 1897, p. 285.

H. LESÊTRE.

URINE (hébreu : *šê'in;* Septante : οὖρον; Vulgate : *urina*), produit liquide de l'excrétion chez l'homme et les quadrupèdes. — Il n'en est question qu'une fois, dans l'apostrophe grossière que le rabsacès assyrien adresse aux assiégés de Jérusalem pour les menacer, s'ils ne se rendent, d'en être réduits à manger leurs excréments et à boire leur urine. IV Reg., XVIII, 27; Is., XXXVI, 12. — Quand on veut parler d'exterminer toute une population, on dit qu'elle sera détruite jusqu'à *maštîn beqîr*, οὐροῦντα πρὸς τοῖχον, *mingentem ad parietem*, « celui qui urine au mur ». Cette expression revient six fois, mais seulement dans les livres des Rois. I Reg., XXV, 22, 34; III Reg., XIV, 10; XVI, 11; XXI, 21; IV Reg., IX, 8. Les rabbins ont prétendu qu'elle désigne le chien; mais cet animal ne compte pour rien en Orient. Voir CHIEN, t. II, col. 698. Plusieurs pensent qu'elle indique seulement le sexe masculin, ce qui devient insignifiant dans les textes cités, qui supposent une extermination atteignant jusqu'à ceux qu'elle épargne d'habitude. D'autres croient qu'il s'agit plutôt ici des garçons en bas âge. La loi imposait des précautions particulières pour certaines nécessités, Deut., XXIII, 12-14, et les hommes s'y assujettissaient même pour uriner. Cf. Hérodote, II, 35; Xénophon, *Cyrop.*, I, 2, 16; Ammien Marcellin, XXIII, 6. On ne pouvait astreindre les jeunes garçons à ces prescriptions et l'on se contentait de les faire tourner vers le mur. Les Syriens avaient la même expression, cf. Assemani, *Bibl. orient.*, t. II, p. 260, probablement avec le même sens. Elle désigne l'universalité des êtres, dont elle représente les plus humbles et les plus inoffensifs.

H. LESÊTRE.

US (hébreu : *'Ûṣ;* Septante : Ὦς), fils aîné d'Aram, descendant de Sem. Gen., X, 23. Dans I Par., I, 17, son nom est écrit Hus. Voir HUS 1, t. III, col. 782.

USURE (hébreu : *nešék;* Septante : τόκος; Vulgate : *usura*), intérêt abusif tiré de l'argent. — L'intérêt tiré de l'argent paraissait vexatoire aux anciens Israélites. Du verbe *nâšâh*, « prêter », ils rapprochaient le verbe *nâšak*, « mordre », auquel ils ajoutaient le sens de « tirer intérêt, pratiquer l'usure ». Voir PRÊT, col. 617.

1° *La loi.* — Dans la pensée des anciens, le prêt d'un objet quelconque était un service que l'on rendait gratuitement à ses voisins. En Chanaan, l'abondance des fruits de la terre donna lieu à des réalisations en argent, au commerce et à des prêts d'argent. La loi dut prévoir cet état de choses. Une première disposition règle qu'on ne peut exiger d'intérêt pour l'argent prêté à un compatriote, que le défaut de ressources oblige à emprunter. Exod., XXII, 25. L'intérêt réclamé en pareil cas serait donc de l'usure. Une seconde loi étend la première au *gêr*, à l'étranger qui vit à demeure au milieu des Israélites, et elle porte non plus seulement sur l'argent, mais aussi sur les vivres. On ne peut donc tirer intérêt ni de l'argent, ni des objets d'alimentation, et on doit les prêter gratuitement au compatriote et au *gêr* qui en ont besoin. Lev., XXV, 35-37. Une dernière loi aggrave considérablement celle de l'Exode, en prohibant d'exiger intérêt « ni pour argent, ni pour vivres, ni pour aucune chose qui se prête. » Deut., XXIII, 19-20. Il était donc défendu de tirer profit des prêts, quels qu'ils fussent, quand il s'agissait des compatriotes ou des étrangers mêlés à la vie de la nation. — Mais chez un peuple qui avait tant d'aptitude et de goût pour les opérations commerciales, il était difficile d'interdire tout prêt lucratif. L'Israélite fut donc autorisé à se rabattre sur le *nokri*, l'étranger qui n'était pas assimilé au compatriote, celui qui gardait son autonomie, ses mœurs, et en général son habitation en dehors de la terre d'Israël. Avec le Phénicien, le Philistin, le Syrien, l'Arabe et les autres trafiquants analogues, le prêt à intérêt était permis. Deut., XXIII, 20. Dieu promettait même à son peuple que cette source de bénéfices lui serait largement ouverte, et que, par contre, l'Israélite deviendrait assez riche pour n'avoir pas à emprunter lui-même. Deut., XV, 6; XXVIII, 12. Voir PRÊT, col. 618.

2° *La pratique.* — En général, les Israélites observaient la loi qui les liait vis-à-vis de leurs compatriotes. On prêtait sans y regarder argent et vivres à ceux qui se trouvaient dans l'embarras, et ces prêts n'exposaient pas d'ordinaire à de grands sacrifices. Luc., XI, 5. Parfois cependant on hésitait à risquer ce qui ne devait rien rapporter. On prêtait sur gages, même dans des conditions exorbitantes. II Esd., V, 2-12. La saisie mettait aux mains du créancier la personne et les biens de l'emprunteur. La loi du prêt gratuit était ainsi tournée. D'autres préféraient éviter toute espèce de risque et ils se refusaient à prêter. Notre-Seigneur donne un conseil radicalement opposé à cette pratique. Matth., V, 42. Il y en avait enfin qui transgressaient ouvertement la loi et ne consentaient à prêter qu'à intérêt, même à leurs frères. Ps. XV (XIV), 5; Ezech., XVIII, 8, 13, 17; XXII, 12. De leur côté, les emprunteurs trouvaient quelquefois leur avantage à coopérer à l'infraction de la loi. Vers l'époque évangélique, il s'en trouva qui décidaient leur prêteur par un présent préalable ou le dédommageaient par un présent subséquent, au moment où ils se libéraient, ce que rabbi Gamaliel appelait « usure préalable » et « usure tardive ». Cf. *Baba mezia*, V, 8 (11). Quant à ceux qui pratiquaient ouvertement l'usure, ils étaient frappés d'incapacité judiciaire. Cf. *Sanhedrin*, III, 5, 6. — Le prêt à intérêt restait toujours légitime vis-à-vis des étrangers, et c'est sur sa pratique que se fondaient les opérations de banque auxquelles Notre-Seigneur fait allusion. Matth., XXV, 27; Luc., XIX, 23. Sur le taux de l'intérêt, voir col. 620. Le développement des affaires financières amena d'autres combinaisons qui permirent de passer à côté de la loi sans la heurter directement entre compatriotes. Il restait défendu de prêter de l'argent aux marchands avec stipulation d'intérêts. Alors le marchand et le prêteur s'associaient pour une entreprise, à la suite de laquelle le marchand retirait d'abord la part qui revenait à son industrie personnelle; puis il partageait également le bénéfice avec son bailleur de fonds. Cette sorte d'association supposait donc une valeur active au capital-argent. Cf. *Baba metsia*, V, 3 (5). On recourait encore au contrat de louage, qui permettait non plus seulement de prêter à titre gratuit un outil, un animal et même les bras d'un homme, mais de les louer et ainsi d'en tirer revenu. D'ailleurs, la loi elle-même prévoyait déjà certaines locations. Voir LOCATION, t. IV, col. 319; *Baba mezia*, VI. Cependant les docteurs maintinrent l'interdiction des spéculations sur les objets fictifs ou sur les valeurs que l'offrant n'avait pas en mains. Cf. *Baba mezia*, V, 1, 2. Mais ils admettaient l'escompte sur les paiements anticipés. Un logement d'un sicle par mois se payait seulement 10 sicles par an, si le paiement était effectué d'avance. Cf. *Baba mezia*, V, 2; Schwalm, *La vie privée du peuple juif*, Paris, 1910, p. 409-431.

H. LESÊTRE.

UTHAÏ (hébreu : *'Ûṭaï*, « secourable » ; Septante : Οὐθαΐ), « des fils » de Bégui. Lui et Zachur, de la même famille, accompagnèrent Esdras à son retour en Palestine avec soixante-dix hommes de leur parenté. I Esd., VIII, 14. — Le texte hébreu mentionne un autre Israélite qu'elle appelle aussi *'Ûṭaï*. La Vulgate a écrit son nom Othéi. Voir OTHÉI, t. IV, col. 1926.

UTILITÉ (hébreu : *béṣa'*, et dans l'Ecclésiastique, XLI, 14 : *ṭô'aláh*, du même radical *yâ'al* que l'hiphil *hô 'il*, « être utile »; Septante : ὠφέλεια; Vulgate : *utilitas*), ensemble d'avantages qu'un être peut procurer.

1° Ce qui est utile est souvent appelé *tôb*, « bon ». Les auteurs sacrés énumèrent parmi les choses utiles : les astres, Bar., VI, 59, les troupeaux, Eccli., VII, 24 (22), les meubles, Sap., XIII, 11, les vases, Bar., VI, 58, images des hommes utiles, II Tim., II, 21, certains remèdes, Tob., VI, 5. Dans un sens supérieur, sont également utiles les vertus, Sap., VIII, 7, la pratique des bonnes œuvres, Tit., III, 8, la piété, I Tim., IV, 8, l'épreuve, Heb., XII, 10, la manifestation de l'Esprit, I Cor., XII, 7, la Sainte Écriture. II Tim., III, 16. Onésime était utile à Philémon et à saint Paul, Phil., 11, et Marc à ce dernier. II Tim., IV, 11.

2° Ce qui est inutile peut aller jusqu'à devenir *šâve'*, « mauvais ». Sont simplement inutiles le bois de la vigne stérile, Ezech., XV, 4, le vase brisé, Bar., VI, 15, le sel affadi, Luc., XIV, 35, le don de l'insensé, Eccli., XX, 14 (13), le trésor et la sagesse cachés, Eccli., XX, 32 (29); XLI, 17 (14), le docteur qui ne sait se conduire soi-même, Eccli., XXXVII, 21 (19). Pour les chrétiens, la loi ancienne, Heb., VII, 18, et la circoncision, Rom., III, 1, ont perdu toute utilité. Parmi les choses inutiles, mauvaises et nuisibles, il faut ranger les idoles. Is., XLIV, 10; Ps. XXXI (XXX), 7; Sap., XIII, 10, 18, 19; la postérité des impies, Sap., IV, 3, 5; les œuvres des méchants, Sap., III, 11; les paroles oiseuses, Matth., XII, 36; les disputes de mots. II Tim., II, 14; Tit., III, 9. Les impies regardent le juste comme inutile. Sap., II, 11, 12. Le serviteur inutile aux yeux de Dieu sera châtié dans l'autre vie. Matth., XXV, 30. Mais, en ce monde, tout serviteur de Dieu doit, par une juste appréciation de son mérite, se regarder comme inutile. Luc., XVII, 10.

H. LESÊTRE.

1. UZAL (hébreu : *'Ûzâl*; Septante : Αἰζήλ), fils de Jectan, descendant de Sem. Gen., X, 27. Dans les Paralipomènes, I, I, 21, son nom est écrit *Huzal*. Voir HUZAL, t. III, col. 786-787. Voir aussi MOSEL, t. IV, col. 1318. C'est sous cette dernière forme qu'est nommé le pays occupé par la descendance d'Uzal dans Ezéchiel, XXVII, 19.

2. UZAL (hébreu : *'Uzal*; Septante : *Codex Vaticanus*, Ἀσήλ; *Cod. Alexandrinus* : Ἀσαήλ; Vulgate : *Mosel*), nom hébreu d'une ville de l'Arabie dont il est question dans Ezéchiel, XXVII, 19, comme fournissant aux marchés de Tyr du fer travaillé et des parfums. Le texte massorétique porte מְאוּזָּל, *me-'ûzzal*. La ponctuation semble indiquer un participe pu'al, et la comparaison avec des racines semblables en araméen, en syriaque et en arabe, amène au sens de « tissé, tissu ». Mais on préfère généralement la leçon מֵאוּזָל, *mê 'Uzâl*, avec la préposition *min*, leçon appuyée par plusieurs manuscrits hébreux. Cf. B. de Rossi, *Variæ lectiones Veteris Testamenti*, Parme, 1785, t. III, p. 147. Les Septante ont lu de même : ἐξ Ἀσήλ; de même aussi Aquila et la version syriaque. Il faut donc voir ici un nom propre de ville, et traduire : « de Uzal ». On identifie communément cette ville avec *Ṣan'â*, la capitale de l'Yémen. Malgré l'opinion contraire de J. Halévy, *Rapport sur une mission archéologique dans le Yémen*, Paris, 1872, p. 11, les voyageurs anciens et modernes, les savants arabes et européens admettent l'identification. On cite, en particulier, parmi les auteurs arabes, le témoignage d'El-Hamdâni, mort en 945, qui a écrit deux ouvrages sur les antiquités et la géographie de l'Yémen. Il dit que le nom de la ville de *Ṣan'a* était autrefois *Azâl* (ou *Izâl*), et que les Syriens l'appellent Ṣan'â le Château, *Ṣan'a el-qaṣbah*. Un autre géographe, El-Bakri, mort en 1094, nous apprend que « le premier qui habita cette ville fut Ṣan'â, fils d'Udhâl (lisez : Uzâl), dont elle tira son nom. » « D'autres, ajoute-t-il, prétendent que les Abyssins, en y entrant et la voyant bâtie en pierres, s'écrièrent : Ṣan'â, Ṣan'â, ce qui, dans leur langue, signifie « château fort » et le nom lui en resta. » De fait, l'éthiopien *Ṣene'e* signifie « forteresse », comme le grec ὀχύρωμα. Cf. *Corpus inscriptionum Semiticarum*, part. IV, t. I, 1889, p. 1-2. Le nom de *Ṣan'au* a été retrouvé dans une inscription que Glaser fait remonter au deuxième siècle avant notre ère. Cf. E. Glaser, *Die Abessinier in Arabien und Afrika*, Munich, 1895, p. 117, 121. D'après les descriptions qui en sont données et les ruines qu'elle renferme, cette ville mérite bien l'appellation de « forteresse ». La citadelle de Gumdân surtout était remarquable. Voir les deux plans qui se trouvent dans le *Corpus inscript. Semit.*, part. IV, t. I, p. 3, 4. Uzal se rattache à la tribu jectanide de ce nom. Gen., X, 27; I Par., I, 21. Voir HUZAL, t. III, col. 786 et fig. 160.

A. LEGENDRE.

V

V. Voir Vav.

VACHE (hébreu : *pârâh*, la vache qui engendre, *'églâh*, la génisse; Septante : βοῦς, δάμαλις; Vulgate : *bos, vacca, vitula*), la femelle du bœuf. — 1° La vache est un animal précieux à différents titres. On l'emploie à traîner des fardeaux, I Reg., vi, 7, à labourer, Jud., xiv, 18, à fouler le blé. Ose., x, 11. Elle est féconde, Job, xxi, 10, dès l'âge de 18 mois, et porte neuf mois. Elle nourrit de son lait, Is., vii, 21, et ensuite de sa propre chair. Tob., viii, 22. Aussi est-ce un riche présent que de donner des vaches à quelqu'un. Gen., xxxii, 15; Tob., x, 10. — 2° La génisse de 3 ans est pleine d'ardeur et de vivacité. Is., xv, 5. (Quelques-uns prennent cependant *'églaṭ šelišiyâh*, « génisse de trois ans », pour un nom propre de lieu. Cf. Jer., xlviii, 34.) La génisse bondit dans la prairie. Jer., l, 11. L'Égypte est comparée à une génisse très belle, Jer., xlvi, 20, Israël à une génisse rétive, Ose., iv, 16, Éphraïm à une génisse bien dressée, Ose., x, 11, les femmes de Samarie aux vaches de Basan, à cause de leur vie sensuelle, Am., iv, 1, le veau d'or de Bethel aux génisses de Bethaven, par mépris. Ose., x, 5. L'homme des champs prend souci de donner du fourrage à ses génisses. Eccli., xxxviii, 27. — Au Psaume lxviii (lxvii), 31, il est question de veau et non de vaches. — 3° Les génisses étaient utilisées pour les sacrifices. Gen., xv, 9; Lev., iii, 1; I Reg., xvi, 2. Dans le cas d'homicide commis par un inconnu, les anciens prenaient une génisse qui n'avait pas encore travaillé, lui brisaient la nuque près d'un ruisseau, et se lavaient les mains au-dessus de son cadavre, pour protester de leur innocence. Deut., xxi, 3-7. — 4° Dans le songe du pharaon, sept vaches belles et grasses étaient dévorées par sept vaches laides et maigres. Joseph expliqua que c'était l'annonce de sept années d'abondance, qui seraient suivies de sept années de famine. Gen., xli, 2-4, 26, 27.

H. Lesêtre.

VACHE ROUSSE (hébreu : *pârâh 'ădummâh*; Septante : δάμαλις πυῤῥά; Vulgate : *vacca rufa*), vache dont la cendre servait à purifier du contact d'un mort.

1° *La loi.* — Elle est formulée dans le livre des Nombres, xix, 2-22. La vache doit être rousse, sans tache ni défaut, et n'ayant jamais porté le joug. Le prêtre Éléazar la fait sortir du camp pour qu'on l'égorge devant lui. Avec son doigt trempé dans le sang de l'animal, il fait sept aspersions du côté de l'entrée du Tabernacle. Puis on brûle la vache intégralement et on jette dans le brasier du bois de cèdre, de l'hysope et du cramoisi. A la suite de cette opération, le prêtre, celui qui a brûlé l'animal et l'homme pur qui a recueilli les cendres pour les déposer en un lieu pur hors du camp, ont à se purifier en lavant leurs vêtements et en se baignant eux-mêmes; néanmoins leur impureté persévère jusqu'au soir. — L'eau dans laquelle on a mis de la cendre de la vache rousse sert pour la purification de celui qui a touché un cadavre humain. Celui-ci demeurait impur pour sept jours; il avait à se purifier avec cette eau le troisième et le septième jour, sous peine de retranchement. L'impureté atteignait celui qui touchait un cadavre, ou même des ossements humains ou un sépulcre. L'impur devait être aspergé avec l'hysope trempée dans l'eau de purification par un homme pur; puis il lavait ses vêtements et se baignait, pour devenir pur le soir du septième jour. On aspergeait avec la même eau la tente, les ustensiles de l'impur et les personnes présentes. Celui qui faisait l'aspersion, qui touchait l'eau ou l'impur, devenait lui-même impur, mais seulement jusqu'au soir.

2° *Signification du rite.* — Le rite de la vache rousse est un des plus compliqués et des plus mystérieux du cérémonial lévitique. Il s'agit de purifier l'homme du contact avec la mort et, chose singulière, tous ceux qui participent à la confection du rite purificateur deviennent eux-mêmes impurs. La mort est en effet le signe de la souillure par excellence. Elle est le salaire du péché et sa conséquence; elle rappelle la souillure de l'âme pécheresse dont la corruption cadavérique n'est qu'une image. La loi qui prescrit la purification à la suite du contact avec le cadavre symbolise donc l'obligation beaucoup plus impérieuse qui commande la purification de l'âme après le péché. — Les détails du rite tirent leur signification de ce principe général. Ce sont les Israélites eux-mêmes qui amènent la victime au prêtre. Le rite est donc solennel et national. Tous en effet sont, sans exception, coupables de péché et sujets à la mort. La victime est un animal femelle. Un animal de cette espèce est sans doute préféré à cause de la rareté du rite, et aussi afin de procurer une plus grande quantité de cendre. Comme cette cendre doit servir d'antidote contre certaines conséquences de la mort, on choisit pour la fournir un animal qui ordinairement engendre à la vie. Il est possible aussi que le choix de la vache ait été inspiré à Moïse par une idée de réaction contre la vénération dont les Égyptiens entouraient cet animal.

En Égypte, on immolait des bœufs, mais jamais des génisses, parce qu'elles étaient consacrées à Isis. Cf. Hérodote, ii, 41. Moïse ne jugea pas à propos de permettre l'immolation habituelle des vaches, à raison du préjudice qui en fût résulté pour son peuple. Mais, en prescrivant l'immolation et la combustion de la vache rousse, en vue d'un rite de purification, il montrait aux Israélites que cet animal ne méritait ni les honneurs, ni l'embaumement que lui décernaient les Égyptiens. — La vache devait être rousse. Les docteurs prétendent que les vaches de cette couleur étaient de plus grand prix, à cause de leur rareté. Cette assertion est problématique. D'autres observent que la couleur rousse était celle de Typhon, le principe mauvais, Diodore de Sicile, *Hist.*, i, 88, et qu'on disqualifiait la vache, sacrée aux yeux des Égyptiens, en lui prêtant la même couleur qu'au principe du mal. Cf. Spencer, *De leg. Hebræor. ritual.*, Tubingue, 1732, t. ii, p. 489; Munk, *Palestine*, Paris, 1881, p. 162. On peut penser aussi que, le rouge étant pris parfois comme la couleur symbolisant le péché, Is., i, 18, voir Couleurs, t. ii, col. 1070, la couleur rousse était choisie comme celle qui se rapprochait le plus du rouge dans le pelage des animaux. Ces explications ne s'imposent pas. L'Épître aux Hébreux, IX, 13, établit une relation figurative entre l'aspersion avec la cendre de la vache rousse et le sang du Christ, d'où la conclusion tirée par saint Augustin, *In Heptat.*, IV, 33, t. XXXIV, col. 733, que la couleur rousse figurait le sang rédempteur. A ce compte, cette couleur eût été exigée à plus forte raison pour les victimes immolées sur l'autel du Temple. Il est plus probable que Moïse a suivi ici une coutume léguée par les anciens, qui attachaient une signification sinistre à la couleur rousse. Cf. De Hummelauer, *In Num.*, Paris, 1899, p. 151. L'animal, destiné à un usage sacré, devait être sans défaut, comme les victimes ordinaires, et n'avoir servi à aucun usage profane. Il n'est pas remis au grand-prêtre Aaron, mais à son fils Éléazar, par conséquent à un dignitaire, qui aura la charge de faire sortir la vache du camp et de présider à son immolation. Cette victime a des rapports trop étroits avec la mort et ses souillures pour qu'on l'immole à proximité du Tabernacle, centre de sainteté et de vie. Avec son sang, le prêtre fait des aspersions comme celles qui sont de règle pour le péché du grand-prêtre ou de tout le peuple, Lev., IV, 6, 17, mais de loin, puisque cette victime dont la cendre purifiera garde elle-même une souillure qu'elle communique. — La victime est brûlée sous les yeux du prêtre, mais on jette dans le brasier du cèdre, de l'hysope et du cramoisi, trois matières employées pour la purification du lépreux. Lev., XIV, 6, 49. Elles ont une signification d'incorruptibilité et de purification. La cendre provenant de la victime est recueillie avec soin et déposée dans un lieu pur. On en met ensuite dans l'eau d'aspersion nécessaire pour les purifications. Il est à remarquer que cette eau n'a d'autre vertu que de purifier ceux qui sont souillés par le contact d'un mort. Les autres qui s'en servent contractent une souillure, Dieu voulant empêcher ainsi l'emploi de cette eau pour des usages superstitieux. Le rite de la vache rousse est appelé *ḥaṭṭâ't*, « sacrifice pour le péché », Num., XIX, 9; cf. Lev., VI, 18, 23; mais c'est un sacrifice d'un caractère exceptionnel, car l'immolation et la combustion ont eu lieu loin du sanctuaire. — La cendre joue ici un rôle très particulier; elle semble renforcer l'action de l'eau, qui est naturellement purificatrice; car la cendre est elle-même le produit d'une purification complète par le feu, qui détruit tous les éléments corrompus ou corruptibles. Le mélange de la cendre avec l'eau, dans les purifications, était familier aux anciens peuples, Indiens, Perses, Grecs, Romains, etc. Cf. Virgile, *Eclog.*, VIII, 101; Ovide, *Fast.*, IV, 639, 725, 733; Rosenmüller, *Das alte und neue Morgenland*, Leipzig, 1818, t. II, p. 200; Bähr, *Symbolik des mosaischen Cultus*, Heidelberg, 1839, t. II, p. 493-511.

3° *La pratique.* — Le rite de la vache rousse n'a pas cessé d'être en vigueur chez les Israélites jusqu'à la ruine de leur nationalité. Le traité *Para* de la Mischna lui est consacré. Les docteurs avaient précisé certains détails du cérémonial. Le prêtre appelé à présider à l'immolation et à la combustion se purifiait pendant sept jours à l'avance. *Para*, III, 1. Bien que la loi ne prescrivît pas l'intervention du grand-prêtre, il présidait ordinairement à l'accomplissement du rite, et revêtait pour cette occasion ses plus riches vêtements. *Para*, III, 8. La vache était achetée aux frais du trésor du Temple, parce qu'il s'agissait d'un rite intéressant la communauté tout entière. Elle devait être entièrement rousse. La Loi réclamait une vache *'adummâh ṭemîmâh*, « rousse parfaite », c'est-à-dire sans défaut. Les docteurs joignaient ensemble les deux mots et exigeaient un animal d'un roux complet, cf. Josèphe, *Ant. jud.*, IV, IV, 6, si bien qu'on le rejetait si on lui trouvait seulement deux poils blancs ou noirs. Cf. Hérodote, II, 38; Maimonide, *De vacc. ruf.*, I, 2, Amsterdam, 1711, p. 8. Le prêtre faisait sortir la vache du Temple par la porte orientale et la conduisait au mont des Oliviers. Mais, pour lui faire éviter toute espèce d'impureté, on la menait par un chemin artificiel construit sur étais au-dessus du sol. *Para*, III, 6. Quand la vache était immolée, le prêtre recueillait de son sang dans la main gauche et y trempait un doigt de la main droite pour asperger sept fois du côté du Temple. Après la combustion complète de la victime, la cendre était recueillie avec soin et déposée en trois endroits : au mont des Oliviers pour l'usage du peuple, au Temple pour l'usage des prêtres, et dans le mur extérieur de la ville, en souvenir de la combustion. *Para*, III, 11. Les docteurs prétendaient que neuf vaches rousses seulement avaient été brûlées depuis Moïse, dont une par Éléazar, et les huit autres depuis Esdras. *Para*, III, 5. Ce renseignement paraît absolument invraisemblable. Chaque année, la combustion de la vache rousse se faisait en adar, un mois avant la Pâque. Cf. S. Jérôme, *Epist.*, CVIII, 12, t. XXII, col. 887. Il est probable qu'à l'occasion de la Pâque on emportait de la cendre dans les principaux centres du pays, afin de rendre possibles les purifications dont le besoin devait être assez fréquent. Autrement il faudrait admettre que la plupart de ceux qui avaient été souillés par le contact d'un cadavre, d'ossements humains ou d'un sépulcre, attendaient pour se purifier l'occasion d'un voyage à Jérusalem pour la Pâque ou quelque autre fête ou pour l'offrande d'un sacrifice. — L'eau d'aspersion était puisée à la fontaine de Siloé. A défaut de cette eau, il fallait de l'eau vive et pure. La quantité de cendre à y mettre n'était pas déterminée; il suffisait qu'on pût apercevoir cette cendre à la surface du liquide. *Gem. Jer. Sota*, 18, 1. L'aspersion se faisait par un homme en état de pureté légale, sans que ce fût nécessairement par un prêtre. Parfois même on faisait remplir cette fonction par un enfant, afin que la condition de pureté fût plus assurée. Cf. Reland, *Antiquitates sacræ*, Utrecht, 1741, p. 114; Iken, *Antiquitates Hebraicæ*, Brême, 1741, p. 248. — Les formalités à remplir à la suite du contact d'un mort expliquent pourquoi Notre-Seigneur recommande à ses disciples de laisser à d'autres le soin d'ensevelir les morts. Matth., VIII, 22; Luc., IX, 60. — Quelques-uns ont pensé que le baptême pour les morts, ὑπὲρ τῶν νεκρῶν, dont parle saint Paul, I Cor., XV, 29, pourrait être l'aspersion reçue par les Israélites « à cause » des morts, la préposition ὑπὲρ ayant aussi ce sens. « Ceux qui se font baptiser ὑπὲρ τῶν νεκρῶν » seraient alors des Juifs résidant à Corinthe ou des chrétiens venus du judaïsme et encore fidèles à cette ancienne pratique. L'Apôtre invoque ce baptême comme preuve en faveur de la résurrection. Ce raisonnement seul indique qu'il ne saurait être ici question de l'aspersion de l'eau contenant la cendre de la vache rousse, car cette aspersion n'évoque aucune idée de résurrection et se base uniquement sur la souillure communiquée par le contact du cadavre. Cf. Prat, *La théologie de S. Paul*, Paris, 1908, p. 189.

H. LESÊTRE.

VAGAO (Septante : Βαγώας), eunuque d'Holoferne. Judith, XII, 10-12 (15 grec) ; XIII, 3 (grec); XIV, 13 (14). Il lui servit d'intermédiaire auprès de Judith. — L'eunuque qui emprisonna le roi de Perse Artaxerxès Ochus s'appelait aussi Bagoas = Vagao. Pline, *H. N.*, XIII, IV, 9, dit que ce nom en Perse est l'équivalent d'eunuque (Bagou). Voir BAGOAS, t. I, col. 1383.

VAHEB (hébreu : *Vâhêb;* Septante : Ζωόβ; ils ont lu un *zaïn* au lieu d'un *vav*) localité inconnue du pays des Amorrhéens, nommée dans une citation obscure, peut-être altérée pour les noms propres, des

Guerres du Seigneur. Num., XXI, 14. Il est dit dans le texte que Vaheb était en *Suphah*, ce qui a fait croire à quelques commentateurs que Suphah était la *Safiéh* actuelle, mais la lettre initiale de Suphah est un *samech*, ס, et celle de Safiéh est un ص, *ṣad*, qui ne peut guère reproduire le samech hébreu. Suphah est aussi inconnu. Quelques lexicographes ont pensé que Vaheb pouvait être un nom de fleuve. Les Septante ont traduit : « On lit dans le livre : la guerre du Seigneur a consumé Zoab et les torrents d'Arnon. » La Vulgate porte : « Il est dit dans le livre des Guerres du Seigneur : comme il a fait dans la mer Rouge, ainsi il fera dans les torrents d'Arnon. »

VAISSEAU. Voir NAVIRE, t. IV, col. 1502-1505.

1. VALLÉE (hébreu : *'afiq, biq'âh, gay'* ou *gê', naḥal, 'éméq*; chaldéen ; *biq'â'*; Septante : κοιλάς, ναπή, φάραγξ ; Vulgate : *vallis, convallis*), dépression de terrain, entre les flancs de collines ou de montagnes, qui va en s'inclinant et en s'élargissant. — Il y a beaucoup de vallées dans une région montagneuse comme la Palestine. Voir PALESTINE, t. III, col. 1985, 2037. La vallée dans laquelle coule le Jourdain est particulièrement remarquable à tous les points de vue. Voir JOURDAIN, t. III, col. 1710. Un certain nombre d'autres vallées sont mentionnées dans la Bible. Voir ACHOR, t. I, col. 147; BACA, col. 1372; BÉNÉDICTION, col. 1583; ESCOL, t. II, col. 1928; GÉENNOM, t. III, col. 153; JEPHTAHEL, col. 1249; JOSAPHAT, col. 1651; RAPHAÏM, t. V, col. 977; SALINES, col. 1373; SAVÉ, col. 1520; SÉBOÏM, col. 1552; SOREC, col. 1845; TÉRÉBINTHE 1, col. 2089. Sur la vallée des Bois, voir MORTE (MER), t. IV, col. 1306. Il est aussi parlé d'une vallée des Artisans, I Par., IV, 14; II Esd., XI, 35. Sur la vallée du Tyropœon ou des Fromagers, voir JÉRUSALEM, t. III, col. 1328. Cf. Reland, *Palæstina illustrata*, Utrecht, 1714, p. 347-359. — Les vallées de Palestine étaient fertiles et bien cultivées. Job, XXIX, 10; Ps. LXIV (LXIII), 14; Cant., VI, 10; Jer., XLIX, 4. Les sources y coulaient. Ps. CIV (CIII), 10. On y habitait de préférence. Num., XIV, 25; Jud., I, 19. Balaam compare aux vallées le beau spectacle des tentes d'Israël. Num., XXIV, 6. Ailleurs, il y avait des vallées affreuses. Job, XXX, 6. Les anciens Chananéens occupaient les vallées palestiniennes et ils y faisaient manœuvrer des chars de guerre, ce qui empêcha parfois les Israélites de les en déloger. Jud., I, 19. Par la suite, les Syriens ne pouvaient atteindre ces derniers dans les montagnes et s'efforçaient de les attirer dans les plaines et dans les vallées. III Reg., XX, 23. Les envahisseurs suivaient naturellement le cours des vallées pour arriver dans le pays. Is., XXII, 7; Judith, XVI, 5. C'est pourquoi les prophètes annoncent qu'elles seront ruinées, Jer., XLVIII, 8, et qu'elles se fondront comme la cire, Mich., I, 4, au moment de l'invasion des ennemis. — Un jour, Dieu comblera les vallées et abaissera les montagnes, Is., XL, 4; Bar., V, 7; Luc., III, 5, c'est-à-dire qu'il rendra aisé le chemin qui doit mener au salut.

H. LESÈTRE.

2. VALLÉE DES ARTISANS (hébreu : *Gê' ḥărâšîm*; Septante : Ἀγεαδδαΐρ, I Par., IV, 14; Ὠνωγηαρασείμ, II Esd., XI, 35), vallée des environs de Jérusalem, au nord, où étaient des artisans dont elle tirait son nom, I Par., IV, 14, et qui étaient les fils ou les descendants de Joab, de la tribu de Juda. Voir JOAB 2, t. III, col. 1549. Sa position est déterminée approximativement par II Esd., XI, 35, qui nous apprend qu'elle était dans la plaine d'Ono. Voir ONO 2, t. IV, col. 1821.

VAN (hébreu : *mizréh, nâfâh, raḥaṭ*; Septante : πτύον, λίκμος; Vulgate : *ventilabrum*), ustensile qui sert aux vanneurs, *zârîm, ventilatores*, pour vanner, *zârâh*, λικμᾷν, *ventilare*, c'est-à-dire pour séparer la paille d'avec le grain. — Pour procéder au vannage, les anciens se servaient d'une fourche à trois ou quatre dents, *ventilabrum*, au moyen de laquelle ils enlevaient la paille mêlée au grain et la lançaient très loin en l'air. Le vent entraînait la paille, tandis que le grain plus lourd retombait sur le sol. Ensuite on reprenait ce grain avec une pelle de bois, πτύον, et on le lançait transversalement à la direction du vent, qui emportait les fétus et les rebuts, ne laissant retomber que le

540. — Vanneurs égyptiens.
D'après Wilkinson, *Manners of the ancient Egyptians*, 1878; t. II, p. 423.

grain (fig. 540). Cf. MOISSON, fig. 305, registre d'en bas, à gauche, t. IV, col. 1217. Quand le vent faisait défaut, on employait le *vannus*, grand panier d'osier peu profond, et muni de deux anses (fig. 541). On y mettait le grain on le projetait en l'air au moyen de brusques secousses et on le ressaisissait quand il retombait, abandonnant à chaque coup une partie des matières plus légères. Il est probable que les Israélites se servaient de ces différents procédés pour vanner. Les trois mots hébreux désignent des instruments différents, dont les versions n'ont pas toujours défini le sens précis. — Il n'est question du van au sens propre que dans Ruth, III, 2 : Booz doit vanner la nuit l'orge qui est dans son aire. Le travail se fait la nuit, pour éviter la chaleur du jour; mais il ne l'occupe pas tout entière, car Booz

541. — Panier d'osier servant à vanner.
D'après Rich, *Dictionnaire des antiquités*, p. 694.

doit prendre son repas et se coucher, bien avant le milieu de la nuit. Ruth, III, 8. — Dans les autres passages, il n'est parlé de van qu'au sens figuré. Isaïe, XXX, 24, décrivant l'état d'Israël régénéré, dit que les animaux qui travaillent la terre mangeront l'herbe et le grain « que l'on aura vanné avec le *raḥaṭ* et le *mizréh*, » peut-être la fourche ou la pelle et le van. Il ajoute que Dieu « vannera les nations avec le van, *nâfâh*, de la destruction, » qui les dispersera comme la paille. Is., XXX, 28. « Tu les vanneras, *tizrêm*, λικμήσεις, *ventilabis*, et le vent les emportera. » Is., XLI, 16. — Jérémie, IV, 11, 12, parlant du châtiment qui va fondre sur Israël, le compare à un vent violent du désert, plus fort que celui qui sert à vanner et à chasser la paille. Dieu vannera avec un van les Israélites aux portes du pays. Jer., XV, 7. Cf. Job, XXVII, 21. Il lâchera sur Babel « des vanneurs qui la vanneront. » Jer., LI, 2. — Ézéchiel, V, 2, pour figurer le châtiment, doit prendre les cheveux et la barbe d'un homme, en brûler un tiers, couper en menus morceaux le second tiers, et vanner au vent le troisième tiers. — Amos,

IX, 9, dit que la maison d'Israël sera secouée au crible, *kebârâh, cribrum*. Les Septante traduisent par λίκμος, « van ». Voir CRIBLE, t. II, col. 1118. — L'Ecclésiastique, V, 9 (11), recommande de ne pas « vanner à tout vent », c'est-à-dire de ne pas changer d'opinion à tout propos. — Saint Jean-Baptiste annonce que le Messie va paraître le van à la main pour nettoyer son aire et ne garder que le bon grain, c'est-à-dire pour séparer les

542. — Paysan romain occupé à vanner.
D'après A. Rich, *Dictionnaire des antiquités*, p. 446.

méchants d'avec les bons et les envoyer au feu qui ne s'éteint pas. Matth., III, 12; Luc., III, 17. — Notre-Seigneur dit que la pierre rejetée par les constructeurs écrasera celui sur qui elle tombera, *conteret eum*; dans le texte grec : λικμήσει αὐτόν, « le vannera », le rejettera au loin comme le vent emporte la paille, ce qui constitue une allusion à la parole de saint Jean-Baptiste. Matth., XXI, 44 (fig. 542). H. LESÊTRE.

VAN ESS Léander, né le 15 février 1772 à Warbourg en Westphalie, mort le 13 octobre 1847 à Affolderbach in Odenwald. Il entra en 1790 comme novice chez les bénédictins et il fut ordonné prêtre en 1796 à l'abbaye bénédictine de Marienmünster dans la principauté de Paderborn. En 1812, il devint professeur extraordinaire de théologie catholique à l'université de Marbourg. Il se fit surtout connaître par ses travaux de traduction de la Bible et par son zèle à en propager la lecture. Il publia d'abord avec son frère Charles *Die h. Schriften des Neuen Testamentes*, Brunswick, 1807, et ensuite, avec la collaboration de H. J. Wetzer, un de ses élèves, *Die h. Schriften des Alten Testamentes, mit beigesetzten Vergleichungen der lateinischen Vulgata und erklärenden Parallelstellen übersetzt*, Sulzbach, 1822-1836. Sa version est faite sur le texte hébreu et n'est pas sans reproche. Voir Werner, *Geschichte der katholischen Theologie*, Munich, 1866, p. 398-400. On a aussi de lui : *Pragmatischkritische Geschichte der Vulgata in Allgemeinen, und zunächst in Beziehung auf das Tridentische Decret. Oder ist der Katholik gesetzlich an die Vulgata gebunden?* Tubingue, 1824. On lui doit également une édition stéréotypée des Septante, Leipzig, 1824, une édition de la Vulgate, 1822-1824, et une édition du Nouveau Testament grec avec la Vulgate, 1827, etc. — Voir H. Reusch, dans l'*Allgemeine deutsche Biographie*, t. VI, Leipzig, 1877, p. 378; Wetzer et Welte, *Kirchenlexicon*, 2e édit., t. IV, 1886, col. 909-910.

VANIA (hébreu : *Vanyâh;* Septante : Οὐουανία), un des fils ou descendant de Bani qui avait épousé une femme étrangère. Esdras l'obligea à la renvoyer. I Esd., X, 36.

VANITÉ (hébreu : *'avén, 'élîl, hébél, šéqér;* Septante : ματαιότης; Vulgate : *vanitas*), ce qui n'a aucune valeur, qui ne mérite pas qu'on s'en occupe, qui est inutile ou nuisible. — Le mot *'avén* s'entend de tout ce qui est vain, l'idolâtrie et les idoles, I Reg., XV, 23; Is., LXVI, 3, voir IDOLE, t. III, col. 816; le mensonge, Ps. XXXVI (XXXV), 4; Prov., XVII, 4, voir MENSONGE, t. IV, col. 973, de même que *šéqér*, Ps. XXXIII (XXXII), 17; I Reg., XXV, 21; Jer., III, 23; la méchanceté, Num., XXIII, 21; Job, XXXVI, 21; l'épreuve. Ps. LV (LIV), 4; Prov., XXII, 8, et même la douleur. Gen., XXXV, 18; Ose., IX, 4. Le mot *'élîl* marque l'inutilité, Job, XIII, 4; Zach., XI, 17, et *hébél* le souffle, Lam., IV, 17; Jer., X, 3, 8. Voir SOUFFLE, col. 1853. Les Hébreux rangeaient donc ainsi très philosophiquement parmi les choses de néant les choses mauvaises elles-mêmes, parce qu'elles ne participent pas à ce qu'il y a de positif et de réel dans l'être. — Parmi les vanités, les auteurs sacrés rangent en outre les hommes eux-mêmes, au moins quant à leur nature mortelle, Ps. LXII (LXI), 10, les méchants et leurs œuvres, Is., XLI, 29, les Israélites infidèles, Jer., II, 5, les faux prophètes et leurs visions, Ezech., XIII, 6; XXII, 28, les faux docteurs et leurs théories, II Pet., II, 18, les gentils, leur conduite et leurs pensées; Eph., IV, 17; I Pet., I, 18; Act., XIV, 14, les pensées de l'homme en général, Ps. XCIV (XCIII), 11, même celles des sages, I Cor., III, 20, les secours de l'homme, Ps. CVIII (CVII), 13, les espérances de l'insensé, Eccli., XXXIV, 1, la divination, les augures et les songes, Eccli., XXXIV, 5, les disputes sur la loi, Tit., III, 9, la religion de celui qui a mauvaise langue, Jacob, I, 26, le trésor mal acquis, Prov., XXI, 6, la beauté, Prov., XXXI, 30. L'Ecclésiaste énumère avec complaisance ce qu'il appelle *hăbēl hăbâlîm*, « vanité des vanités ». Il la trouve dans la sagesse humaine, I, 12-18, dans les joies profanes, II, 1-11, dans la richesse, II, 18-25, dans l'impuissance de l'homme en face des choses de ce monde, III, 1-15, et des maux de la vie, IV, 1-16, dans l'ignorance de l'homme, VIII, 16-17, dans le sort commun du juste et de l'injuste, IX, 1-10, et il conclut qu'une seule chose n'est pas vanité : craindre Dieu et observer ses commandements, XII, 13. — Saint Paul dit que « la création a été asservie à la vanité. » Rom., VIII, 20. En effet, les choses de la nature, mises par Dieu à la disposition de l'homme, ont été employées par ce dernier, non pas uniquement au service de Dieu et à sa propre utilité, mais encore à la satisfaction de ses passions dépravées et de ses vices. Aussi la nature attend son affranchissement de la vanité.

H. LESÊTRE.

VAPEUR, sorte de brouillard qui se dégage de certains corps par suite de l'humidité, de la chaleur, de la combustion d'un parfum, etc. La vapeur est ainsi sensible soit à la vue, comme un nuage, soit au toucher, comme une bouffée de chaleur, soit à l'odorat, comme l'odeur d'un parfum. C'est en ce sens tout vulgaire que les auteurs sacrés parlent de vapeur. — Dans le commencement, une vapeur, *'êd*, montait de la terre et arrosait la surface du sol. Gen., II, 6. C'est le principe du phénomène de la pluie auquel la Sainte Écriture fait plusieurs fois allusion. Job, XXXVI, 27; Jer., X, 13; LI, 16; etc. Voir PLUIE, t. V, col. 470. Les anciennes versions ont fait de *'êd* une source, πηγή, *fons*. On a cherché à expliquer ce mot par l'assyrien *édû*, « flot, inondation ». On lui donne plus généralement le sens de vapeur, par comparaison avec l'arabe, sens qui d'ailleurs convient mieux dans Job, XXXVI, 27. — Avant le feu s'élève la vapeur de la fournaise, ἀτμίς, *vapor*, c'est-à-dire l'air chaud qui précède la flamme. Eccli., XXII, 30. Cette vapeur brûle les membres du forgeron. Eccli., XXXVIII, 29. Au jour du jugement, Dieu fera paraître du sang, du feu et *timrôt 'āšān*, des « palmes de fumée ». Joel, II, 30. Les versions traduisent par ἀτμίς καπνοῦ, *vapor fumi*, et le texte des Actes, II, 19, reproduit leur traduction. Le sens général est d'ailleurs le même. La Sagesse, XI, 19, parle d'animaux soufflant un air enflammé, πυρπνόον ἆσθμα, *vaporem ignium*, « une vapeur de feu ». — La nuée du parfum qui doit couvrir le propitiatoire, *'ânan*, est appelée vapeur par les versions. Lev., XVI, 13. Ézéchiel, VIII, 11; nomme aussi *'ăṭar*, « vapeur », la nuée qui s'élève de l'encens. La sagesse est la « vapeur », ἀτμίς, *vapor*, de la puissance de Dieu, le doux parfum que cette puissance dégage. Sap., VII, 25. — Saint Jacques, IV, 15, compare la vie de l'homme à une vapeur qui paraît un moment pour s'évanouir ensuite.

H. LESÊTRE.

VAPSI (hébreu *Vofsî;* Septante : Σαβί; *Alexandrinus :* Ἰασσί), père de Nahabi, de la tribu de Nephthali. Nahabi fut un des douze espions envoyés par Moïse pour explorer la Palestine. Num., XIII, 15 (hébreu, 14).

VASE (hébreu : *kelî, ṣinṣénéṭ, ėṣéb, mérqâḥâh, qérén;* chaldéen : *mâ'n;* Septante : ἀγγεῖον, σκεῦος, στάμνος; Vulgate : *vas, vasculum*), récipient dans lequel on peut verser du liquide et des matières sèches en poudre ou en grains. — Le mot *kelî*, le plus ordinairement employé, a des acceptions diverses : ustensile en général, instrument, arme, outil, bagage, etc. Le grec σκεῦος se prête à des acceptions analogues. Dans la Vulgate, le mot *vas*, qui traduit littéralement *kelî* et σκεῦος, ne signifie donc pas toujours un récipient.

1° *Vases ordinaires.* — Il y a des vases d'argile, Ps. II, 9; Sap., XV, 7; etc., voir POTERIE, col. 570, de bois ou de pierre, Exod., VII, 19, d'airain, II Reg., VIII, 10, d'argent, Prov., XXV, 4, d'or, III Reg., X, 21, et de grand prix. Jer., XXV, 34. Les vases peuvent contenir de l'eau, Num., XIX, 17; de l'huile, Num., IV, 9; IV Reg., IV, 3-6; Judith, X, 5; Matth., XXV, 4, quelquefois enfermée dans le creux d'une corne, I Reg., XVI, 1, 13; III Reg., I, 39; du miel, Gen., XLIII, 11; III Reg., XIV, 3; du vinaigre, Joa., XIX, 29; des parfums, Gen., XLIII 11, spécialement enfermés dans une *mérqâḥâh*, ἐξάλειπτρον, Job, XLI, 23; des liquides que l'on transvase, Jer., XLVIII, 11, 12; des provisions, II Reg., XVII, 28; des poissons, Matth., XIII, 48; des cendres, Exod., XXV, 38; etc. La manne conservée dans l'Arche avait été versée dans un *ṣinṣénéṭ*, στάμνος, « cruche ». Exod., XVI, 33. Les vases servaient surtout à contenir les breuvages. III Reg., X, 21; XVII, 10; Esth., I, 7; etc. Voir COUPE, t. II, col. 1074. — Les lois de purification contiennent des prescriptions concernant les vases souillés. Le vase dans lequel on a fait cuire une victime pour le péché doit être brisé, s'il est de terre, nettoyé et passé à l'eau, s'il est de métal. Lev., VI, 28. Le traitement est le même pour le vase souillé par le cadavre d'une bête impure, Lev., XI, 33, et pour celui qu'aura touché un homme atteint d'une maladie impure; le vase de bois sera seulement lavé. Lev., XV, 12. A la mort d'un homme, tout vase découvert qui se trouve dans sa demeure devient impur. Num., XIX, 15. Cf. Matth., XXIII, 25, 26; Luc., XI, 39, 40. — Les Juifs distinguaient six espèces de vases sujets à la souillure, les vases de terre, de peau (outres), d'os, de verre, de métal et de bois. Ils exigeaient des vases différents pour préparer la viande et les autres aliments, lait, beurre, fromage, poisson. Ils regardaient comme interdit de préparer dans le même plat ces aliments, ou même de les manger ensemble ou immédiatement l'un après l'autre. Cf. Reland, *Antiq. sacr.*, Utrecht, 1741, p. 105; Iken, *Antiq. hebr.*, Brême, 1741, p. 556.

2° *Vases sacrés.* — Parmi les ustensiles du sanctuaire se trouvaient des vases proprement dits. Des vases d'or de diverses sortes furent fabriqués pour l'usage du Tabernacle. Exod., XXV, 38; XXVII, 3; XXXVII, 16, 23; XXXVIII, 3; Num., VII, 84, 85. David offrit à Jéhovah des vases d'or, d'argent et d'airain dont on lui avait fait présent. II Reg., VIII, 10. Salomon fit fabriquer d'autres vases précieux pour le service du Temple. III Reg., VII, 45, 50. Asa en donna aussi. III Reg., XV, 15. Joas, roi d'Israël, s'empara des vases du Temple. IV Reg., XIV, 14; II Par., XXV, 24. Les Chaldéens emportèrent les vases sacrés qu'ils trouvèrent au moment de la prise de la ville. IV Reg., XXV, 14; II Par., XXXVI, 18. Balthasar s'en servit dans son festin de Babylone. Dan., V, 2, 3, 23. Cyrus les rendit aux Juifs. Jer., XXVII, 16; I Esd., I, 7. Plus tard, Antiochus Épiphane les pilla de nouveau. I Mach., I, 23. Le grand-prêtre Ménélas en fit autant à son époque. II Mach., IV, 32. — Isaïe, LII, 21, invite à se purifier ceux qui portent les vases de Jéhovah. L'offrande est présentée au Temple dans un vase pur. Is., LXVI, 20.

3° *Comparaisons.* — Le grand-prêtre Onias est comparé à un vase d'or massif. Eccli., L, 10. Des ornements d'argent ne vont pas mieux à un vase d'argile que des lèvres brûlantes à un cœur mauvais. Prov., XXVI, 23. Le vase fêlé, brisé, vide, est l'image de ce qui est impuissant et méprisable. Ps. XXXI (XXX), 13; Eccli., XXI, 17; Jer., XXII, 28; LI, 34; Bar., VI, 15. La sagesse vaut mieux qu'un vase d'or fin. Job, XXVIII, 17. — Les vases d'élection, Act., IX, 15, de colère ou de miséricorde, Rom., IX, 22-23, désignent les hommes qui sont l'objet du choix de Dieu, de sa vengeance ou de sa bonté. — Isaïe, XXII, 24, compare les membres d'une famille à des vases de différentes tailles, depuis la coupe jusqu'aux jarres. Le vase de terre dans lequel on porte le don de Dieu est le corps fragile. II Cor., IV, 7. Saint Paul donne le nom de vase au corps du chrétien qu'il faut maintenir dans la pureté. I Thes., IV, 4. Saint Pierre appelle la femme « un vase plus faible », que le mari doit traiter avec honneur. I Pet., III, 7. David emploie le mot *kelim*, *vasa*, dans un sens physiologique plus étroit, pour certifier la continence de ses compagnons. I Reg., XXI., 5. Cf. Dhorme, *Les livres de Samuel*, Paris, 1910, p. 195.

H. LESÊTRE.

VASES DU TEMPLE DE JÉRUSALEM. Voir MER D'AIRAIN, t. IV, col. 982; bassins, col. 987.

VASSENI (hébreu : *Vašnî;* Septante : Σανί), fils aîné de Samuel, d'après I Par., VI, 28. Comme d'après I Sam. (Reg.), VIII, 2, le fils aîné de Samuel s'appelait Joel et le second Abia, il est probable que le nom de Joel est tombé dans les Paralipomènes et que comme Vasseni signifie « le second », il faut rétablir ainsi le texte des Paralipomènes : « Fils de Samuel : le premier-né Joel et le second Abia. » C'est ainsi qu'on lit dans la Peschito et dans la version arabe de la Polyglotte de Walton.

VASTHI (hébreu : *Vastî;* Septante : Ἀστίν), reine de Perse, femme d'Assuérus. Son nom signifie peut-être « excellente », d'après le perse *vahista*. Elle était d'une beauté remarquable et le roi voulut la montrer aux grands de sa cour pendant un festin. Elle donnait elle-même un repas pendant ce temps à ses femmes, et, pour ne pas violer les usages perses, elle refusa de se montrer sans voiles et désobéit au roi. Assuérus la répudia et Esther devint reine à sa place. Esther, I, 9, 11, 12, 15, 16, 17, 19; II, 1, 4, 17.

VATABLE ou **VATEBLÉ** François, hébraïsant français, né à Gamaches en Picardie, mort à Paris le 16 mars 1547. Quand François Ier fonda le collège de France (1630), il y fut le premier professeur d'hébreu et ses cours eurent la plus grande réputation. Il n'a rien écrit sur l'Écriture, mais Robert Estienne publia à Paris, sous le nom de ce savant, des notes prises à ses cours, qu'il joignit à la Bible traduite en latin par Léon de Juda sur le texte hébreu, in-8°, Paris, 1545, avec d'autres notes empruntées à Calvin, Munster, Fagius, etc. L'imprimeur les attribua à Vatable, sans doute afin d'empêcher la censure de la Sorbonne, mais cela n'empêcha pas les docteurs de Paris d'en discerner le venin et de les condamner en 1547. Robert Estienne s'étant retiré à Genève défendit son œuvre et la rendit encore plus calviniste en la réimprimant, in-f°, Genève, 1547, avec la traduction latine de Sanctes Pagninus et des notes tirées de ce dernier et d'autres, au lieu de la traduction de Léon de Juda. Les docteurs de Salamanque en publièrent en 1584 une édition corrigée. Nicolas Henri, professeur d'hébreu au Collège royal, en donna une autre édition, 2 in-f°, 1729-1745. Les notes sont littérales et critiques, claires et précises, et elles se distinguent par leur caractère philologique de celles des commentaires de cette époque qui sont surtout dogmatiques et polémiques. Robert Estienne publia à part les *Psaumes*, Genève, 1556, avec des notes plus étendues qui avaient peut-être été recueillies aux cours de Vatable. Ces notes furent insérées dans les *Critici sacri* et réimprimées aussi à Halle, in-8°, 1767, avec celles de Grotius, par G. J. L. Vogel. — Voir H. Strack, dans Herzog-Hauck, *Real-Encyklopädie für prot. Theologie*, 3e édit., XX, 1908, p. 431; Cl.-P. Gouget, *Mémoires hist. et littér. sur le collège de France*, in-4°, Paris, 1758, p. 88-92.

VATICANUS (CODEX). Ce manuscrit célèbre de la Bible grecque appartient à la bibliothèque du Vatican, où il est coté *Vatican. gr. 1209* (fig. 543). L'écriture est onciale, d'une main qu'on attribue au IVe siècle. Chaque page a trois colonnes de texte, chaque colonne 42 lignes. Dans les livres poétiques, où le texte est distribué en stiques, on ne compte que deux colonnes à la page. Le parchemin est d'une extrême finesse. Pas d'initiales plus grosses que les caractères courants, mais la première lettre des chapitres (ou ce qui peut être pris pour tel) dépasse un peu en marge. Pas d'accents, pas d'esprits, de première main du moins. Ponctuation très rare, remplacée le plus souvent par un léger espacement des mots à interponctuer. Hauteur du manuscrit: 27 à 28 centimètres; largeur : 27 à 28 aussi. Le manuscrit compte 759 feuillets, dont 617 pour l'Ancien Testament, 142 pour le Nouveau. Les livres des Machabées n'ont jamais figuré dans le manuscrit. Par accident, il manque Gen., I, 1-XLVI, 28; Ps., CV, 27-CXXXVII, 6; Hebr., IX, 14-XIII, 25; les deux Épîtres à Timothée, l'Épître à Tite, l'Épître à Philémon, l'Apocalypse. Les parties accidentellement manquantes ont été suppléées par un habile copiste du XVe siècle. Le texte oncial, si l'on en croit Tischendorf, serait l'œuvre de trois copistes; le Nouveau Testament serait tout entier du même copiste. Le texte oncial aurait été corrigé successivement par deux mains, dont la première serait contemporaine des copistes; la seconde serait du XIe-XIIe siècle.

Ce manuscrit est de premier ordre pour l'établissement du texte grec de la Bible. Tischendorf a émis l'opinion qu'il avait été copié dans le même *scriptorium* que le *Codex Sinaiticus*, simple possibilité. On a dit souvent qu'il figurait dans les anciens catalogues de la bibliothèque du Vatican de la fin du XVe et du XVIe siècle : je l'ai cherché vainement dans l'inventaire du pape Nicolas V, dans celui du pape Léon X, dans celui du pape Paul III. Il n'a été classé à son numéro d'ordre, *Vat. gr. 1209*, qu'à l'époque du pape Paul V (1605-1621), car il est précédé de peu dans les rayons d'un manuscrit (*Vat. 1190*) offert à ce pape par Alexandre Turriano, et d'un autre (*Vat. 1191*) qui a été acquis en 1612. Le *Vat. 1208* qui le précède immédiatement est le célèbre manuscrit des Actes des Apôtres écrit en lettres d'or, qui fut donné au pape Innocent VIII par la reine de Chypre, manuscrit qui ne figure pas davantage aux inventaires de Léon X et de Paul III. Il est possible que, possédés par le Saint-Siège pendant tout le XVIe siècle, le *Vat. 1208* et le *Vat. 1209* aient été conservés à part, car le *Vat. 1209* était célèbre dès lors. En 1533, Jean Genesius de Sepulveda adresse à Érasme 356 leçons prises à ce manuscrit, leçons que lui a communiquées Paul Bombasio, par une lettre datée de 1521. Nestle, *Septuaginta-Studien*, p. 5. En 1546, Sirleto écrit au cardinal Cervini : *In quello esemplare che e nella libreria di N. S. il quale un tempo haveva don Basilio, ve son le precise parole que allega S. Paolo,* εὐφράνθητε ἔθνη μετὰ τοῦ λαοῦ αὐτοῦ. Rom., XV, 10, pris à Deut., XXXII, 43. Cette lettre de Sirleto est mentionnée dans mon petit livre sur *La Vaticane de Paul III à Paul V*, Paris, 1890, p. 86. J'ignore qui est le don Basilio mentionné par Sirleto. En 1583, le même Sirleto écrit à Barthélemy Valverde, qui l'a interrogé sur quelques passages difficiles de la Bible, que les difficultés tiennent moins à la nature du sujet qu'à l'impéritie des copistes ou des éditeurs. Donc, pour les résoudre, Sirleto a le dessein de collationner ces passages *cum exemplari græco Vaticanæ bibliothecæ, quod tam miræ vetustatis est, ut doctorum virorum judicio præferatur omnibus quæ in publicis vel in privatis bibliothecis inveniuntur. Op. cit.*, p. 84. Nicolas Maggiorano, qui était correcteur à la Vaticane avant de devenir, en 1553, évêque de Molfetta, a colligé une série *observationum quas ex græco utriusque Testamenti codice vetustissimo Vaticano annotarat. Ibid.* En 1560, Latino Latini rapporte que Sirleto lui a dit que *multa sunt in eo codice non temere vulganda, ne novarum rerum studiosis, id est Arianis et Macedonianis huius ætatis, maior insaniendi occasio præbeatur. Op. cit.*, p. 85. En 1586, l'édition sixtine des Septante est publiée par ordre de Sixte-Quint et par les soins du cardinal Carafa on a pris pour base notre manuscrit, dont Carafa dit, dans la préface : *Intelleximus, cum ex ipsa collatione, tum e sacrorum veterum scriptorum consensione, Vaticanum codicem non solum vetustate, verum etiam bonitate cæteris anteire; quodque caput est, ad ipsam quam quærebamus Septuaginta interpretationem, si non toto libro, maiori certe ex parte, quam proxime accedere. Op. cit.*, p. 88.

L'édition sixtine des Septante suffit longtemps aux besoins de la critique. En 1669, cependant, un correcteur de la bibliothèque Vaticane, Jules Bartolocci, prit une collation du Nouveau Testament sur l'édition d'Alde de 1518, collation que possède la Bibliothèque nationale, *Supp. gr. 53*. Voyez Gregory, *Prolegomena*, p. 361. Nouvelle collation en 1720, pour Bentley : elle est conservée à Cambridge, dans la bibliothèque de Trinity College *B, 17, 3* et *20*. Gregory, *ibid.* En 1809, le manuscrit était à Paris, où il fut étudié par Léonard Hug, qui publia peu après une dissertation *De antiquitate codicis Vaticani*, Fribourg, 1810. Le manuscrit fut restitué au Vatican, avec les autres trésors que Napoléon avait enlevés; puis le cardinal Mai entreprit d'en éditer le texte : on l'imprima, de 1828 à 1838, mais le cardinal Mai, conscient de l'imperfection de son travail, se refusa à le publier jusqu'à sa mort, qui arriva en 1854. La publication fut alors confiée au P. Vercellone, qui s'en acquitta en 1857 une première fois, et à nouveau pour le Nouveau Testament en 1859. Quand on sait quelle difficulté présente une semblable édition diplomatique, on ne s'étonne pas que celle de Mai et de Vercellone laisse infiniment à désirer. On s'y reprit une troisième fois; le travail échut, après la mort de Vercellone, au P. Cozza, et l'édition parut de 1868 à 1881. La critique la plus indulgente a estimé que cette dernière tentative ne rachetait pas le défaut des précédentes. Voyez H. Swete, *The Old Testament in greek*, Cambridge, 1887, t. I, p. XVIII. Nous avons eu enfin une reproduction photographique du *Vaticanus*, qui coupe court aux critiques, *Codices e Vaticanis selecti phototypice expressi*, Rome et Milan, 1902 sq.; *Bibliorum græcorum Codex Vaticanus 1209, pars I, Testamentum Vetus*, Milan, 1905-1906; *pars II, Testamentum Novum*, Milan, 1904.

P. BATIFFOL.

Imp. G. Deberque

CODEX VATICANUS

II Par., xxxvi, 14. — I Esd., i, 5.

VAUDOISES (VERSIONS) DE LA BIBLE. — Quand on parle aujourd'hui de versions « vaudoises » de l'Écriture, on n'entend plus des traductions en langue vulgaire, faites, avant 1170, soit par le Lyonnais Valdo, fondateur de la secte vaudoise, soit par ses premiers adhérents. On entend par là des versions bibliques, rédigées dans le dialecte parlé au XIVe siècle par les habitants des Vallées vaudoises des Alpes. Si les premiers vaudois du XIIe siècle avaient à leur disposition une traduction de la Bible (ce qui n'est pas démontré), elle n'avait pas été faite dans ce dialecte, et nous ignorons en quel idiome roman elle aurait été composée. Les manuscrits qui nous restent d'une version biblique en dialecte des Vallées vaudoises sont plus récents et reproduisent un texte différent de celui qu'on attribue à Pierre Valdo de Lyon. Voir Ed. Reuss, *Fragments littéraires et critiques relatifs à l'histoire de la Bible française*, dans la *Revue de théologie de Strasbourg*, juin 1851, t. II, p. 321-364. Les vaudois, du reste, ont eu à leur usage une version provençale du XIIIe siècle, qui a exercé de l'influence sur les traductions en idiome vaudois. Voir t. V, col. 775-776. Celles-ci comprennent le Nouveau Testament en entier et des parties ou fragments de l'Ancien Testament.

I. NOUVEAU TESTAMENT. — 1° *Les manuscrits.* — 1. Le plus ancien de tous a été signalé par le P. Lelong, *Bibliothèque sacrée*, t. I, p. 369, comme appartenant à Henri-Joseph de Thomassin, seigneur de Mazauges, d'après Rémerville de Saint-Quentin, *Pièces fugitives*, 1704, t. II, p. 270. Après 1743, il fut acheté par l'évêque de Carpentras, Inguimbert, qui le donna à sa ville épiscopale. Il se trouve aujourd'hui encore à la bibliothèque Inguimbert de Carpentras. Il est du XIVe siècle et d'une écriture arrondie du midi de la France. Il contient, à la suite du Nouveau Testament, les livres sapientiaux de l'Ancien. Chaque livre est précédé d'un prologue ou argument. Rien ne prouve l'origine vaudoise de ce manuscrit qui pourtant a dû être entre les mains de vaudois, comme semble l'indiquer une note italienne du XVe siècle dressant la liste des livres deutérocanoniques de l'Ancien Testament. S. Berger a publié quelques extraits du texte, dans *Romania*, 1889, t. XVIII, p. 379-382.

2. Vient ensuite, par ordre de date, le manuscrit de Dublin, Trinity College, *A. 4, 13*, daté de 1522. Il provient de l'archevêque Ussher, qui l'avait acheté vers 1634, avec une collection d'écrits vaudois, ayant appartenu au ministre dauphinois J.-P. Perrin. Ces manuscrits avaient été recueillis dans la vallée du Pragela et envoyés par le synode des Vallées à Perrin pour son *Histoire des vaudois*, Genève, 1618. Cf. *op. cit.*, t. I, p. 57; J. Léger, *Histoire générale des Églises évangéliques des Vallées de Piémont ou vaudoises*, Leyde, 1669, t. I, p. 24. W. S. Gilly l'a signalé le premier, en a donné un fac-similé et en a publié l'Évangile de saint Jean, mais d'une façon très fautive. *The romaunt Version of the Gospel according to St. John*, Londres, 1848. M. Herzog, en a pris une copie qu'il a déposée à la bibliothèque royale de Berlin. Cf. Herzog, *Die romanischen Waldenser*, p. 55, 99; Grüzmacher, *Jahrbücher für roman. und angl. Litteratur*, 1862, t. IV, p. 372; Todd, *The Books of the Vaudois*, Londres et Cambridge, 1865, p. 1; P. Meyer, *Recueil d'anciens textes*, 1874, p. 32; Al. Muston, *L'Israël des Alpes*, 2e édit., 1879, t. IV, p. 95; H. Haupt, *Die deutsche Bibelübersetzung der mittelalterlichen Waldenser*, Wurzbourg, 1885, p. 20; E. Comba, *Histoire des vaudois d'Italie*, 1887, t. I, p. 225; C. Salvioni, *Bulletin de la Société d'histoire vaudoise*, 1889, n. 5, p. 35. Comme le précédent, ce manuscrit contient le Nouveau Testament et les livres sapientiaux; il n'en est pas cependant la reproduction, puisqu'il s'étend jusqu'au c. XXIII de l'Ecclésiastique, alors que le manuscrit de Carpentras s'arrête à XVI, 4.

3. Les manuscrits de Grenoble, bibliothèque municipale, *U. 860*, et de Cambridge, bibliothèque de l'université, *DD. 15. 34*, sont du commencement du XVe siècle et reproduisent le même texte, jusqu'aux fautes de copie et aux erreurs. Le premier comprend tout le Nouveau Testament avec une partie des livres sapientiaux de l'Ancien, mais le second n'est qu'un abrégé du Nouveau Testament. Le manuscrit de Grenoble vient de l'évêque Caulet († 1771). En tête de chaque livre, on lit une préface ou argument, dont la traduction est différente de celle du manuscrit de Carpentras et dont le texte latin se rencontre, dès le milieu du XIIIe siècle, dans presque tous les manuscrits de la Vulgate. A la fin, une autre main, dont l'écriture n'est pas antérieure au milieu du XVe siècle, a transcrit un lectionnaire que l'abbé Misset, par le moyen des fêtes propres, a reconnu pour un lectionnaire de Prague. Or, cette circonstance démontre l'origine vaudoise du manuscrit, car on sait qu'au XVe siècle les vaudois ont été en rapports étroits avec les Bohémiens. Champollion-Figeac a publié la parabole de l'enfant prodigue. *Nouvelles recherches sur les patois*, Paris, 1809, p. 113. Voir encore Gilly, *op. cit.*, p. XLIV, qui donne un fac-similé; P. Meyer, *op. cit.*, p. 32; Muston, *op. cit.*, p. 95; Comba, *op. cit.*, p. 224. Le fragment de Cambridge a été retrouvé par Bradshaw au milieu d'une collection de manuscrits vaudois rapportés en Angleterre en 1658 par sir Samuel Morland, commissaire de Cromwell auprès du duc de Savoie. Morland les avait reçus de l'historien J. Léger, modérateur des Églises des Vallées. H. Bradshaw, *On the recovery of the long lost Waldensian mss.* (rapport lu le 10 mars 1862), *Antiquarian communications* de la *Cambridge antiquarian Society*, 1864, t. II, p. 203, reproduit par J. H. Todd, *op. cit.*, p. 214. Cf. Ed. Montet, *Histoire littéraire des vaudois*, 1885, p. 3; Comba, *op. cit.*, p. 224. Son texte se rattache étroitement à celui des manuscrits de Carpentras et de Dublin. Il présente cependant cette particularité qu'à partir du c. XVI, 9, des Actes, commence une nouvelle version qui n'est qu'une paraphrase. Elle est faite littéralement sur le texte italien de la version du dominicain frère Dominique Cavalca, mort en 1342. S. Berger, *La Bible italienne au moyen âge*, dans *Romania*, 1894, t. XXIII, p. 37-39.

4. Une dernière copie du Nouveau Testament vaudois se trouve à Zurich, bibliothèque de la ville, *C 169*. Ce manuscrit, qui présente quelques lacunes, a été donné en 1692 à l'université de Zurich par Guillaume Malanot, pasteur d'Agragne dans les Vallées vaudoises. Il avait appartenu d'abord à un habitant de la vallée de Pragela, Ed. Reuss, qui l'a étudié à fond, a démontré que le texte a été copié sur un original retouché d'après le Nouveau Testament d'Érasme de 1522. *Revue de théologie*, décembre 1852, t. V, p. 344-349; février 1853, t. VI, p. 80-86. Il reproduit, en effet, le verset des trois témoins célestes. Le manuscrit date donc de 1530, époque à laquelle les vaudois piémontais se sont rapprochés des protestants et se sont initiés à la critique biblique. L'original semble dériver de l'ancêtre commun des manuscrits de Dublin et de Grenoble. Le texte corrigé, et donc le moins bon, du manuscrit de Zurich a été publié par C. Salvioni, dans l'*Archivio glottologico italiano* de M. Ascoli, 1890, t. XI. Cf. Gilly, *op. cit.*, p. LII; Muston, *op. cit.*, p. 96; Comba, *op. cit.*, p. 226.

2° *Caractères de cette version.* — 1. Elle n'est pas vaudoise de doctrine. Bien qu'elle ait été à l'usage des vaudois comme l'attestent les citations bibliques des ouvrages vaudois, qui sont évidemment empruntées à un texte absolument identique à celui du manuscrit de Carpentras; il n'est pas sûr cependant qu'elle soit leur œuvre. M. Reuss croyait y découvrir quelques traces de dualisme et des doctrines cathares, étrangères aux idées vaudoises. Elle lui paraissait éviter le mot de création et les formules analogues et employer des expressions qui rappelleraient l'éternité de la matière. L'examen plus attentif des manuscrits y a fait retrouver les termes qu'on prétendait avoir été écartés à dessein. Les expressions qui ont paru trahir une tendance à l'ascétisme n'ont pas de portée spéciale. Le mot « Fils de la vierge » pour traduire *Filius hominis* de la Vulgate se retrouve dans une version normande du XIIIe siècle; il est répété au XVe dans différentes traductions du Nouveau Testament et on ne peut y voir une tentative pour rompre le lien qui unit le Christ à la nature humaine ou à la matière. Pas un mot ne trahit les opinions particulières du traducteur, et la version vaudoise du Nouveau Testament est parfaitement orthodoxe.

2. Elle est faite, d'ailleurs, sur la Vulgate et, aussi bien que les traductions provençales, sur le texte languedocien du XIIIe siècle. Comme la version provençale du manuscrit du Lyon, à laquelle elle ressemble, voir t. V, col. 776, elle est littérale à l'excès. Cette exactitude littérale a été ici spécialement recherchée tant au point de vue du vocabulaire, qui rend le mot latin le plus près possible, que de la grammaire et de la syntaxe. En outre, on remarque dans les deux versions, vaudoise et provençale, certaines expressions singulières et certaines traductions libres ou inexactes qui leur sont communes, quelques leçons qu'on n'a pas encore retrouvées dans aucun texte latin. Les versions provençales ont donc influencé la traduction vaudoise du Nouveau Testament. Leur origine n'est pourtant probablement pas la même. On constate entre les deux groupes des différences innombrables et de toute nature. La plus importante peut-être est que leur texte latin, quoique languedocien, n'est pas absolument le même et présente des variantes de détail qu'un simple travail de retouche n'expliquerait pas. Celui que représente la version vaudoise n'est pas de très bon aloi; il contient des interpolations, provenant d'un déplacement des textes et des passages répétés ou doublets et dont quelques-uns se retrouvent dans les manuscrits languedociens les moins anciens, dans ceux qui ont déjà, comme la traduction vaudoise, les chapitres modernes. Les textes vaudois ont peut-être été souvent retouchés, parce qu'ils étaient d'un grand usage, et ces retouches auraient été faites d'après les versions provençales.

II. PARTIES ET FRAGMENTS DE L'ANCIEN TESTAMENT. — 1o *Les livres sapientiaux.* — Nous avons déjà constaté que les manuscrits de Carpentras, de Dublin et de Grenoble contenaient, à la suite du Nouveau Testament, les Proverbes, l'Ecclésiaste, le Cantique, les dix premiers chapitres de la Sagesse et les quinze ou vingt-trois premiers de l'Ecclésiastique. Ces livres ne sont complets dans aucun manuscrit, et il n'y a pas de raison qu'ils l'aient jamais été. Le manuscrit de Grenoble reproduit quelques versets de l'Ecclésiastique, XI, 15, 16; XII, 16*b*-18*a*, qui ne sont pas dans celui de Carpentras. Le texte latin, sur lequel la traduction a été faite, est ce texte parisien qui, sous l'influence de l'université de Paris, est devenu peu à peu général en France, à partir du milieu du XIIIe siècle. On y retrouve les interpolations qui le caractérisent. On n'y remarque par contre aucune des particularités du texte languedocien du XIIIe siècle, qui a servi de base à la version vaudoise du Nouveau Testament. On peut par suite se demander si la traduction des livres sapientiaux vient du même atelier que la précédente. Dans les manuscrits vaudois, le Cantique est accompagné de rubriques allégoriques, qui se présentent sous deux formes quelque peu différentes. Celles du manuscrit de Carpentras semblent avoir été empruntées, presque sans changement, aux Bibles d'Alcuin les plus anciennes et les meilleures. Celles du manuscrit de Grenoble dérivent des manuscrits languedociens les plus anciens; elles seraient donc les plus anciennes dans la version vaudoise. Comme les autres livres sapientiaux ont été traduits sur un texte parisien, qui n'avait pas ces rubriques, on peut se demander si le Cantique n'a pas été traduit à part et peut-être le premier.

2o *Autres fragments de l'Ancien Testament.* — Les manuscrits qui les contiennent sont vaudois d'origine; ils ont été donnés à sir Morland par Jean Léger, l'historien des vaudois. Ils paraissent remonter à la seconde moitié du XVe siècle et sont conservés à la bibliothèque de l'université de Cambridge, *DD. 15, 29; DD. 15, 31*. 1. Le ms. *A* de Morland contient, en tête de différents traités, les neuf premiers chapitres de la Genèse. Le texte latin, sur lequel cette traduction a été faite, n'est pas le texte parisien du XIIIe siècle. La version est assez exacte. — 2. Le ms. *C* de Morland, un des plus petits manuscrits qu'on connaisse, contient dans la langue des Vallées : *a*) le supplice des frères Machabées, II Mac., VI, 5-41; *b*) les trois premiers chapitres de Job et le c. XLII sous le titre de c. IV; *c*) le livre entier de Tobie. Le texte latin de Job ne semble pas être exactement le texte parisien du XIIIe siècle; la version est généralement exacte; on remarque une leçon singulière, Job, I, 5.

Voir, sur ces versions, les études de Reuss, dans la *Revue de théologie* de Strasbourg, juin 1851, t. II, p. 2-23; décembre 1852, t. V, p. 321-349; février 1853, t. VI, p. 65-96, et de S. Berger, *Les Bibles provençales et vaudoises*, dans *Romania*, 1889, t. XVIII, p. 377-414, 416-422, qui remplacent toutes les autres. Nous n'avons fait que les résumer. E. MANGENOT.

VAUTOUR, oiseau de proie, de l'ordre des rapaces diurnes. — Les vautours ont une petite tête, un bec robuste et recourbé vers la pointe, un cou long et dénudé, de grandes ailes et une queue courte. Ils s'élèvent très haut en tournoyant, mais d'un vol lourd. Ils sont lâches et voraces, s'attaquent aux petits animaux et, à leur défaut, se contentent de substances en putréfaction. Ils répandent une odeur infecte. Leur habitation ordinaire est dans les hautes montagnes. Les vautours sont représentés dans la Bible par le GYPAÈTE, t. III, col. 371, et le PERNOCPTÈRE, t. V, col. 124, ou vautour d'Égypte. — Il y a trois mots hébreux qui désignent pour les versions soit le vautour, soit le milan; *dâ'ah*, γύψ, « vautour », *milvus*, « milan »; *'ayyâh*, ἴκτινος, « milan », *vultur*, « vautour », Lev., XI, 14; voir DÂ'AH, t. II, col. 1195; *'ayyâh* et *dayyâh*, le vautour et le milan, également interdits, Deut., XIV, 13; *dayyôt*, *milvi*, « milans » qui se rassemblent dans les déserts, et que les Septante appellent des « cerfs », ἔλαφοι, Is., XXXIV, 15; enfin le *'ayyâh* de Job, XXVIII, 7, qui a l'œil perçant et dont les versions font un vautour. Le *'ayyâh* est plus probablement le milan royal. Voir MILAN, t. IV, col. 1084. D'après Bochart, *Hierozoicon*, t. II, p. 196, et Gesenius, *Thesaurus*, p. 335, *dayyâh* désignerait une espèce de vautour. Il faut croire, avec la plupart des versions, que c'est le nom d'un milan. Ce sens devient le plus probable, si l'on observe que, chez les Arabes, *ḥ'dayah* est le nom du milan noir, le *milvus migrans*, distinct du milan roux ou royal. Cet oiseau a environ 0m55 de long. Il porte un plumage uniforme d'un brun noir sur le dos et fauve en dessous. Sa queue est longue, mais moins fourchue que celle du milan roux. Sa ponte est de deux ou trois œufs. C'est un oiseau migrateur, qui disparaît de Palestine durant les trois mois d'hiver et revient en mars. On le trouve alors un peu partout, spécialement auprès des villages, qui lui procurent une provende facile. Il n'attaque par les poules, mais leur dispute leurs détritus. Quand on abat quelque bétail, il est là en nombre, profitant de l'inattention pour enlever quelque morceau et tenant à l'écart les rusés et avides corbeaux. Il est très maladroit dans le choix d'un emplacement pour son nid, qu'il pose généralement sur un arbre, dans une gorge, mais parfois entre les racines dénudées d'un arbuste et sur le bord même du rocher. Ce nid est pitoyablement construit de branchages et garni de tous les chiffons qui se peuvent rencontrer. Néanmoins, le vol de l'oiseau est élégant et ses mouvements sont agréables à l'œil. Le *milvus ægyptius* a le plumage plus clair. On le rencontre fréquemment en Palestine, mais les Arabes le confondent avec le précédent. Comme tous les oiseaux de proie, le milan a été prohibé par Moïse. Deut., XIV, 13. Cf. Tristram, *The natural history of the Bible,* Londres, 1889, p. 181; Wood, *Bible animals,* Londres, 1884, p. 358. H. LESÊTRE.

VAV, sixième lettre de l'alphabet hébreu, ו, *v*. « crochet, clou », objet dont elle a conservé la forme, C'est une lettre servile dont la langue hébraïque fait le plus grand usage.

VEADAR, mois complémentaire juif. Les mois de l'année juive étaient comme les nôtres au nombre de douze, mais leur année était lunaire, par conséquent plus courte de onze jours que l'année solaire. Pour la faire accorder avec l'année solaire, on ajoutait tous les trois ans environ un treizième mois, qui n'est pas mentionné dans la Bible, *Veadar,* ainsi appelé parce qu'on le plaçait entre adar et nisan.

VEAU (hébreu : *pâr, 'égél;* Septante : μόσχος, μοσχάριον; Vulgate : *vitulus, juvenculus*), jeune taureau. 1° Le veau bondit dans les champs où on l'engraisse, Ps. XXIX (XXVIII), 6; Mal., IV, 2, et y vit indompté. Jer., XXXI, 18. Il paît là où s'élevaient autrefois des villes, Is., XXVII, 10, et, avec les autres bêtes des champs, il devient la proie des envahisseurs. I Reg., XIV, 32; Is., XXXIV, 7. A l'âge d'or, figure de la restauration spirituelle, il habitera avec le lion. Is., XI, 6. Les mercenaires d'Égypte sont comparés à des veaux gras, à cause de leur force et de leur belle apparence. Jer., XLVI, 21. — 2° Le veau sert à la nourriture de l'homme, et le veau gras figure dans les festins. Gen., XVIII, 7; I Reg., XXVIII, 24; III Reg., I, 9; Am., VI, 4; Luc., XV, 23. — 3° Le veau est employé dans les sacrifices pour la consécration des prêtres, Exod., XXIX, 1; Lev., VIII, 2, dans l'holocauste, Lev., I, 5, dans le sacrifice pour le péché, Lev., IV, 3; IX, 2; XVI, 3, ou pour l'erreur, Num., XV, 24, à la néoménie, Num., XXVIII, 11, à la Pâque, Num., XXVIII, 19, à la Pentecôte, Num., XXVIII, 27; Lev., XXIII, 16, aux fêtes des Trompettes, Num., XXIX, 2, de l'Expiation, Num., XXIX, 8, et des Tabernacles. Num., XXIX, 13. Cf. Mich., VI, 6. Un veau gras fut immolé pendant le transport de l'Arche à Jérusalem. II Reg., VI, 13. Cyrus ordonna de fournir des veaux pour les sacrifices des Juifs. I Esd., VI, 9. Le Seigneur préférait la prière et la pratique de la vertu à de tels sacrifices. Ps. LXIX (LXVIII), 32; Is., I, 11. — On passait entre les deux moitiés d'un veau pour contracter une alliance. Jer., XXXIV, 18. Voir SACRIFICE, col. 1317. — Les versions parlent quelquefois de veaux quand il s'agit de taureaux dans le texte hébreu. Voir BŒUF, t. I, col. 1833; CHÉRUBIN, t. II, col. 663; TAUREAU, col. 2015. H. LESÊTRE.

VEAU D'OR (hébreu : *'égél massêkâh;* Septante : μόσχος χωνευτός; Vulgate : *vitulus conflatilis*), veau de métal fabriqué pour être l'objet d'un culte idolâtrique.

1° *Au désert.* — Pendant les quarante jours que Moïse demeura sur le Sinaï pour y recevoir la loi de Jéhovah, Exod., XXIV, 18; Deut., IX, 11, les Israélites se découragèrent en s'imaginant qu'il ne reviendrait plus pour les guider. Ils s'adressèrent donc à celui qui était le plus qualifié pour leur venir en aide, Aaron, et lui demandèrent de leur faire *'ĕlohîm 'ăšér yêlkû lepânênû,* θεοὺς οἵ προπορεύσονται ἡμῶν, *deos qui nos præcedant.* Ce pluriel, qu'on reproduira bientôt en l'appliquant à une effigie unique, Exod., XXXII, 1, 4, est évidemment à entendre au singulier, sinon dans la pensée du peuple, du moins dans celle d'Aaron. Peut-être le peuple réclamait-il plusieurs simulacres, figurant, comme en Égypte, les différents attributs de la divinité. Il est possible d'ailleurs, comme l'insinue saint Paul, I Cor., X, 7, que ce désir n'ait pas été partagé par le peuple tout entier. Il était en effet radicalement contraire à la loi du Décalogue qui venait d'être promulguée. Exod., XX, 4. Aaron ne se sentit pas en mesure de résister à la requête qui lui était adressée par des hommes égarés, capables de se porter à de redoutables extrémités, peut-être même de reprendre le chemin de l'Égypte. Quelle responsabilité n'eût-il pas encourue aux yeux de Moïse, si celui-ci, à son retour, n'eût plus retrouvé qu'un peuple révolté et disséminé à travers le désert? Il se décida donc à faire ce qu'on lui demandait, mais à une condition qui devait donner à réfléchir et qui peut-être ferait renoncer le peuple à son exigence. Il demanda qu'on lui apportât les anneaux d'or que les femmes, leurs fils et leurs filles portaient aux oreilles. Le sacrifice fut consenti sans hésitation et Aaron dut exécuter ce qu'on attendait de lui. Il fit fondre le métal précieux et fabriquer un veau d'or. Voir OR, t. IV, col. 1839. Tenta-t-il, en faisant exécuter hâtivement un simulacre grossier, de décourager les Israélites et de leur faire comprendre l'inconvenance de leur désir? Il n'y réussit certainement pas; car, dès que l'œuvre fut achevée, ses inspirateurs dirent à tout le peuple : « Israël, voici tes dieux, qui t'ont fait monter du pays d'Égypte. » Les Septante et le Syriaque attribuent ces paroles à Aaron lui-même. Il serait donc possible que, par un changement de ponctuation, les anciens transcripteurs hébreux aient mis le pluriel, pour atténuer la responsabilité d'Aaron. Tous savaient que Jéhovah avait été l'auteur de la délivrance de son peuple. On ne pouvait donc voir dans l'effigie d'or qu'une représentation de Jéhovah, que seuls les plus grossiers seraient tentés de confondre avec lui. — Voyant l'état d'esprit du peuple et ne sachant lui-même quand Moïse reparaîtrait, Aaron dressa un autel devant le veau d'or et dit : « Demain, il y aura fête en l'honneur de Jéhovah! » C'était une manière d'affirmer la souveraineté de Dieu qui s'était révélé à Moïse et d'empêcher des écarts nettement idolâtriques. Par la célébration de la fête, Aaron pouvait aussi gagner du temps et calmer l'impatience inquiète des Israélites. Averti par le Seigneur, Moïse intercéda pour son peuple et descendit de la montagne. Il trouva tout le camp en fête, s'indigna vivement et interpella Aaron : « Que t'a fait ce peuple, pour que tu aies amené sur lui un tel péché? » Aaron s'excusa en rappelant les exigences des Israélites. Moïse broya le veau d'or et le fit réduire en poudre; il répandit cette poudre dans l'eau et ordonna aux enfants d'Israël de la boire. Profitant de ce que la plupart des coupables étaient désarmés, il fit appel à ceux qui voudraient venger l'offense faite à Jéhovah. Les enfants de Lévi se présentèrent, fondirent sur les prévaricateurs au milieu de leurs festins et en massacrèrent 3000 (et non 23000, comme porte la Vulgate actuelle). De retour auprès de Jéhovah sur la montagne, Moïse implora et obtint le pardon de son peuple. Exod., XXXII, 1-35. — Cette tentative avait mis en lumière les instincts idolâtriques des Israélites. Le grossier emblème du veau d'or fut détruit; mais, par la suite, le Seigneur ordonna la construction de l'Arche d'alliance, qui devait être comme le signe sensible de sa présence au milieu de son peuple. Moïse revint plus tard sur ce triste épisode. Il rappela combien Jéhovah avait été irrité contre son peuple, et particulièrement contre Aaron qu'il eût fait périr sans la supplication de Moïse. Deut., IX, 8-21. Aaron s'était donc montré gravement coupable de faiblesse, en se prêtant à l'exécution d'un pareil attentat contre la gloire de Jéhovah. Cf. Ps. CVI (CV), 19-23; II Esd., IX, 18; Act., VII, 40, 41.

2° *En Samarie.* — En attribuant à Jéroboam la royauté sur dix tribus, le Seigneur lui promit, s'il était fidèle à ses lois, de bénir sa maison comme il l'avait fait pour David. III Reg., XI, 37, 38. La division du royaume demeurait donc compatible avec le maintien du culte traditionnel. Jéroboam n'eut pas une foi suffisante en cette promesse divine. Il s'imagina que la fréquentation du Temple de Jérusalem par ses sujets porterait préjudice à la solidité de son pouvoir et amènerait fatalement les Israélites à se replacer sous la domination des descendants de David. Pour parer à ce danger, il fit fabriquer deux veaux d'or, qu'il

544. — Taureau sacré.
Modèle de sculpture, au musée de Gizéh.

installa aux deux extrémités de son royaume, à Dan et à Béthel. Puis il dit aux Israélites, comme on avait dit autrefois au désert : « Israël, voici ton Dieu qui t'a fait sortir du pays d'Égypte. » Enfin il institua un nouveau culte et un nouveau sacerdoce, pour que son peuple n'eût rien à envier à celui de Juda. Le Seigneur fit signifier à Jéroboam combien son entreprise lui déplaisait. III Reg., XII, 26-33; XIII, 1-10. Le roi d'Israël n'avait pas le dessein d'ériger des idoles, mais seulement des représentations visibles de Jéhovah. Néanmoins son initiative était condamnée par le texte du Décalogue et par les suites qu'avait entraînées l'aventure du veau d'or d'Aaron. En outre, la nouvelle institution détournait pratiquement les Israélites du culte qui leur était prescrit dans le Temple de Jérusalem. Abia, roi de Juda, reprocha en vain à Jéroboam son entreprise sacrilège. II Par., XIII, 8. Les deux veaux d'or demeurèrent en place. Jéhu fit disparaître les idoles de Baal, mais laissa subsister les veaux d'or. IV Reg., X, 29. A quelques exceptions près, les Israélites leur rendaient un culte assidu. Tob., I, 5. Osée, VIII, 6, prédit la mise en pièces du veau de Samarie. Il reproche à Israël de s'abaisser à adorer des veaux. Ose., XIII, 2. Il était inévitable, en effet, que les Israélites en vinssent peu à peu à prendre l'effigie pour la divinité elle-même et à tomber ainsi dans la plus grossière idolâtrie. Cette adoration des veaux d'or est signalée comme l'une des impiétés qui amenèrent la ruine du royaume d'Israël. IV Reg., XVII, 16. En souvenir de ce culte idolâtrique, le nom de Béthaven, « maison de la vanité » ou « de l'idole », fut attribué à Béthel. Voir BÉTHAVEN, t. I, col. 1666.

3° *Raison du symbole.* — Il y a lieu de se demander quel motif put déterminer Aaron et plus tard Jéroboam à choisir un jeune taureau comme symbole de Jéhovah, Les Hébreux sortaient d'Égypte, où ils avaient vu les habitants adorer un bœuf. En faisant fondre un veau d'or, Aaron devait savoir qu'il répondrait ainsi à la pensée des Israélites accoutumés à voir plusieurs divinités égyptiennes qui se personnifiaient dans un taureau, principalement le dieu Apis (Hapi) qui est la seconde vie de Phtah; il était honoré à Memphis. Apis mort était Osiris, d'où les Grecs firent Sérapis. On trouve aussi représenté sous forme de bœuf ou de taureau : Mnévis ou l'âme de Râ à Héliopolis; le dieu Kem à Thèbes; Mentou à Hermonthis. Voir APIS, t. I, col. 741. Ces dieux étaient censés marquer de certains stigmates les sujets qu'ils animaient. Ces stigmates consistaient en taches noires disposées comme dans la figure 544. Cf. Mariette, *Notice des principaux monuments*, 1876, p. 222, n. 666; Maspero, *Histoire ancienne*, t. I, p. 119. Le choix de cette représentation divine rappelait d'ailleurs aux Hébreux de vieilles traditions ancestrales. Les Babyloniens et les Assyriens avaient un dieu Hadad ou Adad, qui présidait aux vents, aux orages et aux tonnerres. Identique à Rammân, voir REMMON, t. V, col. 1036, il était symbolisé par le taureau, comme l'Indra védique. Or, au Sinaï, Jéhovah venait de se manifester au milieu des éclairs et des tonnerres. Exod., XIX, 16-20. Il était donc naturel que, pour rappeler à son peuple la présence de Jéhovah qui l'avait tiré d'Égypte, Aaron empruntât le symbole du dieu babylonien des orages, Hadad, le dieu sémite, pour représenter la protection divine assurée à Israël. Hadad devint le dieu le plus vénéré et le plus répandu de la Syrie. Voir HADAD, t. III, col. 391. Les rois de Damas, comme ceux d'Assyrie, aimaient à faire entrer son nom dans la composition du leur. — Jéroboam fit plus tard comme Aaron en érigeant ses veaux d'or à Dan et à Béthel. Il fusionnait ainsi dans un même symbole l'idée du vrai Dieu et celle d'une des divinités sémites les plus populaires. Cf. Dhorme, *Les Sémites*, dans *Où en est l'histoire des religions*, Paris, 1911, t. I, p. 147, 165, 166, 177; Lagrange, *Études sur les religions sémitiques*, Paris, 1905, p. 93, 94; H. Vincent, *Canaan*, Paris, 1907, p. 467. H. LESÊTRE.

VÉGÉTAUX. Voir ARBRES, t. I, col. 888-894; HERBACÉES (PLANTES), t. III, col. 596-599, et les noms de chaque plante.

VEILLE. Voir HEURE, t. III, col. 683.

VEINE, conduit qui ramène le sang vers le cœur. Il n'en est point parlé dans la Bible. Mais la Vulgate se sert du mot *vena* pour désigner le canal naturel par où passe l'eau d'une source, et ce mot traduit *mâqôr*, πηγή, « source ». Il est ainsi question de veine d'eaux vives, Jer., XVII, 13, de source de la mer, Jer., II, 36, de veine desséchée, Ose., XIII, 15, ou corrompue, Prov., XXV, 26, et, par métaphore, de la veine de la vie, Prov., V, 18, et de la parole qui enseigne le bien. Prov., X, 11. —La Vulgate emploie le même mot pour parler du filon d'argent dans une mine, traduisant ainsi *mâqôm*, τόπος, « lieu ». Job, XXVIII, 1.

H. LESÊTRE.

VEL (hébreu : *'Û'êl;* Septante: Οὐήλ), un des fils ou descendants de Bani, qui avait épousé une femme étrangère. Esdras l'obligea à la renvoyer. I Esd., X, 34.

VENCE (BIBLE DE). H. François, abbé de Vence (vers 1675-1749), publia à Nancy, 22 in-12, 1738-1743, une nouvelle édition de la Bible de Carrières (voir CARRIÈRES, t. II, col. 323), en y ajoutant des dissertations. Ces dissertations furent insérées depuis dans la Bible de Calmet. Rondet (1717-1785) en donna une édition nouvelle à Avignon, 17 in-4°, 1767-1773. Cette édition est connue sous le nom de Bible de Vence.

VENDANGE (hébreu : *bâṣir;* Septante : τρυγητός; Vulgate : *vindemia*), récolte des raisins (voir fig. 165, col. 613).

1° En Palestine, la vendange commence dès le début de septembre dans les vallées chaudes, pour se terminer en octobre dans les régions plus froides. Elle rejoint donc les semailles, qui se font en novembre. C'est ce que le Seigneur avait promis à son peuple, s'il lui restait fidèle. Lev., XXVI, 5; Am., IX, 13. La vendange des raisins spontanés ne devait se faire ni l'année sabbatique, ni l'année jubilaire. Lev., XXV, 5, 11. Les autres années, le vendangeur devait laisser de quoi grappiller à l'étranger, à l'orphelin et à la veuve. Deut., XXIV, 21. Voir GRAPPILLAGE, t. III, col. 308. Les pauvres en étaient quelquefois réduits à marauder dans les vignes de leurs oppresseurs. Job, XXIV, 6. — La vendange devait manquer à Israël devenu infidèle. Deut., XXVIII, 30; Is., XXXII, 10. — La récolte des raisins se faisait avec d'autant plus de joie qu'elle terminait toutes les autres. Ps., IV, 8. Ainsi on voit les gens de Sichem vendanger, fouler, faire la fête et continuer les festins dans la maison de leur dieu. Jug., IX, 27. Le foulage du raisin s'exécutait en effet à mesure qu'il était cueilli, les pressoirs se trouvant disposés dans les vignes ou à proximité. Voir PRESSOIR, fig. 164-169, col. 612-616. En temps de détresse, « dans les vignes, plus de chants, plus de cris de joie. » Is., XVI, 10. « On ne foule plus au bruit des cris de joie; le cri de joie n'est plus. » Jer., XXV, 30; XLVIII, 33. La vendange mettait tout le monde en fête, tant à cause de l'extension des vignobles qu'à raison de la richesse des produits et du profit qu'on en pouvait tirer.

2° Le sort d'un peuple châtié par Dieu est comparé à celui d'une vigne à la suite de la vendange et du grappillage. Is., XXIV, 13; Jer., XLIX, 9; Mich., VII, 1. Édom est pillé comme par des vendangeurs qui n'ont rien laissé. Abd., 5. Après le châtiment d'Israël, les restes du peuple sont comme une vigne où le vendangeur ne trouve plus que des sarments. Jer., VI, 9. Le Seigneur a vendangé Jérusalem au moyen des Chaldéens. Lam., I, 12, 22; II, 20. Il vendange l'orgueil des puissants. Ps. LXXVI (LXXV), 13. Le jugement du monde est comparé à une vendange. Apoc., XIV, 18, 19. — Gédéon, de la famille d'Abiézer, dit aux Éphraïmites mécontents de n'avoir pas pris part au combat contre les Madianites : « Le grappillage d'Éphraïm ne vaut-il pas mieux que la vendange d'Abiézer? » Jud., VIII, 2. On ne vendange pas des raisins sur des ronces, Luc., VI, 44, c'est-à-dire on n'attend pas de bons fruits de mauvais arbres. — La sagesse fait déborder la science comme le Géhon au temps de la vendange, Eccli., XXIV, 25 (37), c'est-à-dire comme un fleuve qui déborde au commencement de l'automne, ainsi que le Nil. Le fils de Sirach a recueilli la sagesse comme celui qui grappille après la vendange, parce que d'autres l'ont précédé, mais qui cependant en trouve assez pour remplir le pressoir comme le vendangeur. Eccli., XXXIII, 16.

H. LESÊTRE.

VENDEURS DU TEMPLE. Voir MARCHAND, t. IV, col. 747.

1. VENETUS (CODEX), manuscrit important de la Bible grecque, à la bibliothèque de Saint-Marc à Venise, sous la cote *1*. Écriture du VIII-IX° siècle, format in-folio. Le manuscrit a compté 360 feuillets, dont les 196 premiers ont disparu. Deux colonnes à la page, soixante lignes à la colonne. Initiales en vedette dans la marge. Le manuscrit, tel que nous l'avons, commence au livre de Job (XXX, 8) et contient à la suite les Proverbes, l'Ecclésiaste, le Cantique, la Sagesse, l'Ecclésiastique, les petits Prophètes, Isaïe, Jérémie, Baruch, les Lamentations, Daniel (avec ses portions deutérocanoniques), Tobie, Judith, les quatre livres des Machabées. A l'issue de Daniel et du dernier Macchabée, le copiste a transcrit une table chronologique, commençant à Adam, s'arrêtant à l'empereur Justinien : on infère de là que l'archétype du manuscrit remontait au VI° siècle. — Le *Codex Venetus* a appartenu à la bibliothèque du cardinal Bessarion, qui le légua à Saint-Marc. Il a servi à l'établissement du texte de l'édition sixtine des Septante, à laquelle il a, pense-t-on, fourni le texte des trois premiers livres des Machabées qui manquent au *Codex Vaticanus*. Il a été décrit par Zanetti, *Græca D. Marci bibliotheca codd. mss.*, Venise, 1740, p. 1-13. Il fut collationné en 1789 par Holmes et Parsons. Il a été utilisé pour les Machabées par H. B. Swete, *The Old Testament in Greek*, Cambridge, 1894, t. III, p. XIV-XVI.

P. BATIFFOL.

2. VENETUS (CODEX), manuscrit grec oncial des quatre Évangiles, à la bibliothèque de Saint-Marc à Venise, sous la cote *I, VIII*. Écriture du IX°-X° siècle, format in-quarto, 491 feuillets, à deux colonnes. Grande écriture onciale, avec accents et esprits, grandes initiales en tête des paragraphes. Ce manuscrit a été collationné par Tischendorf et par Tregelles. Gregory, *Prolegomena,* p. 393; Mingarelli, *Græci codices manuscripti apud Nanianos,* Bologne, 1784, p. 1.

P. BATIFFOL.

VENGEANCE (hébreu : *nâqâm, neqâmâh;* Septante : δίκη, ἐκδίκησις, κρίσις; Vulgate : *vindicta, ultio*), traitement de rigueur infligé à ceux qui ont fait le mal.

1° *Vengeance divine.* — Dieu se réserve le droit de vengeance : « A moi la vengeance et la rétribution! » Deut., XXXII, 35; Rom., XII, 19; Hebr., X, 30. Le jour où il exerce sa justice contre les coupables est appelé « jour de la vengeance », Eccli., V, 7, ce qui est particulièrement vrai du dernier jugement. Luc., XXI, 22. La vengeance contre les méchants est pour Dieu comme un vêtement, Is., LIX, 18, l'entourant ainsi que sa justice. Il se venge de ses ennemis, Deut., XXXII, 41, 43, des impies et des pécheurs, Eccli., VII, 19 (16); XII, 7 (6), des orgueilleux, Eccli., XXVII, 31 (28), des nations, Mich., V, 14; Ps. CXLIX (CXLVIII), 7, des ennemis de son peuple, Is., XXXV, 4, spécialement des Madianites, Num., XXXI, 3, des Ammonites, Jud., XI, 36, des Philistins, Ezech., XXV, 17, des Égyptiens, Jer., XLVI, 10, des Iduméens, Is., LXIII, 4; Ezech., XXV, 14, de Tyr et de Sidon, Jo., III, 4, de Ninive, Nah., I, 2, de Babylone, Is., XLVII, 3; Jer., L, 15, 28; LI, 6, 11, 36. Il venge sur Jézabel le sang de ses serviteurs. IV Reg., IX, 7. — Il exerce ainsi sa vengeance en faveur de son peuple. Is., XXXIV, 8; LXI, 2. Mais, quand son peuple deviendra infidèle, il se vengera aussi de lui. Lev., XXVI, 25; Ezech., XXIV, 8. — Les éléments de la nature concourront à l'exercice de cette vengeance divine. Sap., V, 18; Eccli., XXXIX, 33, 35 (28, 30). — Dieu vengera Caïn sept fois, et Lamech soixante-dix fois sept fois. Gen., IV, 24. Il vengera Jérémie contre les faux prophètes. Jer., XI, 20. Un jour, il vengera de même ses élus. Luc., XVIII, 7.

Les justes appellent la vengeance de Dieu contre leurs persécuteurs. Ps. LXXIX (LXXVIII), 10; I Reg., XXIV, 13; I Mach., II, 67; VII, 38. « Dieu des vengeances, parais... Rends aux superbes selon leurs œuvres! » s'écrie le Psalmiste. Ps. XCIV (XCIII), 1, 2. David remercie Jéhovah de lui avoir accordé des vengeances. II Reg., XXII, 48; Ps. XVIII (XVII), 48; Judith, VIII, 34. A ces désirs des justes de l'Ancien Testament, Notre-Seigneur substitue la règle évangélique : « Bénissez ceux qui vous maudissent,... priez pour ceux qui vous maltraitent. » Matth., V, 44. — Il reste toujours nécessaire de dire à

Dieu : « Ne tirez pas vengeance de mes péchés. » Tob., III, 3.

2° *Vengeance humaine.* — Dieu défendit la vengeance aux Israélites, au moins à l'égard de leurs frères : « Tu ne te vengeras pas, tu ne garderas pas de rancune contre les enfants de ton peuple. » Lev., XIX, 18. « Celui qui se venge éprouvera la vengeance divine, et le Seigneur conservera soigneusement ses péchés. » Eccli., XXVIII, 1. Il y a cependant des vengeances justes, celles que Samson tire des Philistins, Jud., XV, 7; XVI, 28; celle que David exerce sur ces mêmes Philistins au nom de Saül, I Reg., XVIII, 25; celle des Hébreux contre leurs ennemis à Gabaon, Jos., X, 13; celle de Jonathas et de Simon contre les meurtriers de leur frère, I Mach., IX, 42; celle du mari outragé contre l'adultère. Prov., VI, 34. D'autres vengeances sont exagérées ou même totalement injustes, celle de Siméon et de Lévi contre les insulteurs de leur sœur, Gen., XXXIV, 27, celle de Joab contre Abner, II Reg., III, 27, celle des ennemis de Jérémie contre le prophète, Jer., XX, 10, celle des Iduméens contre les Juifs, Ezech., XXV, 12, celle des Juifs de Perse contre leurs ennemis, Esth., VIII, 13, celle des Syriens contre les Juifs, I Mach., III, 15; cf. II Mach., VIII, 11. — Saint Paul recommande expressément aux chrétiens de ne pas se venger eux-mêmes, mais de laisser agir la justice de Dieu. Rom., XII, 19. — Sur les sentiments de vengeance exprimés dans les Psaumes, voir IMPRÉCATION, 5°, t. III, col. 854.

H. LESÈTRE.

VENIN. Voir POISON, col. 493.

VENT (hébreu : *rûaḥ*; Septante : ἄνεμος, πνεῦμα, πνοή; Vulgate : *ventus, spiritus*), mouvement plus ou moins rapide des masses d'air atmosphérique, généralement dans le plan de l'horizon, et se propageant par insufflation ou par aspiration. Le vent résulte des différences de densité de l'air par suite de l'inégal échauffement du sol terrestre, et de quelques causes accessoires. Les anciens ignoraient la cause du vent. Les écrivains sacrés n'en parlent que comme d'un phénomène de la nature qui les intéresse surtout par ses effets. — Sur le régime des vents en Palestine, voir PALESTINE, t. IV, col. 2026.

1° *Origine du vent.* — Dieu a créé le vent, Am., IV, 13, comme toutes les autres forces de la nature. Il le tire de ses réservoirs, Jer., LI, 16, et de ses trésors. Ps. CXXXV (CXXXIV), 7. Lui-même en règle la force, Job, XXVIII, 25, et la direction. Eccli., XLIII, 17. C'est pourquoi les écrivains sacrés appellent le vent « souffle des narines de Dieu », Exod., XV, 8, « souffle de la bouche de Dieu », Job, XV, 30, ou « souffle de Jéhovah ». III Reg., XVIII, 12; IV Reg., II, 16; Is., XL, 7; LIX, 19, etc. — Notre-Seigneur a commandé au vent et s'en est fait obéir. Matth., VIII, 26-27; Marc., IV, 37-40; Luc., VIII, 23-25.

2° *Différentes espèces de vents.* — Les Hébreux distinguaient quatre vents, correspondant aux quatre points cardinaux d'après leur direction. Ezech., XXXVII, 9; Dan., VIII, 8; Zach., II, 36; Matth., XXIV, 31; Apoc., VII, 1. Il y a des vents de diverses natures, depuis la brise rafraîchissante, Gen., III, 8; Cant., II, 17; IV, 6, voir SOUFFLE, col. 1853, jusqu'aux vents les plus violents. Voir OURAGAN, t. IV, col. 1930. — Le vent du midi, *dârôm, têmân*, νότος, *auster*, est un vent chaud, Job, XXXVII, 17; Luc., XII, 55, qui fait exhaler le parfum des fleurs. Cant., IV, 16. C'est celui qui, avec le vent d'orient, amena les cailles au désert. Ps. LXXVIII (LXXVII), 26. Cf. Num., XI, 31. — Le vent du nord, *ṣâfôn, mezârim*, βοῤῥᾶς, *aquilo, arcturus*, amène les frimas, Job, XXXVII, 9, la pluie, Prov., XXV, 23, et même la gelée. Eccli., XLIII, 22 (20). — Le vent d'est, *qâdim*, καύσων, « le brûlant », *ventus urens*, arrive du désert et dessèche la végétation, Gen., XLI, 6, 23, 27; Is., XL, 7; Ezech., XVII, 10; XIX, 12; Jon., IV, 8; Ose., XIII, 15, brise les vaisseaux de Tharsis, Ps. XLVIII (XLVII), 8, amène les sauterelles en Égypte, Exod., X, 13, en attendant que le vent de nord-ouest, *rûaḥ yâm*, ἀπὸ θαλάσσης, « de la mer », *ab occidente*, les remporte. Exod., X, 19. Dans ce dernier passage, les Septante substituent au *qâdim* le νότος, vent du midi, ce qui supposerait que les sauterelles sont venues d'Éthiopie, tandis qu'en réalité elles sont arrivées d'Arabie. Quant au vent de mer, qui en Égypte souffle du nord ou du nord-ouest, il n'est un vent d'ouest qu'en Palestine où il apporte la pluie. III Reg., XVIII, 44-45; Luc., XII, 54. — Dans son récit de la traversée de saint Paul se rendant en Italie, saint Luc mentionne plusieurs espèces de vents : λίψ, *africus*, vent du sud-ouest; χῶρος, *corus*, vent du nord-ouest; νότος, *auster*, vent du sud; ἄνεμος τυφωνικός appelé εὐρακύλων, *ventus typhonicus, euroaquilo*, vent du nord-est. Le mot εὐρακύλων, composé du grec εὖρος et du latin *aquilo*, ne se lit nulle part ailleurs. Ce devait être un mot imaginé par les marins pour leur usage. Act., XXVII, 12-14. — A Athènes, la tour octogonale des vents, construite vers le Ier siècle avant J.-C., représente sur chacune de ses huit faces, répondant à la direction d'où soufflent les vents principaux, l'image sculptée d'un d'entre eux.

3° *Effets du vent.* — « Le vent souffle où il veut et tu entends sa voix; mais tu ne sais d'où il vient, ni où il va. » Joa., III, 8. Suivant la vitesse dont il est animé, il produit des effets plus ou moins énergiques. Il pousse et dissipe les nuées. Jud., 12; Job, XXXVII, 21. Il emporte les choses légères, la poussière, Ps. XVIII (XVII), 43, la paille. Job, XXI, 18; Ps. I, 4; LXXXIII (LXXXII), 14; Is., XVII, 13; XLI, 2; LXIV, 6; Jer., XIII, 24; Dan., II, 35. Il agite les feuilles des arbres, Job, XIII, 25, secoue les roseaux, Matth., XI, 7; Luc., VII, 24; Sap., IV, 4, et même casse des branches. Apoc., VI, 13. Il renverse les palissades, Eccli., XXII, 21, et les maisons sans fondements solides. Matth., VII, 27. Il pousse les vaisseaux sur la mer, Jacob., III, 4, refoule la mer elle-même, Exod., XIV, 21, et y déchaîne des tempêtes. Jon., I, 4; Dan., VII, 2; Matth., XIV, 24-32; Marc., VI, 48-51; Joa., VI, 18; Act., XXVII, 4-15; Jacob., I, 6. Voir TEMPÊTE, col. 2023. A la Pentecôte, un vent violent, symbole sensible du Saint-Esprit, remplit tout le cénacle. Act., II, 2.

4° *Comparaisons.* — Le vent violent, qui renverse et emporte tout, est l'image de la vengeance divine qui entraîne et ruine les méchants, Job, XXVII, 21; Is., XXVII, 8, les ennemis d'Israël, Is., XXVII, 8; Jer., XVIII, 17, les pasteurs d'Israël, Jer., XXII, 22, les tribus arabes, Jer., XLIX, 32, Tyr. Ezech., XXVII, 26. — Il est recommandé de ne pas vanner à tout vent, Eccli., V, 11, c'est-à-dire de ne pas embrasser successivement toutes les opinions qui courent, et de ne pas se laisser emporter à tout vent de doctrine. Eph., IV, 14. — Le vent est rapide; c'est pourquoi on lui prête des ailes, comme à l'oiseau. II Reg., XXII, 11; Ps. XVIII (XVII), 11; CIV (CIII), 3; Ose., IV, 9. — Le vent change souvent de direction et paraît venir tantôt d'un point de l'horizon, tantôt d'un autre. Job, XXX, 22, se plaint que Dieu le fait voler au gré du vent. On est ainsi amené à désigner une contrée par le nom du vent qui en vient, I Par., IX, 24, et les quatre vents désignent les quatre points cardinaux. Jer., XLIX, 36; Ezech., XII, 14; XXXVII, 9; XLII, 16-20; Dan., VIII, 8; XI, 4; Zach., II, 6; Matth., XXIV, 31; Marc., XIII, 27. — Le vent est chose légère, insaisissable, de nulle valeur, rien en apparence. Jer., V, 13. De là des expressions diverses pour signifier ce qui est vain et inutile : tenir des discours de vent, Job, XVI, 3; se gonfler la poitrine de vent, Job, XV, 2; se repaître de vent, Prov., X, 4 (Vulgate); Ose., XII, 1, 2; enfanter le vent, Is., XXVI, 18; parler pour le vent, Job, VI, 26; retenir le vent, Prov., XXVII, 7; saisir le vent, Eccli., XXXIV, 2; travailler pour le vent, Eccli., V, 15; hériter le vent. Prov., XI, 29. — Qui observe le vent, c'est-à-dire demeure oisif, ne sème point. Eccle., XI, 4. Par contre, qui sème le vent, récolte la tempête, Ose., VIII, 7, c'est-à-dire qui pose une cause funeste doit s'attendre à en voir se produire les effets.

H. LESÊTRE.

VENTE (hébreu : *mimkâr, mimkérét;* Septante : πρᾶσις; Vulgate : *venditio*), livraison d'un objet en échange d'un prix convenu.

1° *Les lois.* — Outre la loi morale qui devait présider à toutes les transactions, il existait chez les Israélites certaines prescriptions relatives à des cas particuliers. L'Israélite pouvait vendre sa fille en esclavage, mais non à des étrangers. Exod., XXI, 7, 8. Devenu pauvre, il pouvait se vendre lui-même, mais seulement jusqu'à l'année jubilaire; il devait être traité moins comme un esclave que comme un serviteur. Lev., XXV, 39, 40. S'il se vendait au *gêr,* à l'étranger vivant dans le pays, il pouvait toujours se racheter lui-même ou être racheté par un parent. Lev., XXV, 47-54. D'après une autre loi, l'Israélite, homme ou femme, ne pouvait se vendre que pour six ans. Deut., XV, 12; Jer., XXXIV, 14. Il n'était plus permis de vendre une esclave prise à la guerre, si on l'avait épousée. Deut., XXI, 14. Vendre un de ses semblables était un crime digne de mort. Exod., XXI, 16; Deut., XXIV, 7. — L'Israélite qui vendait une terre gardait toujours un droit de rachat et, en tous cas, rentrait dans son bien à l'année jubilaire. Lev., XXV, 23-28. Les maisons vendues ne l'étaient qu'aux mêmes conditions, sauf le cas où la maison se trouvait dans une ville entourée de murs; car alors le droit de rachat cessait au bout d'un an. Lev., XXV, 29-31. Les lévites conservaient un droit perpétuel de rachat sur les maisons qu'ils vendaient, mais ils ne pouvaient vendre leurs terres. Lev., XXV, 32-34. — Si un bœuf en tuait un autre, on le vendait, et les deux propriétaires se partageaient le bœuf tué et le prix de vente de l'autre. Exod., XXI, 35. Celui qui volait un bœuf ou une brebis, les tuait et les vendait, avait à restituer cinq bœufs ou quatre brebis. Exod., XXII, 1. — Il était naturellement interdit de vendre le jour du sabbat. Néhémie dut prendre des mesures pour faire respecter cette prohibition. II Esd., X, 31; XIII, 15-20.

2° *Les faits.* — Ésaü vend son droit d'aînesse. Gen., XXV, 31-34; Hebr., XII, 16. Les fils de Jacob vendent leur frère Joseph. Gen., XXXVII, 27, 28; XLV, 4, 5. Joseph vend du blé pendant la famine, Gen., XLI, 56; XLII, 6; Act., VII, 9, et les Égyptiens lui vendent leurs terres. Gen., XLVII, 20. — La veuve vend l'huile qu'Élie a multipliée. IV Reg., IV, 7. La femme forte vend les vêtements qu'elle a confectionnés. Prov., XXXI, 24. Amos, VIII, 6, stigmatise les spéculateurs de son temps, qui vendaient jusqu'aux déchets du froment. La malédiction est sur la tête de l'accapareur qui vend le blé à trop haut prix. Prov., XI, 26. Les ventes ne se faisaient pas toujours honnêtement : « La cheville s'enfonce entre deux pierres, le péché pénètre entre la vente et l'achat. » Eccli., XXVII, 2. — Les ventes d'hommes étaient fréquentes de la part des ennemis d'Israël. Joël, III, 3, leur reproche d'avoir vendu le jeune garçon pour le salaire d'une courtisane et la jeune fille pour du vin. Antiochus fit vendre les femmes et les enfants des Juifs, II Mach., V, 21, et Nicanor s'apprêtait à opérer des ventes analogues. II Mach., VIII, 14, 34. — Les prêtres de Babylone vendaient à leur profit les victimes offertes aux idoles. Bar., VI, 27. Ménélas vendit une partie des vases du Temple. II Mach., IV, 32. Lysias voulait vendre chaque année le souverain pontificat. II Mach., XI, 3. On vend ce qu'on possède pour acheter quelque chose de préférable, Matth., XIII, 44, 46, ou pour le donner aux pauvres. Matth., XIX, 21; Marc., X, 21; Luc., XII, 33; XVIII, 22. Les marchands vendaient dans le Temple les victimes destinées aux sacrifices. Matth., XXI, 12; Marc., XI, 15; Luc., XIX, 45; Joa., II, 14. Les premiers chrétiens vendaient leurs biens pour en mettre le prix en commun. Act., II, 45; IV, 34; V, 1. Pendant la persécution, on ne peut acheter ni vendre si l'on n'a pas la marque de la bête. Apoc., XIII, 17. — Il est recommandé d'acquérir la sagesse, mais de ne pas la vendre, Prov., XXIII, 23, c'est-à-dire de la communiquer gratuitement.

3° *Comparaisons.* — Vendre le juste à prix d'argent, c'est le condamner injustement. Am., II, 6. Vendre ses frères, c'est les trahir. II Mach., X, 21. — Lia et Rachel disent que leur père Laban les a vendues, parce qu'il s'est montré intéressé à l'excès à l'égard de Jacob. Gen., XXXI, 15. — Il est dit que Dieu vend son peuple quand, pour le châtier de ses fautes, il l'abandonne à ses ennemis. Deut., XXXIII, 30; Jud., II, 14; III, 8; IV, 2; X, 7; Is., L, 1; Judith, VII, 13; Ps. XLIV (XLIII), 13. — Se livrer au mal, c'est se vendre soi-même. Ainsi ont fait Achab, III Reg., XXI, 20, 25, et les Israélites, IV Reg., XVII, 17. Moïse a prédit à son peuple qu'une vente effective serait le châtiment de cet abandon à l'infidélité. Deut., XXVIII, 28.

H. LESÊTRE.

VENTRE (hébreu : *béțén, herêš, mê'éh, gâḥôn,* « le ventre des animaux »; chaldéen : *me'âh;* Septante : κοιλία, γαστήρ; Vulgate : *venter, pectus*), partie du corps qui renferme les organes de la digestion. Le mot est quelquefois employé pour désigner des organes intérieurs. Voir CŒUR, t. II, col. 823; ENTRAILLES, col. 1817; SEIN, t. V, col. 1565.

1° *L'extérieur.* — Le ventre de l'Épouse est comparé à un chef-d'œuvre d'ivoire. Cant., V, 14. Les reptiles rampent sur le ventre. Gen., III, 14; Lev., XI, 42. L'hippopotame a le ventre robuste. Job, XL, 10. La statue du songe de Nabuchodonosor avait le ventre d'airain. Dan., II, 32.

2° *L'intérieur.* — C'est le ventre qui reçoit la nourriture, Jud., XIX, 5; Luc., XV, 16, et en expulse les résidus. I Reg., XXIV, 4; Matth., XV, 17; Marc., VII, 19. Le ventre et les aliments sont faits l'un pour l'autre. I Cor., VI, 13. — Le parasite se montre compatissant dans l'intérêt de son ventre. Eccli., XXXVII, 5. Il en est qui se font un dieu de leur ventre, c'est-à-dire ne vivent que pour manger. Rom., XVI, 18; Phil., III, 19. Les Crétois étaient appelés des « ventres paresseux », parce qu'ils aimaient à la fois la bonne chère et l'oisiveté. Tit., I, 12. — L'impie s'emplit le ventre des trésors de Dieu, Ps. XVII (XVI), 14, c'est-à-dire jouit de tous les biens que la Providence accorde aux hommes. Mais ces biens seront ôtés de son ventre, Job, XX, 15, son ventre ne sera pas rassasié, Job, XX, 20, il souffrira de la disette, Prov., XIII, 25, et la colère de Dieu sera le pain qui le remplira. Job, XX, 23. On ne se remplit pas le ventre avec de l'or et de l'argent. Ezech., VII, 19. Nabuchodonosor se remplissait le ventre des meilleurs mets des Juifs, Jer., LI, 34, c'est-à-dire s'emparait de leurs biens les plus précieux. — Jonas fut englouti dans le ventre du poisson. Jon., II, 1; Matth., XII, 40. Aod enfonça son épée dans le ventre d'Églon. Jud., III, 21. Dans l'épreuve de la femme soupçonnée d'adultère, on souhaitait que, si elle était coupable, l'eau sainte fît enfler son ventre et maigrir ses flancs. Num., V, 22, 27. L'enfant prodigue ne peut remplir son ventre des siliques données aux porcs qu'il était réduit à garder. Luc., XV, 16. — La Vulgate mentionne l'estomac en trois endroits où il n'est pas question de cet organe particulier, que d'ailleurs l'hébreu ne nomme nulle part. Jud., XIX, 5; III Reg., XXII, 34; Job, XV, 2. L'estomac, στόμαχος, *stomachus,* est nommé par saint Paul, qui recommande à Timothée de soigner le sien en buvant un peu de vin. I Tim., V, 23. — Au figuré, le sage ne remplit pas son ventre avec du vent, Job, XV, 2, c'est-à-dire ne se repaît pas de pensées vaines. — Ézéchiel, III, 3, reçoit l'ordre de manger le livre qui lui est présenté et d'en remplir son ventre, c'est-à-dire de se pénétrer intimement des oracles qui lui sont révélés. Saint Jean reçoit un ordre semblable. Apoc., x, 9, 10. — Notre-Seigneur promet que, si quelqu'un croit en lui, « des fleuves d'eau vive couleront de son ventre, » Joa., VII, 38, c'est-à-dire qu'il sera rempli de l'Esprit-Saint au point de pouvoir le répandre abondamment dans les autres âmes. Cf. Eccli., XXI, 16 (13); XXIV, 30-34 (23-27).

H. LESÊTRE.

VER (hébreu : *rimmâh, ṭôlâ'*; Septante : σκώληξ; Vulgate : *vermis, vermiculus*), animal à corps mou, sans vertèbres ni membres articulés, rampant et contractile, et comme composé d'anneaux juxtaposés. Ce nom désigne à proprement parler les annélides, voir LOMBRIC, t. IV, fig. 110, col. 353, et les helminthes, voir HELMINTHIASE, t. III, fig. 123, col. 583. Mais on étend vulgairement cette appellation à d'autres animaux de forme analogue, chenilles, teignes, voir TEIGNE, fig. 453, col. 2017, larves, myriapodes, scolopendres, etc. Sur le iule ou *spirostreptus syriacus*, myriapode extraordinairement abondant à Mar-Saba et au Sinaï, voir LORTET, *La Syrie d'aujourd'hui*, Paris, 1884, p. 399. Les Hébreux ne distinguaient pas très nettement entre elles ces différentes sortes de petits animaux rampants, et ils employaient comme synonymes les deux mots dont ils disposaient pour les désigner. Cf. Exod., XIV, 20, 24; Job, XXV, 6; Is., XIV, 11. Les versions, qui n'ont pas de synonymes, rendent parfois l'un des deux mots hébreux par σαπρία, *putredo*, « pourriture ». — 1° Le ver est un tout petit animal, symbole de ce qui est faible ou méprisable. L'homme n'est qu'un vermisseau aux yeux de Dieu. Job, XXV, 6. Les Israélites, réduits à rien par l'hostilité des nations, sont appelés « vermisseau de Jacob ». Is., XLI, 14. Le Messie, souffrant et méprisé, n'est plus un homme, mais un ver. Ps. XXII (XXI), 7. — 2° Les vers pullulent dans le corps de l'homme par l'effet de certaines maladies. Ainsi furent atteints Job, VII, 5, Antiochus Épiphane, II Mach., IX, 9, et Hérode Agrippa, Act., XII, 25. — 3° Les vers, ou plus probablement les larves de certains insectes, s'attaquent aux substances nutritives, comme la manne, Exod., XVI, 20, 24, et aux végétaux, comme la vigne, Deut., XXVIII, 39, voir PYRALE, fig. 205, col. 896, le ricin, Jon., IV, 7, et, d'après les versions, le bois en général. II Reg., XXIII, 8; Prov., XXV, 20. Voir CALANDRE, CHARANÇON, t. II, fig. 21, 201, col. 54, 580. — 4° Ils se développent dans les cadavres aux dépens desquels ils se nourrissent et dont ils hâtent la décomposition. Job, XVII, 14; XXI, 26; Eccli, x, 13 (11). Quand la vie a quitté le corps d'un homme, il s'en dégage aussitôt des odeurs qui attirent des mouches sarcophages. Celles-ci déposent leurs œufs aux endroits les plus propices. On a observé que huit escouades de mouches différentes viennent ainsi apporter successivement leurs œufs sur les cadavres, soit avant soit après leur inhumation, et au moment de la décomposition qui convient à chaque espèce. Ces œufs donnent bientôt des larves qui pullulent dans le cadavre et s'y nourrissent des différentes parties de sa substance. Le travail commencé par les premières larves, une quinzaine de jours après la mort, est terminé par les dernières au bout de trois ans environ. Cf. Mégnin, *La faune des cadavres*, Paris, 1894; F. Meunier, *Les travailleurs de la mort*, dans la *Revue des quest. scientif.*, Bruxelles, 1902, oct., p. 473-491. — Au figuré, il est dit que les vers seront la couche de Babylone, Is., XIV, 11, qu'ils feront leur proie du méchant, Eccli., XIX, 3, et que toute la gloire de l'homme s'en va à la corruption et aux vers. I Mach., II, 62. — 5° Le feu et les vers sont associés dans le châtiment des impies. Eccli., VII, 19; Judith, XVI, 21. Isaïe, LXVI, 24, dit à propos de ces derniers que « leur ver ne mourra point et leur feu ne s'éteindra point. » Notre-Seigneur reproduit trois fois la même formule. Marc., IX, 43, 45, 47. Il ne s'agit pas ici d'une peine temporelle, mais d'un supplice sans fin dans l'autre vie. Quelques commentateurs entendent le « ver » dans le sens propre; mais la plupart s'en tiennent au sens métaphorique pour désigner soit le remords, soit le supplice des méchants en général. Cf. S. Augustin, *De civ. Dei*, XXI, 9, t. XLI, col. 723. Isaïe a emprunté l'image du feu et des vers à la vallée de la Géhenne, jadis profanée par les sacrifices d'enfants à Moloch, devenue depuis le dépôt des immondices de la ville, où couvait un feu sourd et où pullulait la vermine. Voir GÉHENNE, t. III, col. 155; TOPHETH, 2, t. V, col. 2286.

H. LESÊTRE.

VÉRACITÉ, qualité de celui qui est digne de toute créance dans ses paroles et de toute confiance dans ses actes. Celui-là est appelé *'émét, yâšâr*, ἀληθής, ἀληθινός, πιστός, *verax*. — La véracité convient éminemment à Dieu. Exod., XXXIV, 6; Deut., XXXII, 4; Ps. LXXXVI (LXXXV), 15; CXIX (CXVIII), 137; Joa., III, 33; VIII, 26; Rom., III, 4; Apoc., XIX, 11. Les docteurs juifs la reconnaissent en Jésus-Christ. Matth., XXII, 16; Marc., XII, 14. Le Sauveur prouve sa véracité en ne cherchant que la gloire de son Père. Joa., VII, 18. — Les serviteurs de Dieu doivent posséder cette qualité, bien que les méchants les accusent du contraire. II Esd., VII, 2. II Cor., VI, 8. — La véracité est la caractéristique de la parole de Dieu. Ps. XXXIII (XXXII), 4.

H. LESÊTRE.

1. **VERBE DIVIN** (grec : Λόγος), seconde personne de la sainte Trinité, qui s'est incarnée en Notre-Seigneur Jésus-Christ. Joa., I, 1, 14; I Joa., v, 7; Apoc., XIX, 12. Voir JÉSUS-CHRIST, t. III, col. 1441; INCARNATION, col. 868.

2. **VERBE HÉBREU** (grammaire hébraïque). Sur le verbe hébreu, voir HÉBRAÏQUE (LANGUE), t. III, col. 475-480, 483-485.

VERCELLONE Carlo, savant bibliste italien, né le 10 janvier 1814, à Biella en Piémont, mort à Rome le 19 janvier 1869. Il entra à l'âge de seize ans à Gênes dans la congrégation des barnabites. En 1847, après avoir rempli des fonctions diverses à Turin, à Alexandrie, à Pérouse, à Parme, il devint supérieur de la maison des barnabites de Rome, et, plus tard, supérieur général de sa congrégation. Son ouvrage principal a pour titre : *Variæ lectiones vulgatæ latinæ editionis Bibliorum*, 2 in-f°, Rome, 1860, t. I; 1864, t. II. La mort l'arrêta lorsqu'il n'était encore arrivé qu'aux livres des Rois inclusivement. Sur la proposition de la Commission biblique, Pie X vient de confier la continuation de ce grand travail critique aux bénédictins de Saint-Anselme à Rome. Vercellone avait travaillé avec Joseph Cozza à la préparation d'une édition du *Codex Vaticanus* : le Nouveau Testament parut en 1868. Voir VATICANUS (CODEX), col. 2379. On doit aussi à Vercellone une excellente édition de la Vulgate : *Biblia sacra vulgatæ editionis Sixti V et Clementis VIII P. P. M. jussu recognita atque edita*, in-4°, Rome, 1861. Outre les prolégomènes remarquables de ses *Variæ lectiones*, ses *Dissertazioni accademiche di vario argomento*, Rome, 1864, contiennent plusieurs travaux très intéressants : *Dei Correttori biblici della Biblioteca Vaticana; Studii fatti in Roma e mezzi usati per corregere la Bibbia volgata (con documenti); Sulle edizioni della Bibbia fatte in Italia nel secolo XV; Del antichissimo Codice Vaticano della Bibbia Greca con un Appendice dal* cav. G.-B. De Rossi, etc. Voir G. M. Sergio, *Notizie intorno alla vita ed agli scritti del P. D. Carlo Vercellone*, Rome, 1869.

VERGE (hébreu : *ḥotér, matṭéh, šébét;* Septante : ῥάϐδος, βακτηρία; Vulgate : *virga, verber*), bâton léger, assez long et plus ou moins flexible.

1° *Au sens propre.* — 1. *Verges de Jacob.* Pour obtenir des agneaux à toison tachetée, Jacob plaçait sous les yeux des brebis des verges ou baguettes dont l'écorce était en partie enlevée. Gen., xxx, 37-42. Voir BREBIS, t. I, col. 1917. « Les influences visuelles ne semblent pas sans action sur la variation spontanée; après la Bible, qui montre Jacob obtenant des brebis d'un noir mélangé de blanc par la vue d'un bâton dans l'eau au moment de l'imprégnation, on cite de nombreux faits qui corroborent l'influence visuelle sur le fœtus... Les éleveurs, comme Commyns, recommandent d'isoler les volailles de couleur différente par des cloisons opaques, si l'on veut éviter les mélanges de coloris. » J. de la Perrière, *Dieu et science,* Paris, 1909, t, I, p. 277. — 2. *Verge de Moïse.* Pour accréditer la mission de Moïse, Dieu lui communiqua le pouvoir d'accomplir des prodiges au moyen d'une verge qu'il avait à la main. Pour commencer, Dieu changea lui-même la verge en serpent, que Moïse eut à saisir par la queue et qui redevint verge comme auparavant. Exod., IV, 2-4, 17, 20. Moïse, de retour au milieu de son peuple, reproduisit ce prodige sous ses yeux et obtint ainsi sa confiance. Exod., IV, 30. Il se présenta ensuite devant le pharaon avec son frère Aaron, que Dieu lui avait assigné pour auxiliaire, et là il opéra divers prodiges au moyen de la verge miraculeuse : il la changea elle-même en serpent, et elle engloutit les verges des magiciens, Exod., VII, 9-12 ; il l'étendit sur les eaux de l'Égypte qui se changèrent en sang, Exod., VII, 19-20 ; il en frappa la poussière de la terre et les moustiques apparurent, Exod., VIII, 16-17; il l'éleva vers le ciel et la grêle tomba, Exod., IX, 23; il l'étendit encore et les sauterelles pullulèrent, Exod., X, 13. Dans plusieurs de ces passages, Exod., VII, 9, 10, 12; VIII, 5, 16, 17, la verge paraît être celle d'Aaron : « Prends ta verge... Aaron jeta sa verge. » On en conclut que la verge d'Aaron, associé à Moïse dans sa mission de délivrance, avait la même vertu que celle de son frère. Cf. De Hummelauer, *In Exod. et Levit.,* Paris, 1897, p. 80. Mais, d'après Exod., IV, 17, Dieu n'attribue le pouvoir miraculeux qu'à la verge de Moïse, et saint Augustin, *In Heptat.,* II, 20, t. XXXIV, col. 602, dit que Moïse ne fait que mettre sa verge aux mains d'Aaron. C'est aussi le sens le plus naturel du récit, et celui qui est généralement accepté. Moïse se sert encore de sa verge pour diviser les eaux de la mer Rouge, Exod., XIV, 16, pour frapper le rocher d'Horeb et en faire jaillir l'eau, Exod., XVII, 5, 6, pour accompagner sa prière pendant le combat contre les Amalécites, Exod., XVII, 9, pour frapper de nouveau le rocher à Meriba. Num., XX, 8-11. Depuis lors, il n'en est plus question. Cette verge était un symbole de la puissance communiquée par Dieu à son serviteur; elle servait à indiquer aux spectateurs le moment où s'exerçait l'intervention divine. — 3. *Verge d'Aaron.* Au désert, l'autorité de Moïse et d'Aaron fut l'objet d'une contestation qui dégénéra en révolte et fut sévèrement punie. Pour consacrer le pouvoir sacerdotal de son frère et de la tribu de Lévi, Moïse, sur l'ordre du Seigneur, fit déposer devant l'Arche d'alliance douze verges représentant les douze tribus, la verge de Lévi portant le nom d'Aaron. La verge qui le lendemain serait trouvée fleurie devait manifester le choix de Dieu. Celle d'Aaron fut seule à porter des boutons, des fleurs et des amandes. La verge miraculeuse fut ensuite replacée seule devant l'Arche, Num., XVII, 1-11, et plus tard conservée à l'intérieur, avec les tables de la Loi et la mesure de manne. Hebr., IX, 4. — 4. *Instrument de correction.* Si un Hébreu et une esclave fiancée à un autre couchent ensemble, ils doivent subir le châtiment, *biqqorét,* ἐπισκοπή, et d'après la Vulgate, les coups de verge, *vapulabunt.* Lev., XIX, 20. — Dieu promet de châtier le roi infidèle de son peuple avec une « verge d'homme », c'est-à-dire d'une manière qui ne dépasse pas la correction que les hommes administrent ordinairement au moyen des verges. II Reg., VII, 14. La verge sert utilement à corriger l'enfant ou l'insensé. Prov., X, 13, 24; XXII, 8, 15; XXIII, 13, 14; XXVI, 3; XXIX, 15. Le serviteur infidèle sera battu proportionnellement à sa culpabilité, δαρήσεται, sera châtié jusqu'à écorchement de la peau, *vapulabit,* recevra les coups de verge. Luc., XII, 47, 48. Notre-Seigneur prédit à ses Apôtres qu'ils subiront ce même traitement dans les synagogues. Marc., XIII, 9. A Philippes, Paul et Silas eurent à subir les verges, ῥαϐδίζειν, *virgis cœdi,* bien que citoyens romains, ce qui causa grande frayeur aux magistrats de la ville quand ils l'apprirent. Act., XVI, 22, 38. La loi Porcia défendait en effet de battre de verges un citoyen romain. Cf. Cicéron, *In Verrem,* II, 5, 53-57; Tite-Live, X, 9; Valère Maxime, IV, I, 1; Denys d'Halicarnasse, IX, 39. Saint Paul subit pourtant trois fois ce châtiment. II Cor., XI, 25; Heb., XI, 36. — On se servait aussi de la verge pour battre le cumin. Is., XXVIII, 27. Elle n'était qu'un simple instrument passif aux mains de celui qui la levait. Is., X, 15. — Voir BATON, t. I, col. 1512, et pour un autre sens donné quelquefois à *virga,* SCEPTRE, t. V, col. 1526.

2° *Au sens figuré.* — La verge signifie l'épreuve, de quelque nature qu'elle soit, Job, IX, 34; XXI, 9; XXXVII, 13, le châtiment divin, Ps. LXXXIX (LXXXVIII), 33; Is., X, 3; X, 5; XXX, 31-32; Lam., III, 1; Ezech., VII, 10, 11, et l'oppression par les peuples étrangers. Is., X, 24; XIV, 29; Mich., VI, 9. La verge de la bouche de Dieu est sa parole qui appelle le châtiment. Is., XI, 4. La verge de l'orgueil dans la bouche de l'insensé est le mal qu'il fait à lui et aux autres. Prov., XIV, 3. Saint Paul demande s'il lui faut aller à Corinthe avec la verge, c'est-à-dire avec les reproches. I Cor., IV, 21. — Sur un autre sens figuré de *virga,* voir RAMEAU, col. 592.

H. LESÊTRE.

VÉRITÉ (hébreu : *'omén, 'ĕmûnâh, 'ĕmét, qošt;* Septante : ἀλήθεια; Vulgate : *veritas*), conformité de la pensée ou de son expression avec la réalité.

I. DANS L'ANCIEN TESTAMENT. — 1° *En Dieu.* Dieu est vérité, Ps. XXXI (XXX), 6, parce qu'en lui la pensée et la parole représentent toujours exactement la réalité. Sa loi est la vérité, II Esd., IX, 13; Ps. CXI (CX), 8; CXIX (CXVIII), 142, 151, 160; Act., XXII, 3; Rom., II, 20, et cette vérité demeure à jamais. Ps. CXVII (CXVI), 2. Dieu a juré la vérité à David, Ps. CXXXII (CXXXI), 11; lui-même fait combattre pour la vérité, Ps. XLV (XLIV), 4, et il la fera germer de terre. Ps. LXXXV (LXXXIV), 12. Le livre de vérité est celui dans lequel sont consignées les volontés divines. Dan., X, 21. — Il est dit très souvent que Dieu est *ḥéséd ve'émét,* ce que les versions traduisent par ἔλεος καὶ ἀλήθεια, *misericordia et veritas,* « miséricorde et vérité ». Gen., XXIV, 27; II Reg., II, 6; XV, 20; IV Reg., XX, 19; Tob., III, 2; Ps. XXV (XXIV), 10; XXXVI (XXXV), 6; XL (XXXIX), 12; LXXXIX (LXXXVIII), 15, etc. Mais le mot *'ĕmét* signifie à la fois « stabilité, fidélité » et « vérité ». Il s'agit plutôt dans ces passages de la fidélité de Dieu à ses promesses, ce qui est une conséquence de la conformité absolue que Dieu maintient entre sa parole et ses actes. — 2° *En l'homme.* Dieu veut que la vérité soit dans le cœur de l'homme. Ps. LI (L), 8. C'est par sa grâce que l'homme exprime la vérité dans sa parole et dans sa conduite. Gen., XLII, 16; Deut., XXII, 20; Jos., VII, 20; Esth., V, 5; Ps. XV (XIV), 3; XXV (XXIV), 5; CXIX (CXVIII), 43; Is., XXVI, 2; Dan., XI, 2. Servir Dieu en vérité, I Reg., XII, 24; Tob., XIV, 10, 11, suivre le chemin de la vérité, Tob., I, 2; Ps. XXVI (XXV), 3, c'est mettre sa conduite en harmonie avec les sentiments que l'on professe pour Dieu. — Les

écrivains sacrés proclament qu'ils disent la vérité. Prov., VIII, 7; Eccle., XII, 10; Sap., VI, 24. La vérité a été mise dans la bouche de Lévi et de ses descendants. Mal., II, 6. Chacun doit la dire à son prochain. Zach., VIII, 16. Il faut acquérir la vérité, et ne pas la vendre, Prov., XXIII, 23; se confier à Dieu pour qu'il donne l'intelligence de la vérité, Sap., III, 9; se rendre attentif à la vérité, Dan., IX, 13, parce que la vérité retourne à ceux qui la pratiquent. Eccli., XXVII, 10 (9). Jérusalem restaurée sera appelée « ville de vérité ». Zach., VIII, 3. — La vérité n'est pas dans la bouche des méchants. Ps. V, 10. Voir MENSONGE, t. IV, col. 974. Ils errent loin du chemin de la vérité. Sap., V, 6. Les prophètes se plaignent que la vérité trébuche sur la place publique et disparaît, Is., LIX, 14, 15, et qu'il n'y a ni vérité ni compassion dans le pays. Ose., IV, 2. Il en fut de même parmi les Syriens. I Mach., VII, 18. Daniel, VIII, 12, prédit qu'une corne, Antiochus Épiphane, jettera la vérité par terre, c'est-à-dire triomphera momentanément de la religion d'Israël et de sa nationalité. — Le mot *'ĕmĕṭ* est aussi traduit dans les versions par « vérité », en des passages où il doit avoir le sens de « fidélité ». Gen., XXIV, 49; XXXII, 10; XLVII, 29; III Reg., II, 4; Prov., III, 3; XIV, 22; XX, 28; etc. Au Psaume XII (XI), 2, en particulier, ce ne sont pas les vérités qui diminuent parmi les enfants des hommes, mais *'ĕmûnîm*, les « hommes fidèles » qui disparaissent.

II. DANS LE NOUVEAU TESTAMENT. — 1° *En Jésus-Christ.* — Le Sauveur vient plein de grâce et de vérité. Joa., I, 14. Il est lui-même la vérité en personne. Joa., XIV, 6; Eph., IV, 21; I Joa., V, 6. Il apporte la vérité au monde. Joa., I, 17; VIII, 40; XVI, 7; XVIII, 37. Il enseigne selon la vérité. Matth., XII, 14, 32; Luc., XX, 21. Jean-Baptiste lui rend témoignage comme à la vérité. Joa., V, 33. La parole du Sauveur est la parole de vérité, Joa., XVII, 17; II Cor., VI, 7; Eph., I, 13; Jacob., I, 18, la vérité de l'Évangile, Gal. II, 5; Col. I, 5, à la connaissance de laquelle Dieu veut que tous les hommes arrivent pour qu'ils puissent être sauvés. I Tim., II, 4. Le Sauveur a envoyé à ses Apôtres l'Esprit de vérité, Joa., XIV, 17; XV, 26, pour enseigner aux hommes toute vérité, Joa., XVI, 13; I Joa., IV, 6; il a établi son Église pour qu'elle soit « la colonne de la vérité ». I Tim., III, 15. — 2° *En l'homme.* — Les envoyés de Dieu sont chargés de transmettre la vérité aux autres hommes. C'est ce que font les Évangélistes, Luc., I, 4, et les Apôtres, en particulier saint Paul. Act., XXVI, 25; Rom., IX, 11; II Cor., IV, 2; VII, 14; XI, 10; XII, 6; I Tim., II, 7. Cf. III Joa., 8; II Tim., II, 5. Ils n'ont pas de pouvoir contre la vérité, mais seulement pour la vérité. II Cor., XIII, 8. — Le devoir des chrétiens, qui ont reçu la pleine connaissance de la vérité, Hebr., X, 26, est de pratiquer la vérité, afin de ne pas craindre de paraître à la lumière, Joa., III, 21, d'adorer le Père en esprit et en vérité, Joa., IV, 23, de se sanctifier dans la vérité, Joa., XVII, 19, d'avoir la charité qui se réjouit de la vérité, I Cor., XIII, 6, de confesser la vérité en croissant dans la charité, Eph., IV, 15, de dire la vérité aux autres. Eph., IV, 25; d'avoir l'amour de la vérité, par laquelle on doit être sauvé, II Thes., II, 10, de ne pas mentir contre la vérité, Jacob., III, 14, de s'affermir dans la vérité, II Petr., I, 12, et de marcher dans la vérité, c'est-à-dire d'agir selon les lumières qu'elle apporte. II Joa., 4; III Joa., 4. La vérité délivrera ceux qui agissent ainsi, Joa., VIII, 32, c'est-à-dire les soustraira au joug du péché, de l'erreur et des sujétions mauvaises. — La vérité a aussi ses adversaires, des insouciants, comme Pilate, Joa., XVIII, 38, des indociles, Rom., II, 8, de faux sages, qui retiennent la vérité captive et la tournent en mensonge, Rom., I, 18, 25, de faux docteurs, privés de la vérité, I Tim., VI, 5, apprenant toujours, sans parvenir à la connaissance de la vérité, II Tim., III, 7, des hommes qui ne marchent pas selon la vérité de l'Évangile, Gal., II, 14, qui s'éloignent de la vérité, pour embrasser de fausses doctrines, II Tim., II, 18; Tit., I, 14; Jacob., V, 19, qui résistent à la vérité, II Tim., III, 8, qui lui ferment leurs oreilles, II Tim., IV, 4, et ne se convertissent pas à la vérité. II Tim., II, 25. Leur vrai maître est Satan, en qui n'est pas la vérité. Joa., VIII, 44.

H. LESÊTRE.

VERJUS, jus de raisins qui ne sont pas mûrs. — Le raisin vert, *bôsér* ou *bosér*, ὄμφαξ, *uva acerba*, Job, XV, 33; Is., XVIII, 5, donne un jus très acide qui agace les dents. Se basant sur d'anciens textes d'après lesquels le Seigneur châtie les péchés des pères jusqu'à la quatrième génération, les Israélites de la captivité rejetaient sur ceux qui les avaient précédés la responsabilité des maux dont ils souffraient. Ils répétaient en manière de proverbe : « Les pères ont mangé du raisin vert et les dents des fils en sont agacées. » Jer., XXXI, 29-30; Ezech., XVIII, 2. Ils s'innocentaient ainsi eux-mêmes et se dispensaient de s'amender. Les prophètes leur signifient qu'ils se font illusion, que le proverbe ne s'applique pas à eux et qu'en conséquence ils ont à réformer leur propre conduite. D'ailleurs, le Seigneur va faire cesser leurs maux et ils n'auront plus désormais à s'en prendre aux fautes de leurs pères.

H. LESÊTRE.

VERMILLON (hébreu : *šâšar;* Septante : μίλτος; dans Ézéchiel; ἐν γραφίδι), couleur employée par les Assyriens dans la décoration de leurs palais et de leurs œuvres d'art. Jérémie, XXII, 14, parle de salles peintes en cette couleur (Vulgate : *in sinopide*); Ézéchiel, XXIII, 14, dit que des Chaldéens étaient représentés coloriés en vermillon sur la muraille (Vulgate : *coloribus*), et la Sagesse, XIII, 14, que des idoles de bois étaient couvertes, comme traduit la Vulgate, de *rubrica* (Septante : μίλτος). Chez les Latins, Virgile, *Egl.*, X, 26, et Pline, *H. N.*, XXXV, 45; cf. XXXIII, 36, nous apprennent que les Romains ornaient de la même couleur quelques-unes de leurs divinités. Voir COULEURS, t. II, col. 1068, 1069.

VERONENSIS (CODEX). Ce manuscrit gréco-latin du Psautier, du VIe siècle, appartient à la bibliothèque du chapitre de Vérone. C'est un manuscrit de format in-quarto, à une colonne par page, le grec sur la page de gauche, le latin sur la page de droite. Le grec est écrit en caractères latins. Le texte latin est préhiéronymien. Aucune ponctuation, mais le texte est, dans les deux langues, distribué en stiques. A la suite des Psaumes, les cantiques, au nombre de huit : Exod., XV, 1-21; Deut., XXXII, 1-44; I Reg., II, 1-10; Is., V, 1-9; Jon., II, 3-10; Hab., III, 1-19; Dan., III, 27-67; enfin le *Magnificat*. Ce Psautier a été publié par Bianchini, *Vindiciæ canonicarum scripturarum*, Rome, 1740, t. I. Voyez H. B. Swete, *The Old Testament in Greek*, Cambridge, 1891, t. II, p. IX-X.

P. BATIFFOL.

VERRE (hébreu : *zekôkîṭ;* Septante : ὕαλος; Vulgate : *vitrum*), substance transparente et cassante, obtenue par la fusion du sable siliceux avec des sels métalliques de potassium, de sodium, de calcium ou de plomb (fig. 545). — Les anciens connaissaient le verre. On a dû être amené, en différents endroits, à le découvrir en traitant les minerais par la fusion. En se liquéfiant, les gangues de ces minerais donnent des laitiers qui sont de véritables verres. L'étude de la composition de ces gangues a bientôt fait connaître les éléments requis pour obtenir un verre transparent. Les Assyriens fabriquaient le verre. Cf. Layard, *Nineveh*, t. II, p. 42. On a trouvé dans le palais de Nimroud, à Ninive, un vase de verre portant le nom de Sargon (fig. 546), datant par conséquent du VIIe siècle avant Jésus-Christ. Hérodote, III,

24, mentionne des colonnes creuses et transparentes, dans lesquelles on enfermait les morts, et qui étaient faites de verre, ὕαλος, tiré des mines du pays et facile à travailler. Il ne s'agit ici que d'une pierre translucide, l'albâtre probablement. Mais les Égyptiens possédaient certainement l'art de produire et de travailler le verre. Les monuments montrent leurs ouvriers occupés à souffler le verre (fig. 547). Le même art était à l'usage

545. — Quatre ampoules antiques en verre. Musée du Louvre.

des Phéniciens. Quand on part de Saint-Jean-d'Acre pour Caïpha, on rencontre bientôt le Nahr el-Na'aman, petit ruisseau large de huit à dix mètres, appelé par les anciens Bélus. C'est là que les Phéniciens auraient trouvé le procédé de la fabrication du verre. Cf. Pline, *H. N.*, XXXVI, 65; Strabon, XVI, 758; Josèphe, *Bell. jud.*, II, x, 2; Tacite, *Hist.*, v, 7. Le ruisseau prend sa source à quelques kilomètres de là, dans des marais que Pline appelle *palus cenderia*, et qui, en hiver et au printemps, font déborder le cours d'eau. Le sable qui est à l'embouchure aurait été très propre à la fabrication du verre. On trouve des traces des anciennes

546. — Vase de verre portant le nom de Sargon, roi d'Assyrie. D'après Maspero, *Histoire*, t. III, p. 218.

verreries phéniciennes à Zaraphtha, la Sarepta d'autrefois, et dans l'ancienne nécropole de Tyr, qui abonde en débris de verre ordinairement colorés en bleu et a conservé d'élégants spécimens de vases (fig. 548). Cf. Lortet, *La Syrie d'aujourd'hui*, Paris, 1884, p. 113, 127, 142, 167. Hérodote, II, 44, vit à Tyr, dans le temple d'Hercule, une colonne d'émeraude qui jetait grand éclat pendant la nuit. On soupçonne que cette colonne était en verre coloré et que des lampes l'éclairaient à l'intérieur. Comme Moïse promet à Zabulon que cette tribu jouira des « richesses cachées dans le sable, » Deut., XXXIII, 19, et que le Bélus se trouve sur son

territoire, quelques commentateurs ont supposé que l'allusion portait sur le sable vitrifiable. Cf. Rosenmüller, *In Deuter.*, Leipzig, 1798, p. 532. Mais il ne s'agit, dans ce passage, que des richesses communes à tous les bords de mer. Tout en utilisant le verre de manières variées, les Orientaux n'ont pas su s'en servir pour en faire des vitres ou des miroirs. — Dans une tombe philistine de Gazer, on a trouvé d'élégants petits

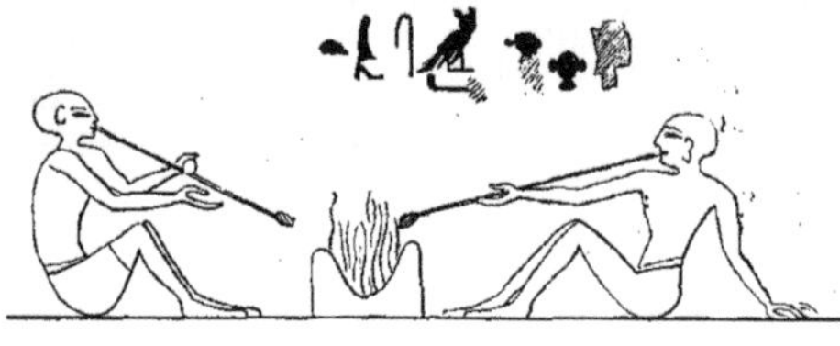

547. — Égyptiens soufflant le verre.
D'après Wilkinson, *The manners and customs of the ancient Egyptians*, t. II, p. 140.

ustensiles de verre. Cf. H. Vincent, *Canaan*, Paris, 1907, p. 234. — Les Israélites ont également connu le verre et l'ont fabriqué de bonne heure, si tant est, comme le croit Lortet, *La Syrie d'aujourd'hui*, p. 327, que les ateliers d'Hébron remontent jusqu'à l'époque des rois de Juda. Le sable siliceux nécessaire à ces

548. — Verres colorés de Sarepta.
D'après Lortet, *La Syrie*, p. 127.

verreries provient de la contrée, et la soude est apportée par les Arabes des bords de la mer Morte, et des régions sablonneuses et salées qui sont à l'est du Jourdain. On y fabrique du verre soufflé pour lampes, bouteilles, fioles, etc., et des bracelets, des anneaux, des bagues, des perles, etc. « Les fourneaux sont en briques et recouverts par un dôme à réverbère. La flamme, après avoir circulé dans le four, vient passer sur les creusets qui renferment les matières vitreuses en fusion, et sort par des ouvertures pratiquées dans la région moyenne. C'est par ces orifices que les ouvriers, assis ou debout autour des fourneaux, cueillent le verre liquide au moyen de leurs cannes de fer. Ils soufflent rapidement les pièces et les réchauffent pendant quelques instants aux flammes qui sortent du four. » Lortet, *ibid.* Pour faire les perles et les bracelets, on teinte la pâte vitreuse au moyen d'oxydes minéraux qui fournissent de belles nuances bleu d'outremer, vert de malachite ou jaune de chrome. — Dans Job, XXVIII, 17, la sagesse est déclarée supérieure à différentes substances précieuses, l'or, l'onyx, le saphir, le verre, le corail, le cristal, les perles et la topaze. Le verre, *zekôkît*, ne saurait ici être confondu avec le cristal de roche, *gâbîš*, nommé lui-même dans l'énumération. D'ailleurs, pour que le verre occupât une place au milieu de toutes ces matières de prix, il fallait qu'il fût employé en objets capables de servir de parures, perles artificielles, pendeloques, bracelets, etc. — Il est dit dans les Proverbes, XXIII, 31 : « Ne regarde pas le vin,... comme il donne son œil dans la coupe, » *be-kôs*, c'est-à-dire comme il a belle apparence dans la coupe. La Vulgate traduit *in vitro*, « dans le verre ». Mais il n'y a là qu'une interprétation. — Il n'est plus fait mention du verre que dans l'Apocalypse. Saint Jean voit en face du trône de Dieu « comme une mer de verre semblable à du cristal. » Apoc., IV, 6. Cette mer est probablement ici le firmament qui s'étend au-dessous du trône divin. Une autre fois, il voit « comme une mer de verre, mêlée de feu, et, au bord de cette mer, les vainqueurs de la bête. » Apoc., XV, 12. Cette mer représente l'eau et le feu des épreuves au travers desquelles les serviteurs de Dieu doivent passer. Cf. Ps. LXVI (LXV), 12. Enfin, dans la Jérusalem céleste, les constructions sont en or pur et translucide comme du verre. Apoc., XXI, 18, 21. Cet or ressemble donc au verre teinté de chrome. — Sur certaines verreries sidoniennes, dont plusieurs pensent qu'il est question dans Josué, XI, 8; XIII, 6, voir MASÉRÉPHOTH, t. IV, col. 831.

H. LESÊTRE.

VERROU (hébreu : *bad, beriah, metil;* Septante : μοχλός, κλεῖθρον; Vulgate : *vectis, sera*), barre de bois ou de fer, qui sert à assurer la fermeture d'une porte. Voir BARRE, fig. 453, t. I, col. 1468 — Les portes des villes ont des verrous. Deut., III, 5; Jud., XVI, 3; II Esd., III, 3, 6, 13, 15, etc. Dieu brise les portes d'airain et les verrous de fer qui retiennent les captifs. Ps. CVII (CVI), 16. Il les brise devant Cyrus. Is., XLV, 3. Pour prendre une ville, on brise ses verrous. Il en est ainsi pour Babylone, Jer., LI, 30, pour Damas, Am., I, 5, pour Ninive, Nah., III, 13, et pour Jérusalem. Lam., II, 9. On attaque plus facilement les populations qui n'ont ni portes ni verrous. Jer., XLIX, 31; Ezech., XXXVIII, 11. Voir BARRE, t. I, col. 1468. — Métaphoriquement, on suppose que des verrous servent à clore la mer, Job, XXXVIII, 10, le sche'ôl, Job, XVII, 16, et la surface du sol habitable. Jon., II, 7. Les querelles des frères ennemis sont comme les verrous d'un palais; rien ne peut les réduire. Prov., XVIII, 19. Les versions ont ici un tout autre sens. — Les os de l'hippopotame sont comparés à une barre de fer, *metil barzél, lamina ferrea*, probablement à un verrou. Job, XL, 18 (13). — Dans Isaïe, XXVII, 1, Léviathan est appelé *nâḥâš bâriaḥ*, « serpent fuyant ». Les Septante traduisent exactement par ὄφιν φεύγοντα, « serpent fuyant ». Mais la Vulgate rend l'hébreu par *serpentem vectem*, « serpent verrou », comme s'il y avait *beriaḥ* en hébreu, ce qui n'a pas de sens clair.

H. LESÊTRE.

VERS HÉBREU. Voir POÉSIE HÉBRAÏQUE, col. 477-480; HÉBRAÏQUE (LANGUE), t. III, col. 490-491.

VERSETS DANS LA BIBLE. Le mot *versus, versiculus*, vient de *verto*, « tourner », et comme στίχος, en grec, il désignait chez les Latins les lignes d'écriture en général, soit en prose soit en vers. Dans de très anciens manuscrits, les livres poétiques de la Bible, Job, les Psaumes, les Proverbes, l'Ecclésiaste, le Cantique et les chants poétiques sont divisés par vers commençant à la ligne. La division de tous les livres bibliques par versets fut introduite dans un but pratique. Pour qu'on put retrouver aisément dans l'Écriture un passage particulier, on imagina d'abord de partager chaque livre en chapitres et c'est ce que fit le cardinal Étienne Langton († 1228). Voir CHAPITRES DE LA BIBLE, t. II, col. 55. Afin de rendre les recherches plus rapides, lorsque, vers 1240, le cardinal Hugues de Saint-Cher compila la première concordance verbale du texte latin de la Vulgate, il subdivisa les chapitres en sept parties qu'il distingua en marge par les lettres *a, b, c, d, e, f, g.* Cette subdivision, après avoir été en usage pendant environ trois cents ans, n'est maintenue aujourd'hui que dans les renvois de certaines éditions du Missel et du Bréviaire; elle a disparu lorsqu'elle est devenue inutile par l'introduction plus pratique et plus commode des versets proprement dits qui, par leur brièveté, rendent les recherches extrêmement faciles.

La numérotation actuelle des versets, qui a passé peu à peu dans toutes les éditions de la Bible, en quelque langue qu'elles soient, a pour auteur l'imprimeur Robert Estienne. Il l'introduisit pour la première fois en 1555, dans une édition gréco-latine du Nouveau Testament, et dans une édition complète de la Bible latine. Il l'indiqua en marge. Théodore de Bèze l'introduisit dans le texte même en 1565. Robert Estienne avait eu d'ailleurs des précurseurs. En 1509 Jacques Lefebvre avait déjà numéroté les versets des Psaumes dans son *Psalterium quintuplex*, et Santes Pagnino avait numéroté toute la Bible en 1528. Robert Estienne adopta la numérotation de Santes Pagnino pour les livres protocanoniques de l'Ancien Testament, en en introduisant une nouvelle pour les livres deutérocanoniques et pour tout le Nouveau Testament. La division des versets par R. Estienne n'est pas toujours heureuse, car en plusieurs endroits elle n'est pas en parfait rapport avec le sens, par exemple dans le Psaume LXXXIX (XC), les versets 4 et 5, 9 et 10 sont mal coupés et dans le vers : (*Quis novit*) *præ timore tuo iram tuam — dinumerare?* les premiers mots appartiennent au ẏ. 11 et *dinumerare* commence le ẏ. 12. Le pape Sixte V réforma la division dans son édition de 1590, mais on vit tant d'inconvénients dans le changement d'une numérotation universellement répandue que l'ancienne fut maintenue par Clément VIII, malgré ses imperfections, dans l'édition officielle définitive. — Voir W. Wright, article *Verse*, dans Kitto, *Cyclopædia of biblical literature*, 1866, t. III, p. 1066-1070; Mac Clintock et Strong, *Cyclopædia of biblical literature*, 1891, t. X, p. 756-762; Ch. Graux, *Nouvelles recherches sur la stichométrie*, dans *Les articles originaux*, publiés par Ch. Graux, édit. posthume, in-8°, Paris, 1893, p. 71-124 (stiques de tous les écrits de l'Ancien et du Nouveau Testament), p. 90-103.

VERSIONS DE LA BIBLE. Voir les articles spéciaux à chaque langue, grecque, allemande, anglaise, française, etc.; SEPTANTE, VULGATE.

VERT. Voir COULEURS, 6°, t. II, col. 1066.

VERTIGE, aveuglement intellectuel par suite duquel on ne sait plus ce qu'on fait. Saül, sous le coup de la défaite, est saisi de vertige, *šâbâṣ*, σκότος δεινόν, *angustiæ*, et cherche la mort. II Reg., I, 9. — Les marins, pendant la tempête, sont pris de vertige, *yâḥoggû*, ἐταράχθησαν, *turbati sunt*. Ps. CVII (CVI), 17. — Dieu frappe les princes de Memphis de l'esprit de vertige, *'iv'îm*, πλανήσις, *vertigo*. Is., XIX, 14. H. LESÊTRE.

VERTU (grec : ἀρετή; Vulgate : *virtus*), habitude de faire le bien. Cette habitude, parfois naturelle, est souvent acquise, développée par l'effort persévérant de la volonté, et perfectionnée à l'aide du secours divin. Ps. XVIII (XVII), 33. — 1° La notion abstraite de vertu n'existe pas en hébreu. Les hommes vertueux sont appelés « justes », et la vertu s'y présente sous forme de « justice », c'est-à-dire de fidélité à toutes les obligations qu'impose la volonté divine. Voir JUSTICE, t. III, col. 1875. Les hommes de vertu sont *'anšê ḥayil*, δυνατοί, *industrii, potentes*, Gen., XLVII, 6; Exod., XVIII, 21, 25, et la femme vertueuse *'êšeṭ ḥayil*, γυνὴ δυνάμεως ou ἀνδρεία, *mulier virtutis, diligens, fortis*. Ruth, III, 11; Prov., XII, 4; XXXI, 10. — Les différentes vertus, représentant chacune une forme spéciale du bien, n'en sont pas moins indiquées et recommandées dans la Sainte Écriture. Voir CHARITÉ, t. II, col. 591; CHASTETÉ, col. 624; ESPÉRANCE, col. 1965; FOI, col. 2296; HUMILITÉ, t. III, col. 777; JUSTICE, col. 1875; MISÉRICORDE, t. IV, col. 1131; OBÉISSANCE, col. 1720; PATIENCE, col. 2180; PÉNITENCE, t. V, col. 39; PRUDENCE, col. 803; RECONNAISSANCE, col. 1006; RENONCEMENT, col. 1045; SAGESSE, col. 1349; SIMPLICITÉ, col. 1746. — L'auteur de la Sagesse, VIII, 7, met à part les quatre vertus cardinales, que Platon avait indiquées avant lui : « Quelqu'un aime-t-il la justice? Ses labeurs sont les vertus : elle enseigne la tempérance, σωφροσύνην, *sobrietatem*, la prudence, φρόνησιν, *prudentiam*, la justice, δικαιοσύνην, *justitiam*, et la force, ἀνδρίαν, *virtutem*. » La justice mise en premier lieu comme génératrice des vertus cardinales est la *ṣedâqâh* hébraïque, la justice totale comportant la pratique de tous les devoirs envers Dieu et envers les hommes. — 2° La notion de vertu, ἀρετή, *virtus*, apparaît plus clairement dans le Nouveau Testament. Les Apôtres ne dissertent pas sur la vertu, mais, en toute occasion, ils en prescrivent la pratique, qui n'est autre chose que la fidélité à la loi évangélique. Voir LOI NOUVELLE, t. IV, col. 347. Ainsi saint Paul recommande aux chrétiens de Rome la charité sincère, l'amour fraternel, le zèle, la ferveur, l'espérance, la patience, l'assiduité à la prière, l'aumône, l'hospitalité, l'amour des ennemis, l'humilité, la concorde, en un mot, le triomphe sur le mal par la pratique du bien. Rom., XII, 8-21. C'est le résumé de tout ce qui s'impose au chrétien vraiment vertueux. L'Apôtre fait de la charité la première des vertus, supérieure à la foi et à l'espérance. Mais il faut que la charité comporte la pratique de toutes les autres vertus, la patience, la bonté, la discrétion, le désintéressement, la douceur, la justice, le support, etc. I Cor., XIII, 4-18. Dans le chrétien, la grâce agit pour aider à la fidélité et au progrès des habitudes vertueuses, et c'est le Saint-Esprit qui produit dans l'âme la charité, la joie, la paix, la patience, la mansuétude, la bonté, la fidélité, la douceur et la tempérance. Gal., V, 22. Aux Éphésiens, IV, 2, 3, saint Paul recommande de faire honneur à leur vocation par leur humilité, leur douceur, leur patience, leur charité fraternelle et leur esprit d'union et de paix. Il dit aux Philippiens : « Que tout ce qui est vrai, tout ce qui est honorable, tout ce qui est juste, tout ce qui est pur, tout ce qui est de bonne renommée, s'il est quelque vertu et s'il est quelque louange, que ce soit là l'objet de vos pensées. » Phil., IV, 8. Il ne veut pas que la vertu soit superficielle; elle doit saisir le plus intime de l'âme. « Revêtez-vous d'entrailles de miséricorde, de bonté, d'humilité, de douceur, de patience, ...et surtout de la charité, qui est le lien de la perfection. » Col., III, 12-14. A ses disciples, Timothée et Tite, saint Paul indique les vertus qui sont exigées des évêques et des diacres. I Tim., III, 2-9; Tit., I, 8. Lui-même félicite le premier de l'avoir suivi fidèlement dans sa conduite, sa foi, sa longanimité, sa charité et sa constance. II Tim., III, 10. Saint Pierre exhorte les chrétiens à joindre à leur foi la vertu, le discernement, la tempérance, la patience, la piété, l'amour fraternel et la charité. « Si ces vertus sont en vous et y abondent, ajoute-t-il, elles ne vous laisseront ni oisifs ni stériles pour la connaissance de Notre-Seigneur Jésus-Christ. » II Pet., I, 5-8. Les Épîtres de saint Jean parlent surtout de l'amour de Dieu et de la charité fraternelle. — Dans un très grand nombre de textes de l'Ancien et du Nouveau Testament, la Vulgate emploie le mot *virtus* dans le sens de « puissance » et non dans celui de « vertu ». Ainsi, dans le Psaume LXXXIV (LXXXIII), 8, il est dit des pèlerins qui montent à Jérusalem : *yelkû meḥayil 'él-ḥayil*, « ils vont de force en force », en sentant s'accroître leur vigueur, ἐκ δυνάμεως εἰς δύναμιν, *de virtute in virtutem*, et non « de vertu en vertu ». De même, la « vertu du Très-Haut », Luc., I, 35, « la vertu qui émanait » de Jésus, Luc., VI, 19, la « vertu du Saint-Esprit », Act., I, 8, est la δύναμις, la force, la puissance divine.

H. LESÊTRE.

VERTUS (grec : δυνάμεις; Vulgate : *virtutes*), nom donné à l'un des chœurs des anges. — On lit dans le cantique de Daniel, III, 61 : « Puissances du Seigneur, bénissez toutes le Seigneur. » L'expression πᾶσα ἡ δύναμις, *omnes virtutes*, ne peut désigner les anges, nommés plus haut, ℣. 58. Ces puissances, rangées après les cieux et les eaux supérieures, et avant le soleil et la lune, sont celles de la milice céleste, les étoiles. Plus loin, la δύναμις τοῦ οὐρανοῦ, *virtutes cæli*, désigne le *ḥêl šemayyâ'*, « l'armée du ciel », les étoiles. Dan., IV, 32. C'est saint Paul qui, le premier, probablement d'après les traditions juives, donne une liste des chœurs des anges, et désigne l'un de ces chœurs par l'appellation de δυνάμεις, *virtutes*, les « vertus », distinctes des « puissances », ἐξουσίαι, *potestates*. Il assigne au Christ ressuscité une place supérieure à celle de tous ces chœurs angéliques. Eph., I, 21. Dans une autre énumération, Col., I, 16, il omet les « vertus ». Ailleurs, Rom., VIII, 38, il dit qu'aucune créature angélique, ni principautés, ni vertus, ne pourra le séparer de l'amour du Christ Jésus. Il est à remarquer cependant que, dans ce passage, les « vertus » sont absentes du texte grec et ne sont mentionnées que par la Vulgate. Saint Pierre dit aussi que, dans le ciel, tous les anges, les principautés et les vertus, sont soumis au Christ. I Pet., III, 22. La Sainte Écriture ne fournit aucun renseignement sur le rôle particulier de ce chœur des vertus, ni sur la raison du nom qui lui est attribué.

H. LESÊTRE.

VERTUS DES CIEUX (Septante : δυνάμεις τῶν οὐρανῶν; Vulgate : *virtutes cælorum*), l'ensemble des étoiles. — L'expression hébraïque *kol-ṣebâ' haš-šâmâ-îm*, « toute la milice des cieux », Vulgate : *omnis militia cælorum*, est rendue dans les Septante par αἱ δυνάμεις τῶν οὐρανῶν, « les puissances des cieux ». Is., XXXIV, 4. Le prophète décrit le jugement de Dieu; il annonce que l'armée des cieux sera réduite en poussière et que les cieux seront roulés comme un livre. Il s'agit donc ici du firmament, et l'armée qui le peuple est celle des étoiles. Ézéchiel, XXXII, 7, 8, parle de phénomènes analogues précédant le jugement de Dieu. Les Septante traduisent ordinairement par δύναμις, « puissance », le mot *ṣebâ'* désignant la milice du ciel, cf. IV Reg., XVII, 16; XXI, 3; XXIII, 4; Dan., VIII, 10, ou encore par στρατιά. Jer., VIII, 2. Dans sa description des signes avant-coureurs du jugement, Notre-Seigneur reproduit quelques-uns des traits familiers aux prophètes : « Le ciel s'obscurcira, la lune ne donnera plus sa lumière, les étoiles tomberont du ciel, les puissances des cieux seront ébranlées. » Matth., XXIV, 29; Marc., XIII, 24, 25. Le parallélisme qui règne dans ce passage donne à conclure que les puissances ou vertus des cieux ne sont autres que les étoiles. Le texte évangélique suit celui des Septante, qui remplacent la « milice » du texte hébreu que les « puissances », appelées dans certaines traductions françaises, d'après la Vulgate trop littéralement interprétée, les « vertus des cieux ». Quelques commentateurs ont vu dans les vertus des cieux les forces qui régissent les corps célestes, ou les points cardinaux du ciel. Cette interprétation s'harmonise moins bien que la précédente avec le parallélisme et le contexte. Il est encore moins probable qu'il s'agisse des anges, que de tels événements ne sauraient ébranler, et qui sont mentionnés plus loin comme faisant partie du cortège du souverain Juge. Matth., XXIV, 31. H. LESÊTRE.

VESCE. La Vulgate rend par *vicia*, « vesce », le mot hébreu *kussémet* (pluriel : *kussemîm*). Is., XXVIII, 25; Ezech., IV, 9. Quelques auteurs rapprochent ce nom du *kirsenéh* arabe, la *vicia ervilia*. Mais le mot hébreu désigne l'épeautre et, selon d'autres, le sorgho. Voir t. II, col. 821. — Certains auteurs traduisant le *qéṣaḥ* hébreu par vesce, mais à tort : ce mot signifie la nielle ou cumin noir, t. III, col. 244. — Pour la vesce, *vicia faba*, voir FÈVE, t. II, col. 2228.

VESTIAIRE (hébreu : *méltâḥâh*), endroit où l'on garde les vêtements. — Jéhu, voulant se défaire des prêtres de Baal, prétexta un sacrifice à offrir dans le temple du dieu, et, pour mieux distinguer ceux qu'il avait en vue, ordonna de tirer du vestiaire des vêtements dont ils se pareraient. IV Reg., X, 22. Il s'agit ici du vestiaire du temple de Baal. Les prêtres idolâtres, aussi bien que ceux du vrai Dieu, prenaient des costumes spéciaux pour remplir leurs fonctions. Cf. Hérodien, V, 5; Silius Italicus, III, 24-27; Lagrange, *Études sur les religions sémitiques*, Paris, 1905, p. 149. Dans les versions, *méltâḥâh* est traduit par ὁ ἐπὶ τοῦ οἴκου Μεσθάαλ, « le préposé à la maison de Mesthaal », *his qui erant super vestes*, « les préposés aux vêtements ». — Il y avait un vestiaire dans le palais de Salomon, II Par., IX, 4, et un autre dans le Temple, où les prêtres devaient laisser leurs vêtements sacrés après avoir rempli leurs fonctions. Ezech., XLII, 14; XLIV, 19. — Job, XXVII, 16, parle de l'impie qui entasse les vêtements comme la boue, c'est-à-dire qui remplit son vestiaire. Les trésors que rongent les vers et que Notre-Seigneur recommande de ne pas amasser, Matth., VI, 19, sont les dépôts de vêtements. Saint Jacques, V, 2, y fait aussi allusion. H. LESÊTRE.

VESTIBULE DU TEMPLE, portique, pylône. Voir TEMPLE, col. 2032.

VÊTEMENT, étoffe disposée pour couvrir le corps de l'homme dans la vie habituelle. — Le vêtement est une nécessité imposée par le péché des premiers parents. Gen., III, 7, 21. L'homme s'est ensuite fait des vêtements d'abord avec la peau des animaux, voir PEAU, col. 3, cf. H. Vincent, *Canaan*, Paris, 1907, p. 398, puis avec des tissus de sa fabrication. Voir ÉTOFFES, t. II, col. 2035.

I. NOMS DES VÊTEMENTS. — Les vêtements sont naturellement très divers, quant à la matière et quant à la forme, suivant les temps et les pays. Les monuments anciens indiquent plus ou moins clairement la forme des vêtements portés par les Babyloniens, les Égyptiens, les Grecs et les Romains. Ils sont des plus rares en ce qui concerne les Hébreux. Mais le grand nombre de mots qui servaient chez eux à les désigner indique qu'ils en avaient d'assez variés. Ces mots sont les suivants : *Bégéd*, le vêtement que Joseph portait dans la maison de Putiphar, ἱμάτια, *pallium*, Gen., XXXIX, 12, 13, 15; celui que le Pharaon lui donna en l'établissant chef de l'Égypte, στολή, *stola*, Gen., XLI, 42, et celui que portaient les rois Achab et Josaphat sur leur trône. III Reg., XXII, 10; II Par., XVIII, 9. C'était donc un vêtement de dessus, destiné à des personnages d'importance. — *Keli*, mot à sens divers, servant à désigner le vêtement ordinaire, σκεύη, στολή, *vestis*, Deut., XXII, 5, et les atours d'une femme, κόσμος, *monilia*. Is., LXI, 10. — *Kesûṭ*, περιβόλαιον, *pallium*, un vêtement de dessus. Deut., XXII, 12. — *Lebûš*, le vêtement commun qu'ont les plus pauvres, ἱμάτιον, *indumentum, vestitus*, Job, XXIV, 7, 10; XXXI, 19, *vestimentum*, Job, XXXVIII, 14, *vestis*, Dan., III, 21. — *Mad*, tunique, χιτών, *tunica*, Lev., VI, 10 (3), ἱμάτιον, *vestimentum*, Ps. CIX (CVIII), 18, vêtement de dessous auquel on compare la malédiction que le méchant ne quitte pas. — *Middâh*, ἔνδυμα, *vestimentum*, le vêtement du grand-prêtre, Ps. CXXXIII (CXXXII), 2. — *Médév*, μανδύη, *vestis*, casaque portée par des serviteurs de David, II Reg., X, 4, *tunica*, I Par., XIX, 4. — *Mekasséh*, vêtement splendide. Is., XXIII, 18. Le mot n'est pas traduit par les versions. — *Malbûš*, ἔνδυμα, *vestimentum*, vêtement fourni à des serviteurs du roi. IV Reg., X, 22. — *Sûṭ*, περιβολή, *pallium*, vêtement de dessus. Gen., XLIX, 11. — *Ṭilbošéṭ*, ἱμάτιον, *vestimentum*, vêtement de dessous d'un guerrier. Is., LIX, 17. — *Ṣéba' riqmâh*, le vêtement de couleurs variées, βάμμα ποικιλῶν, *vestis diversorum colorum*, comme en portaient les Hébreux du temps des Juges, et dont Sisara comptait s'emparer. Jud., V, 3. Ézéchiel, XVI, 18, mentionne aussi des vêtements multicolores en usage de son temps, *bigdê riqmâh*, ἱματισμός ποικίλος, *vestimenta multicoloria*. — *Mešî*, le vêtement de soie. Ezech., XVI, 10, 13. Voir SOIE, col. 1821. — *Ṭekêlèṭ*, le vêtement de pourpre. Exod., XXVI, 4, 31; Num., IV, 6; Ezech., XXIII, 6; XXVII, 7, 24. Voir POURPRE, col. 586. — *Ṭôlâ'*, le vêtement cramoisi. Lam., IV, 5; Is., I, 18. Voir COCHENILLE, t. II, col. 818. — *Berômîm*, ἐκλεκτά, *polymita*, vêtements de diverses couleurs vendus par Tyr. Ezech., XXVII, 24. — *Me'il*, vêtement long des princesses, ἐπενδύτης, *vestis*, II Reg., XIII, 18, διπλοΐς, *pallium*, vêtement de dessus, I Reg., XV, 27; XXVIII, 14, ἱματίον, *vestimentum*, Job, I, 20, στολή, *vestis*, Job, II, 12. — *Maḥălâṣôṭ*, ἐπιβλήματα, *mutatoria*, Is., III, 22, ποδήρη, Zach., III, 4, les vêtements de rechange, ou ceux qu'on quitte à la maison. — *Śaq*, Gen., XXXVII, 34, le vêtement de deuil. Voir CILICE, t. II, col. 760, et deux Juifs revêtus d'un sac devant Sennachérib, fig. 347, col. 1607. Cf. LACHIS, t. IV, fig. 11, col. 23. — Les mots *qórḥâh*, κρόκη, *superficies*, et *gabbaḥaṭ*, δέρμα, *per totum*, désignent l'endroit et l'envers du vêtement. Lev., XIII, 55. — Les *belô'ê*, *scissa et putrida*, sont des haillons. Jer., XXXVIII, 12.

II. VÊTEMENTS DES HÉBREUX. — 1° Les vêtements des Hébreux étaient de laine ou de lin, auxquels on ajouta plus tard le coton. La loi défendait de porter des tissus mélangés de laine et de lin. Lev., XIX, 19; Deut., XXII, 11. « Qu'en tout temps tes vêtements soient blancs, » dit l'Ecclésiaste, IX, 8. Mais cette recommandation ne faisait pas loi. La couleur blanchâtre était naturelle à la laine et au lin. Mais elle se salissait aisément au milieu des occupations journalières, Zach., III, 4, et dans le peuple on usait volontiers d'étoffes teintes, que l'industrie phénicienne produisait à bon compte. Les plus aisés se servaient d'étoffes de couleurs éclatantes, pourpre rouge et violette ou cramoisi, Prov., XXXI, 22; Jer., IV, 30; Lam., IV, 5, et empruntaient les modes des étrangers. Soph., I, 8. Ils choisissaient de fins tissus, Luc., VII, 25, et se procuraient parfois des vêtements magnifiques. Jacob., II, 2. Le blanc était si peu la couleur habituelle, à l'époque évangélique, qu'on note la blancheur que prirent les vêtements de Notre-Seigneur à la transfiguration, Matth., XVII, 2; Marc., IX, 2, et que, pour le ridiculiser, Hérode fit mettre au Sauveur une robe éclatante, blanche d'après la Vulgate, comme à un homme épris de la folie des grandeurs. Luc., XXIII, 11. Les vêtements blancs comme la neige étaient habituels dans les apparitions. Dan., VII, 9; Matth., XXVIII, 3; Marc., XVI, 5; Luc., XXIV, 4; Joa., XX, 12; Act., I, 10; Apoc., III, 5, 18; IV, 4; etc. Les vêtements bigarrés ou ornés de broderies étaient aussi dans le goût des Hébreux. Jud., V, 30; Ezech., XVI, 18. — 2° Les principales pièces du vêtement des Hébreux étaient la tunique, voir TUNIQUE, col. 2132, et le manteau, voir MANTEAU, t. IV, col. 663. Le manteau était le vêtement de dessus et la tunique celui de dessous. Cette dernière se portait sur le corps même. Mais parfois on mettait par dessous une chemise d'étoffe plus fine, *sâdin*. Jud., XIV, 12, 13; Is., III, 23; Prov., XXXI, 24. Voir LINCEUL, t. IV, col. 265. Les caleçons n'étaient obligatoires que pour les prêtres. Voir CALEÇON, t. II, col. 60. Le costume des femmes différait de celui des hommes par plus d'ampleur. Dans son large manteau, une femme pouvait mettre jusqu'à six mesures d'orge, charge qu'elle portait elle-même. Ruth, III, 15. Les femmes avaient de plus le voile dont elles se couvraient la tête, mais qu'elles n'étaient pas astreintes à tenir toujours baissé. Gen., XII, 14; XXIV, 65; XXXVIII, 14, 19; I Reg., I, 12; etc. Voir VOILE. On mettait aux jeunes garçons et aux jeunes filles de distinction des robes longues. Gen., XXXVII, 3; II Reg., XIII, 18. — 3° Il y avait des vêtements particuliers à certaines conditions et à certains jours, les vêtements sacrés des prêtres, voir GRAND-PRÊTRE, t. III, col. 299, fig. 64, col. 296; PRÊTRE, t. V, col. 646, fig. 174, col. 647, les vêtements royaux, Esth., V, 1; Act., XII, 21, les vêtements de fête, Ruth, III, 3; Judith, X, 3; Luc., XV, 22, les vêtements de veuve, Gen., XXXVIII, 14; Judith, X, 2; XVI, 9, les vêtements de rechange, Jud., XIV, 13, la robe nuptiale, Matth., XXII, 10, etc. — Sur les autres pièces du vêtement, voir CEINTURE, t. II, col. 389; fig. 123-126, col. 389-391; CHAUSSURE, col. 631; fig. 225-236, col. 634-640; COIFFURE, col. 828; CHLAMYDE, col. 707, fig. 271, col. 708; LANGES, t. IV, fig. 32-34, col. 71-72; TOILETTE, t. V, col. 2262. On faisait en sorte que les vêtements exhalassent une bonne odeur. Gen., XXVII, 27; Cant., IV, 11; Ps. XLV (XLIV), 9. — 4° D'après Iken, *Antiquit. hebraic.*, Brême, 1741, p. 543, les Juifs auraient compté dix-huit pièces d'habillement d'usage ordinaire pour les hommes : un manteau, une tunique d'étoffe souple, une ceinture large, un vêtement court et étroit, une chemise, une autre ceinture sur la chair même, un chapeau, une tiare, deux chaussures, deux jambières, deux gants couvrant les mains et les bras jusqu'au coude, deux voiles légers servant l'un à s'essuyer après les ablutions, l'autre à se couvrir la tête et les épaules, et enfin un foulard noué autour du cou et dont les extrémités retombaient par devant. A ces différentes pièces, dont plusieurs ne sont pas mentionnées dans la Bible, s'ajoutaient les franges, voir FRANGE, t. II, col. 2394, et les phylactères. Voir PHYLACTÈRES, t. V, col. 349. Pour le costume des femmes juives, voir FEMMES, t. II, fig. 637-638, col. 2190.

III. PRESCRIPTIONS LÉGISLATIVES. — Il était interdit à une femme de prendre des habits d'homme, et réciproquement, cette pratique étant en abomination devant Dieu. Deut., XXII, 5. Cette défense était commandée par le souci de la moralité. — Le mari devait assurer le vêtement à sa femme. Exod., XXI, 10. Voilà pourquoi, dans les temps de désolation où les hommes faisaient défaut, sept femmes pouvaient demander au même homme de porter son nom, en ajoutant : « Nous nous vêtirons de nos habits. » Is., IV, 1. La captive prise pour épouse devait quitter les vêtements de sa captivité, pour en recevoir d'autres de son nouveau mari. Deut., XXI, 13. — Il n'était pas permis de prendre en gage le vêtement de la veuve, Deut., XXIV, 17, car le vêtement est une des choses de première nécessité. Gen., XXVIII, 30; Eccli., XXIX, 28. — Le lépreux devait porter des vêtements déchirés, qui permissent de le reconnaître à distance. Lev., XIII, 45. — A la suite de certaines souillures, qui obligeaient les anciens à changer de vêtements, Gen., XXXV, 2, la loi prescrivait de les laver. Exod., XIX, 10; Lev., XI, 25, 28; XV, 5-27; etc. Voir LAVAGE, t. IV, col. 131. — Des règles spéciales étaient imposées pour la purification de vêtements atteints de la lèpre. Lev., XIII, 47-58. Voir LÈPRE, t. IV, col. 186.

IV. USAGES DIVERS. — Les pauvres couchaient dans leur vêtement pour dormir; aussi le créancier qui l'avait pris en gage devait-il le leur rendre le soir. Deut., XXIV, 13. Cf. Marc., XIV, 51, 52. On couvrait David de vêtements pour le réchauffer pendant son sommeil. III Reg., I, 1. A l'époque d'Amos, II, 8, des créanciers se donnaient le tort de coucher sur les vêtements pris en gage, au lieu de les rendre. — Les vêtements faisaient partie du butin qu'on prenait à la guerre et qu'on partageait ensuite. Jos., VII, 21; Jud., V, 30; VIII, 26. On les donnait en présents. I Reg., XVII, 38; XVIII, 4; IV Reg., V, 5, 10, 23. — On déchirait ses vêtements en signe de deuil. Voir DÉCHIRER SES VÊTEMENTS, t. II, col. 1336. — On gardait ses vêtements pour veiller la nuit sur les murs d'une ville, II Esd., IV, 24, ou dans le Temple. Voir POLICE, col. 503. Cf. Apoc., XVI, 15. — Les femmes d'Israël se servaient de leurs vêtements pour construire des tentes destinées aux cultes idolâtriques. Ezech., XVI, 16, 18. On les utilisait pour faire des tapis sur les montures ou sur le chemin des personnes qu'on voulait honorer. Matth., XXI, 7, 8; Marc., XI, 7; Luc., XIX, 35, 36. Cet emploi était d'autant plus facile que les vêtements de dessus n'étaient pas ajustés, et qu'ils se composaient de larges pièces d'étoffe que l'on drapait sur les épaules. — D'après la loi romaine, appliquée à Notre-Seigneur, les vêtements d'un supplicié appartenaient à ses exécuteurs. Ps. XXII (XXI), 19; Matth., XXVII, 35; Marc., XV, 24; Luc., XXIII, 34; Joa., XIX, 23. — Les travailleurs laissaient à la maison leur vêtement de dessus. Marc., XIII, 16. On le quittait pour exécuter une besogne quelconque, laver les pieds de quelqu'un, Joa., XIII, 4, pêcher, Joa., XXI, 7, lapider, Act., VII, 57, etc. — Pour donner le change sur ses intentions, on prenait les vêtements d'un autre. Matth., VII, 15; III Reg., XIV, 2. — Les vêtements étaient parfois rongés par la teigne, Job, XIII, 28; Prov., XXV, 20; Eccli., XLII, 13; Jacob., V, 2, et ils s'usaient. Ps. CII (CI), 27; Is., LI, 6; Hebr., I, 11. Quand ils se déchiraient, Is., L, 9, il fallait les rapiécer. On avait naturellement soin de ne pas mettre à un vieux vêtement une pièce neuve, qui l'aurait fatigué et fait déchirer davantage. Matth., IX, 16; Marc., II, 21; Luc., V, 36. — Notre-Seigneur recommande à ses disciples de ne pas se préoccuper du vêtement. Le Père, qui en donne un magnifique au lis des champs, n'en laissera pas manquer ses enfants, et, à plus forte raison, prendra soin de leur corps, qui est plus que le vêtement. Matth., VI, 25; Luc., XII, 23. L'un des moyens dont Dieu se sert pour accomplir sa promesse est la charité des plus fortunés. L'homme juste ne manque pas de donner un vêtement à celui qui est nu. Ezech., XVIII, 7, 16; Tob., I, 20; IV, 17. Le Sauveur récompensera au jugement celui qui, dans la personne du pauvre, l'aura vêtu quand il était nu. Matth., XXV, 36-40.

V. FAITS HISTORIQUES. — Les Hébreux, sur l'ordre de Dieu, demandèrent aux Égyptiens des vêtements, juste rémunération de tant de durs travaux qu'ils avaient exécutés pour eux. Exod., III, 22; XII, 35, 36. — Il est remarqué, comme une chose extraordinaire et providentielle, que les vêtements des Hébreux ne s'usèrent pas pendant le séjour au désert. Deut., VIII, 4; XXIX, 5; II Esd., IX, 21. — Isaïe, III, 6, prévoit une époque telle, qu'on dira à quelqu'un : « Tu as un manteau, sois notre chef. » La misère sera si grande, que le fait d'avoir un manteau mettra hors de pair. — A Joppé, Tabitha confectionnait des tuniques et des vêtements pour les veuves. Act., IX, 39. — Les Apôtres recommandent aux chrétiens d'éviter la recherche dans les vêtements. I Tim., II, 9; I Pet., III, 3. Notre-Seigneur avait conseillé à ses Apôtres, en les envoyant en mission, de n'avoir pas deux tuniques. Marc., VI, 9.

VI. MÉTAPHORES. — Les Israélites infidèles tissaient des toiles d'araignée qui ne pouvaient leur servir de vêtement, Is., LIX, 6, c'est-à-dire formaient de vains projets qui n'aboutissaient à rien. — Certains biens ou certains maux qui s'attachent à l'homme sont comparés à des vêtements. C'est ainsi qu'on est revêtu de justice, Job, XXIX, 14; Ps. CXXXII (CXXXI), 9, de salut, Ps. CXXXII (CXXXI), 16; Is., LXI, 10, de gloire, Eccli., VI, 32; XLV, 9; Is., LII, 1, de force, Is., LII, 1; Luc., XXIV, 49, d'immortalité, I Cor., XV, 54, de malédiction, Ps. CIX (CVIII), 18, de honte. Ps. XXXV (XXXIV), 26; CIX (CVIII), 29; CXXXII (CXXXI), 18; I Mach., I, 29. Dieu lui-même se revêt de vengeance contre ses ennemis. Is., LIX, 17. — Il est recommandé au chrétien de revêtir le nouvel homme, Eph., IV, 24; Col., III, 10, qui est Jésus-Christ lui-même. Rom., XIII, 14; Gal., III, 27. — Saint Paul appelle le corps le vêtement de l'âme. II Cor., V, 3, 4. — Cf. Jahn, *Archæol. bibl.*, dans le *Curs. compl. Scripturæ Sacræ*, de Migne, Paris, 1857, t. II, col. 902-906; Iken, *Antiquit. hebraic.*, p. 541-548.

H. LESÊTRE.

VEUVAGE (hébreu : *'almānûṯ*; Septante : χηρεία, χήρευσις; Vulgate : *viduitas*), condition de la femme qui a perdu son mari. Chez les Hébreux, le veuvage comportait des vêtements particuliers, qui marquaient la désolation de la veuve. Gen., XXXVIII, 14, 19; Judith, X, 2; XVI, 9. Anne, la prophétesse, sanctifiait son veuvage par la prière et le jeûne. Luc., II, 37. Après la révolte d'Absalom, qui avait pris possession des concubines de son père, II Reg., XVI, 22, David condamna ces dernières à vivre dans l'état de veuvage. II Reg., XX, 3. — Au figuré, le veuvage désigne la désolation et la ruine d'une cité. Babylone sera réduite au veuvage. Is., XLVII, 9. Jérusalem sera relevée de la honte du sien. Is., LIV, 4.

H. LESÊTRE.

VEUVE (hébreu : *'almānāh*; Septante : χήρα; Vulgate : *vidua*), femme qui a perdu son mari.

I. SA CONDITION LÉGALE. — Au point de vue des biens, la veuve ne possédait que pour transmettre à ses enfants. Voir HÉRITAGE, t. III, col. 610. D'après le code d'Hammourabi, celle qui a des biens propres peut les donner à l'un de ses fils, mais non à l'un de ses frères. Art. 150. Celle qui a reçu de son mari un trousseau et un douaire ne peut les aliéner, mais doit les garder pour les transmettre à ses enfants; si elle n'a pas reçu de douaire, elle a droit à une part d'enfant. Art. 171. Si elle se remarie, elle est tenue à transmettre aux enfants du premier lit ce qu'elle a emporté de sa première maison. Art. 177. Il en était à peu près de même chez les Hébreux. La femme était toujours la propriété d'homme : jeune fille, elle appartenait à son père; épouse, à son mari; veuve, aux héritiers de son mari. II Reg., III, 7; XVI, 22; III Reg., II, 13-18. Son avoir personnel se bornait à ce qu'elle avait apporté en se mariant, spécialement ses esclaves, Gen., XVI, 2; XXX, 4, 9, et à ce que son mari lui donnait. Si elle se remariait, elle n'emportait pas avec elle les biens du mari défunt. Ainsi Abigaïl n'a que cinq esclaves quand elle s'unit à David après la mort de Nabal. I Reg., XXV, 42. Si elle ne se remariait pas, elle pouvait retourner chez son père, Lev., XXII, 13, ou rester avec l'un de ses enfants. II Reg., XIV, 6, 7. Cf. Fr. Buhl, *La société israélite d'après l'A. T.*, trad. de Cintré, Paris, 1904, p. 50. — La veuve recouvrait un droit que la femme mariée n'avait pas : elle pouvait faire validement un vœu sans l'agrément de personne. Num. XXX, 10. Un prêtre ne pouvait épouser une veuve, Lev., XXI, 14, sauf celle d'un autre prêtre. Ezech., XLIV, 22. Si la veuve rentrait dans la maison de son père, elle pouvait manger les aliments sacrés comme celui-ci, s'il était prêtre. Lev., XXII, 13.

II. SA SITUATION MORALE. — 1° Le plus souvent, la veuve se trouvait, à la mort de son mari, dans la situation la plus précaire, surtout s'il lui restait des enfants en bas âge. Aussi la veuve et l'orphelin, auxquels les auteurs sacrés associent habituellement l'étranger, sont-ils des êtres qui se recommandent d'eux-mêmes à la pitié. La loi défend de leur nuire, Exod., XXII, 22, et de prendre en gage le manteau de la veuve. Deut., XXIV, 17. Elle veut qu'on abandonne à ces déshérités le droit de glaner et de grappiller, Deut., XXIV, 19-21, et qu'on les associe aux réjouissances du paiement des dîmes, Deut., XIV, 29; XXVI, 12, 13, et des fêtes de la Pentecôte et des Tabernacles. Deut., XVI, 11, 14. Dieu se déclare le protecteur de l'orphelin et de la veuve, Deut., X, 18; il veut qu'on maudisse celui qui leur fait tort. Deut., XXVII, 19. Il fait annoncer aux Israélites que, s'ils sont infidèles, leurs femmes deviendront veuves et leurs enfants orphelins. Exod., XXII, 24. — 2° La veuve n'avait pas toujours de proche parent pour la défendre. Aussi était-elle à la merci des violents. On la renvoyait les mains vides, on prenait son bœuf en gage et on ne lui laissait rien. Job, XXII, 9; XXIV, 3, 21. Les mauvais princes et les mauvais juges la traitaient sans pitié. Ps. XCV (XCIV), 6; Sap., II, 10; Is., I, 23; X, 2; Jer., VII, 6; Ezech., XXII, 7, 25; Mal., III, 5. Les idoles ne pouvaient naturellement rien pour elle. Bar., VI, 37. A l'époque évangélique, une veuve avait mille peines à se faire rendre justice. Luc., XVIII, 3. Les pharisiens et les scribes vivaient aux dépens de celles qui étaient riches. Matth., XXIII, 10; Marc., XII, 40; Luc., XX, 47. Même chez les premiers chrétiens, certaines veuves croyaient avoir à se plaindre du sort qui leur était fait. Act., VI, 1. — 3° Par contre, l'homme charitable réjouissait le cœur de la veuve, Job, XXIX, 13, ne laissait pas languir ses yeux, Job, XXXI, 16, ne maltraitait par la veuve et l'orphelin, Jer., XXII, 3; Zach., VII, 10, leur faisait droit, Is., I, 17, et les visitait. Jacob., I, 27. Dieu lui-même est le père des orphelins et le justicier des veuves. Ps. LXVIII (LXVII), 6; CXLVI (CXLV), 9; Prov., XV, 25; Eccli., XXXV, 17, 18 (13, 14); Jer., XLIX, 11. A l'époque des Machabées, on gardait dans le trésor du Temple le bien des veuves et des orphelins, II Mach., III, 10, et on leur donnait part au butin. II Mach., VIII, 28, 30. — 4° C'est par un effet du châtiment divin que les impies ne sont pas pleurés de leurs veuves, Job, XXVII, 15; Ps. LXXVIII (LXXVII), 64, que les veuves se multiplient chez un peuple, Ps. CIX (CVIII), 9; Jer., XV, 8; XVIII, 21, et que Dieu n'a pas compassion d'elles. Is., IX, 16. — 5° Au figuré, les villes coupables se vantent en vain de ne pas devenir veuves. Is., XLVII, 8; Apoc., XVIII, 7. Jérusalem, la reine des nations, est devenue veuve. Lam., I, 1; V, 3; Bar., IV, 12, 16.

III. VEUVES EN PARTICULIER. — 1° L'Ancien Testament mentionne quelques veuves célèbres, Thamar, fille de Juda et veuve d'Onan, Gen., XXXVIII, 11; la veuve de Thécué, II Reg., XIV, 5; la veuve de Sarepta, III Reg., XVII, 9; Luc., IV, 36; Judith, VIII, 1. — 2° Dans le Nouveau Testament, sont signalées Anne la prophétesse, Luc., II, 37; la veuve de Naïm, Luc., VII, 12; la veuve qui verse son obole, Marc., XII, 42; Luc., XXI, 2, 3; les veuves dont Tabitha prenait soin. Act., IX, 39, 41. — 3° Saint Paul conseille aux veuves de demeurer dans leur état. I Cor., VII, 8. Il prescrit les règles qui doivent être imposées aux veuves chrétiennes. Que celles qui ont des enfants s'occupent de leur famille, et que celles qui sont seules persévèrent dans la prière. Quant à celles qui vivent dans les plaisirs, elles ne comptent plus pour l'Église. I Tim., v, 3-8. Certaines veuves étaient inscrites sur le rôle de l'Église pour être assistées et aussi pour remplir certaines fonctions. Les conditions suivantes étaient requises pour l'admission de ces veuves : avoir soixante ans au moins, n'avoir eu qu'un seul mari, jouir d'une bonne réputation au double point de vue de l'éducation de ses enfants et de la pratique des bonnes œuvres. I Tim., v, 9, 10. Ces conditions montrent qu'il s'agissait de faire de ces veuves autre chose que de simples assistées. Avec elles commençait déjà le ministère des diaconesses ou veuves, qui se maintint quelques siècles dans l'Église pour l'exercice de la charité et l'administration du baptême. Cf. Duchesne, *Origines du culte chrétien*, Paris, 1903, p. 342. Saint Paul veut que les jeunes veuves se remarient, et que les autres, si elles ont de la famille, soient à la charge de leurs parents et non à celle de l'Église. I Tim., v, 11-16. H. LESÊTRE.

VIANDES. Voir NOURRITURE, t. IV, col. 1700; ANIMAUX IMPURS, t. I, col. 613.

VICE (hébreu : *mûm ;* Septante : μῶμος, παθῆμα ; Vulgate : *macula, vitium*), défectuosité d'ordre physique ou d'ordre moral.

1° *Vice physique.* — Certaines difformités corporelles rendaient le lévite inapte au sacerdoce. Lev., XXI, 17-21. Voir PRÊTRE, col. 645. Absalom, II Reg., XIV, 25, et l'Épouse. Cant., IV, 7, sont signalés comme exempts de tout défaut corporel. — L'absence de tout défaut est également exigée dans les victimes destinées aux sacrifices. Lev., XXII, 20, 21, 25; Deut., XVII, 1. Voir SACRIFICE, col. 1322. L'animal de caractère vicieux devait être mis à mort. Exod., XXI, 29, 36.

2° *Vice moral.* — Les Hébreux, devenant race perverse et vicieuse, ne sont plus les enfants de Dieu. Deut., XXXII, 5. Pour être sans vice, il faut diriger son cœur vers Dieu et écarter de sa vie l'iniquité et l'injustice. Job, XI, 15. Dans sa confession, Job, XXXI, 1-40, énumère les vices dont il a eu soin de se préserver : regards impudiques, mensonge et fraude, adultère, injustice envers les serviteurs, dureté impitoyable pour les pauvres, violence contre l'orphelin, avarice et cupidité, culte des astres, haine des ennemis, inhospitalité, hypocrisie, vol du bien d'autrui. Le Psaume XV (XIV), 2-5, signale les pratiques de vertu contraires aux vices les plus répandus. Les prophètes font de fréquentes énumérations des vices de leurs contemporains. Isaïe, I, 21-23, dénonce les meurtres, les vols, la cupidité, l'oppression de la veuve et de l'orphelin, l'orgueil et le luxe des femmes, Is., III, 16-23, l'incurie, la débauche et l'idolâtrie des mauvais pasteurs, Is., LVI, 9-LVII, 5, le formalisme et la négligence dans le culte de Dieu, Is., LVIII, 3-14. Jérémie, V, 1-13, stigmatise les vices qui règnent dans Jérusalem, injustice, impiété, parjure, adultère et ceux des faux prophètes, Jer., XXIII, 10-15. Ézéchiel, XXIII, 2-21, parle des vices qui souillent Samarie et Jérusalem et du châtiment qui leur est réservé. Osée, IV, 1, 2, 4, décrit ce qu'il constate dans le pays : ni fidélité, ni charité, ni connaissance de Dieu, on se parjure, on ment, on vole, on tue, on commet l'adultère, on fait violence, le sang versé s'ajoute au sang versé, « mon peuple périt, faute de connaissance. » Amos, V, 11, 12, se plaint que le juste est détesté et opprimé et que les jugements sont rendus au préjudice des pauvres. Michée, II, 1, 2, menace les grands à cause de leurs rapines et de leurs violences contre le peuple, et les faux prophètes à cause de leurs mensonges intéressés. Mich., III, 1-5. Il fait la peinture des vices qui désolent la société et la famille. Mich., VII, 1-6. Habacuc, I, 1-4; II, 5-15, trace un tableau non moins lamentable. Tous les prophètes s'accordent d'ailleurs à chercher dans l'abandon de Dieu et dans la pratique de l'idolâtrie la cause qui encourage et développe tous les vices. — Les Livres sapientiaux, principalement les Proverbes et l'Ecclésiastique, signalent par le détail un grand nombre de vices. L'auteur de la Sagesse, après avoir rendu l'idolâtrie responsable de la propagation du vice, Sap., XIV, 12, 27, fait un résumé des formes qu'il revêt parmi les impies : ignorance de Dieu, immolation des enfants, mystères clandestins, débauches dans des rites étranges, homicide et adultère, vol et tromperie, corruption et infidélité, révolte et parjure, persécution, ingratitude, souillure, crimes contre nature, rupture des mariages, impudicité, joies folles, oracles mensongers, nulle crainte du châtiment et idées perverses sur Dieu. C'est tout le procès de l'idolâtrie. — Dans le Nouveau Testament, Notre-Seigneur énumère les vices qui viennent du cœur, d'après Matth., XV, 19 : les mauvaises pensées, les meurtres, les adultères, les impudicités, les vols, les faux témoignages, les paroles injurieuses, et d'après Marc, VIII, 21 : les mauvaises pensées, les adultères, les fornications, les homicides, les vols, l'avarice, les méchancetés, la fraude, le libertinage, l'œil malin, la calomnie, l'orgueil, la folie.

Dans sa prière orgueilleuse au Temple, le pharisien accuse tous les autres hommes de vol, d'injustice et d'adultère; il lui reste au moins l'orgueil. Luc., XVIII, 11. — Saint Paul signale les vices qui caractérisent la vie païenne et dont doit s abstenir la vie chrétienne. Il déclare bannis du royaume de Dieu les impudiques, les idolâtres, les adultères, les efféminés, les infâmes, les voleurs, les avares, les ivrognes, les calomniateurs et les rapaces. I Cor., VI, 9-10. Il appelle œuvres de la chair l'impureté, le libertinage, l'idolâtrie, les maléfices, les inimitiés, les contentions, les jalousies, les emportements, les disputes, les dissensions, les sectes, l'envie, les meurtres, l'ivrognerie, les excès de table et autres choses semblables. Gal., V, 19-21. Parlant de la charité, l'Apôtre en trace le portrait en indiquant ses qualités et en notant les défauts qu'elle doit éviter : elle n'est pas envieuse ni inconsidérée, elle ne s'enfle pas d'orgueil, ne fait rien d'inconvenant, ne cherche pas son intérêt, ne s'irrite pas, ne tient pas compte du mal, ne prend pas plaisir à l'injustice. I Cor., XIII, 4-6. Aux Romains, il décrit la vie des païens en signalant leurs vices coutumiers, qui tous ont leur source dans la méconnaissance de Dieu : « Comme ils ne se sont pas souciés de bien connaître Dieu, Dieu les a abandonnés à leurs sens pervers pour faire ce qui ne convient pas, étant remplis de toute espèce d'iniquité, malice, fornication, cupidité, méchanceté, coupables d'envie, de pensées homicides, de querelles, de fraude, de malveillance, semeurs de faux bruits, calomniateurs, odieux à Dieu, arrogants, hautains, fanfarons, ingénieux au mal, rebelles à leurs parents, sans intelligence, sans loyauté, sans affection, sans pitié. » Rom., I, 28-31. A son disciple Timothée, saint Paul rappelle que la loi n'est pas faite pour le juste, mais « pour les méchants et les rebelles, les impies et les pécheurs, les irréligieux et les profanes, ceux qui maltraitent leur père et leur mère, les meurtriers, les impudiques, les infâmes, les voleurs d'hommes, les menteurs, les parjures et quiconque commet tout autre crime contraire à la saine doctrine. » I Tim., I, 9, 10. Des vices moins graves sont à reprocher au faux docteur : « C'est un orgueilleux, un ignorant, un esprit malade qui s'occupe de questions et de disputes de mots, d'où naissent l'envie, les querelles, les propos injurieux, les mauvais soupçons, les discussions sans fin d'hommes qui ont l'esprit perverti et qui, privés de la vérité, ne voient dans la piété qu'un moyen de lucre. » I Tim., VI, 4, 5. L'apôtre prévoit ce que deviendront un jour les hommes opposés à la loi de l'Évangile. Ils seront « égoïstes, cupides, fanfarons, orgueilleux, blasphémateurs, rebelles à leurs parents, ingrats, impies, sans affection, sans loyauté, calomniateurs, intempérants, cruels, ennemis des gens de bien, traîtres, insolents, enflés d'orgueil, amis des voluptés plus que de Dieu, ayant les dehors de la piété sans en avoir la réalité. » II Tim., III, 2-5. Avant leur conversion, les chrétiens étaient « insensés, indociles, égarés, esclaves de toutes sortes de convoitises et de jouissances, vivant dans la malignité et l'envie, dignes de haine et se haïssant les uns les autres. » Tit., III, 3. Saint Pierre décrit aussi cette vie d'autrefois, dans « le désordre, les convoitises, l'ivrognerie, les orgies, les excès de boisson et le culte criminel des idoles. » I Pet., IV, 2. Saint Jude, 8-16, fait un tableau détaillé de la vie que mènent les ennemis de la doctrine du Christ, vie de honteuses souillures, de blasphèmes, de bonne chère, d'inconstance, d'impiété et d'égoïsme. Enfin saint Jean réserve à la seconde mort, c'est-à-dire à la mort éternelle, « les lâches, les incrédules, les abominables, les meurtriers, les impudiques, les magiciens, les idolâtres et tous les menteurs. » Apoc., XXI, 8. — Les chrétiens ont à combattre tous ces vices, en crucifiant leur chair avec ses passions et ses convoitises. Gal., V, 24. Cf. Eph., IV, 31; V, 4; Col., III, 8. — On s'est demandé si ces énumérations de vices, particulièrement dans saint Paul, ne laissaient pas supposer une influence des écoles philosophiques grecques et surtout des stoïciens. L'influence est indéniable sur Philon, familier avec les longues énumérations de vices qu'il rattache à l'amour du plaisir. Sans doute, comme Philon, *De virtut.*, 182, édit. Mangey, t. II, p. 406, saint Paul fait de l'oubli de Dieu le principe de tous les vices; mais ses énumérations n'ont rien de systématique. Les épithètes dont il se sert sont quelquefois assez vagues et toujours sans prétention philosophique. L'Apôtre, comme les autres écrivains sacrés, s'inspire bien plutôt de son expérience et du spectacle qu'il a sous les yeux. Il ne nomme pas les vices dans un ordre logique, mais tels qu'ils se présentent à sa pensée ou à ses souvenirs, parfois peut-être suivant leur influence ou leur gravité dans le milieu où il écrit. Ainsi procèdent l'auteur de la Sagesse, les autres écrivains du Nouveau Testament, la Didaché, V, 1, le livre d'Hénoch, LXV, 6, 7; LXIX, 3-14; XCI, 4-8; XCIX, 1-15, la Didascalie, 12, etc. Cf. Lagrange, *Le catalogue des vices dans l'épître aux Romains*, dans la *Revue biblique*, octobre 1911, p. 534-549. — Sur les vices en particulier, voir AVARICE, t. I, col. 1285; COLÈRE, t. II, col. 833; FORNICATION, col. 2314; FOURBERIE, col. 2339; FRAUDE, col. 2398; GOURMANDISE, t. III, col. 281; HAINE, col. 400; IGNORANCE, col. 837; IMPUDICITÉ, col. 855; INCRÉDULITÉ, col. 871; INGRATITUDE, col. 877; INJUSTICE, col. 878; IVRESSE, col. 1048; JALOUSIE, col. 1112; LUXURE, t. IV, col. 436; MENSONGE, col. 973; MÉPRIS, col. 979; MOQUERIE, col. 1258; OISIVETÉ, col. 1774; ORGUEIL, col. 1864; PARESSE, col. 2162; PARJURE, col. 2169; PROSTITUTION, t. V, col. 765; RAPINE, col. 987; RESPECT HUMAIN, col. 1056; SUPERSTITION, col. 1882; TÉMÉRITÉ, col. 2019; VANITÉ, col. 2376; VENGEANCE, col. 2390; VOL. H. LESÊTRE.

VICTIME (hébreu : *zébaḥ, ḥag, mô'êd*), être vivant qu'on immole dans un sacrifice. — L'hébreu n'a pas de mot spécial pour désigner la victime proprement dite. Quand Isaac demande à son père où est la victime de l'holocauste, le mot que la Vulgate rend par *victima* est *śéh*, πρόβατον, « agneau ». Gen., XXII, 7. Les victimes que la Sagesse immole pour les servir à ses invités portent le nom de *ṭébaḥ*, θῦμα, animaux tués. Prov., IX, 2. Le *zébaḥ* est le sacrifice, θυσία, *sacrificium*, et, par métonymie, la victime elle-même, Is., I, 11; Ps. LI (L), 18, spécialement la victime pacifique, *zébaḥ šelâmîm*, offerte dans les sacrifices eucharistiques, Lev., III, 1; IV, 10, par opposition à la *minḥâh*, sacrifice non sanglant, I Reg., II, 29; Ps. XL (XXXIX), 7, et à l'holocauste, *'ôlâh*. Voir HOLOCAUSTE, t. III, col. 729, et OBLATION, t. IV, col. 1725. Le *ḥâg*, « jour de fête », est aussi parfois la victime qu'on offre ce jour-là. Même alors les versions traduisent par ἑορτή, *solemnitas, dies solemnis*. Exod., XXIII, 18; Ps. CXVIII (CXVII), 27; Mal., II, 3. Le *mô'êd* a le même sens que le *ḥâg* et est semblablement traduit. II Par., XXX, 22. — Dans le Nouveau-Testament, la θυσία, *victima* ou *hostia*, désigne équivalemment le sacrifice ou la victime. Marc., IX, 48; Luc., II, 24; Act., VII, 41; Heb., IX, 26; X, 5; etc. Au désert, on n'a point offert à Dieu de victimes et de sacrifices, σφάγια καὶ θυσίας, *victimas et hostias*. Act., VII, 42. Sur les victimes dans les sacrifices de l'ancienne Loi, voir SACRIFICE, t. V, col. 1322. — Les apôtres parlent de victimes spirituelles, offertes à Dieu par la pratique des vertus chrétiennes. Rom., XII, 1; Eph., V, 2; Phil., IV, 18; I Pet., II, 5. H. LESÊTRE.

VICTOIRE (hébreu: *gebûrâh*, « supériorité », *yešû'âh*, « délivrance », *milḥâmâh*, « succès de guerre »), succès remporté à main armée contre les ennemis. — La victoire est la conséquence ordinaire de la guerre pour l'un des deux partis combattants. Voir GUERRE, t. III, col. 362. Aussi la Sainte Écriture enregistre-t-elle un grand nombre de victoires remportées tantôt par les Israélites, tantôt par leurs ennemis. La victoire est souvent appelée une délivrance, *yešû'âh*, I Reg., XIV, 45; II Par., XX, 17; Hab., III, 8, quand elle soustrait les Israélites au joug de leurs oppresseurs. Alors Dieu délivre, *hôšiya'*, c'est-à-dire donne la victoire. Deut., XX, 4; Jos., XXII, 4; II Reg., VIII, 6, 16. La victoire, en effet, ne dépend pas de l'effectif militaire. Ps. XXXIII (XXXII), 16, 17; I Mach., III, 19. Elle n'appartient pas toujours au plus vaillant. Eccli., IX, 11. Nul n'a droit de dire : « C'est ma main qui m'a secouru. » Jud., VII, 2; Job, XL, 9, 14. Dieu seul a la main assez puissante pour assurer la victoire aux autres. Ps. XLIV (XLIII), 4; XCVIII (XCVII), 1, et à lui-même. Is., LIX, 16; LXIII, 5. Voilà pourquoi il est dit que le Seigneur est avec celui auquel il veut assurer la victoire. Exod., III, 12; Deut., XX, 1; Jos., I, 5; III, 7; Jud., VI, 12; etc. — On demande à Dieu de ne pas permettre le triomphe de l'impie. Job, XVII, 4. Le Messie viendra pour faire triompher la justice. Matth., XII, 20. La vertu remporte la victoire et triomphe dans l'éternité. Sap., IV, 2. La victoire de la mort a été anéantie en droit par la résurrection du Sauveur. I Cor., XV, 54-57. Jésus-Christ a triomphé de toutes les puissances adverses par sa croix. Col., II, 15. Dieu nous fait triompher nous-mêmes par le Christ, II Cor., II, 14, et, grâce à lui, notre foi est victorieuse du monde. I Joa., V, 4. — D'après la Vulgate, Prov., XXI, 28, « l'homme obéissant racontera sa victoire. » Le sens est différent dans l'hébreu : « L'homme qui écoute parlera toujours, » parce qu'il méritera toujours d'être écouté. Septante : « L'homme obéissant et réservé parlera. » L'erreur de la Vulgate, partagée par Aquila, Symmaque et Théodotion, provient de ce qu'elle fait dériver *lânéṣaḥ*, « pour toujours », du radical chaldéen *neṣaḥ*, « vaincre ». H. LESÊTRE.

VIE (hébreu : *ḥayim*, *ḥayyâh*; chaldéen : *ḥay*), état d'un être doué d'une activité propre et en mesure de l'exercer. La vie appartient aux végétaux, aux animaux, aux hommes et aux êtres purement spirituels; elle se manifeste chez ces différents êtres par des phénomènes particuliers. Les auteurs sacrés envisagent la vie à divers points de vue, en Dieu d'abord, et ensuite dans l'homme.

I. EN DIEU. — Dieu est vie par excellence. De toute éternité, la vie est en lui et en son Verbe. Joa., I, 4. La Sainte Écriture appelle souvent Dieu « le Dieu vivant », par opposition avec les faux dieux qui ne sont que néant ou des êtres créés, comme les démons. Num., XIV,

28; Deut., v, 26; Jos., III, 10; I Reg., XVII, 26; Is., XXXVII, 4, 17; Dan., VI, 20; XII, 7; Ose., I, 10; Matth., XVI, 16; XXVI, 63; Rom., IX, 26; II Cor., III, 3; Hebr., IX, 14; I Pet., I, 23, etc. Dieu appuie ses affirmations par la formule « Je vis » comme s'il jurait par sa propre vie. Deut., XXXII, 40; Rom., XIV, 11; etc. Cette formule revient jusqu'à seize fois dans Ézéchiel, XIV, 16, 18, etc. La formule « Dieu vit » est une formule de serment souvent usitée; elle équivaut au serment fait « par la vie de Dieu ». Jud., VIII, 19; Ruth, III, 13; I Reg., XIX, 6; XXVI, 10; II Reg., II, 27; III Reg., I, 29; Jer., V, 2; XII, 16; Ose., IV, 15, etc. — Il ressort nettement du premier chapitre de la Genèse que Dieu est l'auteur de toute vie, par voie de création. Il a mis la vie dans l'homme. Gen., II, 7. Il la donne à tous, Act., XVII, 25, 28, et il est maître de la vie et de la mort. Sap., XVI, 13; Eccli., XI, 14; XXIII, 1; II Mach., XIV, 46.

II. Dans l'homme. — 1° *Vie physique.* — Cette vie résulte de l'union de l'âme et du corps, et elle cesse par la mort. Elle est fragile et éphémère, Deut., XXVIII, 66; Job, VII, 7; XXIV, 22; Jacob., IV, 15; elle est remplie d'épreuves, Job, III, 20; VII, 1; Sap., II, 1, 3; XV, 9; Eccli., X, 11, et les meilleurs sont amenés parfois à la prendre en dégoût. Gen., XXVII, 46; Exod., I, 14; Job, IX, 21; X, 1; Eccle., II, 17; II Cor., I, 8. C'est une chose fluide, *ḥéléd*, ὑπόστασις, *substantia*, Ps. XXXIX (XXXVIII), 6; LXXXIX (LXXXVIII), 48; un souffle, chaldéen : *nišmâ'*, πνοή, *flatus*, Dan., V, 23; un bien qu'on ne peut posséder qu'une fois, *yaḥîd*, μονογενής, *unica*, l'« unique ». Ps. XXII (XXI), 21; XXXV (XXXIV), 17. Sa conservation s'appelle *miḥyâh*, ζωή, ζωοποίησις, *salus*, *vita*. Gen., XLV, 5; II Par., XIV, 12; I Esd., IX, 8, 9. On la demande à Dieu, Ps. XXVI (XXV), 9; I Esd., VI, 10, qui l'accorde, Ps. CIII (CII), 4; etc. Car on aime naturellement la vie et les longs jours, Ps. XXXIV (XXXIII), 13, qu'il faut cependant sacrifier au devoir. II Mach., VI, 20. Les années sont parfois appelées les « jours », *yâmîm*, ἡμέραι, *dies*, Gen., XXIV, 1; Jos., XIII, 1; Job, XXXII, 7; etc., et les vieillards meurent « rassasiés de jours ». Gen., XXXV, 8, 29; Job, XLII, 17; etc. Voir Longévité, t. IV, col. 355. Le respect de la vie humaine est prescrit par la loi divine. Voir Homicide, t. III, col. 740. On jure par sa vie ou par la vie d'un autre. Gen., XLII, 15, 16; I Reg., I, 26; XVII, 55; cf. I Reg., XXV, 6. — Être à quelqu'un « à la vie et à la mort », c'est lui être irrévocablement dévoué. II Reg., XV, 21; II Cor., VII, 3. Le « livre des vivants » désigne l'ensemble des hommes qui vivent, Ps. LXIX (LXVIII), 29, et la « terre des vivants » est celle sur laquelle se meuvent les hommes qui vivent, par opposition avec ceux qui sont descendus au schéol. Is., XXXVIII, 11; Jer., XI, 19; Ezech., XXVI, 20; etc. Sur l'arbre de vie, Gen., II, 9; Apoc., II, 7; XXII, 2, voir Arbres de la vie et de la science, t. I, col. 895. L'expression *kâ'êt ḥayyâh*, « au temps de la vie », que les versions traduisent par εἰς ὥρας, ὡς ἡ ὥρα ζῶσα, *vita comite*, *si vita comes fuerit*, Gen., XVIII, 10, 14; IV Reg., IV, 14, est expliquée par plusieurs dans ce sens : « Quand ce temps revivra, » c'est-à-dire dans un an, idée que n'implique pas le mot *ḥayyâh*. D'autres entendent ce « temps de la vie » du temps de l'enfantement, du terme de la grossesse, c'est-à-dire du temps où l'enfant vient à la vie. Cette seconde explication est plus naturelle et plus probable. Cf. De Hummelauer, *In Genesim*, Paris, 1895, p. 408.

2° *Vie morale.* — L'âme a sa vie propre, par laquelle elle est immortelle; mais cette vie n'est une vraie vie qu'autant que l'âme conforme ses actes à la volonté de Dieu. Ainsi Dieu met devant Israël « la vie et le bien, la mort et le mal,... la vie et la mort, la bénédiction et la malédiction. » Deut., XXX, 15, 19. « La mort et la vie sont au pouvoir de la langue, » Prov., XVIII, 21, parce que l'homme se montre bon ou mauvais dans ses paroles. Cf. Eccli., XV, 18; Jer., XXI, 8. Moïse a donné à son peuple la loi de la vie. Eccli., XLV, 6. Dieu est la source de cette vie. Ps. XXXVI (XXXV), 10. Ses préceptes sont les sentiers de la vie. Ps. XVI (XV), 11; Prov., II, 19; V, 6; X, 17; XV, 10; Act., II, 28; Bar., III, 9; Ezech., XXXIII, 15. Les conditions de cette vie sont la sagesse, Prov., VIII, 35; XVI, 22; Eccli., IV, 12-14; Bar., IV, 1; Rom., VIII, 6; la justice, Prov., XII, 28; XXI, 21; la crainte de Dieu, Prov., XIV, 27; XIX, 23; XXII, 4. Les Livres sapientiaux rappellent les règles de la vie morale et leurs diverses applications. Il n'est donc pas vrai que la vie présente soit un pur amusement, comme le prétendent les impies. Sap., XV, 12.

3° *Vie surnaturelle.* — La vie morale de l'homme n'est possible qu'avec le secours de Dieu. Le Nouveau Testament met cette idée en pleine lumière et assigne à la vie chrétienne un caractère essentiellement surnaturel. Jésus-Christ se présente aux hommes comme la source de cette vie. Il a la vie en lui, Joa., V, 26, il est lui-même la vie, Joa., XIV, 6; il a les paroles de vie, Joa., VI, 64, 69; Eph., V, 26; il est le pain de vie, Joa., VI, 35, 48, 52, 55, et fait jaillir les eaux de la vie. Joa., IV, 10, 11; VII, 38. Il est venu pour communiquer la vie, Joa., X, 10, et il la donne au monde. Joa., VI, 33. La connaissance de Dieu et de son Fils, Joa., XVII, 3, et la pratique des commandements sont la condition de cette vie. Joa., XII, 50. — Les Apôtres tirent les conséquences de ces affirmations du Sauveur. La vie de Jésus est la cause du salut de l'homme. Rom., V, 10; II Cor., IV, 10, 11. Le chrétien vit pour Dieu dans le Christ, Rom., VI, 11; XIV, 8, d'une vie cachée dans le Christ, Col., III, 3, et dans l'Esprit. I Pet., IV, 6. Le Christ est sa vie, Phil., I, 21, et le Christ vit en lui. Gal., II, 20. C'est la vie de Dieu, Eph., IV, 18, et une vie toute nouvelle, Rom., VI, 4, que le chrétien doit vivre au milieu du monde, Tit., II, 12, bien qu'elle attire sur lui la persécution. II Tim., III, 13. Cette vie échappe aux sens et à la raison et « le juste vit de la foi. » Rom., I, 17; Gal., III, 11; Hebr., X, 38. Cf. Hab., II, 4.

4° *Vie future.* — Elle est affirmée dès l'Ancien Testament. Tob., II, 18; XII, 9; Dan., XII, 2; II Mach., VII, 9, 14. Jésus-Christ est lui-même la résurrection et la vie. Joa., XI, 25. Voir Ame, t. I, col. 466-472; Résurrection des morts, t. V, col. 1064. Dieu est le « Dieu des vivants », c'est-à-dire de tous les hommes, même quand ils sont passés dans l'autre vie. Matth., XXII, 32; Marc., XII, 27; Luc., XX, 38.

5° *Vie glorieuse.* — C'est la vie des âmes justes dans l'éternité. Les justes ressusciteront pour la vie, Joa., V, 29, et ils jouiront de la vie éternelle. Rom., II, 7. Cette vie aura le caractère de récompense pour ceux qui y auront été prédestinés, Act., XIII, 48, qui auront suivi la voie étroite par laquelle on y arrive, Matth., VII, 14, qui auront tout sacrifié pour elle, Matth., XVIII, 8, 9; Marc., IX, 42, 44, et qui auront observé fidèlement les commandements. Matth., XIX, 17, 29; Marc., X, 17, 20; Luc., X, 25; XVIII, 18, 30. Voir Récompense, t. V, col. 1004. Par Jésus-Christ seul on arrive à cette vie glorieuse. Joa., III, 15, 16, 36; IV, 14; V, 24, 40; VI, 40, 47; X, 28; XVII, 2; Rom., VI, 23; Col., III, 4; I Joa., V, 11. Le « livre de vie » comprend tous ceux qui ont atteint ou doivent atteindre la vie éternelle. Phil., IV, 3; Apoc., III, 5; XIII, 8; XVII, 8; XX, 12, 15; XXI, 27; XXII, 19. Sur la nature de la vie glorieuse, voir Ciel, t. II, col. 752.

H. Lesêtre.

VIE FUTURE. Les saints après leur mort, quand ils sont purifiés de toute souillure, jouissent du bonheur du ciel. Voir Ciel, t. II, col. 752-756. Ceux à qui il reste quelque chose à purifier achèvent leur purification dans le purgatoire. Voir Purgatoire, col. 877-879. Ceux qui ont le malheur de mourir en état de péché mortel sont condamnés aux peines de l'enfer. Voir Enfer, t. II, col. 1795-1796. Cf. Vie, 4°.

VIEIL HOMME, état d'âme de celui qui n'est pas encore régénéré par la grâce. — Saint Paul se sert de cette expression pour caractériser la situation morale de la race d'Adam prévaricateur, par opposition avec celle de Jésus-Christ rédempteur. « Comme, par la désobéissance d'un seul homme, tous, malgré leur nombre, ont été constitués pécheurs, de même aussi par l'obéissance d'un seul, tous, malgré leur nombre, seront constitués justes. » Rom., v, 18, 19. Cf. Prat, *Théologie de saint Paul,* Paris, 1908, t. I, p. 299. L'héritage du premier, avec la concupiscence et le péché, constitue le vieil homme; l'héritage du second, avec la vie de la grâce, constitue l'homme nouveau ou intérieur. Saint Paul explique que, par le baptême, le chrétien reçoit une nouvelle vie, après que le vieil homme a été crucifié et que le péché a été ainsi détruit en lui. Rom., VI, 4-6. La vieille vie disparaît alors pour faire place à un esprit nouveau. Rom., VII, 6. Le chrétien doit donc cesser de se conformer au siècle présent, pour se transformer par le renouvellement de l'esprit, Rom., XII, 2, et devenir ainsi l'homme intérieur. Rom., VII, 22. Par son sang, Jésus-Christ a créé l'homme nouveau, Eph., II, 15, et son Esprit fortifie l'homme intérieur. Eph., III, 16. On ne comprend vraiment le Christ et son œuvre que si l'on renonce à sa vie passée, en se dépouillant du vieil homme, corrompu par des convoitises trompeuses, pour revêtir l'homme nouveau, créé selon Dieu dans une justice et une sainteté véritables. Eph., IV, 22-24. Le Christ est tout en tous, Grecs ou Juifs, s'ils dépouillent le vieil homme avec ses œuvres, pour revêtir l'homme nouveau, qui se renouvelle sans cesse à l'image de celui qui l'a créé. Col., III, 9-11. Quiconque est ainsi en Jésus-Christ est une nouvelle créature, pour laquelle les choses anciennes, qui constituaient le vieil homme, sont passées et remplacées par quelque chose de tout nouveau, la vie de Jésus-Christ dans l'âme régénérée. II Cor., V, 17. Il importe donc fort peu d'être circoncis ou incirconcis; « ce qui est tout, c'est d'être une nouvelle créature. » Gal., VI, 15. De ces différents textes, il résulte que le vieil homme désigne l'héritage d'Adam se perpétuant en chacun par les instincts pervers ou purement naturels et aboutissant au péché, tandis que l'homme nouveau est constitué par la vie divine qui, de Jésus-Christ, passe au chrétien et se traduit en actes surnaturellement bons. H. LESÊTRE.

VIEILLARD (hébreu : *zâqên,* et celui qui a des cheveux blancs : *yâšîš, yâšêš, šâb ;* chaldéen : *'attîq*), celui qui est avancé en âge. — 1° Les vieillards n'ont des enfants que par miracle. Gen., XVIII, 11; IV Reg., IV, 17; Luc., I, 18; etc. Ils sont, comme les enfants, à l'une des extrémités de la vie, si bien que par l'expression « des enfants aux vieillards », on comprend tous les hommes. Gen., XIX, 4; Exod., X, 9; Deut., XXXII, 25; Jos., VI, 21; Esth., III, 13; Ps. CXLIX (CXLVIII), 12; Jer., XXXI, 13; LI, 22; Lam., II, 21; Jo., II, 16. C'est une malédiction que dans une famille il n'y ait pas de vieillards. I Reg., II, 31-32. Isaïe, LV, 20, annonce qu'à l'époque de la restauration spirituelle, il n'y aura plus de vieillard qui n'accomplisse tout son temps. — 2° L'expérience est la couronne des vieillards. Eccli., XXV, 8. Aussi, bien qu'il y ait des vieillards insensés, Eccli., XXV, 4, et qu'un roi trop vieux ne soit pas désirable, Eccle., IV, 13, c'étaient les vieillards ou anciens qui exerçaient l'autorité chez les Hébreux dans toutes les questions qui ne ressortissaient pas au pouvoir royal. Voir ANCIENS, t. I, col. 554. — 3° La loi ordonnait de respecter et d'honorer le vieillard. Lev., XIX, 32. De fait, le chef de famille gardait l'autorité pleine et entière sur tous les siens jusqu'à sa mort. Là où il y a des vieillards, le jeune homme doit être sobre de paroles. Eccli., XXXII, 13 (9). Saint Paul ne veut pas que l'évêque reprenne le vieillard avec rudesse, mais qu'il l'avertisse comme un père, I Tim., V, 1. Il doit recommander aux vieillards d'être sobres, graves, circonspects, saints dans la foi, la charité et la patience. Tit., II, 2. Les jeunes gens doivent être soumis aux anciens. I Pet., V, 5. — 4° Les vieillards du temps de Zorobabel pleuraient en se rappelant les magnificences de l'ancien Temple. I Esd., III, 12. — Parmi les vieillards indignes de leur âge, la Sainte Écriture signale les deux accusateurs de Suzanne, Dan., XIII, 5-50, et ceux de la femme adultère. Joa., VIII, 9. H. LESÊTRE.

VIEILLESSE (hébreu : *zoqén, ziqnâh, šêb ;* Septante : γῆρας, γῆρος, πρεσβεῖον), état de celui qui compte de nombreuses années de vie. Voir LONGÉVITÉ, t. IV, col. 355.

1° *Ses caractères.* — La vieillesse entraîne d'ordinaire avec elle un affaiblissement général des organes, des forces, de la santé et quelquefois des facultés. On remarque que, malgré son âge, Moïse avait gardé sa vue et ses forces. Deut., XXXIV, 7. Mais, par suite de la vieillesse, Isaac et le prophète Ahias devinrent aveugles, Gen., XXVII, 12; III Reg., XIV, 4. David ne pouvait plus se réchauffer, III Reg., I, 1, et le roi Asa fut podagre. III Reg., XV, 23. Le grand-prêtre Héli n'avait plus l'énergie nécessaire pour corriger ses fils, I Reg., II, 22-26, et les Israélites, en voyant se prolonger la vieillesse de Samuel, demandèrent un roi. I Reg., VIII, 1. Tobie et sa femme, devenus vieux, appellent leur fils leur « bâton de vieillesse ». Tob., V, 23; X, 4. La femme n'enfante plus dans la vieillesse. L'enfantement de Sara, Gen., XXI, 2, et d'Élisabeth, Luc., I, 36, sont présentés comme des faveurs divines. Si la vieillesse amène des infirmités, elle-même vient prématurément chez ceux qui ont beaucoup de soucis. Eccli., XXX, 26 (24). — L'Ecclésiaste, XII, 2-7, a laissé une description symbolique de la vieillesse : « Avant que s'obscurcissent le soleil et la lumière, la lune et les étoiles (symbole de tristesse), et que les nuages reviennent après la pluie (peines sur peines), temps où tremblent les gardiens de la maison (les bras), où se courbent les hommes forts (les jambes), où celles qui moulent s'arrêtent parce que leur nombre est réduit (les dents), où sont obscurcis ceux qui regardent par les fenêtres (les yeux), où les deux battants de la porte se ferment sur la rue (les lèvres), tandis que s'affaiblit le bruit de la meule (la parole devenant difficile), où l'on se lève au chant de l'oiseau (le sommeil court), où disparaissent toutes les filles du chant (les sons que n'entendent plus les oreilles), où l'on redoute les lieux élevés (à cause de la difficulté de monter), où l'on a des terreurs dans le chemin (en prévision des obstacles), où l'amandier fleurit (les cheveux blancs), où la sauterelle devient pesante (les talons s'appesantissent), où la câpre n'a plus d'effet (l'impuissance de rien produire), voir CÂPRE, t. II, col. 222; car l'homme s'en va vers la demeure éternelle et les pleureurs parcourent les rues; avant que se rompe le cordon d'argent (le fil de la vie), que se brise l'ampoule d'or (la vie dont le fil est brisé), que le seau se détache sur la fontaine, que la poulie se casse dans la citerne (le corps, que l'âme ne soutient plus, s'abîme dans le tombeau), et que la poussière, retournant à la terre, redevienne ce qu'elle était, pendant que l'esprit retourne à Dieu qui l'a donné. » Cf. Rosenmüller, *Koheleth,* Leipzig, 1830, p. 226-241.

2° *Ses prérogatives.* — La vieillesse a l'expérience et la sagesse, du moins chez le juste. Ps. XXVII (XXVI), 25; XCII (XCI), 15; Eccli., XXV, 5 (4). Les cheveux blancs sont une couronne d'honneur. Prov., XVI, 31. Il ne faut donc pas mépriser la vieillesse, Eccli., VIII, 7 (6), surtout dans son père, Eccli., III, 14 (12), et dans sa mère. Prov., XXIII, 22. Toutefois, la vieillesse des impies ne mérite nul honneur. Sap., III, 17. La vraie vieillesse, c'est celle que confère la vertu, quel que soit d'ailleurs l'âge de celui qui fait le bien. Sap., IV, 8, 9; Dan., XIII, 50. Le juste demande que Dieu ne le rejette pas au jour de sa vieillesse. Ps. LXXI (LXX), 9, 18.

H. LESÊTRE.

VIERGE (hébreu : *beṭûlâh;* Septante : παρθένος), celle qui est restée étrangère à toute union corporelle. Elle est aussi appelée quelquefois *na'ărâh beṭûlâh,* παῖς παρθένος, *puella virgo,* jeune fille vierge. Deut., XXII, 23, 28; Jud., XXI, 12. Voir également 'ALMAH, t. I, col. 390. — 1° *La législation.* — La vierge était particulièrement exposée à la séduction ou à la violence. Gen., XXXIV, 2; II Reg., XIII, 2. La législation prend des mesures pour la protéger. L'homme qui séduit une vierge non fiancée et abuse d'elle, doit lui payer sa dot et l'épouser. Si le père s'y refuse, le coupable doit néanmoins lui payer la dot. Exod., XXII, 16, 17. La séduction de la vierge déjà fiancée revêtait un caractère plus grave, celui de l'adultère, passible de la lapidation pour l'un et l'autre, si la vierge n'avait pas appelé au secours. Deut., XXII, 23, 24. Cf. Eccli., XLII, 10. Cette dernière était indemne si tout était arrivé contre son gré, et le séducteur seul était alors puni de mort. Deut., XXII, 25-27. Une disposition postérieure interdisait la répudiation à celui qui avait épousé la vierge violentée par lui. Deut., XXII, 28, 29. — Le prêtre avait le droit de porter le deuil de sa sœur encore vierge et vivant auprès de lui. Lev., XXI, 3. Il ne pouvait épouser qu'une vierge. Lev., XXI, 13; Ezech., XLIV, 32. — La loi morale interdit de jeter les yeux sur une vierge, de manière à exciter la passion ou à susciter des ressentiments. Job, XXXI, 1; Eccli., IX, 5. — Au sujet des vierges chrétiennnes, saint Paul formule, non des règles, mais un conseil. Il déclare la virginité préférable, dans l'un et l'autre sexe, parce qu'elle permet de se consacrer exclusivement aux choses de Dieu. Celui qui croit devoir marier sa fille, fait bien; celui qui, de son plein gré, et aussi du gré de sa fille, veut la garder vierge, fait mieux. I Cor., VII, 25-38. A propos de ce texte, on a supposé en usage dans la primitive Église la vie commune entre un chrétien et une vierge faisant profession de demeurer telle. Cf. H. Achelis, *Virgines subintroductæ,* Leipzig, 1902. Mais le texte de saint Paul parle seulement d'un père qui marie ou ne marie pas sa fille, et nullement d'un chrétien quelconque qui peut avoir l'idée de vivre avec la vierge. Les « femmes-sœurs » qui accompagnent les Apôtres, I Cor., IX, 5, ne sont pas de jeunes vierges, mais des veuves ou au moins des personnes d'un certain âge, comme le suppose le mot γυνή. Cf. Cornely, *Iª ad Cor.,* Paris 1890, p. 241. — 2° *Les faits.* — Les Hébreux épargnèrent les vierges des Madianites, Num., XXXI, 18, et quatre cents vierges de Jabès de Galaad, pour en faire des épouses. Jud., XXI, 12. D'autres fois, les vierges étaient indignement traitées et emmenées captives par les ennemis. Judith, IX, 2; XVI, 6. Elles peuplaient la cour du prince, Ps. XLV (XLIV), 15, et le harem du roi de Perse. Esth., II, 2. On les sacrifiait parfois à un intérêt jugé supérieur. Jud., XI, 39; XIX, 24. — Les vierges demeuraient ordinairement confinées dans les maisons. II Mach., III, 19. Notre-Seigneur met en scène, dans l'une de ses paraboles, cinq vierges sages et cinq vierges inconsidérées, à l'occasion d'un festin de noces. Matth., XXV, 1-12. — Au ciel, les vierges suivront partout l'Agneau de Dieu. Apoc., XIV, 4. — 3° *Les métaphores.* — Les écrivains sacrés désignent sous le nom de « vierge » des villes ou des nations : « la vierge, fille de mon peuple, » Jer., XIV, 17, « la vierge d'Israël, » Jer., XVIII, 13; XXXI, 4, 21; Am., V, 2, « la vierge, fille de Juda, » Lam., I, 15, « la vierge, fille de Babylone, » Is., XLVII, 1, « la vierge, fille de l'Égypte. » Jer., XLVI, 16. — Saint Paul appelle son église de Corinthe « une vierge pure » qu'il a fiancée à un époux unique, le Christ. II Cor., XI, 2. — La Sagesse est à la fois une mère et une épouse vierge, γυνὴ παρθενίας, *mulier a virginitate,* en hébreu : *'êšéṭ ne'ûrîm,* « l'épouse de la jeunesse ».

H. LESÊTRE.

VIGILANCE, soin qu'on apporte à se tenir attentif pour remplir dignement son devoir. — On veille sur des mausolées, Job, XXI, 32, sur des objets précieux, I Esd., VIII, 29, sur des troupeaux, Luc., II, 8, etc. On veille en vain sur une cité, si Dieu ne la garde. Ps. CXXVII (CXXVI), 1. — Dieu veille pour exercer soit sa miséricorde, soit sa justice. Jer., XXXI, 28; XLIV, 27; Bar., II, 9; Dan., IX, 14. Dans une vision, Jérémie voit *maqqêl šâqêd,* « une branche d'amandier », et le Seigneur, jouant sur le mot *šâqêd,* lui répond : *šoqêd,* je veille sur ma parole pour l'accomplir. Jer., I, 11, 12. — Il y a grand avantage à veiller pour acquérir la sagesse. Prov., VIII, 34; Sap., VI, 15. L'Épouse dort, mais son cœur veille, c'est-à-dire reste fidèle à ses pensées et à ses affections. Cant., V, 2. — Notre-Seigneur recommande instamment de veiller et de prier, pour ne pas succomber à la tentation, Matth., XXVI, 38-41; Marc., XIV, 34-38, pour échapper aux maux à venir, Luc., XXI, 36, pour se disposer à l'heure inconnue de la mort. Matth., XXIV, 42, 43; XXV, 13; Marc., XIII, 33-37; Luc., XII, 37-39; Apoc., III, 2, 3. Les Apôtres répètent le même avis. Eph., VI, 18; Col., IV, 2; I Pet., IV, 7. Ils veulent qu'on joigne à la vigilance la fermeté dans la foi, I Cor., XVI, 13; Act., XX, 31, et la sobriété. I Thess., V, 6; I Pet., V, 8. Le ministre de Dieu doit être spécialement circonspect. II Tim., IV, 5. Sur ceux qui veillent et conservent leurs vêtements, Apoc., XVI, 15, voir col. 503, 3°.

H. LESÊTRE.

VIGNE (hébreu : *géfen;* Septante : ἄμπελος; Vulgate : *vitis, vinea*), arbrisseau qui produit le raisin.

I. DESCRIPTION. — La seule espèce végétale qui mérite proprement ce nom est celle qui, de temps immémorial, a fourni le vin. Elle appartient à la famille des Ampélidées, parmi les Dialypétales disciflores, formée tout entière d'arbrisseaux à entrenœuds longs et flexibles, ayant pour fruits des baies pluriloculaires. Les fleurs sans éclat, mais douées d'une odeur pénétrante, sont groupées en cymes fournies, connues vulgairement sous le nom de grappes : elles ont un calice presque nul, formé de quatre ou cinq dents peu saillantes, autant de pétales à préfloraison valvaire, avec des étamines superposées.

La vraie vigne, *Vitis vinifera* Linné, fig. 549, est aussi la seule espèce de l'Ancien Monde composant ce genre. Elle se distingue de ses congénères *Cissus* et *Ampelopsis* : 1° par la singulière cohérence des pétales qui, au lieu d'avoir leur pointe libre, l'ont soudée en capuchon, ce qui fait que la corolle, au moment de l'anthèse, se détache d'une seule pièce en forme d'opercule convexe, puis d'une petite étoile après qu'elle s'est étalée : 2° par les vrilles oppositifoliées, véritables inflorescences stériles, à ramifications allongées, nues et peu nombreuses, accrochantes par leur extrémité, montrant d'ailleurs tous les intermédiaires qui les rattachent aux grappes fructifères. Les premières feuilles basilaires en sont dépourvues, ainsi que plusieurs des suivantes se succédant par périodes régulières de trois en trois. Ces productions avortées sont les seules à se montrer sur les pousses issues du vieux bois, aussi la taille a-t-elle pour objet de régulariser la naissance des sarments sur les branches de l'année précédente, condition indispensable de leur fertilité.

La tige principale, recouverte par les débris fibrilleux de l'écorce qui se renouvelle tous les ans, peut atteindre une grande longueur, surtout grâce à l'appui des arbres ou d'autres soutiens artificiels, mais elle est toujours faible et formée d'un bois mou, bon seulement pour le feu. Les feuilles distiques, larges et palminervées, présentent cinq à sept divisions de profondeur très variable, presque lancinées dans le type sauvage. Chez ce dernier les fruits petits et acerbes deviennent beaucoup plus gros par la culture et se gorgent d'une pulpe sucrée. Ils renferment les graines ou pépins, formés par un petit embryon dans un albumen corné et protégé lui-même par un testa osseux. A l'état naturel, ces baies sont saupoudrées sur leur pellicule par les germes du ferment alcoolique ou *Saccharomyces* dont les cellules dormantes repassant à l'état de vie active dans la cuve où l'on écrase la vendange ont pour rôle de transformer le moût en vin.

La vigne paraît spontanée dans la partie orientale de la région méditerranéenne : ailleurs, elle est seulement sortie des cultures et disséminée par les oiseaux. Du

549. — *Vitis vinifera.*

reste, introduite dès la plus haute antiquité sous tous les climats où les étés sont assez chauds pour produire habituellement la maturité des raisins, elle a par suite donné naissance à d'innombrables variétés distinguées surtout par la saveur et la coloration des fruits.

F. Hy.

II. Exégèse. — 1° *Noms.* — La vigne se nomme ordinairement *géfén* (assyrien : *gupnu;* arabe : *iafn*). Le mot *šoréq* (arabe : *šuriḳ*) est employé pour désigner une vigne de choix, Is., v, 2; Jer., ii, 21, ou bien il sert dans le parallélisme de synonyme à *géfén;* Gen., xlix, 11; Is., xvi, 8. Dans Lev., xxv, 5, 11, *nâzîr* exprime une vigne non émondée, par allusion au *nâzîr* (Vulgate : *nazaræus* ; Num., vi, 18), dont la chevelure ne devait pas être coupée. Dans certains cas, *géfén* désigne spécialement le cep ou tronc de la vigne, Gen., xlix, ii, en rapport avec les *šârigîm*, Gen., xl, 10-12; Joel, i, 7, les branches ou sarments, ou bien avec les *šeluḥôt*, « provins ». Is., xli, 8. Cf. Joa., xv, 1-5. — Les *'aškelôt* sont les grappes, Is., lxv, 8; Mich., vii, 1; Cant., vii, 9. Comme il peut y avoir des *'aškelôt*, « grappes », de *henné* ou cypre, Cant., i, 14, on trouve souvent l'expression plus précise *'aškelôt 'ănâbim*, « grappes de raisins », Num., xiii, 23, ou *'aškelôt géfén*, « grappes de vigne », Cant., vii, 9, ou celle-ci équivalente, « les grappes, *'aškelôt*, ont mûri leurs raisins. » Gen., xl, 10. Cependant le mot peut s'employer seul : le contexte plus ou moins éloigné suffit à préciser le sens. — *'Ênâb* (assyrien : *enbu;* arabe : *inab*), le grain de raisin, est employé d'ordinaire au pluriel, *'ănâbim*. Le *bôsér* est la grappe encore verte, non mûre. Job, xv, 33; Jer., xxxi, 29-30; Ezech., xviii, 2. Dans le grain de raisin, *'ênâb*, on distingue *zâg*, la peau, et *ḥarṣannîm*, les pépins. Num., vi, 4. Le raisin sec se dit *ṣimmûq*. I Reg., xxv, 18. *Semâdar* est la fleur de la vigne, οἰνάνθη, Cant., ii, 13, 15; vii, 13. La traduction de la Vulgate dans ce dernier passage semble plutôt avoir vu dans ce mot la première formation du fruit, le raisin encore vert. — Une certaine quantité de pieds de vigne forme le *kérém* (cf. assyrien : *karanu*), le vignoble. Le *kérém* est originairement le lieu où l'on plante la vigne, mais comme souvent on y mêlait des figuiers, ce mot s'est entendu par dérivation d'un lieu planté de figuiers ou d'oliviers, d'un verger. Dans Jud., xv, 5, la Vulgate a séparé les deux mots et rendu par *vineta et oliveta*, le *kérém zait*, plantation d'oliviers. *Kérem* se prend aussi pour la vigne elle-même : Aussi un *kôrêm* est un vigneron. Joel, i, 1; Is., lxi, 5. — Avec le mot *kérém* se sont formés des noms de lieu, par exemple : *'Abêl-Kerâmim*, le pré des vignes, que la Vulgate rend par *Abel quæ est vineis consita*. Jud., xi, 33, — Le jus qui est sorti du *'ênâb* ou grain de raisin, et qui n'est pas encore fermenté est le *'âsîs*, Joël, i, 5; iv, 18, ou *tîroš*, Deut., xxxii, 28; IV Reg., xviii, 32, Is., xxxvi, 17; lv, 31, « vin doux, moût ». Le liquide exprimé qui a fermenté forme le vin proprement dit, *yain*, ou poétiquement *ḥémér*.

2° *Pays vignobles.* — La vigne croît spontanément dans l'Asie occidentale tempérée. En Arménie, dans la région au sud du Caucase et de la mer Caspienne, et dans celle de l'Oxus, la vigne pousse des rameaux vigoureux qui s'attachent aux arbres des forêts jusqu'aux sommets les plus élevés et donne des fruits excellents sans qu'il soit nécessaire de la tailler et de la cultiver. « Dans la Margiane (portion de la Bactriane), dit Strabon, l. II, c. i, 14, le pays abonde en vignes, et on y trouve des ceps si gros qu'il faut deux hommes pour les embrasser, ainsi que des grappes de raisins de deux coudées de longueur. » Il est intéressant de constater que la région de l'Ararat où la Bible place Noé au sortir de l'Arche, et où il cultive la vigne, Gen., ix, 20, est regardée comme l'endroit où se touchent les trois rameaux principaux de la race caucasienne, représentés par Sem, Cham et Japhet, et comme la patrie primitive de la vigne. Ad. Pictet, *Les origines indo-européennes*, Paris, 2e édit., t. i, p. 299.

Dès la plus haute antiquité on trouve la vigne en Assyrie. Voir fig. 552, col. 2429. Elle est représentée sur d'anciens monuments, soit sous sa forme naturelle, soit sous une forme hiératique. E. Bonavia, *The flora of the Assyrian monuments*, in-8°, Londres, 1894, p. 11, fig. 6; p. 49, fig. 21; p. 52, fig. 23; p. 61, fig. 27. Sur les bas-reliefs de l'époque des Sargonides se voient souvent des vignes, soit isolées, comme la vigne de Koyoundjik grimpant sur un pin, Rawlinson, *The five great monarchies of the ancient eastern world*, Londres, in-8°, 4e édit., 1879, t. i, p. 353, soit disposées en berceau de verdure, comme celle à l'ombre de laquelle repose Assurbanipal couché (fig. 550). Rawlinson, t. i, p. 473; Perrot et Chipiez, *Hist. de l'art*, t. ii, p. 107, 652. Assurbanipal parle de plantations de vigne faites sur les bords du canal de Kalakh. A Delattre, *Les travaux hydrauliques en Babylonie*, dans la *Revue des quest. scientif.*, 1888, t. xxiv, p. 481. Sennachérib, dans l'*Inscription de Bavian*, H. Pognon, Paris, 1879, in-8°, p. 9, rappelle les vignes qu'il a plantées aux environs de Ninive. — La vigne était aussi cultivée en Perse, et c'est avec abondance qu'on servait à la table royale les vins des meilleurs crus. Esther, I, 7. La couche de Darius était ombragée d'une belle vigne d'or. Hérod., VII, 27.

S'il fallait en croire Hérodote, II, 77, l'Égypte n'aurait pas eu de vignes. Mais s'il ne veut pas parler d'une région particulière, celle des marais, il se contredit lui-même, II, 37, 168. La vigne était connue en Égypte dès la plus haute antiquité; on y regardait Osiris comme l'inventeur de sa culture. Gr. Woenig, *Die Pflanzen im altem Aegypten*, in-8°, Leigzig, 1886, p. 259. La Bible fait allusion aux vignes de ce pays. C'est le grand échanson qui est représenté pressant des grappes de raisin dans la coupe du Pharaon, Gen., XL, 11; ce sont des Hébreux qui regrettent de ne point trouver dans la contrée du Sinaï des vignes comme en Égypte, Num., XX, 5; c'est la grêle qui dans une des plaies d'Égypte détruisit les vignes du pays. Ps. LXXVIII (Vulgate, LXXVII), 47; Ps. CV (Vulgate, CIV), 33. Les monuments prouvent la culture de la vigne en Égypte; même dès les temps les plus reculés ils représentent la cueillette du raisin et la fabrication du vin. Lepsius, la vigne et la fabrication du vin en Égypte dès les temps les plus reculés. Dans les inscriptions, la vigne se nomme [hiéroglyphes] *arouri*, de même le raisin [hiéroglyphes] *arouri*, en copte ⲁⲗⲟⲗⲓ, *aloli*. Le raisin séché au soleil s'appelait *aschep* ou *schep;* le raisin vert *gangani*. Voir fig. 553, col. 2431.

En traversant la presqu'île du Sinaï, les Hébreux n'avaient pas rencontré de vignes. Num., XVI, 14; XX, 5. Mais en se rapprochant du pays de Chanaan, ils en trouvent dans le pays d'Édom. Num., XX, 17. Déjà, 22 ou 23 siècles avant notre ère, le fugitif Égyptien Sinouhit parle des vignes qu'il avait vues en ce pays. « Le vin, dit-il, y est en plus grande quantité que l'eau. » G. Maspero, *Hist. ancienne*, t. I, p. 471. Les Hébreux rencontrent la vigne chez les Amorrhéens, Num., XXI, 21, et dans le pays de Moab, où les vignobles étaient entourés de clôtures. Num., XXII, 24. Plus tard, Isaïe, XVI, 8, vante les nombreux vignobles de l'ancien pays de Moab.

550. — Le roi Assurbanipal et la reine se reposant et buvant au son de la musique, sous un berceau de vigne. British Museum.

Denkm., II, 13, 49, 53, 61, 96, III et 111, 11. Au tombeau d'Amten (de la IIIe dynastie), on énumère parmi les domaines du défunt, des vignobles qui produisent « du vin en grande quantité. » Lepsius, *Denkm.*, II, 7 *b;* Maspero, *Journal asiatique*, 1889, t. I, p. 390; *Études égyptiennes*, t. II, p. 231. Le scribe Anna avait fait planter douze vignes dans son jardin; l'officier d'Amenhotep II en avait fait mettre vingt-quatre. Fréquemment, les plans de maison et de jardin de la XVIIIe ou XIXe dynastie présentent des treilles disposées en berceaux, soutenues par des colonnettes sur lesquelles des ceps de vigne étendent leurs rameaux chargés de fruits. Au Ramesséum de Thèbes on a trouvé des celliers remplis de grands vases et amphores portant sur la panse, écrites en hiératique, la date de la récolte et la mention « vin de transport ». G. Maspero, *Guide du musée de Boulaq*, p. 287. Des feuilles de vigne, des grains de raisin se rencontrent dans les tombes les plus anciennes et on en a recueilli des spécimens dans tous les musées, *Bulletin de l'Institut égyptien*, n. 5 (1884), p. 9; *Botanische Jahrbücher* (1886), t. VIII, p. 8. Les grains du musée du Louvre sont à peau épaisse et à gros pépins. *Recueil de travaux*, t. XVII, p. 194. A toutes les époques, les monuments montrent des rois ou des particuliers faisant aux dieux des libations de vin dans des vases spéciaux. Cf. Erman, *Life in ancient Egypt*, Londres, 1894, in-8°, p. 271; Ebers, *Aegypten und die Bücher Mose's*, p. 323-330.

Il ne saurait donc y avoir de doute sur la culture de

Mais c'est surtout la Palestine qui est le pays du blé et de l'orge, mais aussi de la vigne et du figuier. Deut., VIII, 8. Je vous donnerai, dit Dieu aux Israélites, Jos., XXIV, 13, du fruit de vignes que vous n'avez point plantées. Cf. II Esd., IX, 25. Les espions envoyés dans la terre de Chanaan, pour explorer le pays, trouvèrent une vallée où les vignes étaient magnifiques et ils coupèrent une branche de vigne avec sa grappe aux dimensions si extraordinaires que pour la rapporter sans la froisser, ils la suspendirent à une perche et la portèrent à deux. Num., XIII, 24. Aussi, donnèrent-ils à cette vallée le nom de vallée d'Escol, ou vallée de la Grappe. On voit encore de nos jours en Palestine des raisins d'une grosseur extraordinaire (fig. 551).

Au pays de Galaad, les vignobles de Sabama et de Jazer étaient particulièrement renommés. Is., XVI, 8-10; Jer., XLVIII, 32-33. On vantait aussi les vignes d'Hébron et d'Engaddi, des collines de Samarie et du Carmel, de la vallée du Jourdain. Num., XIII, 26; Jud., IX, 27; III Reg., XXI, 1; II Par., XXVI, 10; Cant., I, 14; VIII, 11; Jer., XXXI, 5; Ose., XIV, 8, etc., Par toute la Palestine, spécialement sur les collines, sur les hauteurs, on voyait des vignobles. Is., V, 1; XXVIII, 1.

3° *Culture de la vigne.* — Bien que le sol et le climat de la Palestine fussent favorables à la vigne, elle demandait cependant des soins. Soit pour la planter, soit pour l'entretenir, on remuait soigneusement le sol à la bêche, et on enlevait les pierres. Is., v, 2. Ce n'est pas le travail auquel se livrait le paresseux qui laissait croître les ronces et les épines. Prov., XXIV, 30-31. Pour préserver des vignobles ou champs de vigne contre la tentation des passants ou contre les pillages des Bédouins, Job, XXIV, 1, ou contre les chacals, on les entourait de murs ou de haies, et dans l'intérieur on élevait une tour ou une cabane pour loger des gardiens au temps où les raisins commençaient à mûrir. Num., XXII, 24; Is., I, 18; V, 2, 11; Matth., XXI, 33. Ces tours ont d'ordinaire jusqu'à 4m50 de haut sur quatre coudées ou 1m80 de largeur. Voir TOUR, fig. 517, col. 2291.

S'il faut en croire Pline, *H. N.*, XVII, 35, du moins en ce qui regarde la Syrie, on aurait laissé la vigne ramper à terre, comme on le voit encore en certains endroits de la Palestine. On avait en même temps l'habitude de faire monter la vigne sur les arbres. Is., CV, 33; Jer., VIII, 13; Hab., IV, 17; Is., III, 12. Les vignes de Silo, devaient être assez élevées puisque les Benjamites purent s'y mettre en embuscade. Jud., XXI, 20, 21. Du moins près des habitations on faisait grimper la vigne sur des figuiers; de là est venue l'expression proverbiale : Se reposer sous sa vigne et son figuier. III Reg., IV, 25; Mich., IV, 4; Zach., III, 10, Luc., XIII, 6.

Une fois plantée, la vigne exigeait encore des soins. Il fallait l'émonder, couper les branches inutiles. Joa., XV, 2-6. On taillait la vigne à la serpette, *mazemêrâh*. Is., II, 4; V, 16; XVIII, 5; Joel, IV, 10. Il fallait attendre les fruits pendant trois ans après la plantation : ce n'était qu'à la quatrième année qu'on pouvait en récolter. Is., XXXVII, 30; *Ma'aśer scheni,* 5.

La vigne était une des richesses de la Terre Promise. C'était donc une source de revenus: aussi les rois de Juda ou d'Israël ne pouvaient la négliger. Samuel avait prédit aux Israélites qui désiraient un roi, que celui-ci leur prendrait la dîme de leurs vignes, I Reg., VIII, 14-15, et même donnerait leurs vignes à ses serviteurs. Le fils d'Isaï, dit Saül aux Israélites qui penchaient pour David, vous donnera-t-il des champs et des vignes? I Reg., XXII, 7. La vigne de Naboth convoitée par Achab, roi d'Israël, et acquise par Jézabel au prix du meurtre de son propriétaire, est célèbre par le châtiment qu'attira cette iniquité sur les deux coupables. III Reg., XXI, 1-24.

Pour l'administration des vignes qui lui appartenaient, David avait préposé Séméi de Rama. Zabdias l'Aphonite était chargé des provisions de vin. I Par., XXVII, 27. Dans l'Ecclésiaste, II, 4, le sage se bâtit des maisons et plante des vignes. La femme laborieuse du livre des Proverbes, XXXI, 16, avec les fruits de son labeur plante une vigne.

Chacun en Israël voulait se faire une vigne plus ou moins considérable, et se reposer à l'ombre de sa vigne et de son figuier. IV Reg., XVIII, 31. C'est pour qu'ils ne s'attachent pas à un coin de terre et qu'ils restent nomades, que Réchab défendit à ses fils de planter de la vigne. Jer., XXXV, 7-9. Dans la disette de blé, le peuple engagea sous Néhémie ses champs et ses vignes. II Esd., V, 3-11.

Lorsque le peuple est infidèle, il est menacé de voir périr ses vignes et le châtiment ne tarde pas à le faire réfléchir. Dès le temps de Moïse la menace lui en est faite : « Tu planteras une vigne et tu n'en jouiras pas, tu n'en boiras pas le vin, » est-il dit dans les malédictions du ch. XXVIII, 30 et 39. Sophonie, I, 13, et Amos, V, 11, reprennent cette menace. « Vos vignes et vos figuiers, dit Amos, IV, 9, ont été dévorés par les sauterelles. » « Je dévasterai ses vignes et ses figuiers, » est-il annoncé à Israël dans Osée, II, 12. « Le jus de la vigne est en deuil, le cep languit, » annonce Isaïe, XXIV, 7. « En ce jour-là, dit-il, VII, 23, tout vignoble de mille ceps de vigne valant mille pièces d'argent sera couvert de ronces et d'épines. » Aussi le prophète, XXXII, 12, dépeint le deuil de la nation : « On se lamente sur les belles vignes fécondes. » « Plus de raisins à la vigne, dit Jérémie, VIII, 13, ni de figues au figuier. La feuille même est flétrie. » « Il n'y aura rien à récolter dans les vignes, » dit aussi Habacuc, III, 17. Mais si Israël se repent et retourne à son Dieu, il reviendra en Palestine y planter la vigne. Ézech., XXVIII, 26. La vigne ne sera plus stérile dans ses campagnes. Mal., III, 11.

Un certain nombre de lois concernent la culture, l'entretien ou la récolte de la vigne. La loi permettait d'entrer dans la vigne du prochain, d'en cueillir des grappes et d'en manger selon son désir, mais défendait d'en emporter dans un panier. Deut., XXIII, 24. Mais

551. — Raisin de Palestine.

si quelqu'un a fait du dégât dans un vignoble, il donnera en dédommagement le meilleur de son vignoble. Exod., XXII, 5 (hébreu, 4). En faisant la cueillette des raisins pour la vendange, on ne devait pas revenir sur ses pas pour ramasser les grappes oubliées dans la vigne, mais les laisser à la disposition des pauvres et des étrangers. Lev., XIX, 10; Deut., XXIV, 21. Pour le vigneron qui donne tous ses soins à la vigne de celui qui le prend à son service, il est juste qu'il participe à son fruit. I Cor., IX, 7. Le repos de l'année sabbatique concernait aussi les vignes. Durant la septième année, on ne devait ni semer, ni tailler la vigne, ni récolter, Exod., XXIII, 11; la loi est reprise. Lev., XXV, 1-7. Cette septième année doit être une année de repos, de sabbat pour la terre. Lev., XXV, 4. Durant le naziréat, on ne devait manger d'aucun produit de la vigne, pas même les pépins ou la peau des raisins. Num., VI, 3-4; Jud., 13-14. Quant à celui qui venait de planter une vigne et n'en avait pas encore recueilli le fruit, il était dispensé d'aller faire la guerre. Deut., XX, 6. On voit une application de cette loi dans I Mach., III, 56.

4° *Vendanges.* — La vendange, *bâṣir*, commençait

dans la Palestine au mois de septembre et devait être achevée dans la première moitié d'octobre, époque de la fête des Tabernacles, qui indiquait la fin de toutes les récoltes. Comme à la moisson, le temps des vendanges était une époque de réjouissances. Vignes et pressoirs retentissaient alors de chants. Ce chant, ce hourra des vendangeurs se nommait *hêdâd*. Jud., IX, 27; Is., XVI, 10; Jer., XXV, 30; XLVIII, 33. Aussi pour peindre la désolation de Moab, le prophète ne manque pas ce trait :

Plus encore que sur Jazer, je pleure sur toi, vigne de Sabama.
Tes sarments s'étendaient jusqu'à la mer (Morte) et au delà
Ils touchaient à Jazer.
Le dévastateur s'est jeté sur ta récolte et sur ta vendange.
La joie et l'allégresse ont disparu des vergers
Et de la terre de Moab;
J'ai fait tarir le vin des cuves.
On ne le foule plus au bruit des hourras
Le hourra (*hêdad*) n'est plus le hourra! Jer., XLVIII, 32-33.

Dans les vignes de Sabama, dit également Isaïe, XVI, 10, plus de chants, plus de cris de joie. Le *hêdad* a cessé.

Les vendangeurs cueillaient les raisins dans des paniers et les jetaient dans le pressoir. Le pressoir porte les noms de *gaṭ*, *yéqéb*, *pûrâh*. Zach., IV, 13; Job, XXIV, et Joël, IV, 13; Is., XLIII, 3, et Agg., II, 16. A prendre les choses avec précision, le *gaṭ* est la grande cuve où l'on entasse le raisin, le *yéqéb* est la cuve placée sous l'appareil à pression, le *pûrâh* est l'appareil à pression. Au lieu de l'appareil à pression, on employait aussi le pressoir à torsion. Voir t. V, col. 612. Le pressoir était d'ordinaire dans le verger même : il consistait en une simple cuve en pierre où l'on jetait les grappes, qui étaient foulées aux pieds par les vendangeurs. Une ouverture dans le fond de cette cuve laissait passer le liquide dans un réservoir, souvent creusé dans la terre et maçonné. Cf. Van Lennep, *Bible lands*, t. I, p. 117; Robinson, *Biblical researches*, t. III, p. 137. Quand le vin pressé était bien exprimé, on le conservait dans des outres de peau de chèvre, Jos., IX, 4; Job, XXXII, 19; Matth., IX, 17, ou bien dans des vases ou amphores de terre. Jer., XIII, 12; XLVIII, 11. On soutirait les vins pour les clarifier. Is., XXV, 6; Jer., XLVIII, 11. On rangeait les vases à vin dans les celliers. I Par., XXVII, 27. Il s'agit là des celliers où David faisait garder son vin; Ezéchias avait les siens, II Par., XXXII, 18. Quant au *cella vinaria* de Cant., XI, 4, ce n'est pas le cellier, mais l'endroit où l'on boit le vin, où l'on se réjouit. Voir t. II, col. 396.

5° *Produit de la vigne.* — Une partie des raisins était réservée pour être mangée en nature, ou sous forme de raisins secs entrer dans la fabrication de certaines espèces de gâteaux, la *debêlâh*, ou la *'ăšišâh*. Voir GATEAU, t. III, col. 115. Mais la plus grande partie de la récolte servait à faire du vin que l'on buvait avant ou après la fermentation. Voir MOUT, t. IV, col. 1330; VIN t. V, col.

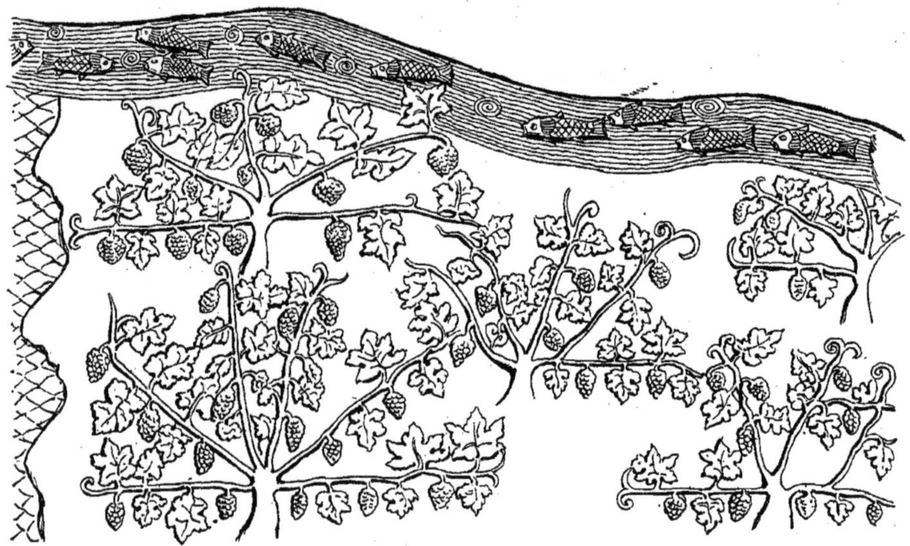

552. — Vignoble assyrien. D'après Layard, *Monuments of Nineveh*, t. I, pl. 81.

6° *Comparaisons, paraboles.* — Les comparaisons, les proverbes, les allégories tirées de la vigne sont en grand nombre dans la Bible.

Dans l'apologue des arbres qui se cherchent un roi, la vigne, comme l'olivier et le figuier, représente les bons Israélites, qui, chacun dans leur situation, produisent des fruits utiles et appréciés de tous, par opposition au buisson qui n'a que des épines et qui ne peut même pas fournir un ombrage commode contre l'ardeur des rayons du soleil, image d'Abimélech, homme méchant qui ne peut que blesser et nuire. Jud., IX, 7-20.

L'importance de la vigne en Israël, les soins multiples qu'elle exigeait ont amené les auteurs sacrés à y voir une belle allégorie des soins de Dieu pour son peuple, et à la développer très fréquemment. Israël est la vigne de Jéhovah. Cette vigne a été apportée d'Égypte, Ps. LXXX (LXXIX), 8-14, plantée à la place des nations qui occupaient la terre de Chanaan. Solidement enracinée, ses rameaux se sont étendus depuis la mer jusqu'au fleuve, c'est-à-dire ont couvert toute la Terre Promise. Mais cette vigne qui fut longtemps prospère a vu ses clôtures se rompre, et les bêtes sauvages l'ont dévastée;

le feu l'a brûlée et l'on a coupé ses rameaux. Ps. LXXX, 13-20. C'est la prise et la ruine de Jérusalem et la captivité de Babylone qui sont peintes sous ces images. Les mêmes idées et les mêmes images ont souvent été reprises par les prophètes. C'est le sujet de la belle parabole d'Isaïe, V, 1-7. Dans ce chant de l'amour de Jéhovah pour sa vigne les deux premières strophes décrivent l'amour et les soins de Dieu payés par l'ingratitude de son peuple, les deux suivantes, le jugement; puis les strophes 5 et 6, le châtiment, enfin les strophes 7 et 8, l'application à Israël. Ce petit chant décrit au complet tous les soins qu'on donnait à la vigne en Palestine.

Isaïe revient sur cette image, c. III. Les chefs du peuple ont brouté la vigne, c. XXVII, 26 : c'est la vigne au vin généreux gardée par Jéhovah. Après avoir été châtié, Israël fleurira de nouveau et donnera des rejetons. Jérémie, II, 21, développe ce sujet à son tour : Israël planté comme une vigne excellente, tout entière d'une souche franche, s'est changée en sarments

553. — Treille égyptienne.
D'après Wilkinson, *Manners and customs*, 2ᵉ édit., fig. 153, p. 380.

bâtards d'une vigne étrangère. Il annonce, VI, 9, qu'on grappillera comme une vigne les restes d'Israël. De nombreux bergers détruiront la vigne. Jer., XII, 10. Pour Ezéchiel, XV, 2-6, Israël est la vigne stérile dont le bois n'est bon à rien. Au ch. XVII, il développe la même image d'Israël, la vigne plantée dans une bonne terre bien arrosée, et en la combinant avec l'image des deux aigles de Babylone et d'Égypte, il en fait une parabole sur les destinées de la maison de David. De même au ch. XIX, 10-14, c'est une lamentation sur la vigne d'Israël si bien plantée et qui promettait du fruit, et qui est maintenant arrachée, et consumée par un feu sorti de l'une de ses branches, c'est-à-dire par la faute de Sédécias. Dans Joël, I, 6-12, c'est une invasion de sauterelles qui a dévasté la vigne de Jéhovah. Pour Osée, X, 1, Israël est une vigne luxuriante, chargée de fruits, qui est devenue infidèle à Dieu et idolâtre. Mais qu'Israël revienne à Dieu et il fleurira comme la vigne, XIV, 8. Samarie est aussi comparée à un plant de vigne. Mich., I, 6.

L'allégorie de la vigne représentant Israël était si bien reçue que dans le temple d'Hérode, à l'intérieur du vestibule, était suspendue une magnifique vigne d'or dont les grappes au rapport de Josèphe avaient la hauteur d'un homme. Elle était placée en cet endroit pour symboliser Israël, la vigne du Seigneur. Voir t. V, col. 2065.

Rien donc de plus familier au peuple que cette image. Les scribes et les Pharisiens n'eurent aucune peine à comprendre la parabole de Jésus-Christ se servant de cette image de la vigne, familière aux prophètes pour dépeindre ce que Dieu avait fait pour son peuple et la façon dont furent reçus les envoyés du père de famille, maître de la vigne, et son propre fils, et le châtiment des vignerons perfides avec la location de la vigne à d'autres vignerons, c'est-à-dire aux Gentils. Matth., XXI, 33-46; Marc., XII, 1-12; Luc., XX, 9-19.

D'autres enseignements sont tirés aussi de la comparaison de la vigne. La Sagesse est comparée à la vigne dont les pousses gracieuses sont chargées de fruits. Eccli., XXIV, 23 (grec 17). Joseph est comparé à un sarment fécond, planté près d'une fontaine et dont les branches couvrent la muraille. Gen., XLIX, 22. Par la parabole des ouvriers qui vont à différentes heures travailler à la vigne, Jésus-Christ veut montrer aux Pharisiens que pour entrer dans le royaume messianique Dieu n'appelle pas d'après les mérites antérieurs, mais par pure grâce. Matth., XX, 1-16. A la fin des temps, le Fils de l'homme préside à la vendange du monde, Apoc., IX, 18-19. Pour exprimer la vie de la grâce, la vie qu'il communique aux âmes, Notre-Seigneur emprunte une comparaison à la vigne. Tout sarment qui en moi ne porte pas de fruit, mon Père, le divin vigneron, le retranchera. Tout sarment au contraire qui portera du fruit, il l'émondera pour qu'il en porte davantage. Il faut que le sarment soit uni au cep pour que la sève circule en lui et qu'il porte du fruit; séparé du cep, il se dessèche. Ainsi, séparés de moi, vous ne pouvez rien faire. Et les sarments inutiles seront jetés au feu. Joa., XV, 1-9.

Voir Alph. de Candolle, *Origine des plantes cultivées*, in-8°, Paris, 1886, p. 151-154; Ad. Pictet, *Origines indo-européennes*, in-8°, 2ᵉ édit., Paris, p. 295-321; Ch. Joret, *Les plantes dans l'antiquité*, in-8°, Paris, 1897, p. 138-141, 387, 450; V. Loret, *La flore pharaonique*, 2ᵉ édit., Paris, 1892, in-8°, p. 99-101; A. Erman, *Life in ancient Egypt*, transl. Tirard, in-8°, Londres, 1894, p. 196-199; Fr. Wœnig, *Die Pflanzen im alten Aigypten*, in-8°, Leipzig, 1886, p. 254-276; H. B. Tristram, *The natural history of the Bible*, 8ᵉ édit., in-8°, Londres, 1889, p. 402-413; D. Mallet, *Les premiers établissements des Grecs en Égypte*, in-4°, Paris, 1896, p. 345; Wilkinson, *Manners and customs*, 2ᵉ édit., t. II, p. I, 379-383.

E. LEVESQUE.

VIGNE DE SODOME (hébreu : *géfén Sedôm*; Septante : ἄμπελος Σοδόμων; Vulgate : *vinea Sodomorum*). Elle est mentionnée seulement, Deut., XXXII, 32, où Moïse dit en parlant des impies :

> Leur vigne est du plant de Sodome
> Et du terroir de Gomorrhe;
> Leurs raisins sont des raisins empoisonnés,
> Leurs grappes sont amères.

Quelques auteurs, comme dom Calmet, ont cru que ces vers font allusion à la « pomme de Sodome ». Voir JÉRICHO, t. III, col. 1291. Josèphe en a donné la description, *Bell. jud.*, IV, VIII, 4, et Tacite y fait probablement allusion, *Hist.*, V, 6. « Des cendres s'y produisent dans les fruits, dit l'historien juif; ils ressemblent par leur couleur à des fruits comestibles, mais quand la main les saisit, ils se dissolvent en farine et en cendres. » Mais cette plante (*Callotropis procera*) n'a rien qui puisse même de très loin rappeler la vigne et elle n'a point ses fruits en grappe. D'autres ont pensé à la coloquinte, dont les feuilles ont de la ressemblance avec celles de la vigne et dont les tiges s'étendent sur le sol, comme les rameaux de celle-ci. Voir COLOQUINTE, t. II, fig. 323, col. 859. Mais si elle a dans son feuillage quelque apparence générale qui l'a fait appeler « vigne sauvage », *géfén sâdéh*, III Reg., IV, 39, elle n'a point son fruit en grappe. On a voulu aussi y voir quelque espèce de Solanum comme le *Solanum nigrum* ou le *Sodomeum* (t. III, col. 1290, fig. 226), etc., mais ces plantes n'ont rien de l'aspect de la vigne.

Nous croyons qu'il n'y a pas à chercher ici de plante particulière, existant sur les bords de la mer Morte.

C'est une image créée par l'auteur pour caractériser Israël infidèle. Il ressemble aux habitants de Sodome et de Gomorrhe, comme s'il était de leur race au lieu de descendre des patriarches. La corruption morale d'Israël est souvent comparée dans l'Écriture aux péchés de Sodome et de Gomorrhe. La vigne et ses fruits sont ici des termes figurés représentant le peuple et ses actes: il est dégénéré et ne produit plus rien que de mauvais et d'empoisonné. C'est ainsi qu'au verset suivant on compare ses actions à un vin qui serait un venin d'aspic. La mer Morte aux eaux très amères est censée communiquer son amertume à tous les produits qui poussent sur ses bords et spécialement à ceux des villes maudites de Sodome et de Gomorrhe.

E. Levesque.

VIGNERON (hébreu : *korêm*), celui qui cultive la vigne. — La culture de la vigne tenait une grande place dans la vie agricole des Israélites. Mais elle était relativement facile. Cf. Schwalm, *La vie privée du peuple juif*, Paris, 1910, p. 12-14. Le roi Ozias avait des vignerons qui travaillaient pour lui sur les coteaux des montagnes. II Par., XXVI, 10. Isaïe, LXI, 5, prédit qu'à la restauration les étrangers seront les vignerons d'Israël. Les temps de sécheresse persistante faisaient la désolation des vignerons. Joel., I, 11. Après la déportation chaldéenne, Nabuzardan choisit dans le menu peuple des laboureurs et des vignerons pour demeurer en Palestine et empêcher le sol de devenir improductif. IV Reg., XXV, 12; Jer., LII, 16. — Notre-Seigneur met en scène des vignerons dans deux de ses paraboles. Dans la première, il s'agit d'une vigne voisine de la ville. Le propriétaire loue sur la place publique des vignerons qui y vont travailler, moyennant un denier de salaire pour la journée. Matth., XX, 1-15. Dans l'autre parabole, il est question d'une exploitation éloignée et considérable, comme devaient être celles du roi Ozias. Le maître l'a louée à des vignerons qui, pour leur salaire, ont une part de la récolte, tandis que l'autre doit lui revenir. C'est pourquoi, à plusieurs reprises, il envoie des serviteurs vers les vignerons pour recevoir ce qui lui revient. Mais ceux-ci brutalisent et tuent les envoyés, méritant ainsi d'être mis à mort à leur tour, après quoi le maître affermera la vigne à d'autres vignerons. Matth., XXI, 33-39; Marc., XII, 1-8; Luc., XX, 9-15.

H. Lesêtre.

VILLA (grec : ἀγρός), domaine rural. — La Vulgate emploie souvent le mot *villa* pour désigner le *ḥâṣêr*, κώμη, le village ou hameau situé dans la campagne et sans entourage de murs. Exod., VIII, 13; Lev., XXV, 31; Num., XXXIV, 4, 9; Jos., XV, 32-62; XIX, 6-38; Cant., VII, 11; Esth., IX, 19; II Esd., XI, 30; XII, 28. Dans l'Évangile, les villages ou hameaux, κώμαι, dans lesquels passe Notre-Seigneur, n'excluent pas le bien de campagne, le domaine, ἀγρός, *villa*, habité par un certain nombre de personnes, mais constituant la propriété d'un particulier. Marc., VI, 36, 56; Luc., VIII, 34; IX, 12. A l'époque évangélique, en effet, les domaines ruraux n'étaient pas rares en Palestine. Si le maître n'y résidait pas, comme le père du prodigue, Luc, XV, 25, des fermiers et des serviteurs les faisaient valoir, sous la surveillance d'un intendant, quand le domaine avait de l'importance. Cf. Schwalm, *La vie privée du peuple juif*, Paris, 1910, p. 485-511. L'un des invités de la parabole vient de faire l'acquisition d'une villa, à distance de la ville. Il lui faut aller la visiter et il s'excuse de ne pas répondre à l'invitation au festin qui lui est faite. Matth., XXII, 5; Luc., XIV, 18. La villa comprenait certainement, avec des champs et des vignes, des bâtiments d'exploitation et d'habitation. Celui auquel se loua le fils prodigue possédait une villa dans laquelle on faisait de l'élevage, particulièrement celui des pourceaux. Luc., XV, 15. Simon le Cyrénéen revenait d'un domaine rural, quand on l'arrêta à la porte de la ville pour aider le Sauveur à porter sa croix. Marc., XV, 21; Luc., XXIII, 26. Les deux disciples se rendaient à une villa voisine d'Emmaüs, quand le Sauveur ressuscité se joignit à eux. Marc., XVI, 12. Saint Luc, XXIV, 28, suppose que le lieu où ils s'arrêtèrent ensemble se rencontrait avant qu'on arrivât dans la bourgade. Gethsémani est appelé en grec χωρίον, c'est-à-dire « emplacement, champ, domaine ou jardin », et par la Vulgate *villa*. Matth., XXVI, 36. Il est vraisemblable qu'il n'y avait pas de domaine rural à une si grande proximité de la ville, mais que Gethsémani était un jardin, peut-être muni encore du nécessaire pour le pressurage de l'huile. Saint Jean, XVIII, 1, appelle ce lieu un « jardin ».

H. Lesêtre.

VILLALPANDO Jean-Baptiste, jésuite espagnol, né à Cordoue en 1552 ou 1555, mort à Rome le 22 mai 1608. Il fut l'élève du P. Prado, son collaborateur et son continuateur : *In Ezechielem explanationes et apparatus Urbis ac Templi Hierosolymitani*, 3 in-f°, Rome, 1596-1604. Il mourut avant d'avoir achevé le travail. Voir Prado, col. 593. Cf. Ch. Sommervogel, *Bibliothèque de la Compagnie de Jésus*, t. VIII, 1898, col. 768.

VIN, liquide extrait du raisin par pression. Voir Pressoir, col. 613.

1° *Ses noms.* — La Palestine était un pays vignoble, et le vin y avait une grande importance au double point de vue alimentaire et commercial. Aussi un assez grand nombre de mots sont-ils employés pour désigner le précieux liquide. 1. *Yaïn*, mot probablement primitif, qui se retrouve dans l'assyrien *înu*, l'éthiopien *wăyn*, le grec οἶνος, le latin *vinum*, etc. — 2. *Ḥémér*, chaldéen : *ḥămar*, de *ḥâmar*, « bouillir, fermenter », οἶνος, *merum*. — 3. *Sobé'*, le vin de bonne qualité, οἶνος, *vinum*. — 4. *Šémér*, le très bon vin débarrassé de sa lie, οἶνος, *vindemia defæcata*. Is., XXV, 6. — 5. *Ṭîrôš*, le vin non fermenté ou vin doux. Voir Moût, t. IV, col. 1330. — 6. *'Âsis*, le premier vin, le vin doux, γλυκασμός, *dulcedo;* οἶνος νέος, *mustum*. — 7. *Mézég*, *mésék*, *mimsâk*, le vin mélangé, κέρασμα, *mixtum*. — Métaphoriquement, le vin est aussi appelé *dam 'ănâbim*, αἷμα σταφυλῆς, *sanguis uvæ*, « le sang de la grappe ». Gen., XLIX, 11; Deut., XXXII, 14; Eccli., XXXIX, 26.

2° *Son origine.* — Le vin est considéré comme un don de Dieu. Isaac souhaite à Jacob que Dieu lui donne l'abondance du froment et du vin. Gen., XXVII, 28. La Palestine est un pays de froment et de vin, Deut., XXXIII, 28, et Juda, en particulier, « lave son vêtement dans le vin, » Gen., XLIX, 11. Dieu donne à son peuple « le sang de la grappe, le vin généreux. » Deut., XXXII, 14; cf. XI, 14. Pour le juste, la cuve déborde de vin nouveau. Prov., III, 10. Mais il n'y aura pas de vin pour Israël infidèle, Deut., XXVIII, 39, 51, et le vin de ses ennemis sera comme le venin des serpents. Deut., XXXII, 33.

3° *Son traitement.* — Noé s'était sans doute contenté de boire le jus qu'il venait d'exprimer des raisins, comme le fait supposer son inexpérience des effets du vin. Gen., IX, 21. Plus tard, on recueillit le vin au sortir du pressoir et on le conserva dans différents récipients, cruches de terre, I Reg., X, 3; XVI, 20; Jer., XIII, 12, et outres faites de peau. Jos., IX, 13; I Reg., XXV, 18; II Reg., XVI, 1; Judith, X, 5. Voir Outre, t. IV, col. 1936. On gardait ces récipients dans des celliers, voir Cellier, t. II, col. 396, et dans des magasins, pour l'usage du Temple, I Par., IX, 29, ou des agglomérations. II Par., XI, 11; XXXII, 28. Le vin fermente et dépose au fond des récipients la lie, composée de matières diverses qui, à la longue, peuvent nuire à la qualité du vin. C'est pourquoi l'on transvasait le vin d'un récipient dans un autre, de manière à laisser la lie au fond du premier. Jer., XLVIII, 11, 12. On laissait vieillir le vin, pour le rendre meilleur. « Vin nouveau, nouvel ami; qu'il vieillisse, et tu le boiras avec plaisir. » Eccli., IX, 15 (10). Après avoir bu du vin vieux, on n'en demandait pas aussitôt du nouveau, car on disait : « Le vin vieux est meilleur. » Luc., V, 39. — Avant de boire le vin, on avait coutume de lui faire subir quelque mélange. Isaïe, I, 22, parle en mauvaise part du vin coupé d'eau. Ce mélange ne paraît pas avoir été goûté des Israélites, comme il l'était des Grecs et des Romains. Cf. Anacréon, *Od.*, XXXVI, 10; *Odys.*, III, 40. L'auteur du second livre des Machabées parle selon la coutume de ces derniers, quand il écrit : « Il ne vaut rien de boire seulement du vin ou seulement de l'eau, tandis que le vin mêlé à l'eau est bon et produit une agréable jouissance. » II Mach., XV, 40. Mais ce qui plaisait beaucoup aux Israélites, c'était le mélange avec le vin de certains aromates qui lui donnaient un goût particulier et surtout plus de force. Il est souvent question du vin aromatisé comme d'un breuvage de choix. Ps. LXXV (LXXIV), 9; Cant., VII, 3; VIII, 2; Prov., XXIII, 30, 31; Is., LXV, 11. Pour soutenir Notre-Seigneur avant son crucifiement, on lui présenta du vin mêlé de myrrhe, Marc., XV, 23, que saint Matthieu, XXVII, 34, dit mêlé de fiel, en prenant sans doute ce dernier mot dans un sens large, pour marquer le goût un peu amer que la myrrhe communiquait au vin. Pline, *H. N.*, XIV, 15, témoigne que la myrrhe donnait au vin un goût fort apprécié des anciens. On connaissait le vin ἀρωματίτης, aromatique, cf. Dioscoride, V, 64, le vin μυρρινίτης, préparé avec des baies de myrte, cf. Élien, *Var. Hist.*, XII, 31; etc. « Mêler le vin », c'était le préparer en vue du repas. Prov., IX, 2, 5.

4° *Ses usages.* — 1. Noé, après le déluge planta une vigne et fut enivré par le vin dont il ignorait sans doute la force. Gen., IX, 20-21. — Le vin était une boisson commune chez les Hébreux. Isaac en boit. Gen., XXVII, 25. Des échansons le versaient aux grands personnages. Gen., XL, 5. Voir ÉCHANSON, t. II, col. 1558. Il figurait dans les festins et dans les simples repas, Deut., XIV, 26; Job, I, 18; Prov., IX, 2, 5; II Par., II, 10; II Esd., V, 18; Dan., V, 1, 2, 4, 23; Judith, XII, 12; Esth., I, 7; Eccli., IX, 13 (9); Is., V, 12; XXII, 13; LVI, 12, etc., et même dans les repas funèbres. Tob., IV, 18. L'Ecclésiastique, XXXIX, 31 (26), énumère le « sang de la grappe » parmi les choses qui sont de première nécessité pour la vie des hommes. Notre-Seigneur fit son premier miracle pour procurer du vin aux époux de Cana. Joa., II, 3. C'était une désolation générale quand le vin venait à faire défaut. Is., XXIV, 11; Jer., XLVIII, 23; Jo., I, 10; Agg., I, 11. Aussi les faux prophètes se faisaient écouter quand ils promettaient l'abondance du vin. Mich., II, 11. — 2. L'Ecclésiaste, IX, 7, recommande de boire son vin gaîment. C'est ce qui se pratiquait, surtout quand le vin était de qualité supérieure. Il en venait de tel du Liban, Ose., XIV, 7; celui de Helbon faisait l'objet d'un commerce avec Tyr. Ezech., XXVII, 18. Le récit du miracle de Cana nous apprend que, dans le repas, on servait d'abord le meilleur vin, tandis qu'on réservait le moins bon pour la fin, quand le goût des convives était émoussé. Joa., II, 10. Ce trait ne préjudicie pas à la remarque de Luc., V, 39; car l'amphitryon qui servait du vin inférieur aux convives déjà désaltérés ne leur demandait pas leur avis et profitait plutôt de leur demi-inconscience. Cf. Sap., II, 7. Le goût des Israélites pour le vin est accusé par ces comparaisons du Cantique des cantiques, I, 1, 4; IV, 10; VII, 9, qui déclare que l'amour de l'Époux est préférable au vin, et que la bouche de l'Épouse est comme un vin exquis. — 3. L'usage du vin n'était pas toujours suffisamment modéré. Les auteurs sacrés en signalent les abus. Voir IVRESSE, t. III, col. 1048. Les ennemis vendaient des jeunes filles israélites pour avoir du vin. Joel, III, 3. Les Israélites eux-mêmes buvaient dans leurs sanctuaires idolâtriques le vin de ceux qu'ils condamnaient à l'amende. Am., II, 8. Après la captivité, les Juifs exigeaient de leurs débiteurs un intérêt d'un centième sur le vin. II Esd., V, 11, 15. — 4. L'abstention du vin était prescrite à Aaron et à ses fils, quand ils avaient à entrer dans le sanctuaire, Lev., X, 9; Ezech., XLIV, 21, et à ceux qui se vouaient au nazaréat. Num., VI, 3. Elle le fut à Samson, Jud., XIII, 4, 7, 14, et à Jean-Baptiste. Luc., I, 15. Les Rechabites s'abstenaient volontairement de vin. Jer., XXXV, 2. Notre-Seigneur, qui en faisait usage, était appelé par ses ennemis « buveur de vin ». Matth., XI, 19. — 5. Le vin servait encore au Temple pour les libations sacrées. Exod., XXIX, 40; Num., XV, 5, 7, 10; XXVIII, 7, 14; Ose., IX, 4. Voir LIBATION, t. IV, col. 234. On faisait aussi des libations de vin aux faux dieux. Deut., XXXII, 38; Esth., XIV, 17. Cyrus et Artaxerxès ordonnèrent de fournir du vin pour le Temple de Jérusalem. I Esd., VI, 9; VII, 22. Le vin était soumis à la loi des prémices, Num., XVIII, 12; Deut., XVIII, 4; I Par., XXXI, 5; II Esd., X, 39; XIII, 5, 12, et de la dîme. Deut., XII, 17; XIV, 23. — A la dernière Cène, le Sauveur consacra le vin pour le changer en son sang. Matth., XXVI, 27; Marc., XIV, 23; Luc., XXII, 20; I Cor., XI, 25. Il en fit ainsi, avec le pain, la matière de l'eucharistie.

5° *Ses effets.* — 1. Le vin réjouit Dieu et les hommes. Jud., IX, 13. Il réjouit le cœur de l'homme, Ps. CIV (CIII), 15, et rend la vie joyeuse. Eccle., X, 19. C'est pourquoi il est recommandé d'en donner aux affligés. Prov., XXXI, 6. Cf. Zach., X, 7. — 2. Il est un réconfortant. Melchisédech offre le pain et le vin à Abraham et à ses serviteurs qui reviennent de poursuivre les ennemis. Gen., XIV, 18. On en apporte à David et à ses fidèles partisans pendant leur fuite. II Reg., XVI, 2; I Par., XII, 40. Le vin fortifie les vierges. Zach., IX, 17; Cant., II, 4. Saint Paul conseille à Timothée d'en boire un peu à cause de son estomac. I Tim., V, 23. — 2. Le vin a aussi ses inconvénients. Il est moqueur, c'est-à-dire porte à ne pas prendre le devoir au sérieux, Prov., XX, 1; il est perfide, Hab., II, 5, et égare les sages. Eccli., XIX, 2; Ose., IV, 11. — 3. L'Ecclésiastique, XXXI, 30-41 (25-30), résume les effets du vin, avec lequel il ne faut pas faire le brave, parce qu'il en a fait périr un grand nombre. Il est comme la vie pour l'homme, et « quelle vie a celui qui manque de vin? » Il réjouit quand il est pris à propos et avec mesure. Mais, bu à l'excès, il excite au mal et diminue les forces. Cf. Prov., XXI, 17. — 4. Le vin était quelquefois employé comme remède. Le bon Samaritain pansa avec du vin et de l'huile les plaies du blessé. Luc., X, 34.

6° *Métaphores.* — 1. La sagesse offre aux hommes le vin, c'est-à-dire ses bienfaits spirituels. Prov., IX, 5. A l'époque de la restauration messianique, on aura le vin pour rien, c'est-à-dire que les dons divins seront départis gratuitement. Is., LV, 1. — 2. Le vin de vertige est l'aveuglement spirituel, Ps. LX (LIX), 5; le vin de la violence est l'esprit mauvais qui anime les méchants. Prov., IV, 17. Le vin dont Babylone abreuve les nations est l'impiété et l'impudicité auxquelles elle invite et entraîne les autres. Jer., LI, 7; Apoc., XVII, 2; XVIII, 3. Le vin de la colère divine que boit le méchant désigne le châtiment qui lui est infligé. Ps. LXXV (LXXIV), 9; Jer., XXV, 15; Apoc., XIV, 8, 10; XVI, 19; XIX, 15. H. LESÊTRE.

VINAIGRE (hébreu : *ḥomeṣ*), liquide acide qui résulte de la transformation du vin exposé à l'oxygène de l'air, sous l'action d'un ferment naturel, le *mycoderma aceti*. — Il était défendu à ceux qui faisaient le vœu de nazaréat de boire du vin ou même du vinaigre provenant

CODEX VIENNENSIS GENESEOS

du vin. Num., VI, 3. — Les moissonneurs trempaient leur pain dans du vinaigre, c'est-à-dire probablement dans une boisson acidulée et rafraîchissante. Ruth, II, 14. — Le vinaigre agace les dents, comme la fumée pique les yeux. Prov., X, 26. Les Septante remplacent ici le vinaigre par le raisin vert, ὄμφαξ. Verser du vinaigre sur du nitre figure une action faite mal à propos. Prov., XXV, 20. Voir NATRON, t. IV, col. 1488. — Le juste persécuté se plaint qu'on lui donne à boire du vinaigre. Ps. LXIX (LXVIII), 22. Le même traitement a été infligé à Notre-Seigneur en croix. Matth., XXVII, 48; Marc., XV, 36; Luc., XXIII, 36; Joa., XIX, 29, 30. On ne s'expliquerait pas que les exécuteurs aient eu à leur disposition sur le Calvaire du vinaigre proprement dit. Mais les soldats romains portaient avec eux leur provision de *posca*, breuvage acide composé de vinaigre, d'eau et d'œufs. Cf. Plaute, *Mil. glor.*, III, II, 23; *Truc.*, II, VII, 48; Pline, *H. N.*, XXVII, IV, 12; XXVIII, V, 14; Suétone, *Vitell.*, 12; etc. Ils présentèrent une éponge remplie de ce liquide aux lèvres du Sauveur, qui se contenta d'y goûter, mais n'en voulut pas boire. Les circonstances supposent que l'offre avait été faite avec une bonne intention, mais que le Sauveur tint à se refuser tout soulagement. H. LESÊTRE.

VINDOBONENSIS (CODEX). Ce manuscrit est constitué par vingt-quatre feuillets détachés, appartenant au texte grec de la Genèse. L'écriture est d'encre d'argent, d'onciale assez épaisse, irrégulière, que l'on attribue à la fin du VIe siècle. Chaque page est décorée dans sa partie inférieure d'une peinture : au total, quarante-huit peintures. Toutes ces peintures ne sont pas de la même main : le dessin est plus correct dans quelques-unes, le coloris meilleur aussi. Le sujet représenté dans la page reproduite (fig. 554) est divisé en deux scènes, où figurent les mêmes personnages : la femme de Putiphar dénonçant Joseph à son mari, en haut; la même exhibant au même le manteau de Joseph. La femme de Putiphar a près d'elle sa servante, le mari est accompagné de trois serviteurs ou officiers, une servante se tient à la porte. Le manuscrit appartient à la Hofbibliothek de Vienne, où il est coté *Cod. theol. græc. II*. Voyez *Palæographical Society, Facsimilés*, vol. I, planche 178. Les miniatures de la Genèse de Vienne, très importantes pour l'histoire de l'art, ont été publiées par Hartel et Wickhoff, *Die Wiener Genesis*, dans les *Jahrb. der Kunstsammlung des allerh. Kaiserhaus*, vol. XV-XVI, supplément, 1894-1895, et étudiées par W. Lüdtke, *Untersuch. zu den Miniaturen der Wiener Genesis*, Greifswald, 1897. P. BATIFFOL.

VIPÈRE (hébreu : *'éf'éh;* grec : ἔχιδνα; Vulgate : *vipera*), reptile venimeux de l'ordre des ophidiens et de la famille des vipéridés, reconnaissable à sa tête plus triangulaire et plus détachée du tronc que celle des couleuvres, et à sa queue arrondie en cône au lieu d'être aplatie en rame (fig. 555). On rencontre en Palestine plusieurs espèces de vipères. Les plus communes sont la *vipera ammodytes* et la *vipera euphratica*, de couleur claire, à tête large et plate et à queue subitement contractile. La grande vipère jaune, *daboia xanthina*, est la plus grosse vipère de Palestine. Ses mœurs nocturnes la rendent particulièrement dangereuse. Elle est de taille à engloutir dans son estomac un levraut, une caille, ou quelque autre animal semblable. Le serpent que l'hébreu désigne par le mot *'éf'éh*, et que les versions appellent ὄφις, ἀσπίς, βασιλίσκος, *vipera, regulus*, ne diffère probablement pas de l'*el-ephah* arabe, serpent venimeux du Sahara, l'*echis arenicola* ou vipère de sable, commune dans le nord de l'Afrique, en Arabie et en Syrie. Elle est longue d'une trentaine de centimètres et a des mouvements très rapides. Sa morsure est fréquemment mortelle, bien que moins redoutable que celle du cobra ou du céraste. On la rencontre très souvent en hiver dans les pierres des bords de la mer Morte, et dans les broussailles des rivages du Jourdain. « Ces fourrés recèlent plusieurs animaux peu agréables à rencontrer, surtout la vipère *echis arenicola*, fort redoutable... Ces serpents, qui dans d'autres contrées s'enterrent ordinairement dans les sables arides, étant ici sans cesse exposés à être noyés par les crues subites du Jourdain, ont pris la singulière habitude de s'enrouler aux branches, à une grande hauteur, et de se cacher dans les troncs des arbres. » Lortet, *La Syrie d'aujourd'hui*, Paris, 1884, p. 448, 455. — La vipère est nommée trois fois dans l'Ancien Testament. Dans Job, XX, 16, il est dit que la langue de la vipère tuera le méchant. La langue de la vipère est inoffensive; l'animal porte des crochets creusés en forme de tubes par lesquels s'écoule le venin produit par des glandes spéciales et introduit dans la chair de la victime au moyen de la morsure. L'auteur sacré parle donc de la langue de la vipère selon les apparences. Aujourd'hui encore nous appelons « langue de vipère » celle qui calomnie. Isaïe, XXX, 6, parle de la vipère comme infestant le désert qui sépare la Palestine de l'Égypte. Ailleurs, il compare la

555. — Vipère.

conduite des méchants à un œuf qu'on écrase et dont il sort une vipère. Is., LIX, 5. Sur ce texte, voir ŒUF, t. IV, col. 1755. Sur les autres serpents analogues, voir ASPIC, BASILIC, t. I, col. 1124, 1495; CÉRASTE, t. II, col. 432. — Dans le Nouveau Testament, la vipère devient l'image des pharisiens et des sadducéens. Sur les bords du Jourdain, infestés de vipères, saint Jean-Baptiste interpelle les sectaires en les appelant « race de vipères » et en constatant qu'ils savent fuir la colère qui vient, sans doute comme les vipères fuient l'inondation. Matth., III, 7; Luc., III, 7. Notre-Seigneur applique le même nom aux scribes et aux pharisiens, pour dénoncer leur influence perfide et leurs allures cauteleuses. Matth., XII, 34; XXIII, 33. — La vipère qui mordit saint Paul à la main, dans l'île de Malte, Act., XXVIII, 3, devait être la vipère méditerranéenne, *vipera aspis*, qu'on trouve en Sicile et dans toutes les îles de la Méditerranée. La blessure était mortelle, car les insulaires, habitués aux suites de pareils accidents, s'attendaient à voir saint Paul enfler et tomber mort subitement. Act., XXVIII, 6. La vipère n'existe plus à Malte, pas plus d'ailleurs que dans d'autres îles où sa présence était signalée par Pline, *H. N.*, IV, 12. L'île était autrefois très boisée, de sorte que saint Paul put y ramasser facilement des fagots; les reptiles pouvaient par conséquent s'y abriter à l'aise. Aujourd'hui, par suite des défrichements successifs, on n'y rencontre plus que quelques arbres. » Breusing, *Die Nautik der Alten*, Brême, 1886, p. 191; Vigouroux, *Le N. T. et les découvertes archéologiques*, Paris, 1896, p. 344; Tristram, *The natural history of the Bible*, Londres, 1889, p. 275-277. H. LESÊTRE.

VIRGINITÉ (hébreu : *beṭûlîm*), état de celle qui est restée vierge. — La fille de Jephté pleure pendant deux mois sa virginité, Jud., II, 37, non qu'elle soit perdue mais parce qu'elle ne doit pas aboutir au mariage. L'idée de la virginité volontaire n'apparaît qu'avec l'Évangile, en la personne de Marie, Luc., I, 34, qu'imiteront ensuite les vierges chrétiennes. — Ézéchiel, XXIII, 3, accuse les deux sœurs, Samarie et Jérusalem, d'avoir prostitué leur virginité. — La loi supposait qu'un mari pouvait contester la virginité de sa jeune épouse. Les parents de celle-ci produisaient alors, devant les anciens, les signes de la virginité de leur fille, appelés aussi *beṭûlîm*. La présentation de ces preuves, qui étaient déployées, entraînait pour le mari une amende de cent sicles d'argent à verser au père et à la mère, et la perte du droit de répudiation. Dans le cas où les preuves en sa faveur faisaient défaut, la jeune femme était lapidée. Deut., XXII, 13-21. Chez les Hébreux, comme chez d'autres peuples anciens, existait donc l'obligation, pour le jeune marié, la nuit même des noces, de transmettre aux parents de l'épouse, qui attendaient au dehors, un linge ensanglanté qui constituait une preuve de la virginité et que ceux-ci pouvaient plus tard produire en témoignage. C'était une sûreté qu'aimaient à se donner les Orientaux et dont leurs mœurs s'accommodaient. Chez les Arabes, le nouveau marié, après avoir reçu sa femme dans sa tente, « sort avec un mouchoir ensanglanté à la main, qu'il va montrer aux parents et aux amis assemblés. » De la Roque, *Voyage dans la Palestine*, Amsterdam, 1718, p. 226. Cf. de Hummelauer, *In Deuteron.*, Paris, 1901, p. 400; Piérotti, *La Palestine actuelle*, Paris, 1865, p. 252.

II. LESÊTRE.

VISAGE. Voir FACE, t. II, col. 2165.

VISION (hébreu : *ḥâzôn, ḥâzôṭ, ḥizâyôn, ḥidâh, maḥăzéh, mar'éh, mar'âh*; chaldéen : *ḥêzév*; Septante : ὅραμα, ὀπτασία; Vulgate : *visio, visus*), phénomène surnaturel au moyen duquel Dieu montre ce qu'il veut faire savoir ou faire dire.

I. SA NATURE. — 1° Dieu communique de trois manières différentes, mais non exclusives l'une de l'autre, ce qu'il veut faire entendre. La vision peut être corporelle, quand un objet extérieur frappe les sens, comme quand Moïse voit le buisson ardent, Exod., III, 3; imaginative, quand la représentation surnaturelle saisit l'imagination sans le secours des sens, comme quand Ézéchiel, I, 4-28, a la vision des quatre êtres à face d'homme, de lion, de taureau et d'aigle; intellectuelle, quand la communication divine ne s'adresse qu'à l'intelligence, comme dans la prophétie des semaines. Dan., IX, 20-27. La vision intellectuelle peut subsister seule, mais les deux autres la supposent toujours; autrement, elles seraient inintelligibles. Les trois formes peuvent d'ailleurs être liées ensemble. Ainsi, dans le mystère de l'annonciation, Marie a la vision sensible de l'ange, la vision imaginative de l'ombre du Saint-Esprit la couvrant pour la rendre mère, et la vision intellectuelle de la volonté divine qui attend son consentement. Luc., I, 28-38. Les mages ont la vision sensible de l'étoile et la vision intellectuelle de sa signification. Matth., II, 2. Saint Pierre a la vision imaginative de la nappe pleine d'aliments divers et la vision intellectuelle de la volonté de Dieu par rapport à Corneille. Act., X, 11, 19, 20. — 2° La vision surnaturelle est essentiellement objective, c'est-à-dire ayant une cause réelle indépendante de l'esprit de l'homme. Elle produit en celui qui la reçoit la conviction que Dieu même est intervenu. Elle se distingue ainsi des visions que s'attribuent les faux prophètes, et qui ne sont que ténèbres et mensonge, Mich., III, 6; Jer., XXIII, 16; Zach., XIII, 4, des songes ordinaires, qui n'ont qu'une cause subjective, et de ces représentations fugitives et inconsistantes qui saisissent l'esprit pendant la nuit sans laisser de traces. Job, XX, 28; Is., XXIX, 7. — Elle se distingue aussi de la parole que Dieu adresse directement à quelqu'un, pour lui révéler ses pensées et ses ordres. Cette distinction est expressément notée au sujet de Moïse. « Si vous avez quelque prophète, c'est en vision que je me révèle à lui, c'est en songe que je lui parle. Tel n'est pas mon serviteur Moïse... Je lui parle bouche à bouche, en me faisant voir, et non par énigmes. » Num., XII, 6-8. — 3° Les visions se produisent habituellement la nuit, alors que l'attention de l'âme n'est pas distraite par le spectacle des objets extérieurs. Gen., XLVI, 2; Job, IV, 13; VII, 14; XXXIII, 15; Dan., VII, 7, 13; Act., XVI, 9; XVIII, 9. Elles peuvent se présenter sous forme de songes d'origine surnaturelle, comme ceux du pharaon d'Égypte, Gen., XLI, 1-7, et de Nabuchodonosor. Dan., II, 3, 27, 28; IV, 7-15. D'autres fois, les visions sont précédées de l'extase. Act., X, 17; II Cor., XII, 1-4. La vision surnaturelle peut aussi apparaître à quelqu'un en plein jour. Luc., I, 22; Matth., XVII, 9; Luc., XXIV, 23; Act., XXVI, 19. Mais, pour l'ordinaire, il est parlé des visions sans qu'aucun renseignement soit donné sur l'état du sujet qui les reçoit. Dieu les accorde donc sans s'assujettir à aucune condition particulière. — 4° Les visions surnaturelles ne sont pas l'apanage exclusif des saints personnages. D'autres en peuvent recevoir, comme Balaam, Num., XXIV, 4, 16; Baltasar, Dan., V, 5, 6; Héliodore, II Mach., III, 25, 26; la femme de Pilate. Matth., XXVII, 19; etc. — 5° Il peut se faire que la vision soit, pour celui qui la reçoit, purement corporelle ou imaginative, et que l'explication intellectuelle en soit donnée par un autre, comme il arriva pour les songes du pharaon et de Nabuchodonosor. Parfois, la vision demeure comme un « livre scellé », dont l'intelligence est impossible à cause de l'indignité de ceux qui devraient comprendre. Is., XXIX, 11-12. Le prophète ne donne pas non plus toujours l'explication de la vision dont il a été favorisé. Tels Ézéchiel, I, 4-28; Daniel, X, 4-XI, 45; saint Jean, dans l'Apocalypse, etc.

II. LES VISIONS BIBLIQUES. — 1° La Sainte Écriture raconte d'une manière anthropomorphique comment Dieu parle à Adam, Gen., II, 16, 22, 23; III, 9; à Caïn, IV, 6, 10, 15; à Noé, VI, 13. Il parla à Abraham en vision. Gen., XV, 1. — Abraham et Lot ont la vision corporelle des anges qui leur parlent au nom de Jéhovah. Gen., XVIII, 1-XIX, 3. Jacob a une vision à Béthel pendant son sommeil, et voit l'échelle sur laquelle les anges montent et descendent. L'explication de ce symbole n'est pas donnée. Gen., XXVIII, 12-15. Il rencontre ensuite des anges. Gen., XXXII, 1, 2. Il a plus tard une vision de nuit, dans laquelle il est encouragé à descendre en Égypte. Gen., XLVI, 2. — Moïse reçoit sa vocation dans la vision du buisson ardent. Exod., III, 3. Balaam contemple la « vision du Tout-Puissant », qui lui révèle les destinées d'Israël. Num., XXIV, 4, 16. Gédéon a la vision de l'ange. Jud., VI, 12. La mère de Samson a une vision semblable. Jud., XIII, 3. A l'époque d'Héli, la vision n'était pas fréquente. I Reg., III, 1. C'est alors que Samuel a sa vision de nuit dans le sanctuaire et que le Seigneur lui indique le châtiment qui va fondre sur Israël. I Reg., III, 4-14. A partir de ce moment, « Jéhovah continuait d'apparaître à Silo, et se manifestait à Samuel en lui faisant connaître sa parole. » I Reg., III, 21; Ps. LXXXIX (LXXXVIII), 20. Nathan a une vision de nuit, qu'il est chargé de rapporter à David. II Reg., VII, 4-17. David a la vision de l'ange qui déchaîne le fléau sur son peuple. II Reg., XXIV, 17. Dans une vision à Gabaon, Jéhovah accorde le don de la sagesse à Salomon. III Reg., III, 4-15. Dans une seconde vision, il lui promet la stabilité de son trône, s'il est fidèle. III Reg., VIII, 2-9. — 2° Dieu multiplie ses visions aux prophètes. Ose., XII, 1. Il y a ainsi les visions d'Addo le voyant,

II Par., IX, 29, d'Isaïe, I, 1; II Par., XXXII, 32, d'Abdias, 1, de Nahum, I, 1, d'Habacuc, II, 2. Beaucoup de visions sont consignées dans les livres d'Ézéchiel, I-III, VIII-XI, XXXVII, 1-10, XL, 1-4; de Daniel, II, VII, 1-8, VIII, 1, 2, IX, 21-27; d'Amos, VII, 1-9, IX, 1; de Zacharie, I. 7-VI, 8. Ces visions doivent se réaliser. Ezech., XII. 23, Dieu communique sa sagesse à ceux auxquels il se montre. Eccli., I, 15 (12). Mais vient le temps où l'on cherche en vain les visions des prophètes, Ezech., VII, 21, car les prophètes ne reçoivent plus de visions. Lam., II, 9. Plus tard, à l'époque du Messie, les jeunes gens d'Israël doivent avoir de nouveau des visions, Joel, II, 28, ce dont saint Pierre signale l'accomplissement à la Pentecôte. Act., II, 27. L'Écriture ne note plus d'ici là que la vision réelle de Judas Machabée, auquel apparaissent Onias et Jérémie, II Mach., XV, 11-16, et la vision des anges dans le Temple à l'impie Héliodore. II Mach., III, 25-30. — 3° Dans le Nouveau Testament sont mentionnées plusieurs visions : celles de l'ange Gabriel à Zacharie, Luc., I, 11, et à Marie, Luc., I, 28; celles des anges aux bergers, Luc., II, 9 13, et de l'étoile aux mages, Matth., II, 2; les visions en songe à saint Joseph, Matth., I, 21; II, 13, 19, et aux mages, Matth., II, 12; la vision de la transfiguration, Matth., XVII, 9; la vision qui trouble la femme de Pilate au sujet de Jésus, Matth., XXVII, 19; les visions angéliques au tombeau du Sauveur, Matth., XXVIII, 2-7; Marc., XVI, 5; Luc., XXIV, 4, 23; Joa., XX, 12, et à l'ascension, Act., I, 10; les visions de saint Paul sur le chemin de Damas, Act., IX, 3-7, d'Ananie, chargé d'aller chercher saint Paul, Act., IX, 10, de saint Pierre, auquel ordre est donné de baptiser les gentils, Act., X, 9-16, de Corneille, auquel il est dit d'aller trouver saint Pierre, Act., X, 3-8, de saint Pierre, tiré de la prison par un ange, Act., XII, 7-9, de saint Paul appelé à l'aide par un Macédonien, Act., XVI, 10, rassuré sur le sort du vaisseau qui le porte, Act., XXVII, 23, et en plusieurs autres circonstances. II Cor., XII, 1. Enfin, l'Apocalypse se compose d'une suite de visions décrites par saint Jean : celles de la cour céleste, IV, 2-V, 14, des sept trompettes, VIII, 2-6, des sept signes, XII, 1-XV, 4, des sept coupes, XV, 5-8, de la grande Babylone, XVII, 1-XIX, 10, et du Roi vainqueur, XIX, 11-XXII, 5. — Cf. S. Augustin, *De Gen. ad litt.*, XII, 7, 16; 11, 22, 24; 24, 51, t. XXXIV, col. 459, 462, 463, 474; Ribet, *La mystique divine*, Paris, 1879, t. I, p. 437-501.

H. LESÊTRE.

VISITATION DE LA SAINTE VIERGE. Voir MARIE, t. IV, col. 785.

1. VISITE, démarche que l'on fait auprès de quelqu'un pour le voir, le saluer, prendre de ses nouvelles, etc. Cette démarche est indiquée par le verbe *pâqad*, ἐπισκοπεῖν, ἐπισκέπτεσθαι, *visitare, invisere.* — La Sainte Bible mentionne la visite de Joseph à ses frères, Gen., XXXVII, 14; de Samson à sa femme philistine, Jud., XV, 1; de David à ses frères, I Reg., XVII, 18; de Thamar à Amnon, II Reg., XIII, 15; de la reine de Saba à Salomon, III Reg., X, 1-13; II Par., IX, 1-9; d'Ochozias, roi de Juda, à Joram, roi d'Israël, IV Reg., VIII, 29; IX, 16; II Par., XXII, 6; des envoyés de Mérodach Baladan à Ézéchias, IV Reg., XX, 12-19; des trois amis à Job, II, 11; de Marie à Élisabeth, Luc., I, 39-56; de Moïse à ses compatriotes persécutés, Act., VII, 23; cf. Exod., II, 11-15; de Paul et Barnabé aux chrétientés qu'ils ont fondées, Act., XV, 36; etc. — Sur le cérémonial des visites, voir POLITESSE, SALUT, col. 505, 1397. — Les visites sont recommandées envers les malades, Eccli., VII, 39 (35); Matth., XXV, 36, 43, les reclus, Matth., XXV, 36, 43, les orphelins et les veuves pour en prendre soin. Jacob., I, 27. — Être visité par le malheur, Prov., XIX, 23, c'est avoir à souffrir physiquement ou moralement.

H. LESÊTRE.

2. VISITE DE DIEU (hébreu : *pequddâh;* Septante : ἐπίσκεψις, ἐπισκοπή, ἐκδίκησις), intervention de Dieu pour exercer sa miséricorde ou sa justice.

1° *Visites de miséricorde.* — Dieu visite Sara, Gen., XXI, 1, et Anne, I Reg., II, 21, c'est-à-dire leur accorde la faveur d'avoir un enfant. Dieu visite l'homme chaque matin, pour lui assurer son secours providentiel, Job, VII, 18, et chaque nuit, par l'intermédiaire de la conscience, pour juger sa conduite. Ps. XVII (XVI), 3. Il visite par des songes, pour faire connaître sa volonté. Eccli., XXXIV, 6. Il visite, pour mettre en mouvement les instruments dont il se sert. Ezech., XXXVIII, 8. — On demande à Dieu sa visite, c'est-à-dire son secours. Ps. CVI (CV), 4; Judith, IV, 17; Jer., XV, 15. Joseph promet aux Hébreux qu'un jour Dieu les visitera sur la terre d'Égypte, c'est-à-dire les en fera sortir. Gen., L, 24; Exod., XIII, 19. Dieu les y visita en effet pour les délivrer de leurs épreuves. Exod., III, 16; IV, 31. Après soixante-dix ans, Dieu visitera son peuple captif à Babylone, Jer., XXIX, 10, et le résultat de sa visite sera le rétablissement de Juda, Soph., II, 7, et sa mise à la tête des peuples. Zach., X, 3. Sédécias eût été visité favorablement à Babylone, s'il avait su se soumettre aux Chaldéens. Jer., XXXII, 5. — La visite de Dieu par excellence a été la venue du Messie par l'incarnation. Luc., I, 68, 78. A la vue des miracles du Sauveur, ses contemporains reconnaissaient que Dieu a visité son peuple. Luc., VII, 16. Malheureusement, les Juifs ne surent pas reconnaître cette visite et en profiter. Luc., XIX, 44. — Dieu visite la terre quand il y fait naître l'abondance. Ps. LXV (LXIV), 10. — Il visite les hommes au jour de leur jugement; saint Pierre exhorte les fidèles à se mettre en mesure de glorifier Dieu par leurs œuvres ce jour-là. I Pet., II, 12.

2° *Visites de justice.* — Il y a un temps où Dieu visite les hommes pour exercer contre eux sa justice, à cause de leurs péchés. Ps. LIX (LVIII), 6; LXXXIX (LXXXVIII), 33; Is., X, 3; XIII, 11; Jer., IX, 25. — Il visitera le pays de son peuple, si le mariage y est profané. Lev., XVIII, 25. — Sa visite châtie l'iniquité des pères jusqu'à la quatrième génération. Exod., XX, 5; XXXIV, 7; Num., XIV, 18. — Elle aura raison des ennemis d'Israël, Judith, XVI, 20, spécialement de l'Égypte, Jer., XLVI, 21, 25; du roi d'Assyrie, Is., X, 12; de Moab, Jer., XLVIII, 44; de l'Idumée, Jer., XLIX, 8; Lam., IV, 22; de Babylone et de ses idoles. Jer., XXVII, 22; L, 18, 27, 31; LI, 18, 44, 52. — Dieu, dans sa justice, visitera également son peuple coupable, Exod., XXXII, 34; la maison de Jéhu, Ose., I, 4; Séméïe, Jer., XXIX, 32, et les faux prophètes, Jer., XXIII, 12; Juda, Ose., XII, 3, ses rois, ses prêtres et son peuple, Ose., IV, 9; Jer., XXIII, 2, 34; Jérusalem et ses coupables habitants; Is., XXIX, 6; Jer., VI, 15; VIII, 12; XI, 23; les Juifs réfugiés en Égypte. Jer., XLIII, 13, 29.

H. LESÊTRE.

VIVRES. Voir NOURRITURE, t. IV, col. 1700.

VOCATION (grec : κλῆσις), appel par lequel Dieu destine quelqu'un à une fonction ou à un état déterminés.

1° *Vocations particulières.* — La Sainte Écriture mentionne expressément les vocations d'Abraham, Gen., XII, 1, de Moïse, Exod., III, 4, d'Aaron, Exod., XXIX, 4, de Josué, Deut., XXXI, 7, de Gédéon, Jud., VI, 14, de Samson, Jud., XIII, 5, de Samuel, I Reg., III, 3, de Saül, I Reg., X, 1, de David, I Reg., XVI, 12, d'Isaïe. Is., VI, 9, de Jérémie, Jer., I, 5-10, d'Ézéchiel, Ezech., II, 3, de Jonas, Jon., I, 1, 2, de Jean-Baptiste, Luc., I, 13-17, de Marie, Luc., I, 31-33, des douze Apôtres, Matth., IV, 18-21; IX, 9; Marc., I, 20; Luc., VI, 13-16; Joa., I, 35-42, des soixante-douze disciples, Luc., X, 3-7, de Saul, Act., IX, 6, de Saul et de Barnabé. Act., XIII, 2, etc. Ces vocations sont notifiées aux intéressés tantôt directement, comme à Abraham, à Moïse, à

Samuel, aux prophètes et aux Apôtres, tantôt par intermédiaire angélique ou humain. Beaucoup d'autres vocations, dont la Bible ne parle pas, comme celles de la plupart des prophètes, ont été au moins intérieures. Les ministres du Seigneur ont une vocation spécialement sainte. II Tim., 1, 9. Cette vocation est indispensable. Heb., v, 4. Mais Jésus-Christ appelle qui il veut. Marc., III, 13; Joa., XV, 16. Saint Paul se plaît à rappeler la vocation qu'il a reçue et qui autorise son ministère. Rom., I, 1; I Cor., I, 1; Gal., I, 15. Quelques-uns sont infidèles à leur vocation, comme Judas. Joa., VI, 70.

2° *Vocations générales.* — 1. Le peuple hébreu a été, par vocation, le peuple de Dieu. Deut., XXVI, 18, 19; XXXII, 9; Is., LI, 16; LXIII, 8; Jer., VII, 23; Ezech., XXXVI, 20, 28; Ose., II, 1, etc. Dieu le choisit pour en faire le dépositaire de la révélation et des promesses messianiques et la figure du peuple racheté. Sa vocation prit fin à la mort du Rédempteur. — 2. Le peuple chrétien a pris la place du peuple juif pour devenir « une race choisie, un sacerdoce royal, une nation sainte, un peuple que Dieu s'est acquis pour annoncer les perfections de celui qui l'a appelé des ténèbres à son admirable lumière, » I Pet., II, 9, et à la liberté. Gal., V, 13. Ce peuple est l'objet d'une vocation divine. Rom., I, 6; VIII. 28, 30; IX, 24; I Cor., I, 2, 9; Gal., I, 6; II Thes., II, 13; II Tim., I, 9; I Pet., I, 15. Il se recrute aussi bien chez les Grecs que chez les Juifs. I Cor., I, 24. Il est appelé à la fois au royaume de Dieu sur la terre, I Thes., II, 12, et à la gloire de la vie éternelle. Phil., III, 14; I Tim., VI, 12; Hebr., III, 1; IX, 15; I Pet., V, 10; Jud., 1; Apoc., XIX, 9. Dans deux paraboles, les sujets du royaume de Dieu sont divisés en κλητοί, *vocati*, ceux qui ont reçu la vocation et sont en grand nombre, et en ἐκλεκτοί, *electi*, ceux qui sont choisis ou dignes de l'être, et sont en petit nombre. Matth., XX, 16; XXII, 14. Voir ÉLUS, t. II, col. 1708. Saint Paul remarque que, de son temps, la vocation s'adressait surtout à ceux dont la condition sociale était plus humble. I Cor., I, 26. Il ne voulait pas que cette vocation les portât à se soustraire à leur situation naturelle dans la société ou la famille. I Cor., VII, 15-24. De la part de Dieu, la vocation est sans repentance. Rom., XI, 29. Il ne revient ni sur son appel, ni sur son choix. Mais, de la part de l'homme, la vocation réclame des efforts personnels. Il faut être fidèle à sa vocation, Eph., IV, 1, c'est-à-dire y répondre avec docilité et persévérance. Il faut mener une conduite digne de sa vocation. Eph., IV, 4; II Thes., I, 11. Il faut s'efforcer d'assurer par des actes de vertu sa vocation, κλῆσις, *vocatio*, et son élection, ἐκλογή, *electio*. II Pet., I, 10. La récompense viendra en son temps, et un jour partageront la victoire de l'Agneau κλητοί, *vocati*, les appelés, ἐκλεκτοί, *electi*, les choisis, et πιστοί, *fideles*, les croyants. Apoc., XVII, 14.

H. LESÊTRE.

VŒU (hébreu : *'ĕsâr, 'issâr, nédér*; Septante : εὐχή), engagement que l'on s'impose de consacrer à Dieu un bien présent ou futur.

1° *La législation.* — 1. La pratique des vœux était dans les coutumes des ancêtres d'Israël, comme le montre l'exemple de Jacob, s'engageant à fonder un lieu de culte et à payer une dîme, si Dieu veille sur lui pendant son voyage en Mésopotamie. Gen., XXVIII, 20-22; XXXI, 13. — 2. La législation mosaïque s'occupe d'abord des vœux au point de vue de leur objet. Les personnes pouvaient se vouer à Jéhovah, soit en faisant elles-mêmes leur vœu, soit en ratifiant celui qu'on avait fait pour elles. Comme, en principe, le service liturgique de Jéhovah était assuré exclusivement par les lévites, ceux qui avaient été voués devaient se racheter, comme on le faisait pour les premiers-nés. La loi suppose quatre catégories de personnes, hommes ou femmes, vouées à Jéhovah : celles de vingt à soixante ans, celles de cinq à vingt ans, celles d'un mois à cinq ans et celles qui dépassaient soixante ans. Le prix du rachat variait suivant le sexe et l'âge, et, pour les pauvres, était laissé à l'estimation du prêtre. Lev., XXVII, 2-8. Voir RACHAT, col. 923. — On pouvait vouer des animaux, à condition qu'ils fussent bons et convenables. On les immolait à Jéhovah, et ceux qui les avaient offerts pouvaient en manger leur part, mais seulement le jour et le lendemain. On rachetait les animaux qui n'étaient pas acceptés pour les sacrifices. Lev., VII, 16; XXII, 18, 21, 23; XXVII, 9-15; Num., XV, 3-8. — On vouait aussi des maisons ou des champs, qui ensuite étaient rachetés. Lev., XXVII, 14-25. — Ce qui était voué sous forme d'anathème appartenait, sans retour possible, à Jéhovah, et tout ce qui avait vie, même les personnes, devait être mis à mort. Lev., XXVII, 28, 29. On ne vouait par anathème que les ennemis. — 3. La loi s'occupe ensuite des personnes qui font des vœux. Le vœu fait par un homme doit toujours être accompli. Le vœu fait par une jeune fille n'est valable que si son père ne la désavoue pas. Le vœu fait par une femme mariée n'est valable que si le mari, en l'apprenant, l'approuve au moins par son silence. Si, après avoir appris les vœux faits par sa femme, il acquiesce par son silence et ne les désapprouve pas de suite, une désapprobation ultérieure le rend responsable de leur inexécution. Le vœu d'une femme veuve ou répudiée est valable, sans autre formalité. Num., XXX, 3-16. Ces dispositions avaient pour but de ne pas laisser la fille ou la femme engager définitivement le chef de la famille à son insu ou contre son gré. D'autre part, pour assurer la tranquillité de la femme, le père de famille ne pouvait plus revenir sur son approbation, celle-ci une fois acquise. — Sur le vœu du nazaréat, voir NAZARÉAT, t. IV, col. 1515.

2° *Les conseils.* — Moïse remarque que rien n'oblige à faire des vœux, mais que, si l'on en a fait, on doit les exécuter sans tarder. Deut., XXIII, 21-23. C'est une duperie dont on est soi-même victime, que de vouer une chose à la légère et de ne réfléchir qu'après coup. Prov., XX, 25. Mieux vaux donc ne faire aucun vœu que de ne pas accomplir ceux que l'on a faits. Eccle., V, 4. Aussi les auteurs sacrés reviennent-ils souvent sur la question des vœux pour recommander d'exécuter les vœux ou pour promettre eux-mêmes de le faire. Job, XXII, 27; Ps. LXV (LXIV), 2; CXVI (CXV), 14-18; Nah., I, 15; Jon., II, 10; Is., XIX, 21.

3° *La pratique.* — Les Israélites font vœu de livrer à l'anathème le peuple d'Arad, si Dieu le livre entre leurs mains. Num., XXI, 2, 3. Jephté, en exécution d'un vœu inconsidéré, sacrifie sa fille, alors que, d'après la loi, il aurait dû la racheter. Jud., XI, 30. Anne fait vœu que, si elle obtient un fils, elle le consacrera au Seigneur. I Reg., I, 11, 21. Absalom fait vœu d'offrir un sacrifice à Hébron, si Dieu le ramène à Jérusalem. II Reg., XV, 7, 8. David fait vœu de n'avoir pas de repos tant qu'il n'aura pas trouvé un endroit favorable pour bâtir un temple à Jéhovah. Ps. CXXXII (CXXXI), 2. La femme impudique prétexte l'accomplissement d'un vœu pour rencontrer celui qu'elle veut séduire. Prov., VII, 14. Malachie, I, 14, maudit celui qui, à la suite d'un vœu, offre une bête chétive au lieu d'une victime sérieuse. Des paroles de Marie à l'ange Gabriel, Luc., I, 34, on conclut qu'elle avait voué à Dieu sa virginité. Saint Paul avait fait un vœu, en vertu duquel il fit raser sa chevelure à Cenchrées. Act., XVIII, 18. Il trouva à Jérusalem quatre hommes qui avaient fait un vœu, et paya les frais des sacrifices qu'ils avaient à offrir. Act., XXI, 23. — On faisait aussi des vœux d'un caractère plus ou moins idolâtrique. Ainsi la mère de Michas consacre une somme d'argent à Jéhovah, mais pour qu'on en fasse une image taillée et un objet en fonte, ce qui était défendu par la loi. Jud., XVII, 3, 4. Les Israélites faisaient des vœux à la reine du ciel, Astarthé. Jer., XLIV, 25. Plus corrects sont les vœux que des matelots phéniciens font à Jéhovah, après avoir jeté Jonas à la mer. Jon., I, 16. Les idoles sont indifférentes aux vœux que l'on fait en leur honneur. Bar., VI, 34. — La casuistique rabbinique s'était exercée sur les vœux pour tirer des conclusions vraiment abusives. Voir CORBAN, t. II, col. 958. Par la formule : « Qônam (corban)! si tu tires quelque utilité de moi, » *Nedarim*, VIII, 7, ils s'interdisaient de faire quoi que ce fût pour quelqu'un, même pour un père ou une mère, sous prétexte de tout consacrer à Dieu. Cette consécration n'était d'ailleurs qu'hypothétique; elle n'engageait nullement. Josèphe, *Cont. Apion.*, I, 22, cite Théophraste disant que les lois tyriennes prohibaient les serments étrangers, entre autres le corban. L'expérience avait sans doute appris aux Tyriens qu'on ne pouvait pas se fier à cette forme de serment juif. Voir TEMPLE, col. 2068. De même, par la formule : « Qônam! si ma femme tire de moi quelque plaisir, » on s'obligeait à répudier sa femme. On pouvait même s'interdire par vœu d'accomplir un acte prescrit par la Loi, comme la construction des huttes pour la fête des Tabernacles, le port des thephillin, etc. *Nedarim*, II, 2. Hors les cas de légèreté de la part de celui qui avait fait le vœu, d'erreur ou de contrainte, le vœu obligeait. *Nedarim*, III; IX, 1. En cas de nécessité, on en était quitte pour faire accomplir par un autre la chose qu'on s'était interdite. *Nedarim*, V, 6. C'est contre ces abus que Notre-Seigneur protesta, en déclarant que la loi de Dieu devait avoir le pas sur les traditions humaines. Marc., VII, 11-13. Cf. Lagrange, *Évangile selon S. Marc*, Paris, 1911, p. 176.

H. LESÊTRE

VOIE (hébreu : *dérék*, *'orah*, *mesillâh*, *šebîl*; Septante : ὁδός, τρίβος), route, chemin, sentier pour aller d'un endroit à un autre. Voir ROUTES, col. 1229. Ces mots sont pris par les auteurs sacrés, non seulement dans leur sens propre, mais encore dans plusieurs sens métaphoriques importants.

1° *La voie matérielle.* — Il y en a de différentes sortes : la voie publique et entretenue avec un certain soin, *mesillâh*, ὁδός, *semita*, Jud., XX, 31, 32; I Reg., VI, 12; Is, XL, 3; la voie droite, Ps. CVII (CVI), 7; Prov., XII, 15; XXI, 2; Eccli., XLIX, 11; la belle route, Prov., III, 17; la voie aplanie, Eccli., XXI, 11; Is., XL, 4; Luc., III, 5; la voie déserte, Eccli., XLIX, 8; Lam., I, 4; Soph., III, 6; la voie difficile, Eccli., XXXII, 25; Ps. XVII (XVI), 4; la voie non tracée, Ps. CVII (CVI), 40; la voie spacieuse, et la voie étroite, *miš'ôl*, αὖλαξ, *angustia*, Num., XXII, 24; Matth., VII, 13; la voie tortueuse, *ma'âqaššîm*, σκολιά, *prava*, Is., XLII, 16; la voie ténébreuse et glissante, Ps. XXXV (XXXIV), 6; Prov., II, 13; IV, 19; Jer., XXIII, 12; la voie boueuse et souillée, Ps. X, 5; Eccli., IX, 10; Zach., X, 5; la voie semée d'obstacles. Is., LVII, 14; Jer., L, 26; Lam., III, 9. — La tête de route, *r'oš dérék*, ou mère de route, *'ém dérék*, Ezech., XXI, 26, est le carrefour d'où partent une ou plusieurs routes. Prov., VIII, 2; Is., LI, 20; Ezech., XVI, 25, 31; Nah., III, 10; Matth., XXII, 9 : διεξόδοι τῶν ὁδῶν, *exitus viarum*, le point de départ ou d'arrivée des routes. Il importait alors de montrer le chemin, *yâšêr*, Prov., XII, 26, aux passants qui l'ignoraient. — Chaque année, à partir du 15 adar, c'est-à-dire un mois avant la Pâque, on mettait en état les voies de communication, à l'usage des pèlerins qui se rendaient à Jérusalem. Cf. Reland, *Antiquitates sacræ*, Utrecht, 1741, p. 228. — On réparait également les routes quand un roi devait y passer. Is., XL, 3; Matth., III, 3, etc. Cet usage subsiste encore en Orient.

2° *La vie humaine.* — Vivre, c'est être sur la voie, *in via*. Matth., V, 25. On s'en va ainsi par le « chemin de toute la terre », par celui qui mène tous les hommes à la mort. Jos., XXIII, 14. Malgré toute son industrie, l'homme est incapable d'allonger ce chemin d'une coudée. Matth., VI, 27. Sur ce chemin, les patriarches se considéraient comme des voyageurs. Hebr., XI, 13. Cf. Job, III, 22; VIII, 19; Am., II, 7.

3° *La condition de chacun.* — Rachel suit la voie des femmes, c'est-à-dire subit ce qui leur est ordinaire. Gen., XXXI, 35. Les voies de l'impie sont souvent prospères. Ps. X (XI), 4. Il faut remettre à Dieu sa voie, c'est-à-dire son sort. Ps. XXXVII (XXXVI), 5. La « voie de l'Égypte » est le sort que Dieu a jadis infligé à ce pays. Is., X, 24. Cf. Job, III, 23; XXIV, 4; Agg., I, 5.

4° *La conduite de l'homme.* — Il y a la voie des bons, Prov., II, 20, qui est celle de la sagesse et de la justice, Prov., IX, 6; XVI, 31, et la voie des méchants, Ps. I, 1; Prov., IV, 14; XII, 15; Is., LV, 7, qui est la voie du mal. Ps. CXXXIX (CXXXVIII), 24. Les « fruits de la voie » sont les conséquences de la conduite. Prov., I, 31. « Garder sa voie », c'est veiller sur sa conduite. III Reg., II, 4; VIII, 25: Ps. XXXIX (XXXVIII), 2. Marcher dans la voie ou dans les voies de quelqu'un, c'est imiter ses exemples. III Reg., XV, 26, 34; XVI, 2, 19; XXII, 23; IV Reg., VIII, 18, 27; XVI, 3; II Par., XI, 17; Eccli., XLVIII, 25; etc. Toutes les voies de l'homme sont familières à Dieu. Ps. CXXXIX (CXXXVIII), 3. Il a laissé les nations suivre leurs voies. Act., XIV, 15.

5° *Les entreprises particulières.* — David était habile dans toutes ses voies. I Reg., XVIII, 14. La femme forte veillait sur la voie, c'est-à-dire sur la marche, *hălîkâh*, διατριβή, *semitæ*, de sa maison. Prov., XXXI, 27.

6° *La conduite de Dieu.* — La voie de Dieu est parfaite, Ps. XVIII (XVII), 31, droite, Ezech., XVIII, 25, et juste. Deut., XXXII, 4; Job, XXI, 31; XXXVI, 23; Ps. CXLV (CXLIV), 17; Ose., XIV, 10; Apoc., XV, 3. Les voies de Dieu ne sont pas celles des hommes. Is., LV, 8.

7° *L'œuvre de Dieu.* — Dieu a créé la sagesse au commencement de ses voies, c'est-à-dire de son action créatrice. Prov., VIII, 22. Les voies de Dieu sont ses œuvres. Job, XXVI, 14; XL, 19.

8° *La volonté de Dieu.* — La voie de Dieu est la conduite vertueuse qu'il prescrit aux hommes. Gen., XVIII, 19; Ps. V, 9; XXV (XXIV), 4; XXVII (XXVI), 11; Jer., V, 4; etc. On demande à Dieu qu'il fasse connaître et aide à suivre cette voie. Ps. XXV (XXIV), 9; LXXXVI (LXXXV), 11; Is., II, 3; Mich., IV, 2. Suivre les voies de Dieu, c'est mener une vie conforme à la volonté divine. Deut., VIII, 6; X, 12; XI, 22; XIX, 9; XXVI, 17; XXVIII, 9; XXX, 16; Jos., XXII, 5; III Reg., III, 14; VIII, 58; XI, 33; Ps. LXXXI (LXXX), 14; Is., XXII, 24; Zach., III, 7; etc. Les pharisiens reconnaissent que Jésus-Christ enseigne vraiment la « voie de Dieu ». Matth., XXII, 16; Marc., XII, 14; Luc., XX, 21. Cf. Act., XIII, 10. Marcher dans deux voies, Eccli., II, 14 (12), Vulgate, III, 28, c'est tantôt suivre et tantôt transgresser la volonté divine.

9° *La religion.* — Le Psalmiste demande à Dieu de voir s'il n'est pas dans la voie des idoles, *dérék 'oṣéb*, ὁδός ἀνομίας, *via iniquitatis*, et de le mener dans la voie d'autrefois, celle des ancêtres, *dérék 'ôlâm*, ὁδός αἰωνία, *via æterna*. Ps. CXXXIX (CXXXVIII), 24. Ces sentiers d'autrefois sont la « voie du salut ». Jer., VI, 16; XVIII, 15. La « voie de Bersabée » est le culte idolâtrique rendu au veau d'or de Bersabée. Am., VIII, 14. — Dans la loi nouvelle, Jésus-Christ est lui même la voie, Joa., XIV, 6, qu'il faut suivre pour aller au Père. L'idée d'un chemin à suivre se retrouve dans les appels du Sauveur à embrasser son genre de vie. Matth., IX, 9; X, 38; XVI, 24; Marc., II, 14; VIII, 34; Luc., IX, 23; XVIII, 22; Joa., I, 43; etc. A le suivre, on ne marche pas dans les ténèbres. Joa., VIII, 12. Celui qui ne suit pas le Sauveur et ses disciples n'appartient pas à sa religion. Marc., IX, 37; Luc., IX, 49. Les Apôtres désignent par le nom de « voie » la religion nouvelle. Act., IX, 2; XVIII, 26; XIX, 9, 23; XXII, 4; XXIV, 22. Saint Pierre l'appelle ὁδός τῆς ἀληθείας, *via veritatis*, voie de la vérité. II Pet., II, 2. — Dans tous ces passages, le sens de la métaphore est très clair. Elle rappelle que l'homme ici-bas est dans un état provisoire. Il marche vers un but, qui parfois est purement temporel ou même mauvais, mais qui normalement doit être conforme à la volonté de Dieu. Finalement la « voie » doit conduire à lui.

H. Lesêtre.

VOILE, pièce d'étoffe pour couvrir le visage ou la tête; rideau; toile qu'on attache aux vergues d'un bateau pour recevoir le vent.

I. Voile de tête. — Le voile, voir fig. 556-559, est désigné par différents mots. Moïse se voile le visage pour ne pas voir Dieu. Exod., III, 6. Plus tard, après son séjour sur le Sinaï, il couvre sa face d'un voile, *masvéh*, κάλυμμα, *velamen*, pour parler aux enfants d'Israël, mais il l'ôte quand il retourne auprès du Seigneur. Exod., XXXIV, 33-35. — Le *ṣâ'if*, θέριστρον, *pallium*, est le voile dont se couvre Rébecca à l'approche d'Isaac. Gen., XXIV, 65. Thamar prend le même voile, *theristrum*, pour aller se prostituer. Gen., XXXVIII, 14.

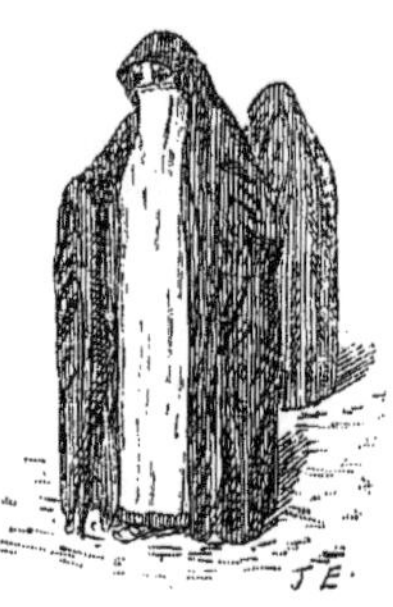

556. — Dames égyptiennes voilées pour monter à cheval ou pour la marche.

557. — Égyptiennes et enfants des basses classes.

558. — Égyptienne voilée pour la promenade.

559. — Égyptienne voyageant à âne.

D'après Lane, *Manners*, t. I, p. 66, 69, 72, 263.

— La *ṣammâh* est un voile transparent au travers duquel on aperçoit les yeux et les joues de l'Épouse. Cant., IV, 1; VI, 7. Les versions ne rendent pas ce mot. Il désigne aussi le voile qu'on ôte à Babylone pour découvrir sa honte. Is., XLVII, 2. — Les *re'âlôt*, *mitræ*, sont des voiles faisant partie de la toilette des femmes. Is., III, 19. — Le *lôt*, non rendu par les versions, est un voile de deuil qui couvrait les nations avant la rédemption. Is., XXV, 7. Dans le deuil et l'affliction, on avait coutume de se voiler la tête, II Reg., XV, 30; Esth., VI, 12; VII, 8; Jer., XIV, 4. Saint Paul dit que la longue chevelure convient à la femme pour lui servir de voile. I Cor., XI, 15. — Le *mâsâk*, *operimentum*, est le voile épais qui empêche de voir. Is., XXII, 8. On dit que Dieu cache sa face quand il ne semble pas voir les épreuves de ses serviteurs. Ps. X, 11; XXX (XXIX), 8; LXXXVIII (LXXXVII), 15; CII (CI), 3; CIV (CIII), 29; Is., LIV, 8. — Le *séṭér*, ἀποκρυφή, *latibulum*, est le voile qui cache Dieu, la nuée, Job, XXII, 14, ou encore la nuée orageuse, qui est le voile du tonnerre. Ps. LXXXI (LXXX), 8. C'est aussi le voile, σκότος, *caligo*, dont se couvre l'adultère. Job, XXIV, 15. — Le *ma'atéh*, ἄλειμμα, *pallium*, est un voile de fête. Is., LXI, 3. — Le *ḥékyôn*, *abscondita est*, est un voile lumineux qui cache la majesté de Dieu, Hab., III, 4, probablement le nuage. — Le *kesûṭ*, εἰς τιμήν, *in velamen*, est métaphoriquement le voile dont on recouvre un acte équivoque. Abimélech appelle de ce nom l'argent qu'il donne à Sara pour excuser sa conduite envers elle. Gen., XX, 16. — Saint Paul, rappelant le voile, κάλυμμα, *velamen*, dont Moïse se couvrait le visage, dit que les Juifs l'ont gardé pour ne pas reconnaître le Christ dans les Écritures. II Cor., III, 13-16.

II. Voile de navire. — Isaïe, XXXIII, 23, comparant l'Assyrie à un navire désemparé, lui dit : « Tes cordages sont relâchés,... ils ne tiennent plus la voile déployée. » Le mot *nês* désigne ici la voile qui prend le vent et fait avancer le navire quand elle est tendue par les cordages, et non le pavillon, σημεῖον, *signum*, comme traduisent les versions, celui-ci n'ayant pas d'action sur la marche. D'ailleurs les Septante ajoutent que le mât « n'abaissera pas les voiles, » τὰ ἱστία. — Dans Ézéchiel, XXVII, 7, les voiles des navires de Tyr, en fin lin d'Égypte et brodées de couleurs variées, sont appelées *mifrâś*, στρωμνή, « couverture », *velum*. Voir Broderie, t. I, fig. 622, col. 1943. Cf. Navire, t. IV, fig. 414, col. 1515.

III. Voile du Temple. — Dans le Tabernacle, il y avait un premier voile, *mâsâk*, qui fermait l'entrée du Saint, Exod., XXVI, 36; XXXIX, 38; XL, 5, et un second, *parokéṭ*, qui cachait le Saint des saints. Exod., XXVI, 31; XXXIII, 35; Lev., IV, 6, 17; XVI, 2; Num., IV, 5, II Par., III, 14; etc. Ce dernier est parfois appelé *pârokéṭ hammâsâk*. Exod., XXXV, 12; XXXIX, 34; XL, 21. Dans les Septante, *mâsâk* est traduit par κάλυμμα, mais les deux mots hébreux sont indifféremment rendus par καταπέτασμα, le voile abaissé d'en haut. Dans le Tabernacle, le voile du Saint des saints était fait de pourpre violette, de pourpre écarlate, de cramoisi et de lin. Des chérubins y étaient représentés. Il était suspendu à quatre colonnes revêtues d'or et posées sur des pieds d'argent. Il dérobait la vue de l'Arche d'alliance, καταπέτασμα τὸ συσκιάζον, « le voile qui cache », *velum quod pendet ante fores*, Num., IV, 5, rappelant ainsi l'inaccessibilité de la majesté divine. Sur les autres voiles du Tabernacle, voir Rideau, col. 1099. D'après Josèphe, *Bell. jud.*, V, V, 4, les quatre couleurs qui composaient le voile étaient symboliques, le cramoisi du feu, le lin de la terre, le violet de l'air et la pourpre de la mer. Pour S. Thomas, *Summ. theol.*, Ia IIæ, q. CII, a. 4, ad 4um, le voile figurait l'occultation des sacrifices spirituels dans les sacrifices anciens. Le lin représentait la pureté; la pourpre, les souffrances endurées par les saints pour Dieu; le cramoisi, la charité, et le violet, la méditation des choses célestes. Il faut remarquer encore que le voile maintenait une mystérieuse obscurité dans le Saints des saints, parce que Dieu est la lumière incréée, qui n'a besoin d'aucune lumière étrangère à lui-même. Cf. Bähr, *Symbolik des mosaischen Cultus*, Heidelberg, 1837, t. I, p. 397-399. — Salomon fit exécuter pour le Temple un voile conforme aux prescriptions mosaïques.

II Par., III, 14. Cf. Josèphe, *Ant. jud.*, VIII, III, 3. Dans le second Temple, un premier rideau fermait l'entrée extérieure du Saint. C'était un tapis de Babylone, dans la confection duquel entraient les quatre couleurs liturgiques. Cf. Josèphe, *Bell. jud.*, V, v, 4; *Middoth*, IV, 7. Un autre voile fermait le Saint des saints, bien que ce lieu ne contînt plus l'Arche d'alliance. Antiochus Épiphane s'empara de ce voile. I Mach., I, 22. D'après le Talmud, ce voile était double et composé en réalité de deux voiles distincts, espacés l'un de l'autre d'une coudée. Au jour de l'Expiation, le grand-prêtre pénétrait entre les deux par le côté sud et entrait par le côté nord dans le Saint des saints. Cf. Reland, *Antiquitates sacræ*, Utrecht, 1741, p. 63. — Au moment de la mort de Notre-Seigneur, le voile du Temple, καταπέτασμα τοῦ ναοῦ, *velum templi*, se déchira par le milieu, depuis le haut jusqu'en bas. Matth., XXVII, 51; Marc., XV, 38; Luc., XXIII, 45. Mais de quel voile s'agit-il? On pense communément que le voile qui se déchira fut celui du Saint des saints, celui qui est appelé « le second voile » dans l'Épître aux Hébreux, IX, 3, et τὸ ἐσώτατον καταπέτασμα, « le voile intérieur », dans Philon, *De gigant.*, 12, édit. Mangey, t. I, p. 270. Cf. Knabenbauer, *Ev. sec. Matth.*, Paris, 1893, t. II, p. 536. Cependant, les textes évangéliques disent simplement τὸ καταπέτασμα τοῦ ναοῦ, expression qui semble se rapporter plus naturellement au voile qui fermait le Temple proprement dit ou *naos*, c'est-à-dire le Saint. Ce voile était le seul visible du parvis des prêtres et du parvis d'Israël, tandis que celui du Saint des saints ne pouvait être vu que des quelques prêtres qui pénétraient dans le Saint pour le service du culte; or les Évangélistes font certainement allusion à une manifestation extérieure et facilement constatable de la puissance de Dieu. Aussi saint Jérôme dit-il formellement qu'il s'agit du voile extérieur, de celui qu'on voyait du dehors. *Epist.* CXX, 8, 2, t. XXII, col. 992. C'est aussi l'avis de saint Thomas, *Summ. theol.*, Iª IIæ, q. CII, a. 4, ad 4um; etc. La signification symbolique de cet événement est importante, de quelque voile qu'il soit question. Le Christ rédempteur est entré, par la vertu de son sang, dans le véritable Saint des saints et nous en a ouvert l'entrée, rendant ainsi le voile inutile. Hebr., IX, 9. On peut dire aussi que, par l'établissement de la religion nouvelle, il a abrogé le culte ancien, spécialement les cérémonies qui se pratiquaient dans le Saint, supprimant pour tous l'interdiction de contempler des rites qui cessaient d'être sacrés. C'est à quoi fait probablement allusion l'Épître aux Hébreux, X, 19-21 : « Nous avons par le sang de Jésus libre accès dans le sanctuaire, τὰ ἁγία, par la voie nouvelle et vivante qu'il a inaugurée pour nous à travers le voile, καταπέτασμα, *velamen*, c'est-à-dire à travers sa chair. » D'ailleurs, le second voile ne fermait qu'un emplacement vide, tandis que le premier empêchait de voir des objets permanents et des cérémonies quotidiennes; c'est donc celui-ci, semble-t-il, qui perdait le plus sa raison d'être à la mort de Jésus-Christ. Cf. Lagrange, *Évang. sel. S. Marc*, Paris, 1911, p. 408. — Saint Jérôme, *Epist.* CXX, 8, 2, t. XXII, col. 992; *In Matth.*, IV, 27, t. XXVI, col. 213, rapporte, d'après l'Évangile selon les Hébreux, qu'à la mort du Christ le linteau du Temple, dont les dimensions étaient considérables, se brisa et tomba. Il est possible que cette rupture et cette chute aient été l'effet du tremblement de terre et aient naturellement entraîné la déchirure du rideau du haut en bas. Bien qu'accompli avec l'intervention de causes secondes, le miracle n'en eût pas été moins significatif.

H. LESÊTRE.

VOIX (hébreu : *qôl;* Septante : φωνή), son émis par le larynx des êtres animés. — Dans la Sainte Écriture, une voix est attribuée non seulement aux hommes et aux animaux, mais anthropomorphiquement à Dieu, et métaphoriquement aux êtres inanimés.

1° *Voix de Dieu.* — La voix de Dieu, appelée aussi voix du ciel, s'est fait entendre à Adam, Gen., III, 8, à Abraham, Gen., XXVI, 5, à Moïse. Act., VII, 31. Elle a retenti au baptême de Notre-Seigneur, Matth., III, 17; Marc., I, 11; Luc., III, 22, à sa transfiguration, Matth., XVII, 5; Marc., IX, 6; Luc., IX, 35; II Pet., I, 17, et une fois dans le Temple. Joa., XII, 28. — Mais ordinairement, la voix de Dieu désigne ses ordres, auxquels il ne faut pas faire la sourde oreille. Exod., IV, 1; Deut., IV, 30; V, 23; VIII, 20; I Reg., XV, 2; Ps. XCV (XCIV), 8; Hebr., III, 7; etc.

2° *Voix de l'homme.* — La voix de l'homme a un timbre particulier à chacun, qui permet de le reconnaître. Ainsi en fut-il pour Jacob, Gen., XXVII, 22, pour le lévite de Michas, Jud., XVIII, 3, pour David, I Reg., XXVI, 17, pour l'Époux, Cant., V, 2, pour saint Pierre, Act., XII, 14; etc. — L'homme fait entendre sa voix dans la prière, Jos., X, 14; III Reg., XVIII, 27; Ps. XXVIII (XXVII), 2; etc.; dans le chant, Exod., XXXII, 18; XXXVI, 6; Ezech., XXXIII, 32; dans la joie, Ps. XLII (XLI), 5; CXVIII (CXVII), 15; Jer., VII, 34; XVI, 9, et surtout dans la douleur qui, en Orient, est particulièrement démonstrative et bruyante. Gen., XLV, 2; Jud., II, 4; XXI, 2; Ruth, I, 9; I Reg., XI, 4; XXIV, 17; XXX, 4; II Reg., II, 32; XIII, 36; XV, 23; XIX, 4; Ps. VI, 9; I Esd., III, 12; Judith, XIV, 14; Jer., III, 21; IX, 19; Dan., VI, 20; etc. — Il y a la voix de la femme qui accouche, Jer., IV, 31; la voix du nouveau-né, Sap., VII, 3; la voix des sentinelles, Is., LII, 8; la voix des exacteurs, Job, III, 18; Is., XVI, 9, 10; la voix du ventriloque, Is., XXIX, 4, 6; la voix des multitudes. I Reg., IV, 6; III Reg., I, 41; Dan., X, 6; I Mach., VI, 41; Luc., XXIII, 23; Act., XIV, 10; XXII, 22; etc. — On n'entendra pas au dehors la voix du Messie, Is., XLII, 2; Matth., XII, 19, ce qui sera la marque de son humilité et de sa simplicité. Mais on a entendu la voix qui criait dans le désert, Is., XL, 3; Matth., III, 3; Marc., I, 3; Luc., III, 4; Joa., I, 23; la voix des prophètes, Act., XIII, 27; la voix du Fils de Dieu appelant Lazare du tombeau, Joa., XI, 43, mourant sur la croix, Matth., XXVII, 46, 50; Marc., XV, 34, 37; Luc., XXIII, 46, apparaissant à Saul sur le chemin de Damas. Act., IX, 4. Les morts l'entendront au moment du dernier jugement. Joa., V, 25. — Une voix est attribuée aux anges, I Thes., IV, 15; Apoc., V, 2, 11, 12, et les démons se font entendre par l'organe des possédés. Act., VIII, 7; etc. — Quelquefois, la voix est mentionnée pour la langue que l'on parle. Eccle., V, 2; II Mach., XV, 29, 37; I Cor., XIV, 10; Gal., IV, 20; II Pet., II, 16; etc. Les flatteurs s'écrient, après la harangue d'Hérode Agrippa : « C'est la voix d'un dieu, non d'un homme. » Act., XII, 22.

3° *Voix des animaux.* — Il y a la voix des quadrupèdes domestiques, I Reg., XV, 14; Tob., II, 21; Sap., XVII, 18; Jer., VIII, 16; IX, 10, la voix des lions, Job, IV, 10; Jer., II, 15; Ezech., XIX, 7; Am., III, 4; Zach., XI, 3, et la voix des oiseaux. Eccle., X, 20; XII, 4; Cant., II, 12; Soph., II, 14; Nah., II, 8; Marc., XIV, 30.

4° *Voix des choses inanimées.* — Les auteurs sacrés donnent le nom de voix au bruit que font certains agents naturels. Ils mentionnent ainsi la voix du vent, Joa., III, 8; Act., II, 6; la voix du tonnerre, Job, XXXVII, 4, 5; Ps. XXIX (XXVIII), 3-9; LXXVII (LXXVI), 19; Apoc., VI, 1; X, 3, qui est aussi appelée la voix de Dieu, Ps. XXIX (XXVIII), 3-9; la voix de la mer, Jer., VI, 23; L, 42; Hab., III, 10; la voix des grandes eaux, Ezech., I, 24; XLIII, 2; Apoc., I, 15; XIV, 2; la voix de la pluie, III Reg., XVIII, 41; la voix des ailes qui battent, Ezech., I, 24; III, 13; la voix des épines qui brûlent, Eccle., VII, 6; la voix d'une feuille agitée. Lev., XXVI, 36. — D'autres bruits artificiels prennent aussi le nom de voix. On prête ainsi une voix à la meule, Jer., XXV, 10; au marteau, Eccli., XXXVIII,

30, et surtout à la trompette, Jos., VI, 5; III Reg., I, 41; Ps. XCVIII (XCVII), 6; Jer., IV, 19, et aux instruments de musique. I Cor., XIV, 7; Apoc., XVIII, 22. On note également la voix des pas, II Reg., V, 24; III Reg., XIV, 6; IV Reg., VI, 32; la voix des chars et des armées envahissantes, IV Reg., VII, 6; Jer., IV, 29; Joel., II, 5; Nah., III, 2, et la voix de la bataille. Jer., L, 22. — La voix du sang est l'appel de la justice contre le meurtrier. Gen., IV, 10. La souffrance est comme une voix qui crie vers Dieu. Gen., XXI, 17. Il y a une voix de la sagesse, Prov., I, 20; VIII, 1, et une voix du mensonge. Exod., XXIII, 1. L'Esprit de Dieu connaît toute voix qui s'élève dans l'univers. Sap., I, 7. — La création tout entière a une voix qui célèbre la gloire de Dieu. Ps. XIX (XVIII), 4. H. LESÊTRE.

1. VOL (Septante : κλοπή; Vulgate : *furtum*), prise de possession illégitime du bien d'autrui. Voir RAPINE, col. 987. — Le vol est défendu par la loi naturelle et le Décalogue. Exod., XX, 15; Lev., XIX, 11; Deut., V, 19; Matth., XIX, 18; Luc., XVIII, 20. Il est inspiré par les désirs pervers du cœur. Matth., XV, 19; Marc., VII, 22. Il est coutumier chez les adorateurs d'idoles, Sap., XIV, 25, et les méchants ne s'en repentent pas. Apoc., IX, 29. Pour la nature mauvaise, le vol a l'attrait du fruit défendu et l'on trouve plus douces les eaux dérobées, *genûbîm*, κλοπῆς, *furtivæ*. Prov., IX, 17. Joseph se plaint d'avoir été emmené de son pays par vol. Gen., XL, 5. Tobie était si scrupuleux, qu'il refusait de manger un chevreau avant d'être sûr qu'il ne provenait pas d'un vol. Tob., II, 21. H. LESÊTRE.

2. VOL (Vulgate : *volatus*), moyen de locomotion des oiseaux, qui sont pourvus d'ailes. — 1° Au sens propre, le vol est attribué aux oiseaux en général, Deut., IV, 17; Job, XXXIX, 13; Apoc., XIX, 17, et particulièrement à l'aigle, Deut., XXVIII, 49; XXXII, 11; Job, IX, 26; Jer., XLVIII, 40; XLIX, 22; Apoc., IV, 7; VIII, 13, à l'hirondelle, Prov., XXVI, 2, et au hibou. Bar., VI, 21. L'homme est né pour la peine comme les fils de la foudre, *yagbîhû 'ûf*, « élèvent l'aile », τὰ ὑψηλὰ πέτονται, « volent vers les hauteurs », *ad volatum*, « pour voler ». Job, V, 7. Sur les dragons volants, Is., XXX, 6, voir SERPENT, col. 1673. — 2° Au figuré, les auteurs sacrés font voler Dieu sur les ailes du vent, Ps. XVIII (XVII), 11; II Reg., XXII, 11, les séraphins, Is., VI, 2, 6, les anges, Dan., IX, 21; Apoc., XIV, 6, Juda et Éphraïm qui s'envolent sur l'épaule du Philistin pour le dompter, Is., XI, 14, le cavalier qui vole sur sa proie, Hab., I, 8, l'homme qui désire s'envoler comme la colombe pour gagner le lieu de son repos, Ps. LV (LIV), 7, la femme qui s'envole au désert pour échapper au dragon, Apoc., XII, 14, les âmes qui s'envolent du piège qu'on leur a tendu, Ezech., XIII, 20, l'homme qui s'envole de ce monde par la mort. Ps. XC (LXXXIX), 10. Ils prêtent également des ailes pour voler au vent, Ps. XVIII, 11, aux nuées, Is., LX, 8, à la flèche, Ps. XCI (XC), 5, au songe, Job, XX, 8, aux richesses, Prov., XXIII, 5, et à un rouleau d'écriture. Zach., V, 1. H. LESÊTRE.

VOLCAN, montagne projetant à son sommet des matériaux brûlants qui détruisent tout autour d'elle. — Les terrains d'origine volcanique ne manquent pas en Palestine ou dans les environs. Dans le Haurân, en particulier, les cônes et les cratères se rencontrent très fréquemment. Voir PALESTINE, t. IV, col. 2015. Mais, depuis de longues périodes, ces volcans n'étaient plus en activité. Les allusions que les auteurs sacrés font aux volcans leur sont donc inspirées par les descriptions des voyageurs, spécialement des navigateurs phéniciens, qui connaissaient bien les volcans de l'archipel et de l'Italie, et des caravanes qui avaient pu approcher ceux du Caucase et de l'Arménie. L'allusion la plus probable aux volcans se lit dans Jérémie, LI, 25, 26, qui appelle Babylone « montagne de dévastation, qui dévaste toute la terre, » que Dieu roulera du haut des rochers et dont il fera une « montagne embrasée, » de telle sorte qu'on n'en puisse plus tirer ni pierre d'angle, ni pierre de fondation. Tels furent successivement l'action néfaste et le sort dernier de Babylone. Comme la montagne volcanique, la cité célèbre s'écroula peu à peu sans rien laisser d'elle qu'on pût utiliser. — Au Psaume CXLIV (CXLIII), 5, il est dit : « Touche les montagnes, et qu'elles s'embrasent; fais briller les éclairs, et disperse les ennemis. » L'allusion est ici moins claire. Il peut n'être question que d'une théophanie, comme celle du Sinaï. — Dans l'Apocalypse, VIII, 8, saint Jean parle d'une sorte de « grande montagne toute en feu, » qui est jetée dans la mer. L'allusion à un volcan n'est pas non plus incontestable. H. LESÊTRE.

VOLEUR (hébreu : *gannâb, gedûd, ḥétéf, šôdêd;* Septante : κλέπτης, λῃστής), celui qui, par ruse ou par violence, s'empare du bien d'autrui.

1° *Le brigandage en Palestine.* — En Orient, les populations nomades ont toujours considéré le brigandage comme un moyen normal de se procurer les moyens de vivre. On y attaque et on y pille les tribus voisines à l'improviste. La Sainte Écriture en fournit de nombreuses preuves. Les tribus qui environnaient le pays de Chanaan ne perdaient jamais l'occasion de fondre sur les riches récoltes des Israélites et de s'emparer de tout ce qui était à leur convenance. De leur côté, certains Israélites occupés à la garde des troupeaux, incapables de s'assujettir au labeur de la culture, habitués d'ailleurs à se tenir en alerte et en défense contre les irruptions des brigands, n'hésitaient pas à mener la vie aventureuse et facile de ces derniers, quand les autres moyens d'existence semblaient leur faire défaut. On voit ainsi Jephté, repoussé par sa famille, rassembler autour de lui des gens de rien et faire avec eux des excursions. Jud., XI, 3; cf. IX, 25. David mena la même vie pendant que Saül le persécutait. Le recrutement de ses bandes est indiqué par le texte sacré : « Tous les opprimés, tous ceux qui avaient des créanciers ou étaient mécontents, se rassemblèrent auprès de lui, et il devint leur chef. Il eut ainsi avec lui environ quatre cents hommes, » I Reg., XXII, 2, qui s'élevèrent plus tard à six cents. I Reg., XXV, 13. Nabal appelait cette troupe un ramassis de gens venus on ne sait d'où et d'esclaves échappés de chez leurs maîtres. I Reg., XXV, 10, 11. Avec eux, David opérait contre les ennemis d'Israël, les Gessuriens, les Gerziens, les Amalécites, « ne laissant en vie ni homme ni femme, enlevant les brebis, les bœufs, les ânes, les chameaux, les vêtements. » I Reg., XXVII, 8, 9. Le fils de Saül, Isboseth, avait aussi à son service deux chefs de bandes, Baana et Réchab. II Reg., IV, 2. Salomon eut à compter avec un autre chef de bande, Razon. III Reg., XI, 24. Des bandes de Sabéens et de Chaldéens enlevèrent les troupeaux de Job et massacrèrent ses serviteurs. Job., I, 15, 17. Des pillards philistins et arabes prirent les biens de Joram, roi de Juda, et emmenèrent ses fils et ses femmes. II Par., XXI, 17; XXII, 1. Les Arabes se postaient dans le désert pour rançonner les caravanes. Jer., III, 2. Des bandes de Syriens, de Moabites et de toutes sortes de pillards infestaient les frontières d'Israël. IV Reg., V, 2; XIII, 20; XXIV, 2.

Outre ces pillages par bandes, en Israël même, le vol et le brigandage se pratiquaient, Ose., IV, 2; VII, 1, parfois avec la connivence des princes âpres au gain. Is., I, 23. Voir RAPINE, col. 987. — A l'époque évangélique, Notre-Seigneur pouvait accuser les autorités religieuses d'avoir fait du Temple une « caverne de voleurs », Matth., XXI, 13; Marc., XI, 17; Luc., XIX, 46, comme au temps de Jérémie, VII, 11. Il parle assez souvent de voleurs dans ses paraboles et ses instructions, Luc., xvi, 1-8; Matth., vi, 19; etc., et, dans l'histoire du bon Samaritain, il met en scène, aux portes mêmes de Jérusalem, les brigands qui pillent et tuent les passants. Luc., x, 30. Lui-même se plaint, au moment de son arrestation, qu'on le traite comme l'un de ces voleurs sur lesquels les autorités réussissaient de temps en temps à mettre la main. Matth., xxvi, 55; Marc., xiv, 48; Luc., xxii, 52. La passion du vol avait saisi l'un de ses Apôtres, Judas, Joa., xii, 6; on le mit lui-même en parallèle avec un voleur, Barabbas, Joa., xviii, 40, et l'on eut soin de le crucifier entre deux voleurs. Matth., xxvii, 38; Marc., xv, 27; Luc., xxiii, 33. Voir LARRON, t. iv, col. 94. Josèphe, *Ant. jud.*, XIV, ix, 2; XV, x, 1; XX, viii, 5, 10; *Bell. jud.*, I, x, 5; II, xii, 2, parle des brigandages qui s'exerçaient à main armée en Galilée, en Pérée et en Thrachonitide, au détriment des villes et des campagnes, des caravanes et de tous ceux qui étaient incapables d'une résistance efficace. Cf. Schwalm, *La vie privée du peuple juif*, Paris, 1910, p. 568-583. Dans ses courses apostoliques, saint Paul avait à redouter les voleurs. II Cor., xi, 26.

2° *Les procédés des voleurs.* — Les brigands courent de ville en ville, à la recherche de quelque coup à faire. Eccli., xxxvi, 28 (26). Ils rôdent la nuit, pour ne pas être vus, Job, xxiv, 14, et tombent à l'improviste sur ceux qui ne les attendent pas. Matth., xxiv, 43; Luc., xii, 39. Ils emportent alors tout ce qui leur plaît. Jer., xlix, 9; Abd., 5. Ils se tiennent en embuscade pour fondre sur les passants. Ose., vi, 9. Ils pénètrent dans les maisons par les fenêtres, Joel, ii, 9, ou percent les murs en torchis pour s'introduire et dérober les trésors. Matth., vi, 19; Luc., xii, 23. Ils envahissent les bergeries, non pas par la porte, qui pourrait être surveillée, mais en escaladant par ailleurs; puis ils dérobent, égorgent et détruisent. Joa., x, 1, 10. Cf. Gen., xxxi, 39. Si le propriétaire est assez fort pour résister et se tient sur ses gardes, ils s'arrangent pour le surprendre, le ligotent et ensuite pillent à leur aise ses meubles et sa maison. Matth., xii, 29. On a beau être fort; si le voleur est plus fort et mieux armé, il abat sa victime et emporte ses dépouilles. Luc., xi, 21, 22. La soudaineté de ces attaques fait que les Apôtres disent que le « jour du Seigneur » se produira dans les mêmes conditions. I Thes., v, 2, 4; II Pet., iii, 10; Apoc., iii, 3; xvi, 15. Les voleurs, qui opéraient dans le Temple même de Jérusalem, Matth., xxi, 13, ne respectaient pas davantage les temples des faux dieux. Bar., vi, 14, 17, 56. D'ailleurs, les voleurs trouvaient des complices, Ps. l (xlix), 18, avec lesquels ils partageaient leur butin. Prov., xxix, 24.

3° *Les sanctions.* — 1. La loi réglait ainsi la peine à infliger aux voleurs. Celui qui dérobait un bœuf ou une brebis, les égorgeait et les vendait, devait restituer cinq bœufs ou quatre brebis. Si l'animal était encore vivant entre ses mains, il en rendait le double. Si lui-même était insolvable, on le vendait pour assurer la restitution. Si le dépositaire d'argent ou de meubles était volé et que le voleur fût pris, ce dernier rendait le double. Si le voleur n'était pas pris, le dépositaire attestait devant Dieu son innocence. En général, le voleur avait à restituer le double de ce qu'il avait pris. La loi ne laissait pas l'Israélite désarmé contre les attaques. Si, la nuit, le voleur procédait par effraction et était mortellement frappé, il n'y avait rien à dire; mais, le soleil levé, on était responsable de la mort du voleur, qu'on aurait pu paralyser sans recourir à une pareille extrémité. Exod., xxii, 1-8. Voir RESTITUTION, col. 1062. Ces sanctions n'étaient que la conséquence du précepte : « Tu ne déroberas point. » Exod., xx, 15. Chez les Arabes, celui qui a volé une brebis, une chèvre, un bœuf ou un âne, est condamné à rendre l'animal, et en plus trois autres semblables. La jument volée doit être rendue et en plus son prix en argent ou en nature, l'Arabe ne possédant pas ordinairement plusieurs juments. Cf. A. Jaussen, *Coutumes arabes*, dans la *Revue biblique*, 1901, p. 599. — 2. Job, xxii, 6, se plaint que souvent « la paix règne sous la tente des brigands. » Mais il est certain que les voleurs seront châtiés par la justice divine. Zach., v, 3, 4. Ils ne seront pas admis au royame des cieux. I Cor., vi, 10. En attendant, on hoche la tête en parlant d'eux. Jer., xlviii, 27. Quand ils sont pris sur le fait, ils sont couverts de honte. Jer., ii, 26; Eccli., v, 17 (14). Aussi saint Pierre veut-il que, quand des chrétiens sont pris et condamnés, ce ne soit jamais comme voleurs. I Pet., iv, 15.

H. LESÊTRE.

VOLONTÉ (hébreu : *rā'a*, quelquefois *néfěš*, Gen., xxiii, 8; IV Reg., ix, 15; I Par., xxviii, 9; chaldéen : *re'ôt, ṣebû*), faculté par laquelle un être intelligent se détermine à l'action.

1° *Volonté de Dieu.* — Il y a en Dieu une volonté qui participe à l'infinité de tous les attributs divins. Cette volonté a créé tout ce qui existe, Apoc., iv, 11, et elle régit toutes les forces de la nature. Eccli., xliii, 17 (16). Rien ne peut lui résister. Gen., l, 19; Esth., xiii, 9; Ps. cxxxv (cxxxiv), 6; Eccle., viii, 3; Sap., xii, 18; Is., xlvi, 10; Rom., ix, 19. Les anges lui obéissent fidèlement. Ps. ciii (cii), 21; Tob., xii, 18. Tout ce qui arrive est permis ou décrété par cette volonté. Gen., xxvii, 20; IV Reg., xviii, 25; II Par., xxii, 7; I Esd., vii, 18; Rom., i, 10; xv, 32; etc. L'homme propose et Dieu dispose, Prov., xix, 21, surtout quand il s'agit des grands événements de l'histoire. Is., xliv, 28; xlviii, 14; etc. La volonté divine commande par la loi. Rom., ii, 18; Eph., v, 17. Elle intervient dans la vocation des ministres sacrés. I Cor., i, 1; II Cor., i, 1; Gal., i, 4; Eph., i, 1; Col., i, 1; II Tim., i, 1. Elle agit avec bienveillance. Ps. v, 8; Luc., ii, 14. Il faut donc désirer son accomplissement, I Mach., iii, 60, lui obéir, Ps. xl (xxxix), 9; Sap., vi, 5; II Mach., i, 3; Hebr., x, 7, 9, et s'en remettre à elle. Tob., iii, 6. Il est dit parfois que Dieu veut une chose et ne veut pas l'autre, pour indiquer seulement qu'il préfère la première à la seconde. I Reg., xv, 22; Matth., ix, 13; xii, 7. — L'obéissance à la volonté de Dieu tient une place essentielle dans la religion de Jésus-Christ. Le Sauveur apprend aux hommes à prier pour que cette volonté soit faite. Matth., vi, 10; Act., xxi, 14. Lui-même en accepte humblement les arrêts. Matth., xxvi, 39, 42; Marc., xiv, 36; Luc., xxii, 42. Il fait avec amour la volonté de son Père. Joa., iv, 34; v, 30; vi, 38. Il veut que ses disciples l'imitent très fidèlement sur ce point. Matth., xii, 50; Marc., iii, 35; Joa., vii, 17; ix, 31; Eph., vi, 6; Col., iv, 12; I Pet., ii, 15; iv, 2. C'est la condition de l'entrée dans le royaume des cieux, Matth., vii, 21, et dans la vie éternelle. I Joa., ii, 17. Il faut donc tout d'abord connaître cette volonté. Col., i, 9. Le Sauveur révèle quelques-unes des volontés divines, concernant le salut des petits, Matth., xviii, 14, celui du peuple juif, Matth., xxiii, 37, l'embrasement de la terre par le feu de l'amour divin, Luc., xii, 49, le salut de tous les croyants, Joa., vi, 39-40, la réunion de ses ministres avec lui dans le ciel, Joa., xvii, 24, la longue survivance de saint Jean. Joa., xxi, 22. Dieu veut encore la sanctification des fidèles, I Thes., iv, 3, leurs joyeuses actions de grâces, I Thes., v, 18, la répartition des dons de l'Esprit, Hebr., ii, 4, qui d'ailleurs souffle où il veut, Joa., iii, 8; I Cor., xii, 11, et le salut des hommes par le sacrifice de la croix. Hebr., x, 10. Jésus-Christ fait acte de volonté pour guérir les malades. Matth., viii, 2, 3; Marc., i, 41; Luc., v, 13. Les Apôtres recommandent de ne rien projeter qu'avec la clause : Si Dieu le veut. Act., xviii, 21; I Cor., iv, 19; I Pet., iii, 17; Jacob., iv, 15.

2° *Volonté de l'homme.* — Elle est continuellement supposée en exercice dans tous les actes humains auxquels la Bible fait allusion. Il est parlé en particulier de la volonté de la fiancée, Gen., XXIV, 57, du roi, I Esd., V, 17, du père de famille, Matth., XX, 14, de la fille d'Hérodiade, Marc., VI, 25, des fils de Zébédée. Marc., X, 35, etc. La volonté de la chair et de l'homme, Joa., I, 13; Eph., II, 3, est celle que guident les instincts purement terrestres. La prophétie ne dépend pas d'une pareille volonté. II Pet., I, 21. Le salut ne résulte pas de la volonté de l'homme, mais de celle de Dieu. Rom., IX, 16. La volonté de l'homme est impuissante à accomplir tout le bien qu'elle voudrait. Rom., VII, 15-21. Dieu seul opère en nous le vouloir et le faire d'une manière surnaturelle. Phil., II, 13; II Thes., I, 11. Saint Paul parle de la bonne volonté des Corinthiens et de la sienne. II Cor., VIII, 12, 19. Notre-Seigneur prescrit de faire pour les autres ce que nous voulons qu'ils fassent pour nous. Luc., VI, 31.

3° *Volonté du démon.* — Satan se vante de donner les royaumes de ce monde à qui il veut. Luc., IV, 6. Ses volontés ne tendent qu'à asservir les âmes. II Tim., II, 26.

H. LESÊTRE.

VOLUME, de *volvo,* « rouler ». Les anciens manuscrits hébreux avaient la forme de rouleaux, *volumina.* Voir LIVRE, III, I, t. IV, col. 305-307, fig. 107, col. 309.

VOLUPTÉ, voir PLAISIR, col. 456.

VOMISSANT (hébreu : *Yaqêh*), traduction du nom du père d'Agur, dans la Vulgate (*Vomens*). Prov., XXX, 1. Voir JAKÉH, t. III, col. 1111 ; UKAL, col. 2368.

VOMISSEMENT (hébreu : *qê', qî'*), expulsion par la bouche de ce qui gêne l'estomac, et matière de cette expulsion. — 1° Celui qui a trouvé du miel ne doit pas en manger à l'excès, de peur qu'il ne le vomisse. Prov., XXV, 18 (16). De pénibles vomissements sont la conséquence de l'intempérance. Eccli., XXXI, 25 (20). Un homme ivre erre dans son vomissement. Is., XIX, 14. A la suite des orgies, les tables sont couvertes d'immondes vomissements. Is., XXVIII, 8. — Le chien qui retourne à son vomissement est l'image du pécheur qui recommence à mal faire. Prov., XXVI, 11; II Pet., II, 22. — Le monstre marin vomit Jonas sur le rivage. Jon., II, 11. — 2° Au figuré, un pays vomit ses habitants corrompus. Lev., XVIII, 15, 28; XX, 22. Celui qui mange le pain de l'envieux vomira le morceau qu'il aura mangé, c'est-à-dire qu'il n'y aura rien à gagner en fréquentant un pareil homme. Prov., XXIII, 8. L'impie vomira les richesses qu'il aura englouties, elles ne lui profiteront pas. Job, XX, 15. Dieu dit aux nations ennemies de son peuple : « Buvez, enivrez-vous, vomissez et tombez pour ne plus vous relever, devant l'épée que j'envoie au milieu de vous, » c'est-à-dire commettez le mal à satiété, le châtiment viendra. Jer., XXV, 27. En particulier, « que Moab se vautre dans son vomissement, » que son orgueil et ses crimes fassent de lui la risée de tous. Jer., XLVIII, 26. — Dieu vomira de sa bouche celui qui est tiède, comme on vomit de l'eau tiède. Apoc., III, 16.

H. LESÊTRE.

VOYAGEUR (hébreu : *'orêaḥ, 'ôbêr*), celui qui parcourt un chemin pour se rendre à un endroit assez éloigné. En hébreu, le chemin lui-même est quelquefois nommé pour ceux qui le parcourent : *'oraḥ,* ὁδός, *semita; hêlêk, hălîkâh,* ἀτραπός, *iter.* Job, VI, 19; II Reg., XII, 4. — Sur le voyage en commun ou *'orḥâh,* voir CARAVANE, t. II, col. 245, et PÈLERINAGES, t. V, col. 24. — Sur les droits du voyageur et les devoirs envers lui, voir ÉTRANGER, t. II, col. 2039, et HOSPITALITÉ, t. III, col. 760. — Sur son gîte, voir CARAVANSÉRAIL, t. II, col. 250. — Le voyageur remarque l'état des pays qu'il traverse. Deut., XXIX, 22; Ezech., XXXVI, 34. Il cherche un abri dans le désert, Jer., IX, 2, ou y dresse sa tente pour la nuit. Jer., XIV, 8. Il compte sur l'eau des torrents, qui souvent lui fait défaut, Job, VI, 19; il en est alors réduit à boire toute eau qu'il rencontre. Eccli., XXVI, 15 (12). Il arrive à l'improviste chez son hôte, Prov., VI, 11; ou lui ouvre la porte, Job, XXXI, 32, et on lui fait réception. II Reg., XII, 4. On l'interroge, Job, XXI, 29, et on s'entretient avec lui, Eccli., XLII, 3, pour apprendre du nouveau. Ézéchiel, XXXIX, 11, mentionne, à l'orient de la mer Morte, une « vallée des Voyageurs » dans laquelle Gog sera inhumé. Cette vallée est symbolique. — Les patriarches se considéraient comme des voyageurs sur la terre, où ils ne faisaient que passer. Hebr., XI, 13.

H. LESÊTRE.

VOYANT (hébreu : *rô'êh; ḥôzêh;* Vulgate : *videns*), prophète. Voir PROPHÈTE, I, 1°, 2°, col. 706-707.

VOYELLES HÉBRAÏQUES. Voir HÉBRAÏQUE (LANGUE), t. III, col. 467, 504.

VULGATE, version latine usitée depuis quatorze siècles dans l'Église latine et déclarée authentique, c'est-à-dire officielle, par le concile de Trente.

I. NOM ET DÉFINITION. — 1° *Nom.* — L'adjectif féminin *vulgata,* qualifiant d'abord divers substantifs du même genre : *editio, interpretatio, Biblia,* a été ensuite isolé et pris substantivement pour désigner le texte courant, répandu universellement et accepté généralement, des Livres Saints. On a d'abord nommé ainsi la version des Septante et l'*editio vulgata* des Latins était la traduction de la κοινὴ ἔκδοσις des Grecs. S. Jérôme, *Comm. in Is.,* LXV, 20, t. XXIV, col. 647; XXX, 22, col. 346; XLIX, 6, col. 466; *Comm. in Ose.,* VII, 13, t. XXV, col. 880; S. Augustin, *De civitate Dei,* XVI, 10, t. XLI, col. 489. Ce nom distingue parfois l'ancienne édition des Septante de celle qu'en fit Origène dans les Hexaples. S. Jérôme, *Epist.,* CVI, n. 2, t. XXII, col. 838. Elle est dite alors *vetus antiqua editio.* Id., *Comm. in Ose.,* XIII, 4, t. XXV, col. 953; *Epist.,* XLIX, n. 4, t. XXII, col. 512; *Comm. in Is.,* LIV, t. XXIV, col. 513; *Præfatio in l. Josue,* t. XXVIII, col. 464. Cependant, quoique ce docteur désigne le plus souvent les versions latines : *in latino, latinus interpres, apud latinos, nos, nostra interpretatio,* il nomme parfois *vulgata editio* les versions latines qui ont précédé la sienne qui, pour l'Ancien Testament, ont été faites sur les Septante, *Comm. in Is.,* XIV, 29, t. XXIV, col. 165, ou, pour le Nouveau, ont précédé sa revision. *Comm. in Matth.,* XIII, 35, t. XXVI, col. 92; *Comm. in Epist. ad Gal.,* V, 24, *ibid.,* col. 421. Cf. Orose, *Apologia de arbitrii libertate,* n. 9, t. XXXI, col. 1180. La version latine de saint Jérôme ayant peu à peu supplanté les anciennes, qui étaient dérivées des Septante, en prit le nom. Ce ne fut donc qu'à partir du VIe siècle et la substitution du nom ne se produisit que graduellement. Durant le haut moyen âge, la *vulgata editio* est encore la version des Septante; la version de saint Jérôme est dite : *translatio emendatior, recens, nova, posterior, hebraica,* ou *translatio quam tenet* ou *recipit romana Ecclesia,* etc. Le Vénérable Bède la désigne par ces mots : *editio nostra, codices nostri.* Roger Bacon, tout en appliquant fréquemment encore le nom de *Vulgata* à la version des Septante, est le premier qui l'emploie résolument au sens moderne pour désigner la traduction de saint Jérôme : *Hæc quæ vulgatur apud Latinos, illa quam Ecclesia recipit his temporibus.* Le concile de Trente a consacré ce nom, en appelant *vetus vulgata latina* l'édition des Livres Saints, *quæ longo tot sæculorum usu in ipsa Ecclesia probata est. Decret. de* canonicis Scripturis, de editione et usu sacrorum librorum, sess. IV.

2° *Définition.* — La Vulgate latine est composée d'éléments d'origine et de nature différentes. Il y en a de trois sortes : 1. les uns proviennent des anciennes versions latines, probablement de l'Italique, non revisée par saint Jérôme : ce sont les livres deutérocanoniques de l'Ancien Testament, à l'exception de Tobie et de Judith qui rentrent dans la troisième catégorie; 2. les autres font partie de la revision que le saint docteur a faite des versions antérieures, notamment de l'Italique : ce sont tous les livres du Nouveau Testament et le Psautier dit gallican; 3. les derniers enfin appartiennent à la version nouvelle que le même docteur a faite sur les textes originaux, hébreu ou chaldéen : ce sont tous les livres protocanoniques de l'Ancien Testament, sauf le Psautier, les livres de Tobie et de Judith et les parties deutérocanoniques de Daniel et d'Esther. La Vulgate latine est donc, dans sa majeure partie, l'œuvre de saint Jérôme.

II. ORIGINE ET CARACTÈRES DE CES DIVERS ÉLÉMENTS. — 1° *Livres provenant des anciennes versions latines.* — Saint Jérôme n'a retouché ni la Sagesse ni l'Ecclésiastique, ni Baruch, qu'il a laissé de côté à dessein, ni probablement les deux livres des Machabées. Voir t. IV, col. 99. La version antérieure de ces livres a donc continué à être lue et employée dans l'Église latine et elle est demeurée dans la Vulgate. Sur les caractères de cette ancienne version, voir t. IV, col. 97 sq., et sur les manuscrits et éditions de ces livres non revisés, voir *ibid.*, col. 105-106.

2° *Livres des anciennes versions revisés par saint Jérôme.* — Pour la biographie de saint Jérôme, voir t. III, col. 1305-1306. Durant son séjour à Rome auprès du pape saint Damase, dont il était le secrétaire, Jérôme fut chargé par ce pape de reviser la version latine qui était alors en usage à Rome. L'Église romaine n'avait pas de texte officiel et le plus grand désaccord existait dans les manuscrits au point que le saint docteur pouvait écrire : *Tot sunt exemplaria pene quot codices*, et il indiquait trois sources de divergences : 1. la multiplicité des versions dont quelques-unes étaient mauvaises; 2. les corrections qu'y introduisaient des correcteurs présomptueux et malhabiles et qui les rendaient plus mauvaises encore; 3. des additions ou omissions, faites par des copistes négligents. *In Evangelia ad Damasum præfatio*, t. XXIX, col. 525-527. La revision des Évangiles fut faite en 383; celle du reste du Nouveau Testament de 384 à 385. *Epist.* LXXI, *ad Lucinium*, 5, t. XXII, col. 671-672; *De viris*, 135, t. XXIII, col. 717-719. Saint Jérôme a pris pour base le texte *italique* du Nouveau Testament, voir t. II, col. 115-118, dans la forme même (ou au moins dans une forme très semblable) du *Codex Brixianus*, *f*, et du *Codex Monacensis*, *q*, pour les Évangiles. Voir t. IV, col. 107, 109. Il l'a corrigé, non pas d'après des manuscrits latins, mais d'après des manuscrits grecs anciens. Or, Wordsworth et White ont déterminé, par la comparaison des passages corrigés, que saint Jérôme avait à sa disposition, pour les Évangiles, des manuscrits grecs de deux sortes : les uns semblables à ℵ, B, L et partiellement à D, et les autres d'une famille différente, dont il ne nous est parvenu aucun représentant, et pour les Actes des Apôtres, non des manuscrits de la recension occidentale, mais des témoins de la recension orientale, semblables à ℵ, A, B, C. *Novum Testamentum D. N. J. C. latine*, t. I, fasc. 5, Oxford, 1898, p. 653-672; t. II, fasc. 1, Oxford, 1905, p. X-XIII. Cf. E. Mangenot, *Les manuscrits grecs des Évangiles employés par saint Jérôme* (extrait de la *Revue des sciences ecclésiastiques*, janvier 1900). Saint Jérôme remplace des leçons italiennes par de meilleures leçons grecques, en empruntant peut-être parfois les termes latins aux autres versions latines qui avaient ces leçons. Toutefois il n'a pas appliqué partout sa méthode avec la même rigueur et la même perfection. Sa correction de l'Italique est complète dans les deux premiers Évangiles et dans la première partie du troisième. Dans la seconde partie de saint Luc et dans les premiers chapitres de saint Jean, il s'est borné à corriger le style et il a gardé les leçons du *Brixianus*. Dans le reste du quatrième Évangile, il a suivi une voie moyenne. L'*Amiatinus* et le *Fuldensis* sont les meilleurs représentants de sa version des Actes. Pour les Épîtres, l'auteur a adopté peu de leçons grecques et il s'est contenté de polir le texte latin et de le rendre plus élégant. Voir t. III, col. 1306-1307.

M. H. von Soden est arrivé aux mêmes conclusions que les critiques anglais. Il les a complétées et mises en rapport avec ses vues personnelles sur le texte grec du Nouveau Testament. Voir col. 2122. Dans les Évangiles, saint Jérôme a amélioré l'Itala pour le style, quand cela lui a paru nécessaire, et pour le fond, quand, comparaison faite avec le texte grec, l'écart de la version latine lui apparaissait trop fort. Il a donc gardé des leçons de l'Itala. Il ne semble pas avoir pris en considération les textes latins africains. Le texte grec, suivi par lui, est celui de I H K et non pas celui des recensions I, H, K. Saint Jérôme méprisait H et K et il ne voyait en elles que des perversions du texte grec. *Præfatio ad Damasum*, t. XXIX, col. 527. On ne trouve dans son texte aucune des leçons propres à I. Si le saint docteur a connu le Diatessaron de Tatien, il lui a reconnu peu d'autorité. Le texte grec qu'il suivait était donc le meilleur texte qui ait eu cours alors. Quant au style, il choisissait de nouveaux mots latins pour rendre les leçons grecques. Quelques traductions libres ont été rapprochées par lui du texte original. Enfin, l'orthographe a été modifiée. Le récit de la femme adultère, qui manquait dans les textes africains et italiens, aurait été introduit par saint Jérôme dans la version latine d'après les manuscrits grecs. *Die Schriften des Neuen Testaments*, § 350, 351, Berlin, 1906, t. I, p. 1524-1534. Pour les Actes des apôtres, le texte grec, suivi par saint Jérôme, est encore celui de IHK. Quand on trouve des leçons propres de K ou plus rarement de I, elles ne viennent pas de ces recensions, mais des anciennes versions latines. Ces dernières ont fourni encore des leçons qui portent des traces de l'influence des passages parallèles. Cependant quelques leçons particulières viennent de documents grecs. *Ibid.*, § 442, p. 1798-1802. Dans les Épîtres de saint Paul, saint Jérôme a suivi principalement l'ancien texte latin, et quand il s'en éloigne, il est d'accord encore avec IHK. Il n'a pas eu ici un texte grec différent de celui qui nous est connu, et ce texte était parfois accidentellement d'accord avec K. *Ibid.*, § 512, p. 2010-2011. Quant à l'Apocalypse, le texte de l'Itala est demeuré dans la Vulgate, et saint Jérôme a fait peu d'emprunts aux manuscrits grecs. Les leçons étrangères à IHK n'étaient pas dans l'œuvre du saint docteur; elles ont pénétré dans les manuscrits de la Vulgate. Le texte de la Vulgate est donc, pour l'Apocalypse, un très bon témoin du texte grec répandu avant la formation des recensions de ce livre. *Ibid.*, § 546, p. 2087-2088.

Vers le même temps, en 383-384, saint Jérôme revisa à Rome le Psautier sur le texte grec des Septante. Il le fit rapidement (*cursim*). *Præfatio*, t. XXIX, col. 117-119. Ce texte fut adopté en Italie et dans la liturgie romaine jusqu'au pontificat de saint Pie V, et c'est pourquoi il a été nommé Psautier *romain*. Ses leçons se lisent aujourd'hui encore dans les anciennes Messes du missel, dans l'invitatoire, les antiennes et les répons du Bréviaire. On le récite encore à la basilique Saint-Pierre de Rome. Il n'est pas entré dans l'édition officielle de la Vulgate.

Plus tard, à partir de 387, saint Jérôme revisa à

Bethléhem plusieurs livres de l'Ancien Testament sur le texte grec des Septante : d'abord, semble-t-il, le Psautier sur les Hexaples d'Origène ; aussi y introduisit-il les astérisques et les obèles. *Præfatio,* t. XXIX, col. 119-120. Ce psautier, employé dans la liturgie des Églises des Gaules, fut appelé, pour cette raison, Psautier *gallican.* Saint Pie V l'introduisit dans la liturgie romaine, Sixte V et Clément VIII dans l'édition officielle de la Vulgate. Voir t. III, col. 1307-1308.

A la même époque ou peu après, saint Jérôme revisa encore sur les Septante Job, *Præfatio,* t. XXIX, col. 59; voir t. III, col. 1308, puis les Proverbes, l'Ecclésiaste, le Cantique et les Chroniques. Voir les préfaces, t. XXVIII, col. 1241-1244, 1323-1328. Mais cette revision n'avait pas été trop profonde. La plus grande partie de ce travail était perdu déjà même du temps de saint Jérôme, et seul le livre de Job nous est parvenu dans cet état. Il a été édité pour la première fois par Martianay en 1693, puis par Vallarsi, en 1740 (dans *Pat. lat.,* t. XXIX, col. 61-114), puis par Sabatier en 1743. P. de Lagarde l'a réédité, *Mittheilungen,* 1887, t. II, p. 193-237; Caspari a publié une partie d'un manuscrit de Saint-Gall, Christiania, 1893. Voir t. III, col. 1564.

3° *Livres directement traduits sur le texte original.* — Saint Jérôme, qui avait commencé à apprendre l'hébreu avec l'aide d'un rabbin converti durant sa retraite au désert de Chalcis (373-378), *Epist.* CXXV, *ad Rusticum,* n. 12, t. XXII, col. 1079, reprit cette étude, lors de son séjour à Bethléhem. Il eut pour maître le juif Bar Anina, qui se faisait payer très cher les leçons qu'il donnait de nuit. *Epist.* LXXXIV, *ad Pammachium et Oceanum,* n. 3, col. 745. Rufin eut le mauvais goût de le nommer Barabbas et de dire que saint Jérôme le préférait à Jésus. *Apologia ad Hieronymum,* l. II, n. 12, t. XXI, col. 595. Cf. S. Jérôme, *Apologia adversus libros Rufini,* t. XXIII, col. 407. Pour traduire le livre de Job, Jérôme eut recours à un autre juif de Lydda, très célèbre, mais dont les leçons étaient payées chèrement. *Præfatio in Job,* t. XXVIII, col. 1081. Il éprouva de grandes difficultés à cette étude. *Præfatio in Daniel.,* t. XXVIII, col. 1292; *Epist.* CVIII, *ad Eustochium et Paulam,* n. 26, t. XXII, col. 902. Il y avait perdu son latin, car, depuis plus de quinze ans, écrivait-il en 386 ou 387, il n'avait pas ouvert Cicéron, Virgile et tout autre auteur profane. *Comment. in Epist. ad Gal.,* l. III, prol., t. XXVI, col. 399. Son but en traduisant les Livres saints sur le texte hébreu, était de rendre plus claire pour tous la « vérité hébraïque » et surtout de fournir aux apologistes chrétiens un texte biblique sûr, qui leur servirait dans la polémique avec les Juifs ; ils ne seraient plus ainsi exposés à s'entendre dire : Ce passage n'est pas dans l'hébreu. *Præfatio in translat. Isaiæ,* t. XXVIII, col. 774. Il y fut occupé de 390 à 405, avec une interruption, causée par la maladie, de 396 à 398. *Epist.* XLIX, 4, t. XXII, col. 512. Sur l'ordre dans lequel il traduisit les livres de l'Ancien Testament, voir t. III, col. 1308. Son *Psalterium hebraicum* n'est pas entré dans la Vulgate. Ses préfaces et ses lettres témoignent de l'opposition que souleva son projet : on lui reprochait de vouloir supplanter les Septante. Saint Augustin, qui avait fait bon accueil à sa revision du Nouveau Testament, ne comprenait pas son but et lui conseillait de se borner à revoir l'Ancien Testament sur les Septante. *Epist.* CXII, 20, t. XXII, col. 928.

Saint Jérôme avait pu se procurer le manuscrit hébreu dont on se servait à la synagogue de Bethléhem et il l'avait copié lui-même. *Epist.* XXXVI, *ad Damasum,* n. 1, t. XXII, col. 452. Il n'en avait pas d'autres à qui il put le comparer, et il lui était impossible de faire le travail de comparaison qu'il avait exécuté pour le Nouveau Testament. Les critiques modernes ont constaté que le texte dont il disposait ressemblait au texte établi par les massorètes, sans lui être absolument identique. Les différences sont peu nombreuses et ont peu d'importance. L'identité existe jusque dans certaines fautes de copistes, II Par., XXI, 5, 20; XXII, 1, 2; Is., XXXIX, 1 (Mérodach-Baladan); IV Reg., XX, 12 (Bérodach-Baladan); dans des coupes défectueuses de mots, I Reg., I, 24 ; Ezech., XLVIII, 11 ; Os., VI, 5 ; XI, 2; Zach., XI, 7 ; Ps. XVI, 3; LXXI, 3; LXXV, 2; LXXVI, 7; CVI, 7; dans l'omission des mêmes mots, III Reg., VIII, 16; Jos., II, 1; I Reg., XIV, 24-26; XXIX, 10, etc. ; dans des doubles leçons, gloses ou altérations diverses. II Reg., VI, 3, 4; Jon., I, 8; I Reg., III, 3-5; I Par., VI, 13; II Reg., III, 3. La conformité avec l'hébreu et l'opposition avec les Septante existent non seulement par la suppression des longues additions de la version grecque dans les livres des Rois, dans Jérémie et dans les Proverbes, mais encore en beaucoup de détails : par exemple, pour les nombres, I Reg., IX, 22; XI, 8 (deux fois); XIII, 5 ; XXIII, 13; XXVII, 2 ; XXX, 9; II Reg., XV, 7; III Reg., IX, 28; X, 16 (deux fois), 26; XII, 21; pour des lettres confondues. Driver, *Notes on the hebrew text of the books of Samuel,* Oxford, 1890, p. LXVI-LXVII, a cité vingt exemples tirés des Psaumes où les Septante ont lu ו lorsque le texte massorétique a י. Or, dix-sept fois, saint Jérôme est d'accord avec les massorètes. Voir encore Zach., V, 6. De même, ז et ד ont été confondus. Num., XXVI, 32, 36, 40, 57. Selon Wellhausen, *Einleitung in das A. T.,* de Bleek, 6e édit., Berlin, 1893, p. 557, saint Jérôme différerait des massorètes surtout dans la lecture des *matres lectionis.* Cependant, même sur ce point, il est parfois d'accord avec eux au sujet de l'écriture pleine. Ainsi Gen., XXIII, 16 : Ephron, Ephran, *Quæst. in Gen.,* t. XXIII, col. 973. Cf. W. Nowack, *Die Bedeutung des Hieronymus für die alttestamentliche Textkritik,* Gœttingue, 1875; H. P. Smith, *The value of the Vulgate Old Testament for textual criticism,* dans *Presbyterian and reformed Review,* avril 1891.

Saint Jérôme mettait parfois un soin particulier à lire son manuscrit. Ainsi pour le livre des Paralipomènes, dont les noms propres sont si défectueux dans les manuscrits grecs et latins, il en a collationné le texte d'un bout à l'autre avec un docteur de la loi de Tibériade, très renommé. *Præfatio ad Domninum et Rogatianum,* t. XXIX, col. 401-402. D'autres fois, il était plus pressé et c'est ainsi qu'il traduisit en un jour le livre de Tobie. *Præfatio in librum Tobiæ,* t. XXIX, col. 26. Il visita aussi toute la Palestine avec des juifs très instruits, afin d'être à même de traduire plus exactement les passages bibliques, qui ont trait à la géographie de cette contrée. *Præfatio in libr. Paralipom.,* t. XXIX, col. 401. Du reste, il se faisait aider par ses maîtres hébreux pour la traduction des passages difficiles. Il recourait enfin, quand il le jugeait nécessaire, aux versions grecques faites par les Juifs Aquila, Symmaque et Théodotion, qu'il connaissait par les Hexaples d'Origène. *Comment. in Eccle.,* prol., t. XXIII, col. 1011-1012; *Epist.* XXXII, *ad Marcellam,* t. XXII, col. 446.

C'est à ces anciennes versions juives ou à la tradition des rabbins qui furent ses maîtres qu'il a emprunté certaines interprétations singulières ou même erronées, qui s'écartent du texte hébraïque. Ainsi il doit à Symmaque la fausse traduction d'Eccle., VI, 5. Voici un certain nombre d'exemples, pris dans la Genèse seulement, où il a suivi la tradition rabbinique : *a principio,* II, 8; *usque ad convallem illustrem,* XII, 6; *in terram visionis,* XXII, 2; *abundantiam,* XXVI, 33; *verno tempore,* XXXV. 6; *vernum tempus,* XLVIII, 7; *quo nato, parere ultra cessavit,* XXXVIII, 5; *in bivio,* XXXVIII, 14. Cependant, il rejette certaines traditions rabbiniques, qu'il cite dans son *Liber quæstionum hebraicarum in Genesim.* Ainsi il traduit *Ur Chaldæorum,* Gen., XI, 28, quoiqu'il ait écrit *in igne Chaldæorum,* II Esd., IX, 7. Cf. J. Lagrange, *Saint Jérôme et la tradition juive dans la Genèse,* dans la *Revue biblique,* 1908, p. 563-566. La plus célèbre dépendance de cette tradition est, en dehors de la Genèse, la traduction de Josué, XIV, 10.

Il a exposé maintes fois les principes qu'il a appliqués dans sa traduction de l'Ancien Testament. *Epist.* CVI, *ad Suniam et Fretellam,* t. XXII, col. 837-867. Ce sont ceux, d'ailleurs, qu'il avait indiqués pour la traduction des livres profanes, dans son opuscule *De optimo genere interpretandi, Epist.* LVII, *ad Pammachium,* t. XXII, col. 568-579. Il évita avec soin de faire une traduction littérale et servile, rendant le texte mot à mot; il s'attacha plutôt à rendre exactement le sens de l'original. Cependant pour traduire l'Écriture, où l'ordre des mots n'est pas parfois sans un dessein mystérieux, il tint davantage compte de la littéralité. *Præfatio in Job,* t. XXVIII, 1081; *Præfatio in Judith,* t. XXIX, col. 39. Il cherchait donc avant tout à comprendre le texte et il a pu se rendre le témoignage de n'avoir rien changé à la vérité hébraïque. *Prologus galeatus,* t. XXVIII, col. 557-558. Nous avons constaté plus haut sa fidélité au texte massorétique. Ayant compris le texte, il s'efforçait de l'exprimer en latin correct et aussi élégant que possible. *Epist.* CVI, n. 54, t. XXII, col. 856. Il tenait compte des propriétés de la langue latine et il a adopté des locutions reçues, par exemple, ces termes de la mythologie ou des croyances populaires, *acervus Mercurii* Prov., XXVI, 8; *aruspices,* IV Reg., XXI, 6; *sirenes,* Is., XIII, 22; *lamia, onocentauri,* Is., XXXIV, 14; *fauni,* Jer., L, 39; *mulieres plangentes Adonidem,* Ezech., VIII, 14, etc., pour rendre des termes analogues de l'hébreu, qui n'auraient pas été compris des lecteurs latins, s'ils avaient été traduits littéralement, et qu'il était impossible même de rendre autrement que par des termes équivalents plus ou moins rapprochés. C'est encore pour se conformer au génie de la langue latine que le saint docteur a remplacé les phrases désarticulées de l'hébreu par des périodes. Ainsi Gen., XXVIII, 11; XXXI, 39; XL, 4. Un ablatif absolu traduit une phrase directe. Gen., XIII, 10; XIX, 16. Voir d'autres modifications de cette nature, Gen., XXXI, 32, 47; XXXII, 13; XXXIX, 19; XL, 5; XLI, 14, etc.

Par amour de la clarté, le traducteur latin ajoute parfois quelques mots d'explication, ou, par contre, pour éviter les répétitions, il abrège et résume, quand le texte hébreu est pléonastique. Un exemple d'abréviation se trouve, Eccle., VI, 2; des additions se rencontrent, Gen., XX, 16; XXXI, 31, 32, qui sont de la main du traducteur. Il y a des passages assez librement traduits, par exemple, Gen., XXXIX, 10-19; XL, 21-23; Lev., VI, 2-5; Num., XV, 11-16. Comme l'a remarqué le P. de Hummelauer, *Commentarius in libros Judicum et Ruth,* Paris, 1888, p. 20-22, les explications ajoutées pour éclaircir le texte sont assez fréquentes dans le livre des Juges. Voir quelques spécimens, II, 19; VIII, 1, 11; IX, 25, 36; XI, 39; XV, 9, 16, 19; XVII, 9; leur nombre augmente à partir du c. XIX. Le saint docteur traduisait alors *currente calamo.* Ses libertés de traduction se rencontrent dans le Pentateuque et les Juges, livres qu'il a traduits les derniers. Quelques menus changements, qui ne modifient pas le sens, semblent dus encore à l'amour de l'élégance et de la clarté, par exemple, I Sam., XXVIII, 6; II Reg., IV, 19, 23. Quand le texte hébreu présente un récit peu cohérent, saint Jérôme, par une tournure plus claire, par un mot d'explication, rend la suite des idées plus logique. Exemples : Gen., II 19; XV, 3; XIX, 29; XXXV, 9; XXXVII, 21, 22, 28; Exod., XIX, 25; Num., XXII, 22; Deut., I, 37, 38; Jud., XX, 9, 10; XXI, 9. Cf. F. Kaulen, *Geschichte der Vulgata,* Mayence, 1868, p. 176-179; A. Condamin, *Les caractères de la traduction de la Bible de saint Jérôme,* dans les *Recherches de science religieuse,* 1912, t. III, p. 105-138.

Le souci de saint Jérôme pour l'élégance apparaît surtout dans le soin qu'il mit à varier la traduction des mêmes expressions, souvent répétées dans le texte hébreu. Ainsi, au ch. Ier de la Genèse, les mots : *vayômér 'Ĕlôhîm,* qui reviennent neuf fois, sont rendus de cinq manières différentes : le *vav* est diversement traduit ou le verbe est exprimé par différents verbes latins. Au même endroit, *leminô* est traduit *juxta* (*secundum, in*) *genus* (ou *speciem*). Cf. Gen., VI, 20; VII, 14; Lev., XI, 14, 15, 16. Non seulement le même terme est traduit par différents mots latins en des passages très éloignés l'un de l'autre, parfois même il est rendu de deux façons dans le même verset. Gen., III, 2, 3, 6, 18, 19; XXIV, 1; Exod., VI, 14-19; III Reg., I, 1; Jos., XIII, 1; XXIII, 1, 2; I Reg., IX, 4; Gen., XLIX, 3; I Reg., X, 5, 10; I Par., XXVII, 25, 27, 38; Job, I, 16-18; Dan., III, 20, 21, 23, 25; V, 24, 25; II, 4, 6, 7, 9, 16, 24; V, 7, 12, 15. Ces variations nuisent parfois au sens : c'est le cas pour *genus* et *species* dans le ch. Ier de la Genèse. Belial est tantôt un nom propre, Deut., XIII, 12; Jud., XIX, 22; I Reg., I, 16; II, 12; X, 27; XXV, 17; II Reg., XVI, 7; XX, 1; XXII, 5; III Reg., XXI, 10; Nah., I, 13; Ps. CI, 3; II Par., XIII, 1; tantôt il devient un substantif commun ou un adjectif : *impius,* Deut., XV, 9; Prov., XVI, 27; *iniquus,* I Reg., XXV, 25; XXX, 22; Prov., XIX, 28; *apostata,* Prov., VI, 12; Job, XXXIV, 18; *prævaricator, prævaricatio,* II Reg., XXIII, 6; Nah., I, 11; *diabolus, diabolicus,* III Reg., XXI, 13; Ps. XVIII, 5; XLI, 9. *Naharah* devient *coluber,* Exod., IV, 3, *draco,* VII, 15; *thanain, coluber,* Exod., VII, 9, 10; *draco;* 12. Il en est ainsi pour les verbes : *gâ'* est rendu par *consumi,* Gen., VI, 17; VII, 21; XXXV, 29; Num., XVII, 12; par *deficere,* Gen., XXV, 8, 17; par *obire,* Gen., XLIX, 32; par *ad internecionem,* Num., XVII, 23; par *perire,* Num., XX, 3; Jos., XXII, 20; par *occumbere,* Num., XX, 30; *tûr,* employé douze fois, Num., XIII et XIV, est traduit *considerare, explorare, inspicere, lustrare, circuire, contemplari. Azâh* qui, au ch. XVI des Nombres, désigne ou bien l'assemblée d'Israël ou bien la troupe de Coré, est traduit : *synagoga, multitudo, concilium, populus, frequentia populi, globus, congregatio, universus populus.* Une prescription faite pour toujours l'est *ritu perpetuo, jure perpetuo, lege perpetua, religione perpetua, cultu sempiterno, legitimum, sempiternum erit, præceptum sempiternum.* Pour éviter des synonymes, des mots sont supprimés ou sous-entendus ou remplacés par des pronoms. Exemples : Laban, frère de sa mère, Gen., XXIX, 10, 11; et *suburbana ejus,* Jos., XXV, 13-16; I Par., VI, 67, 81. Voir encore Gen., VIII, 21; XII, 8; XIX, 29; XX, 17; XXVI, 3, 34; Jos., X, 12; III Reg., XII, 27. Quelquefois cependant le terme propre est conservé, malgré ses répétitions. Ainsi le verbe *maḥah* est rendu *delere,* Gen., VI, 7; VII, 4, 23; dans le récit de plaies d'Égypte, Exod., VII-X, *ḥâzaq* est traduit par *indurare,* sauf Exod., X, 1, et *kâbad* par *ingravare.* Dans les passages poétiques, la répétition qui est volontaire dans l'original et qui produit un effet poétique, disparaît dans la traduction. Exemple : Jer., IV, 23-26. Cependant, saint Jérôme, dans Osée, II, 19, 20, a employé trois fois *sponsabo* pour garder l'image, explique-t-il dans son commentaire. *Comment. in Ose.,* t. XXV, col. 840. D'autres répétitions, qui, dans la même strophe ou des strophes différentes, sont symétriques ou parallèles dans l'original, disparaissent dans la traduction. Voir Prov., IX, 3, 14, 4, 16. Voir A. Condamin, *Les caractères de la traduction de la Bible par saint Jérôme,* dans les *Recherches de science religieuse,* 1911, t. II, p. 425-440. Cependant le souci de l'élégance cède parfois la place à celui de la clarté, et saint Jérôme, malgré ses goûts classiques, emploie des mots et des tournures populaires, qu'il estimait plus aptes à rendre le sens de l'original. *Comment. in Ezech.,* XL, 5, t. XXV, col. 378. Ainsi il dit au masculin *cubitus, cubiti,*

Ezech., XL, 7, 9, 12, 14, 15, 19, etc. De même, il a adopté les mots *capitium*, Job, XXX, 18; *grossitudo*, III Reg., VII, 26; *capitellum*, *ibid.*, 41; *clusor*, IV Reg., XXIV, 14; *odientes*, II Reg., XXII, 11; *sinceriter*, Tob., III, 5; *uno* pour *uni* au datif, Exod., XXVII, 14; Num., XXIX, 14; *numquid* pour *nonne*, Gen., XVIII, 23; *adorare Domino*, Deut., XXVI, 10; *benedixit eum*, Gen., XXVIII, 1. Cf. Kaulen, *op. cit.*, p. 181-182.

Du reste, quelques-unes de ces expressions ou de ces constructions populaires étaient conservées de l'ancienne version latine. Saint Jérôme, en effet, nous apprend qu'en traduisant l'hébreu il a adapté son texte à la traduction des Septante, quand elle ne s'éloignait pas trop de l'original. *Comment. in Eccle.*, prol., t. XXIII, col. 1011. Les lecteurs latins étaient habitués aux formules anciennes, et on reprochait vivement à saint Jérôme de s'en écarter. *Præfatio in Job*, t. XXIX, col. 61. C'est pour ne pas heurter de front cet attachement à l'ancienne version que le nouveau traducteur conserva des hébraïsmes, qui avaient passé des Septante en elle. Ainsi *sermo* est mis pour *res*, II Reg., XII, 21; *verbum* est de même employé souvent pour *res*; *cum consummasset comedere*, Amos, VII, 2; *et adjecit Dominus rursum vocare Samuelem*, I Reg., III, 6; *addidit furor Domini irasci contra Israel*, II Reg., XXIV, 1; *juravit dicens : Si videbunt*, Num., XXXII, 10; *plorans ploravit*, Lam., I, 2; *in odoren suavitatis*, Ezech., XX, 41, etc. Le traducteur latin imitait ainsi, parfois peut-être inconsciemment, l'ancienne traduction latine, et il employait les expressions du latin populaire. Il dépend aussi de la version grecque dans des passages difficiles, qu'il ne comprenait pas très bien et qu'il traduisait littéralement, si même il ne transcrivait pas les termes grecs eux-mêmes. Kaulen a recueilli un certain nombre d'exemples de cette nature. *Geschichte der Vulgata*, p. 138-139. C'est par fidélité à l'ancienne version, faite sur les Septante, que saint Jérôme adopte le sens messianique que le texte original ne comporte pas. Ainsi Is., XI, 10; XVI, 1; Hab., III, 18; Jer., XI, 19; XXXI; 22. L'idée messianique est accentuée ou développée en certains autres passages : Is., XII, 3; XLV, 8; LI, 5, Jer., XXIII, 6; Dan., IX, 24-26.

Bref, malgré ses mérites de fidélité et d'élégance, la version de saint Jérôme, qui est la meilleure de toutes les versions anciennes de la Bible, n'est pas absolument parfaite. Un mot hébreu incompris a été simplement transcrit. II Reg., XVI, 18. On a relevé quelques contresens, rares il est vrai, par exemple, Gen., XIV, 5; XXVII, 39; Exod., II, 21; Deut., XXIX, 10. Kaulen, *op. cit.*, p. 175-176, lui reproche encore la traduction étymologique des noms propres, Gen., II, 8; Num., XXXIV, 7; I Reg., VII, 12, parfois différente, Gen., XII, 8; Deut., XI, 30; Jud., X, 1. Voir encore Is., V, 2; IX, 13; XIII, 22. Du reste, le mérite de la traduction varie selon les livres, parce que l'auteur y a mis plus ou moins de soin. Les livres historiques sont les mieux traduits : le sens en est exactement rendu et le style en est coulant. La traduction de Job est aussi très bonne. Dans les petits prophètes, la couleur hébraïque est souvent gardée ainsi que dans les grands prophètes. Les livres de Salomon sont soignés et bien rendus, malgré le peu de temps que saint Jérôme mit à les traduire. Le texte hébreu des Psaumes est fidèlement traduit, mais les beautés poétiques du style ont souvent disparu. Les livres de Judith et de Tobie se ressentent de la hâte mise à leur traduction; aussi ressemblent-ils beaucoup au texte de l'Itala. F. Kaulen, *op. cit.*, p. 179-180. Voir t. II, col. 1308-1309. Ce qui fait la supériorité de la version de saint Jérôme sur les autres traductions anciennes de la Bible, c'est qu'elle est une œuvre scientifique, le travail d'un lettré, tandis que les précédentes avaient plutôt les caractères d'œuvres d'utilité pratique. Son auteur avait appris de son mieux une langue étrangère; il s'était entouré de tous les secours qui étaient à sa disposition; il combina heureusement les traditions juives et chrétiennes et, pour le style, il tint compte des exigences du bon goût.

Sur les caractères de sa traduction, voir W. Nowack, *Die Bedeutung des Hieronymus für die alttestamentliche Textkritik*, Gœttingue, 1875; G. Hoberg, *De sancti Hieronymi ratione interpretandi*, Fribourg-en-Brisgau, 1886.

Sur la langue et la grammaire de la Vulgate, voir J. Weitenauer, *Lexicon biblicum, in quo explicantur Vulgatæ vocabula et phrases*, 2e édit., Augsbourg, 1780; H. Rönsch, *Itala und Vulgata*, 2e édit., Marbourg, 1875; F. Kaulen, *Handbuch zur Vulgata*, Mayence, 1870; J. A. Hagen, *Sprachliche Erörterungen zur Vulgata*, Fribourg-en-Brisgau, 1863; J. B. Heiss, *Beitrag zur Grammatik der Vulgata Formenlehre*, Munich, 1864; V. Loch, *Materialien zu einer latein. Grammatik der Vulgata*, Bamberg, 1870; L. Hake, *Sprachliche Bemerkungen zu dem Psalmentexte der Vulgata*, Arnsberg, 1872; H. Gœlzer, *Étude lexicographique et grammaticale de la latinité de saint Jérôme*, Paris, 1884; G. A. Salfeld, *De Bibliorum Sacrorum Vulgatæ editionis græcitate*, Quedlinbourg, 1891; A. Hartld, *Sprachliche Eigenthümlichkeiten der Vulgata*, Ried, 1894; W. M. C. Wibroy, *The participle in the Vulgate New Testament*, Baltimore, 1892; L. B. Andergassen, *Ueber den Gebrauch des Infinitivs in der Vulgata*, Bozen, 1891.

Conclusion. — De l'aveu unanime de tous les critiques modernes, l'œuvre de saint Jérôme est la meilleure des anciennes versions de l'Écriture. Cf. Brunati, *Del nome, dell' autore, de' correctori e dell' autorità della versione Volgata*, dans *Dissertazioni bibliche*, Milan, 1838, p. 69-75; Glaire, *Sainte Bible selon la Vulgate*, 3e édit., 1889, t. I, p. XI-XII. Son mérite propre provient des efforts consciencieux de l'auteur pour réaliser sérieusement son entreprise. Les traductions précédentes étaient ou bien des essais destinés à mettre les livres sacrés des Juifs et des chrétiens à la portée de nombreux fidèles qui ignoraient les langues originales, ou bien des versions de versions. Leurs auteurs ne se proposaient qu'un but d'utilité pratique et n'avaient pas l'intention de faire des œuvres scientifiques. En recourant directement aux textes originaux, soit pour corriger l'*Itala* du Nouveau Testament, soit pour faire connaître aux chrétiens la *veritas hebraica*, saint Jérôme visait plus haut que l'utilité pratique; il voulait donner à l'Église un travail scientifique. Il a réussi, dans une bonne mesure, à atteindre ses fins. Sa version « combine très heureusement les recherches personnelles avec le respect de la tradition juive et chrétienne, tient compte des justes exigences du bon goût et remplit ainsi toutes les conditions nécessaires, pour faire un travail excellent. » F. Vigouroux, *Manuel biblique*, 12e édit., Paris, 1906, t. I, p. 222.

Ainsi supplanta-t-elle peu à peu les autres versions latines et devint-elle la seule en usage dans l'Église latine, ainsi que nous le montrerons en racontant son histoire. Elle a fini par être approuvée solennellement par le concile de Trente, et elle continue à être employée dans la pratique quotidienne et la liturgie officielle de l'Église latine. Son texte a été étudié par les théologiens, expliqué et commenté par les exégètes, prêché aux fidèles, lu par tous les chrétiens tant en lui-même que dans les nombreuses traductions en langue vulgaire qui en dérivent. Il a donc servi pendant des siècles et il servira longtemps encore à l'édification de la foi, de la théologie et de la piété chrétienne dans la plus grande partie du monde chrétien. La Vulgate a donc exercé et elle exercera encore une influence, incomparable à aucune autre, parmi les fidèles de l'Église latine et romaine. C'est par excellence la version ecclésiastique de l'Écriture, l'instrument providentiel de la diffusion de la révélation divine au sein de l'humanité, et le véhicule de la pensée du Saint-Esprit à travers le monde entier.

III. Manuscrits. — Voir t. iv, col. 692, 695-698, et la liste supplémentaire de Gregory, *Textkritik des N. T.*, Leipzig, 1909, t. iii, p. 1335-1343, qui arrive au total de 2472. Quelques-uns ont des articles spéciaux dans ce Dictionnaire : l'*Amiatinus*, t. i, col. 480-483 (avec fac-similé); le *Bigotianus, ibid.*, col. 1794; le *Bodleianus, ibid.*, col. 1825; le *Cavensis*, t. ii, col. 353; le *Forojuliensis, ibid.*, col. 2317-2318; le *Fuldensis, ibid.*, col. 2413; le *Gigas librorum*, t. iii, col. 238-239; le *Kenanensis*, col. 1886-1887; le *Legionensis* (I, II et III), t. iv, col. 159-160; le *Lindisfarnensis, ibid.*, col. 267; le *Paulinus, ibid.*, col. 2232; le *Toletanus*, t. v, col. 2264-2265; le *Vindobonensis*, col. 2437; l'*Urbinas*, col. 2358.

IV. Histoire. — Cette histoire n'est pas encore parfaitement tirée au clair pour toutes les époques, quoiqu'elle soit de jour en jour mieux connue. Ses premiers temps sont les moins explorés et nous ne pouvons les caractériser que par leurs traits généraux.

1° *Au* v*e et au* vi*e siècle.* — La nouvelle version de saint Jérôme fut discutée du vivant même de son auteur, qui nous l'apprend lui-même en plusieurs de ses préfaces, notamment dans ses deux préfaces au livre de Job, t. xxviii, col. 1079; t. xxix, col. 61. Rufin, devenu son adversaire, le traita d'hérétique et de faussaire, dans ses *Invectivæ*. Cf. S. Jérôme, *Apologia adversus libros Rufini*, ii, 24-35, t. xxiii, col. 447-456. Saint Augustin n'approuva pas d'abord le dessein de saint Jérôme de faire une version nouvelle sur l'hébreu et il conseillait au saint docteur de se borner à reviser l'ancienne traduction latine sur les Septante. *Epist.* lvi, civ, t. xxii, col. 566, 832-834. Saint Jérôme justifia son entreprise et exposa à l'évêque d'Hippone les raisons qui l'y avaient engagé. *Epist.* cv, cxii, col. 834-837, 928-931. Vers la fin de sa vie toutefois, l'évêque d'Hippone, satisfait par les explications de saint Jérôme, *Epist.* cxvi, n. 34, t. xxii, col. 952, reconnut le mérite de l'œuvre du solitaire de Bethléhem et il la cita pour prouver l'éloquence des prophètes d'Israël. *De doctrina christiana*, iv, 15, t. xxxiv, col. 95. Quant au Nouveau Testament, saint Augustin suivait soit la revision de saint Jérôme, soit l'ancienne version. Nous en avons deux exemples curieux dans son traité *De consensu evangelistarum*, en 400, où il se sert des deux versions des Évangiles, et dans sa controverse avec le manichéen Félix, en 404 : il y cite Luc, xxiv, 36-49, d'après le texte revu et Actes, i, 1-ii, 12, selon le texte africain. *De actis cum Felice manichæo*, l. I, c. iii-v, t. xlii, col. 520-522; *Corpus* de Vienne, 1892, t. xxv, fasc. 2, p. 802-807. On retrouve aussi des leçons africaines des mêmes chapitres des Actes dans *Contra epistolam quam vocant Fundamenti*, c. ix, t. xlii, col. 179-180; *Corpus* de Vienne, 1891, t. xxv, fasc. 1, p. 203-205; *Ad catholicos epistola, de unitate Ecclesiæ*, c. xi, n. 27, t. xlii, col. 409-410. Cf. F. C. Burkitt, *The Old latin and the Itala*, dans *Texte and studies*, Cambridge, 1896, t. iv, n. 3, p. 57-58, 68-78. Du vivant de saint Jérôme, Sophrone, patriarche de Constantinople, traduisit en grec la version latine des Psaumes et des Prophètes. *De viris*, 134, t. xxiii, col. 715. En 398, un évêque d'Andalousie, nommé Lucinius, avait envoyé des scribes à Rome et à Bethléhem pour prendre copie de la Bible sous les yeux de saint Jérôme; ils rapportèrent un exemplaire presque complet, auquel il ne manquait que le Pentateuque. S. Jérôme, *Epist.* lxxi, *ad Lucinium*, 4, t. xxii, col. 671, cf. col. 683. Mais nous ne savons pas quel était le texte de cette Bible.

Malgré sa supériorité sur les anciennes versions latines, la traduction de saint Jérôme ne passa pas vite dans l'usage public et universel, tant était grand l'attachement aux vieux textes, et ce ne fut que progressivement qu'on en reconnut le mérite. Peu à peu on en vint à la préférer aux anciennes traductions. C'est en Gaule qu'elle se répandit d'abord insensiblement, sans qu'on puisse fixer la date de son introduction en ce pays. Cassien, *Collat.*, xxiii, 8, t. xlix, col. 1259, l'appelle *emendatior translatio.* Prosper d'Aquitaine approuve l'œuvre de saint Jérôme à Bethléhem. *Chronic.*, ann. 386, t. li, col. 586. Saint Eucher de Lyon en fait usage et cite une fois au moins le psautier hébraïque. Voir *Libellus de formulis spiritualis intelligentiæ*, édit. F. Pauly, Graz, 1884. Dom Chapman, *Notes on the early history of the Vulgata Gospels*, Oxford, 1908, p. 173-177. Saint Vincent de Lérins, saint Mamert, Fauste de Riez, Salvien se servent de la version de saint Jérôme. Dom Chapman, *op. cit.*, p. 164-173. Saint Césaire d'Arles remplace les citations des Psaumes, faites par saint Augustin d'après l'ancien Psautier, par les leçons du Psautier romain. G. Morin, dans la *Revue bénédictine*, juillet 1899, p. 293. Le texte de ses sermons est si mal assuré qu'on ne pourra déterminer quel texte latin des Écritures il suivait que quand aura paru l'édition critique de ses œuvres que prépare dom Morin. Saint Avit de Vienne cite partiellement la version de l'Ancien Testament par saint Jérôme, ainsi que saint Grégoire de Tours, mais le texte est déjà un texte mêlé de leçons de l'ancienne version. Cf. Sam. Berger, *Histoire de la Vulgate pendant les premiers siècles du moyen âge*, Paris, 1893, p. 1-5; M. Bonnet, *Le latin de Grégoire de Tours*, Paris, 1890, p. 54. Les poètes latins du v*e* siècle, Hilaire, Dracontius, Cl. Victor, saint Avit et l'auteur du *De Sodoma* se sont inspirés surtout de la Vulgate et les emprunts qu'ils ont faits à l'Italique sont assez rares. S. Gamber, *Le livre de la Genèse dans la poésie latine au* v*e siècle*, 1899.

En Afrique, on garde les anciens textes. On croyait qu'il en avait été de même dans la Grande-Bretagne et que saint Patrice avait cité la vieille version. Dom Chapman, *op. cit.*, p. 162-164, a montré que ce saint citait la Vulgate. Au commencement du v*e* siècle, la version de saint Jérôme était citée dans les écrits du Breton Fastidius. A Rome, le pape saint Léon cite encore la vieille traduction des Évangiles. Sedulius Marius Mercator, Victor de Vite et le pape Vigile ont adopté la version de saint Jérôme. Dans ses *Morales sur Job*, saint Grégoire le Grand explique la nouvelle traduction, tout en recourant, à l'occasion, à l'ancienne et il déclare que le siège apostolique se sert de ces deux versions. *Epist. miss.*, c. v, t. lxxv, col. 516. Ce pape cite aussi la Vulgate dans ses *Homélies sur les Évangiles* et ses leçons ont exercé une grande influence sur les manuscrits de la Vulgate. Dom Chapman, *op. cit.*, p. 203-210. Au sud de l'Italie, Cassiodore possédait dans son monastère de Vivarium un manuscrit de l'ancienne version latine, et un autre de la traduction de saint Jérôme. Dans son commentaire du Psautier, il interprète le Psautier romain. Soucieux d'offrir à ses moines un texte pur, il fit transcrire la version hiéronymienne en neuf manuscrits, et pour faciliter la lecture, il avait divisé le texte en *cola* et en *commata. Instit. div.*, c. xii, t. lxx, col. 1124. Il a apporté un soin spécial à l'édition du Psautier, des Prophètes et des Épîtres apostoliques; malgré son grand âge, il a lu lui-même les neuf codices en entier, en les collationnant avec d'anciens manuscrits que ses amis lisaient en sa présence. *Ibid.*, *præf.*, col. 1109. En tête de chacun des livres, il avait mis des sommaires analytiques, réunis à part dans son *Liber titulorum.* Il conseille à ses moines de recopier attentivement son texte et d'éviter les fautes de transcription. Il donne les règles à suivre pour corriger les fautes des copistes, *ibid.*, c. xiv, xv, col. 1126-1131, et il annonce qu'il publiera un traité *De orthographia*, reproduit par Migne, *ibid.*, col. 1239-1270. Cf. *Instit.*, c. XXX, col. 1144-1146. On ignore quelle influence a exercée sur la transmission du texte hiéronymien l'édition de Cassiodore. Voir t. II, col. 338-340. Si l'*Amiatinus* reproduit un prologue cassiodorien, le texte biblique de ce manuscrit n'est pas, selon le sentiment commun des critiques, celui de Cassiodore. Voir t. I, col. 482. Voir plus loin le sentiment de dom Chapman.

Deux cents ans environ après la mort de saint Jérôme, sa version était reçue universellement dans l'Église latine, au témoignage de saint Isidore de Séville. *De officiis ecclesiasticis*, I, XII, 8, t. LXXXIII, col. 748. Aussi, un siècle plus tard, Bède l'appelle-t-il simplement « notre édition » et ne connait-il plus l'édition précédente que sous le nom d'*antiqua translatio*. *Hexaemeron*, l. I; *Super parabolas Salomonis allegorica expositio*, l. II, t. XCI, col. 52, 57, 1010. Cependant, des parties des anciennes versions latines furent encore recopiées jusqu'au XIIIe siècle, et parfois au milieu des manuscrits du texte hiéronymien. Voir t. IV, col. 693-694. La nouvelle œuvre avait donc mis du temps à prédominer et à supplanter les anciens textes. Son triomphe toutefois n'était pas complet, car, durant les deux siècles qui l'avaient précédé, le texte de saint Jérôme ne s'était pas transmis pur de tout alliage. Les leçons des versions antérieures, que le saint docteur avait voulu éliminer, en revisant les anciens textes ou en donnant aux latins la vérité hébraïque, étaient rentrées dans son propre travail. Écrites d'abord aux marges des manuscrits du nouveau texte par des lecteurs qui avaient constaté leur disparition, elles étaient réintroduites dans le texte même par de nouveaux copistes. Elles sont nombreuses surtout dans les livres de Samuel, voir col. 1144, et dans les Proverbes, voir col. 794. Les écrivains gaulois du Ve et du VIe siècle, qui se servaient simultanément des deux versions, avaient déjà en mains des textes mêlés, et leurs citations de saint Jérôme étaient contaminées par des leçons « européennes » ou « italiennes ». La version hiéronymienne aurait donc eu dès lors besoin d'être corrigée et ramenée à sa pureté première. Mais personne ne semble l'avoir remarqué à cette époque, et il faudra attendre jusqu'au VIIIe siècle pour que ce travail de revision fût entrepris.

Nous ne pouvons, en effet, nous rallier à l'hypothèse, plusieurs fois émise, sans succès du reste, par M. A. Dufourcq, d'une correction ou expurgation des textes bibliques, du Nouveau Testament surtout, faite par les catholiques en Italie ou en Gaule, d'une façon plus précise, à Lérins, à Vivarium et à Rome, au Ve ou VIe siècle, à l'encontre des néo-manichéens de l'époque qui avaient altéré les textes sacrés. *De manichæismo apud Latinos quinto sextoque sæculo atque de latinis apocryphis libris* (thèse), Paris, 1900, p. 71-79; *Étude sur les Gesta martyrum romains*, Paris, 1910, t. IV, p. 240-260; *Histoire de l'Église du IIIe au XIe siècle. Le christianisme et les barbares*, 3e édit., Paris, 1911, t. V, de *L'avenir du christianisme*, p. 88. Cf. E. Mangenot, *Une recension de la Vulgate en Italie au Ve ou VIe siècle* (extrait de la *Revue du clergé français*, du 1er décembre 1901), Paris, 1901. Les indices que M. Dufourcq fournit de cette revision, à savoir, le prologue *Primum quæritur*, de l'Épître aux Romains, le prologue *Non idem est ordo*, placé en tête des Épîtres catholiques, la préface *Tres libros Salomonis*, qui précède le livre des Proverbes, l'édition de Cassiodore et le décret pseudo-damasien *De libris recipiendis*, prouvent bien que les catholiques ont discuté avec les priscillianistes et les néo-manichéens de cette époque sur le terrain biblique, qu'ils ont tenu, comme Cassiodore, à joindre des préfaces aux livres bibliques, que quelques-unes d'elles ont été fabriquées et placées sous l'autorité de saint Jérôme. Ces documents peuvent prouver encore que l'ordre des Livres Saints a été modifié diversement dans les manuscrits copiés alors; mais ils ne gardent pas la moindre trace, sinon au sujet du fameux verset des trois témoins célestes (ce qui est un cas tout particulier), d'une recension de la version hiéronymienne, entreprise en vue de faire disparaître les falsifications manichéennes du texte sacré. Les manuscrits altérés par les manichéens ont été brûlés par ordre de saint Léon le Grand et personne parmi les catholiques n'a eu besoin de les corriger. En tout cas, s'il y a eu à cette époque une véritable recension du texte, il n'y a aucun indice qu'elle a exercé une influence réelle sur le texte de la Vulgate latine. C'est par un autre moyen, par l'étude des manuscrits du VIIe et du VIIIe siècle, que nous pouvons nous faire quelque idée de l'état du texte de la Vulgate au VIe siècle.

2° *Les manuscrits latins du texte qui avait cours avant le milieu du VIIIe siècle.* — Samuel Berger, *op. cit.*, p. 8-111, en a distingué deux catégories très homogènes, ayant chacune leur couleur propre et locale, les Bibles espagnoles et irlandaises, qui ont envahi la France à l'époque mérovingienne et lui ont fourni des textes mêlés et sans caractère propre. D'autres textes ont existé à Saint-Gall et au nord de l'Italie.

1. *Les Bibles espagnoles.* — Elles nous ont conservé le texte entier de l'Écriture. Dès leur première apparition, elles se présentent avec un caractère absolument à part et une originalité exclusive. Elles constituent une recension unique par ses sommaires, par les nombreuses leçons de l'ancienne Vulgate qu'elles contiennent, notamment quelques-unes du texte « italien » qu'on a retrouvées dans les œuvres de l'évêque d'Avila, Priscillien, et par ses interpolations propres. Vercellone avait établi que leur texte est celui du bréviaire et du missel mozarabes, ce qui suffit à déterminer leur patrie. Cette recension est reproduite avec assez peu de variantes dans tous les manuscrits visigoths de la Bible. On la reconnait dans les débris de la plus ancienne Bible espagnole (palimpseste de la cathédrale de Léon, dont le texte biblique est du VIIe siècle environ), et dans les beaux manuscrits espagnols de l'occupation arabe, dont le *Toletanus*, du VIIIe siècle, est le type. Le *Cavensis* (VIIIe-IXe siècle) est aussi un texte visigoth pur. L'éditeur de cette recension est l'écrivain qui s'est caché sous le nom de Peregrinus et qui avait corrigé les canons de Priscillien sur saint Paul. S. Berger avait cru reconnaître sous ce pseudonyme le moine espagnol Bachiarius, qui avait pris le surnom de *peregrinus*, t. XX, col. 1024. Mais Bachiarius est resté simple moine et n'a jamais été évêque; il ne peut donc pas être l'éditeur de la recension espagnole. Wordsworth et White, *Novum Testamentum D. N. J. C. latine*, Oxford, 1898, t. I, fasc. 5, p. 708.

Les autres Bibles espagnoles, tout en reproduisant foncièrement cette recension, forment deux groupes, qui paraissent dériver l'un et l'autre du texte du *Toletanus*. Le groupe le plus nombreux, qui est aussi bien délimité géographiquement que constant dans son texte, très rapproché de celui du *Toletanus*, se concentre dans le royaume de Léon et étend son influence sur la haute vallée de l'Èbre. On peut le nommer « léonais ». Il est représenté par la deuxième bible de Ximénès (n. 32 de l'université de Madrid), IXe-Xe siècle, la Bible de San-Millan, Xe, celle de la cathédrale de Léon, datée de 920, le *Codex gothicus Legionensis* (collégiale de San-Isidro), de 960, le manuscrit *2, 2* de la cathédrale de Tolède, XIe, le manuscrit *A, 2* de la Bibliothèque nationale de Madrid, XIe, la Bible du *Museo arqueologico* de Madrid, XIIe, la troisième Bible d'Alcala (n. *33* et *34* de l'université de Madrid), XIIe-XIIIe, le manuscrit de San Isidro de Léon (n. *1-3*), copie du *Legionensis*, prise en 1162. Le second groupe, dit « castillan », comprend deux manuscrits espagnols, la première bible d'Alcala (n. *31* de l'université de Madrid), IXe siècle, et celle du maréchal de Noailles (Bibliothèque nationale de Paris, latin *6*), X^e, qui diffèrent beaucoup des manuscrits visigoths et sont remplis du souvenir de saint Isidore de Séville. Cette recension a été établie au IXe siècle en Castille et au Xe en Catalogne. Voir encore dom Andrés, *El codex visigotico de la Bibla de San Pedro de Cardena* (Xe siècle), dans *Boletin de la Real Academia de la Historia*, 1912, t. LX, p. 101.

2. *Les Bibles irlandaises et anglo-saxonnes.* — L'usage de la version de saint Jérôme en Grande-Bretagne et en Irlande n'est guère attesté avant le VIIIe siècle que par les citations bibliques des écrivains irlandais ou bretons. M. Haddan, dans Haddan et Stubbs, *Councils and eccl. documents relat. to Gr. Britain and Ireland*, Oxford, 1869, t. I, p. 192, l'a constaté dans les œuvres de saint Gildas, au VIe siècle, et il a conclu que le texte cité ressemblait à celui du *Codex Amiatinus*, sans lui être pourtant identique. Aux VIIe et VIIIe siècles, la nouvelle version a pénétré en Écosse et en Irlande et se retrouve dans les écrits de Cummian et d'Adaman et dans les documents du droit canon irlandais. L'ancien texte biblique, qui était usité en Irlande et dont on rencontre des traces dans les citations irlandaises de la Vulgate hiéronymienne, était un texte « européen », dont nous avons un témoin excellent dans le *Codex Usserianus*, pour les Évangiles. Les manuscrits irlandais et anglo-saxons de la Vulgate sont très nombreux, mais, sauf de rares exceptions, ils ne sont pas beaucoup plus anciens que le VIIIe siècle et ils ne reproduisent pas une Bible complète. Ils sont étroitement groupés entre eux et leur témoignage est unanime. Leur texte est formé de la fusion des manuscrits romains, apportés par les apôtres de la Grande-Bretagne, et des manuscrits irlandais antérieurs. Cette fusion a commencé dans le Kent et les manuscrits qui portent le nom de saint Augustin de Cantorbéry (deux Évangiles du VIIe siècle : n. *286* à Corpus Christi College de Cantorbéry et Bodley *857*, et un Psautier du XVe siècle, ms. Cotton. *Vespar. A. 1*), ont déjà un texte un peu mêlé, ayant la saveur du terroir irlandais. Dom Chapman a soutenu toutefois que les manuscrits de saint Augustin de Cantorbéry n'avaient pas de leçons irlandaises et étaient des textes romains purs. *Notes on the early history of the Vulgate Gospels*, Oxford, 1908, p. 181-202. Il a rapproché leur texte des Évangiles des citations des *Homélies* de saint Grégoire le Grand, p. 210-216. Les meilleurs manuscrits du type irlandais proviennent de Murcie ou de Northumbrie : ils reproduisent la version hiéronymienne avec les interpolations irlandaises caractéristiques. L'introduction de ce texte en Angleterre est due à Théodore de Tarse, archevêque de Cantorbéry (668-690), et à Wilfrid, évêque d'York (667-709). Les abbés de Wearmouth et de Jarrow dans le Northumberland, Benoît Biscop et Ceolfrid, rapportent de Rome, à chacun de leurs pèlerinages, des copies de la Vulgate, desquelles dérivent les manuscrits northumbriens. Le meilleur est le célèbre *Codex Amiatinus*, écrit en 716. Voir t. I, col. 480-483. Le texte des Évangiles a dû être copié sur le manuscrit napolitain du moine Adrien. Voir dom Morin, *La liturgie de Naples au temps de S. Grégoire*, dans la *Revue bénédictine*, 1891, t. VIII, p. 481-483. Le fragment d'Utrecht et le fragment de Durham (*A. II, 17*) sont deux frères et peut-être deux frères jumeaux de l'*Amiatinus*. Il faut rapprocher du même codex le Stonyhurst St. John et le manuscrit de Durham (*A. II, 16*), écrit de la main de saint Bède. Le plus beau de tous les manuscrits northumbriens est le *Lindisfarnensis, Book of Lindisfarne*, au British Museum (*Nero D. IV*). Il est signé d'Ædfrith, qui occupa le siège de l'île sainte (698-721) et il reproduit un calendrier liturgique de l'Église de Naples. Voir dom Morin, *loc. cit.*; dom Chapman, *op. cit.*, p. 45-77. D'autres manuscrits en grand nombre reproduisent le texte irlandais, mais plus mêlé de leçons étrangères. S. Berger a étudié surtout les manuscrits de Dublin : le *Codex Durmachensis, Book of Durrow* (Trinity College, *A. 4, 5*), le *Codex Kenanensis, Book of Kells* (Trinity College, *A. 1, 6*), le deuxième manuscrit d'Ussher (Trinity College, *A. 4, 6*), le Stowe St. John (bibliothèque de Royal Irish Academy) et il se borne à citer 23 autres manuscrits irlandais. *Op. cit.*, p. 43-44. Il avait parlé auparavant, p. 31-34, du *Book of Armagh* et du *Book of Mulling*, les deux plus importants manuscrits nationaux de l'Irlande, qui sont du IXe siècle seulement, et qui reproduisent des textes de transition entre les anciens textes irlandais et le texte northumbrien proprement dit.

Les Irlandais ont transporté leur texte biblique en dehors des Iles britanniques. La Neustrie, l'Austrasie, l'Alémanie, la Rhétie et l'Italie ont connu des manuscrits du type irlandais. La première de ces contrées nous offre d'abord trois manuscrits de Tours, aujourd'hui dispersés : le manuscrit de Saint-Gatien (Bibliothèque nationale de Paris, nouvelles acquisitions, *1587*), du VIIIe siècle, que J. M. Heer vient d'éditer, *Evangelium Gatianum*, Fribourg-en-Brisgau, 1910; le manuscrit de Marmoutiers (British Museum, Egerton *609*), du IXe; le n. *22* de la bibliothèque publique de Tours, aussi du IXe. Deux autres manuscrits s'en rapprochent par la géographie et le texte : le n° *13 169* de la Bibliothèque nationale de Paris, du Xe siècle, et le n° *20* de la bibliothèque d'Angers. Il faut mettre à côté d'eux le manuscrit dit d'Æthelstan (British Museum, *I. A. XVIII*), du IXe-Xe siècle, dont l'origine est inconnue, et enfin le *Codex Bigotianus* (Bibliothèque nationale de Paris, lat. *281* et *298*), du VIIIe siècle, en écriture onciale. Tous ces manuscrits ne contiennent que les Évangiles. Les Épîtres et l'Apocalypse sont reproduites dans un manuscrit (Harléien, *1772*), du VIIIe-IXe siècle, dont l'ornementation est irlandaise, sinon le texte lui-même. Pour l'Ancien Testament, il n'y a à signaler sur le continent que le Psautier double de Saint-Ouen (bibliothèque de Rouen, *24*), du Xe siècle, et le manuscrit des prophètes (Bibliothèque nationale, *9382*), du IXe. En Austrasie, il y avait à l'abbaye de Saint-Arnoul de Metz un manuscrit anglo-saxon des Évangiles, qui est du VIIIe siècle et qui appartient aujourd'hui à la bibliothèque princière d'Œttingen-Wallerstein. L'abbaye d'Echternach possédait un autre manuscrit des Évangiles, écrit en une belle semi-onciale saxonne du VIIIe siècle. Il est maintenant à la Bibliothèque nationale de Paris, *9389*. Son texte est nettement irlandais. Une note de première main, copiée sur quelque vieil exemplaire, porte la date 558 et déclare que le texte a été corrigé, au temps de Cassiodore, avant d'être transcrit, sur le manuscrit d'Eugippius, l'auteur de la vie de saint Séverin et l'abréviateur de saint Augustin. Cette note rattache le texte irlandais à un manuscrit napolitain du VIe siècle. Des manuscrits de Wurzbourg, le manuscrit dit de saint Kilian (*Mp. th. q. 1*[a]) ne semble avoir rien d'irlandais, mais trois autres proviennent véritablement des Iles britanniques : pour les Évangiles, le ms. *Mp. th. f. 61*, écrit au VIIIe siècle, et pour saint Paul, les deux mss. *Mp. th. f. 12*, du IXe, et *Mp. th. f. 69*, qu'on dit être du VIIIe. Le *Laudianus* latin *102* de la Bodléienne vient de Wurzbourg et il est écrit en une minuscule saxonne qui paraît être du début du Xe siècle. Il contient les Évangiles et son texte, qui est composite, a des leçons irlandaises. En Alémanie, nous trouvons le ms. *10* de Saint-Gall, écrit au xe siècle par l'irlandais Faelan, le ms. *51* des Évangiles, qui paraît être du VIIIe siècle, et le no *60* de la bibliothèque conventuelle, du VIIIe-IXe siècle, qui ne contient que le quatrième Évangile. Des manuscrits de Reichenau, on conserve à Karlsruhe, à la bibliothèque du grand-duc, l'*Augiensis 211*, qui semble être de la fin du IXe siècle et dont le texte a des leçons irlandaises caractéristiques. La Suisse possède beaucoup de manuscrits irlandais : à la bibliothèque de l'université de Berne, le no *671* est un joli petit manuscrit des Évangiles, écrit entre le IXe et le XIe siècle; à Genève, un manuscrit des Évangiles, no *6*, écrit entre le VIIIe et le IXe siècle. De la Rhétie provient le *Livre des confraternités de l'abbaye de Pfäffers*, du commencement du IXe siècle, conservé aujourd'hui aux archives conventuelles de Saint-Gall; il contient des extraits des Évangiles, dont le texte est absolument irlandais. Enfin, un manuscrit de Bobbio (*I. 61* superior de la bibliothèque ambrosienne de Milan), d'une écriture semi-onciale irlandaise du VIIIe siècle, présente des leçons et des corrections irlandaises. Tous les textes irlandais avaient été exécutés sur le continent par des moines irlandais.

L'étude des manuscrits irlandais de la Bible nous a déjà fourni trois indices de rapports entre le texte irlandais et le sud de l'Italie. Avec l'*Amiatinus* est venue à Jarrow la copie d'un prologue de Cassiodore; Lindisfarne a reçu un livre d'Évangiles venant de Naples; un manuscrit anglo-saxon, écrit probablement à York, reproduit un texte corrigé sur l'original d'Eugippius. Ces renseignements ont amené dom Chapman à rattacher le texte northumbrien des Évangiles de la Vulgate au sud de l'Italie par Cassiodore et Eugippius. Selon lui, l'*Amiatinus* est en relation étroite avec Cassiodore, non seulement par le prologue du feuillet pourpré, mais encore par son texte, qui est cassiodorien. L'archétype de ce manuscrit avait en marge des leçons liturgiques de l'Église de Naples. Le manuscrit d'Echternach nous ramène à Cassiodore et à Eugippius. La note qu'il reproduit vient d'un ancêtre northumbrien. Or, on peut supposer qu'elle est de la main même de Cassiodore. La correction du texte vient donc de Lucullanum, où furent écrites aussi les notes liturgiques du *Lindisfarnensis*. Or, d'Eugippius à saint Jérôme il n'y a pas loin, et son manuscrit a pu être un manuscrit de saint Jérôme lui-même, provenant de la bibliothèque de la *gens Anicia*. En 382, cette famille comptait une femme, nommée Proba, qui était l'amie de saint Jérôme, et un siècle plus tard, une autre Proba, qui était l'amie d'Eugippius. *Notes on the early history of the Vulgate Gospels*, p. 1-44. Les rapports de la correction du texte par Cassiodore sur le manuscrit d'Eugippius ayant été discutés par J. M. Heer, *Evangelium gatianum*, p. XLIII-XLVIII, dom Chapman a répondu en maintenant son interprétation. *Cassiodorus and the Echternach Gospels*, dans la *Revue bénédictine*, 1911, p. 283-295. L'hypothèse du docte bénédictin anglais est très ingénieuse.

Quant au texte irlandais, représenté surtout par le *Book of Armagh*, il proviendrait de Lérins, et il aurait été apporté en Irlande par saint Patrice. Les citations bibliques de Vincent de Lérins, de Fauste de Riez et de saint Eucher de Lyon représenteraient un texte de la Vulgate, apparenté au texte irlandais. *Notes*, etc., p. 177-180. Les ressemblances ne sont pas très frappantes, et l'origine lérinienne du texte irlandais est loin d'être prouvée.

3. *Les Bibles françaises.* — Elles ne représentent pas une recension particulière, faite sur le territoire franc, mais des textes étrangers, naturalisés français. Ce sont des textes de pénétration et des rejetons des Bibles espagnoles ou irlandaises. Les premières sont venues de la Septimanie et par la vallée du Rhône ont monté jusqu'à la Loire; les secondes ont passé la Manche et se sont arrêtées aux bords de la Loire; puis les deux courants se sont réunis et confondus au cœur du pays.

a) Des Pyrénées à la Loire. — Les Bibles espagnoles ont pénétré en France de la côte orientale de l'Espagne par la vallée du Rhône. Aussi en trouvons-nous d'abord à Lyon et à Vienne en Dauphiné. Le manuscrit de Lyon, no 356, du IXe siècle, représente un texte espagnol analogue à celui du *Complutensis*. Un autre, qui provient de Vienne et qui se trouve à la bibliothèque de l'université de Berne, *A, 9*, est du XIe siècle, mais il reproduit un texte ancien, dérivé en plusieurs parties des Bibles espagnoles. Le manuscrit *15* de Saint-Germain (Bibliothèque nationale de Paris, *11553*), du IXe siècle, a de première main un très bon texte espagnol, corrigé de seconde main sur un mauvais texte du même pays. Ce texte a donc passé d'Espagne par la Catalogne et le Languedoc et il a été transcrit peut-être dans les environs de Lyon. Aux textes visigoths se rattache le texte languedocien, qui remonte à cette époque, quoique nous n'en ayons plus de témoins anciens, et qui a été usité en Languedoc, durant tout le moyen âge. Ses leçons caractéristiques ont passé dans les versions provençales, voir col. 774-776 (et par elles, en partie, dans les versions vaudoises, voir col. 2381), et dans la Bible allemande de Tepl. Catalan d'origine, il se distingue des textes espagnols par ses nombreuses interpolations, venues des anciennes versions latines, et par des doublets; il est le résultat d'une compilation. Ses principaux témoins sont, comme textes méridionaux : le *Codex Aniciensis* des bénédictins (Bibliothèque nationale de Paris, *4* et *4*[2]), écrit entre le IXe et le Xe siècle; la Bible de Mazarin (B. N., 7), du XIe; le *Codex Colbertinus* (B. N., *254*), de la seconde moitié du XIIe; la grande Bible de la bibliothèque harléienne (*4772*, *4773*), du commencement du XIIIe; le ms. *321* de la Bibliothèque nationale, de la même date. Les témoins proprement languedociens sont tous du XIIIe siècle et ne contiennent presque tous que le Nouveau Testament, à savoir, les ms. *342*, *343* et *341* de la Bibliothèque nationale, les deux Bibles du même dépôt, *11932* et *16262*, le *Codex Demidovianus*; enfin, du XVe siècle, le Nouveau Testament, conservé au château de Wernigerode, en Bohême, et provenant de Saint-André d'Avignon. Le texte espagnol de la Bible a passé ensuite dans le Limousin et la Touraine et on le retrouve dans les manuscrits de Saint-Martial de Limoges : Bibles (B. N., *5* et *5*[1], du IXe siècle; *8* et *8*[2], du XIe, copie de la précédente), le *Codex Lemovicensis* des Épîtres catholiques (B. N., *2328*), du VIIIe-IXe siècle, et le ms. (B. N., *315*), contenant les mêmes Épîtres, les Actes et l'Apocalypse, du XIIe-XIIIe; dans ceux de Tours : B. N., *112* et *113*, du Xe, et dans ceux de Fleury-sur-Loire : le ms. *16* de la bibliothèque d'Orléans, formé des débris de cinq manuscrits, peut-être le ms. *9* de la reine Christine de Suède contenant les Épîtres de saint Paul, du VIIe-VIIIe siècle, et le ms. *18* de la bibliothèque de Tours, du XIe siècle, reproduisant le livre de Job.

b) Les Bibles du nord de la France. — Leur texte est un mélange de leçons espagnoles et de leçons irlandaises. Le manuscrit de la cathédrale de Chartres (B. N., *10439*), du VIIIe siècle, qui, pour les six premiers chapitres de l'Évangile de saint Jean, reproduit une version ancienne, européenne ou italienne, représente, à partir du c. VII, une Vulgate assez bonne. Le ms. *3* du grand séminaire d'Autun est le manuscrit type du VIIIe siècle : son texte est la Vulgate, mêlée de beaucoup de leçons irlandaises ou espagnoles. La même fusion existe dans une famille de textes, échelonnés entre le VIIe et le IXe siècle et auxquels l'Église de Paris paraît avoir servi de centre : ms. de Notre-Dame (B. N., *17226*), ms. de Colbert, venant de Saint-Denis (B. N., *250*), ms. de Saint-Victor (B. N., *14407*).

Le ms. du British Museum (*addition. 5463*), du commencement du IXe siècle, a un texte fort rapproché de celui du groupe parisien, sans lui être identique. Une autre famille de manuscrits des Évangiles (B. N., *9886, 264, 268*), du IXe et du Xe siècle, dont le texte est apparenté à une bible provenant de Saint-Germain (B. N., *11505*), contient des interpolations irlandaises et des particularités anglo-saxonnes. Une main récente a introduit des leçons irlandaises dans un manuscrit de Richelieu (B. N., *16275*), qui paraît être du Xe siècle. Les Bibles de Saint-Riquier (B. N., *11504* et *11505*), et le *Codex regius* (B. N., latin *45* et *93*), qui ont été copiés et corrigés sur le même modèle, sont apparentés au texte catalan, étroitement uni au texte languedocien, mais ils ont aussi une relation étroite avec celui des manuscrits français (B. N., *303* et *305*), du XIe siècle. Le pagus de la Moselle se servit d'un texte plus mélangé encore que celui de Paris, ainsi qu'en témoigne la demi-Bible qui porte le no 7 à la bibliothèque de Metz et qui est du commencement du IXe siècle. A Corbie, entre la fin du VIIIe siècle et le commencement du IXe, la Vulgate présentait un texte mêlé de leçons anciennes, témoin la Bible de Mordramne du VIIIe siècle, qui est à la bibliothèque d'Amiens en quatre volumes, nos *6, 7, 11* et *12*. Plusieurs autres manuscrits plus récents : Psautier (Amiens, no *18*), les quatre livres d'Esdras (Amiens, no *10*), les Actes, les Épîtres catholiques et l'Apocalypse (B. N., *13174*), la Bible en deux volumes (B. N., *11532* et *11533*), ont un texte mêlé, dont les leçons espagnoles sont adventices. Le ms. *1190* de la bibliothèque impériale de Vienne a été copié au commencement du IXe siècle, à Saint-Vaast d'Arras; il reproduit la recension française d'origine espagnole.

4. *Les Bibles de Saint-Gall et de l'Italie du nord.* — *a*) *Saint-Gall.* — Outre les textes irlandais, qui ont pénétré à Saint-Gall et dont il a déjà été parlé voir plus haut, outre les manuscrits bilingues, monuments de calligraphie et de luxe, transcrits à Saint-Gall par des mains irlandaises (le *Sangallensis*, no *48*, le *Bœrnerianus*, voir t. I, col. 1826, l'*Augiensis*, col. 1233-1234, et les Psautiers bilingues, Saint-Gall, no *17*; bibliothèque de Bâle, *A. VII, 3*, etc.), la célèbre abbaye a connu un texte biblique, ayant un caractère propre et formant une tradition strictement locale. Les documents qui le contiennent sont l'œuvre des savants calligraphes du VIIIe et du IXe siècle, Winitharius et Hartmut, et de leur école. Le ms. *70*, contenant les Épîtres de saint Paul, est signé par Winitharius. L'identité d'écriture permet de lui attribuer les manuscrits *2* (Actes et Apocalypse) et *907* (Épîtres catholiques et Apocalypse). Quelques extraits de la Vulgate des divers livres de la Bible se trouvent dans le ms. *11*. Le texte est assez mauvais et quelques-unes de ses leçons sont apparentées aux leçons espagnoles ou languedociennes. D'autres manuscrits de la même époque, *1398a* et *282* (fragments du Ier livre des Rois), *43* et *44* (Ézéchiel, petits prophètes et Daniel), *28* (livres sapientiaux), *6* (Chroniques, Esdras et Néhémie, Tobie, Judith et Esther), *14* (Job) et *12* (Machabées), sont à la base du texte traditionnel de Saint-Gall, établi par Hartmut. Ce calligraphe, qui fut abbé de Saint-Gall (872-883), avait copié lui-même ou fait copier neuf manuscrits bibliques pour son monastère et une bible complète en neuf volumes pour son propre usage. De ces 18 volumes, S. Berger en a reconnu une dizaine en 13 codices, conservés jusqu'aujourd'hui : *19* (Psautier hébraïque), *7* (livres sapientiaux et Chroniques), *81* (livres sapientiaux, Job et Tobie), *46* (Ézéchiel, petits prophètes et Daniel), *45* (Ézéchiel, Daniel, petits prophètes) à Saint-Gall, British Museum, *addit. 11852* (Nouveau Testament sans les Évangiles), *77, 78, 82, 79, 83, 75* de Saint-Gall, qui semblent avoir fait partie d'une Bible complète. Mais Hartmut était plutôt un éditeur qu'un copiste : il corrigeait de sa main les livres qu'il n'avait pas copiés. Son texte biblique était le texte, précédemment copié à Saint-Gall, mais retouché, un texte mêlé par conséquent, d'origine méridionale, qui, dans la grande Bible, no 75 s'est croisé avec le texte de Tours. La transcription des textes bibliques a persévéré à Saint-Gall. Notker Balbulus fait transcrire III Esd., III et IV, dans le ms. 14, et ajouter Baruch à la fin du ms. *39*. Salomon III a établi, en 909, une édition du *Psalterium quadruplex* (bibliothèque royale de Bamberg, *A. I. 14*).

b) *Reichenau et Einsiedeln.* — Ces deux abbayes furent tributaires de Saint-Gall pour le texte de la Bible. La *Glose ordinaire,* attribuée à Walafrid Strabon, abbé de Reichenau en 842, est faite sur le texte biblique de Saint-Gall, et elle a fourni des leçons au texte parisien du XIIIe siècle. Le ms. *1* d'Einsiedeln a été copié, au commencement du Xe siècle, sur un manuscrit de Saint-Gall et aussitôt après corrigé sur un autre. Un autre ms., *5-7*, de la même époque, présente les mêmes caractères. Un des modèles est le no *17* de Saint-Gall, contenant les Évangiles.

c) *Bobbio et Milan.* — Les leçons espagnoles qu'on remarque dans les bibles de Saint-Gall viennent probablement de la province ecclésiastique de Milan, qui avait été elle-même en relation, pour son texte biblique, avec le midi de la France et la côte orientale de l'Espagne. En effet, de Bobbio provient le ms. *E. 26 inferior* de la bibliothèque ambrosienne de Milan; il est du IXe-Xe siècle et contient la moitié d'une bible, commençant aux Chroniques et finissant aux Épîtres de saint Paul. Son texte, qui est étrangement mêlé et qui est local, ressemble en divers livres aux manuscrits espagnols ou catalans. Les archives de la collégiale de Monza, no *1* $\frac{2}{9}$, conservent les débris d'un manuscrit, d'une écriture lombarde du Xe siècle. Il semble être la copie d'un manuscrit assez ancien et son texte des Épîtres de saint Paul ressemble à celui du codex de Bobbio. Le texte milanais s'est conservé dans un bon nombre de manuscrits italiens du Xe siècle, qui représentent une véritable édition et dont le texte était en usage au XVe siècle dans l'Église de Milan, comme l'a démontré le P. Vercellone. On la trouve dans la Bible d'Avellana et dans les manuscrits apparentés, groupés par le savant barnabite. Voir *Variæ lectiones Vulgatæ latinæ Bibliorum*, Rome, 1860, t. I, p. LXXXVII, XCI. C'est le texte qu'employait saint Pierre Damien († 1072) et qu'il avait fait copier pour ses moines d'Avellana, ainsi qu'il le rapporte dans son *Opusculum*, XIV *De ordine eremitarum et facultatibus eremi, fontis Avellani, Pat. lat.*, t. CXLV, col. 334. Cf. *Analecta juris pontificii*, 28e livraison, p. 1016. S. Berger a joint à cette liste cinq manuscrits italiens et deux manuscrits, copiés au XIIIe siècle en Espagne, qui reproduisent ce texte italien.

3o *Les manuscrits de l'époque carolingienne.* — L'unité, qui manquait dans les anciens manuscrits de la Vulgate copiés jusqu'au milieu du IXe siècle et plus tard encore dans les lieux reculés, apparaît dans une nouvelle série de *codices*, qui forment des groupes compacts et se rattachent aux noms de personnages connus dans l'histoire. Elle fut provoquée par Charlemagne, qui voulut pour son royaume un texte de la Bible, correct au point de vue de la langue, conforme aux règles de la grammaire et de la ponctuation et aussi pur de toute altération. Si le puissant monarque n'y a pas mis lui-même la main, comme on pouvait le conclure de son capitulaire, qui sert d'introduction à l'*Homiliaire* de Paul Diacre, t. XCV, col. 1159-1160, et de l'affirmation de son biographe, Thégan, t. CVI, col. 409, c'est au moins par son ordre et avec ses encouragements que les clercs de sa cour et de son royaume s'efforcèrent d'établir un bon texte biblique.

Voir ses Capitulaires, dans Pertz, *Monumenta Germaniæ. Leges*, t. I, p. 44, 65. Deux hommes, Théodulfe, évêque d'Orléans, et Alcuin, abbé de Saint-Martin de Tours, ont cherché à réaliser les volontés de Charlemagne, mais ils ont suivi des règles différentes et abouti à des résultats divergents.

1. *Bibles de Théodulfe.* — Léopold Delisle a révélé au public savant l'existence et l'importance de l'œuvre de l'évêque d'Orléans. *Les Bibles de Théodulfe,* dans la *Bibliothèque de l'École des chartes,* 1879, t. XL, p. 73-137. Il en a signalé six témoins. Deux, qui sont les chefs-d'œuvre de la calligraphie au début du IXe siècle, ont été exécutés presque en même temps et peut-être par le même copiste et ils se ressemblent presque autant que deux épreuves tirées de la même planche typographique. Ce sont la Bible de Mesmes (B. N., *9380*) et la Bible conservée au trésor de la cathédrale du Puy. Elles reproduisent le travail de Théodulfe lui-même. Elles ressemblent extérieurement aux Bibles espagnoles : la décoration, l'ordre des livres sacrés, une partie des sommaires paraissent empruntés à des manuscrits espagnols. Le texte de la première main est une Bible mêlée, copiée vraisemblablement sur des originaux différents, espagnols ou languedociens, pour les Rois, les Épitres de saint Paul, les Actes et les Épitres catholiques, irlandais ou anglo-saxons pour les Évangiles; celui des autres livres n'est pas toujours très bon. Entre les lignes et dans les marges se lisent des corrections et des variantes d'une autre main, qui représentent le travail de Théodulfe. Toutefois elles sont moins nombreuses sur la Bible du Puy que sur la Bible de Mesmes, dont la précédente est une copie. L'évêque d'Orléans a exponctué les interpolations et a cherché à se rapprocher d'un texte plus pur. Son travail est inégal selon les livres, et ses sources ont été différentes, à savoir, pour l'Ancien Testament, un texte presque semblable à celui du *Vallicellanus,* et pour la Bible entière, des textes espagnols ou plutôt méridionaux, qui lui ont fourni beaucoup de variantes. Sa Bible est un retour à la vieille érudition espagnole, et ce résultat n'est pas surprenant, puisque Théodulfe était visigoth d'origine.

L'œuvre de l'évêque d'Orléans était tout individuelle; elle ne pouvait donc pas être comprise et elle ne survécut pas à son auteur. On en remarque cependant l'influence sur deux manuscrits de Fleury-sur-Loire, qui reproduisent le texte des prophètes : l'un est du IXe siècle (bibliothèque d'Orléans, n. *14*), l'autre en est une copie, plus jeune d'un siècle (même bibliothèque, nos *11* et *13*). Deux autres Bibles sont des copies plus exactes, quoique indirectes, de l'œuvre de Théodulfe : le ms. *9* de Saint-Germain-des-Prés (B. N., *11937*), et la Bible de Saint-Hubert (British Museum, *addition, 24142*), tous deux du IXe-Xe siècle. Un fragment assez étendu, conservé à la bibliothèque royale de Copenhague (nouveau fonds royal, *1*), a été signalé par Léopold Delisle, *Bibliothèque de l'École des chartes,* t. XLVI, p. 321. Il est de la même époque que les deux Bibles précédentes, mais il présente quelques particularités. Les copies que dom Martianay a vues au XVIIe siècle dans le trésor des cathédrales de Carcassonne et de Narbonne, *Pat. lat.,* t. XXVIII, col. 136-137, n'ont pas été retrouvées. L'œuvre de Théodulfe a donc eu peu d'influence sur la transmission du texte de la Vulgate, sauf peut-être pour quelques-uns de ses sommaires et notamment la recension des Épitres de saint Paul, faite par Peregrinus, ou au moins son édition catholique des canons de Priscillien. Celle-ci, introduite en France par l'évêque d'Orléans, s'est perpétuée dans les manuscrits de France et d'Angleterre, jusqu'après le milieu du XIIe siècle. Voir col. 2172-2173.

2. *Bibles d'Alcuin et de l'école de Tours.* — Alcuin exerça son activité sur la Bible latine à différentes époques de sa carrière, soit comme maître de l'école du palais royal, soit comme abbé de Saint-Martin de Tours.

a) L'école chrysographique et palatine. — Les premiers travaux d'Alcuin sur la Vulgate consistent dans la transcription des manuscrits en lettres d'or qui forment un groupe important et remontent pour la plupart au règne de Charlemagne, sinon même à la première partie de ce règne. Ce sont : les Évangiles *Hamilton 251*, acquis en 1890 par M. Irwin d'Oswego (État de New-York), l'évangéliaire de Godescalc (B. N., *nouv. acquisitions françaises, 1993*), le Psautier d'Adrien Ier (bibliothèque impériale de Vienne, no *652*), le *Codex Adæ* ou *Codex Aureus* de Trèves, le manuscrit de Saint-Riquier (bibliothèque d'Abbeville, no *1*), le ms. no *599* de la bibliothèque de l'Arsenal, le ms. Harléien *2788*, les Évangiles de Saint-Médard (B. N., *8850*), le ms. Palatin *50* et les nos *8849, 11955* et *9383* de la Bibliothèque nationale. Leur texte est un texte carolingien ancien, antérieur à la version de la Vulgate, donc un texte mélangé, qui contient des leçons espagnoles, mais surtout des leçons irlandaises et anglo-saxonnes. M. Corssen a fait une étude spéciale du texte du *Codex Adæ. Die Trierer Ada-Handschrift,* in-fol., Leipzig, 1889, p. 29-61. Le texte de la première main ressemble surtout à celui des plus anciennes bibles de Tours, dont il sera question plus loin, et celui de la seconde main reproduit le texte courant du IXe siècle dans les manuscrits franco-saxons. Ces beaux manuscrits viennent de l'école palatine, qu'Alcuin dirigea dès 782.

b) La recension faite par Alcuin à Saint-Martin de Tours. — Pour répondre aux désirs de Charlemagne, Alcuin, devenu abbé de Saint-Martin de Tours, fit, entre 799 et 801, une revision de la Vulgate, à l'aide de manuscrits northumbriens qu'il avait fait venir d'York. Voir t. I, col. 341-342. Il en fit remettre, à Aix-la-Chapelle, un exemplaire à Charlemagne par son disciple Frédégise pour la fête de Noël 800. Il en avait fait exécuter d'autres copies pour des particuliers, comme le prouvent des dédicaces en vers, composées par lui et parfois transcrites en d'autres manuscrits. Malheureusement, ces manuscrits autographes ne sont pas venus jusqu'à nous, et nous ne connaissons le texte de la recension d'Alcuin que par des copies postérieures, faites à Tours. Les critiques modernes sont d'accord pour reconnaître que le *Vallicellanus* est, de toutes ces copies, celle qui reproduit le plus fidèlement la recension d'Alcuin, quoique son texte ait déjà été retouché. Ils en concluent que le texte alcuinien de la Vulgate était un assez bon texte, de caractère anglo-saxon relativement pur. Alcuin en avait exclu les leçons des anciennes versions latines et avait presque rendu à la traduction de saint Jérôme sa saveur première. Ses disciples ne surent pas lui conserver cette pureté reconquise, et ils altérèrent successivement l'œuvre de leur maître, en y faisant rentrer les leçons étrangères qu'il en avait exclues.

c) Les Évangéliaires d'Adalbald. — Sous le gouvernement de Frédégise (807-834), le moine Adalbald inventa ou, au moins, amena à sa perfection, la semi-onciale carolingienne qui constitue la caractéristique paléographique de l'école de Tours, au jugement de Léopold Delisle, *Mémoire sur l'école calligraphique de Tours au IXe siècle*, dans les *Mémoires de l'Académie des inscriptions et belles-lettres,* 1885, t. XXXII, 1re partie. Il nous reste plusieurs manuscrits signés de son nom. L'Évangéliaire (B. N. *17227*) représente sa plus ancienne manière d'écrire. Son texte se rapproche de celui des plus anciennes grandes Bibles de Tours, dont il sera bientôt question. Onze autres évangéliaires sont des monuments du style le plus parfait de l'école d'Adalbald ou reproduisent partiellement le même texte. Ce sont les Évangiles de saint Gauzelin, évêque de Toul (conservés au trésor de la cathédrale de Nancy), voir L. Bigot, *Les Évangiles du comte Arnald*, Nancy, 1910, de Saint-Corneille (British Museum, *additionnel 11848*), de Lothaire (B. N., *latin, 266*), de Du Fay (B. N., *9385*), les mss. *287, 267, 263* de la même bibliothèque, l'Hamilton 248 (à la bibliothèque royale de Berlin), le ms. *B. II, 11*, de la bibliothèque de l'université de Bâle, le Harléien *2790*, provenant de Nevers, enfin le ms. *324* de la Bibliothèque nationale. La plus grande variété règne entre eux. Pour le texte, ils se rangent en deux groupes. Le premier (ms. Harléien *2790*, B. N., *17227*, Nancy, *additionnel 11848*, B. N., *267* et *9285*) a un texte apparenté aux Bibles de Monza, de Bamberg et de Zurich, qui viennent de Tours. Le second (B. N., *274* et *266*) contient un texte parent de celui de la première Bible de Charles le Chauve, par conséquent, un autre état du texte des Évangiles à Tours. Il faut probablement en rapprocher le ms. Hamilton *248* et celui de Bâle. Le n° *263* de la Bibliothèque nationale, quoique interpolé, rentre dans un de ces deux groupes.

d) Les grandes Bibles de Tours. — Sous le règne de Charles le Chauve, entre 840 et 850, furent exécutées, dans la semi-onciale carolingienne, les belles Bibles entières de l'école de Tours. Les unes reproduisent fidèlement le style traditionnel : les Bibles de Bamberg (bibliothèque royale, *A. I. 5*), de Zurich (bibliothèque cantonale, *C, 1*), de Grandval (British Museum, *addit. 10546*), de Cologne (bibliothèque du chapitre, n° *1*), de la Bibliothèque nationale (*latin, 47* et *68*), le ms. Harléien *2805*, la Bible du comte Rorigon (B. N., *latin*, n° *3*), la première Bible de Charles le Chauve (B. N., *latin*, n° *1*). Les autres s'en écartent et forment des manuscrits dissidents : la première Bible de Saint-Aubin d'Angers (bibliothèque de la ville d'Angers, n° *1*), une autre Bible (même bibliothèque, n° *2*), celle de Monza (archives de la collégiale, *G. 1*), celle de Bâle (bibliothèque de l'université, *A. N. I. 3*), enfin le ms. *9397* de la Bibliothèque nationale de Paris. Il faut y joindre un Nouveau Testament, venant de Saint-Denis (B. N., *latin, 250*), qui se place au même rang que la Bible de Grandval. Leur texte est assez divergent dans les détails. Comparé à celui de *Vallicellanus*, il suit cette progression descendante au point de vue de la ressemblance : Monza, Angers, Bamberg, Zurich, Berne, B. N., *47*, Grandval, Cologne, B. N., *3* et *1*. Les modifications se font progressivement, et ce sont des altérations. A l'origine, le texte diffère peu de celui du *Vallicellanus* et il en arrive à ne lui ressembler en rien. En 50 ans, surtout de 840 à 850, la recension d'Alcuin est devenue un texte vulgaire et abâtardi ; elle a été successivement déformée par la réintégration des leçons étrangères dont l'exclusion avait constitué sa pureté relative.

3. *Les écoles du nord de la France.* — Après la dispersion des moines de Saint-Martin de Tours, l'art calligraphique se développa au nord de la France. On y transcrivit un texte différent de celui de Tours. On le trouve dans trois Évangiles (B. N., *261*), l'*additionnel 11849* au British Museum et le ms. *1171* de la bibliothèque de l'Arsenal à Paris. A Reims, l'archevêque Ebbon (816-835) fait transcrire les Évangiles (bibliothèque de la ville d'Épernay, n° *1*), duquel il faut rapprocher un ms. provenant de Notre-Dame et signé d'Antoine Loisel (B. N., *17968*), mais copié pour l'Église de Beauvais. Hincmar, successeur d'Ebbon, dotait sa cathédrale d'une Bible, conservée aujourd'hui à la bibliothèque de la ville de Reims, n^os^ *1* et *2*, et qui reproduit le texte alcuinien du *Vallicellanus*. La calligraphie franco-saxonne, dont Léopold Delisle a décrit les caractères et catalogué les monuments, *Mémoire sur d'anciens sacramentaires*, dans les *Mémoires de l'Académie des inscriptions et belles-lettres*, 1886, t. XXXII, 1re partie ; *L'évangéliaire de Saint-Vaast d'Arras et la calligraphie franco-saxonne*, in-f°, Paris, 1888, a produit un certain nombre de manuscrits bibliques : la seconde Bible de Charles le Chauve (B. N., *latin*, n° *2*), qui provient de Saint-Denis, les Évangiles de la bibliothèque royale de La Haye, n° *22*, ceux d'Utrecht, le manuscrit inachevé de la bibliothèque publique de Boulogne, n° *12*, l'évangéliaire n° *1045* de la bibliothèque d'Arras. S. Berger y a joint quatre manuscrits des Évangiles : Bibliothèque de la ville de Lyon, n° *357*, B. N., *257*, bibliothèque de Leyde, n° *48*, bibliothèque de la ville de Tours, n° *23*, Des manuscrits plus récents, du IXe au XIIe siècle, reproduisent le même texte : bibliothèque de Cambrai. n° *309*, bibliothèque royale de Berlin (ms. Hamilton *253*), bibliothèque de l'Arsenal, n° *592*, bibliothèque de Lille, n° *15*, et le Psautier n° 774 de la bibliothèque de l'université de Leipzig. Leur texte, notamment celui des Évangiles, se rapproche beaucoup de celui des plus récents manuscrits en lettres d'or et plus encore des manuscrits du groupe de Reims. On rattache avec beaucoup de vraisemblance l'école franco-saxonne à Saint-Vaast d'Arras. Une dernière série de manuscrits de grand luxe est de la même contrée et du même temps. Elle comprend le *Codex Paulinus* (Rome, Saint-Paul-hors-les-Murs), les Évangiles de Saint-Emmeran (bibliothèque royale de Munich, *lat., 14000*) et le Psautier de Charles le Chauve (B. N., *1152*). Leur texte est un texte de compilation, diversement formé et pris de divers côtés. M. Janitschek croit, non sans raison, que ces trois manuscrits ont été copiés à Corbie ; ils viennent au moins de la Picardie.

4° *Du Xe au XIIe siècle.* — Cette époque est beaucoup moins étudiée et beaucoup moins connue que les précédentes. « C'est l'époque des textes copiés sans ensemble et sans règle, mais en même temps des textes médiocres et de seconde main, » a écrit S. Berger, *Histoire de la Vulgate*, p. 329. Différents personnages se préoccupaient toutefois de corriger les manuscrits fautifs ou de donner des copies correctes ; mais nous sommes peu renseignés sur leur travail. L'auteur de la *Vie* de saint Dunstan, n° *34*, nous apprend que cet archevêque de Cantorbéry († 998), à ses heures de loisir, lisait la Sainte Écriture et en corrigeait les manuscrits, *Pat. lat.*, t. CXXXVII, col. 443. Or, une partie du ms. Bodléien, *auct. F. 4. 32* à Oxford, comprenant des fragments grecs-latins de la Bible, est signée par saint Dunstan. Haddan et Stubs, *Councils and eccles. documents relat. to Gr. Britain and Ireland*, Oxford, 1869, t. I, p. 192 ; H. Bradshaw, *Collected papers*, 1889, p. 455, 483. Au témoignage de Guibert de Nogent, auteur de sa *Vie*, c. XV, un autre archevêque de Cantorbéry, le B. Lanfranc († 1089), corrigea lui-même et fit corriger par ses disciples *secundum orthodoxam fidem* tous les livres de l'Ancien et du Nouveau Testament, comme ceux des Pères, qui étaient corrompus par de trop nombreuses fautes de copiste. Toute l'Église occidentale, au moins celle de la France et de l'Angleterre, se servait de cette correction. *Pat. lat.*, t. CL, col. 55. Robert du Mont répète la même chose dans sa *Chronique*, ainsi que Florigenus, *ibid.*, col. 94-95, et que Mathieu Paris, *Historia Anglorum*, ann. 1089. Nous ignorons au juste quel fut ce travail de Lanfranc, si ce fut une recension proprement dite ou une simple correction des fautes de copie et où on le retrouverait. Un autre moine du Bec, Gandolphe, qui fut abbé de Saint-Alban, puis évêque de Rochester, corrigea, lui aussi, les fautes de copie des Livres Saints. On conservait à Rochester le premier volume d'une Bible, perdu depuis, qui était signé de sa main. Cf. *Histoire littéraire de la France*, t. VII, p. 118 ; t. IX, p. 373-374 ; note de Fabricius, *Pat. lat.*, t. CLIX, col. 813-814. Sigebert de Gembloux, *De scriptoribus ecclesiasticis*, c. CLXIV, *Pat. lat.*, t. CLX, col. 585, dit que Franco (1060), également instruit dans la littérature sacrée et profane, *divinæ Scripturæ invigilavit*. Or, dans le ms. *15176* de la Bibliothèque nationale de Paris, qui est du XIe siècle, un poème d'Alcuin sur les Évangiles a les noms d'*Odilo abba* et de ΦΡΑΝΚΩ, substitués aux noms de *Carolus rex* et d'Alcuin, qui ont été raturés. Franco est certainement le copiste du manuscrit et l'abbé Odilon a commandé l'exécution de cette copie. Avant 1090, deux bénédictins, Théoger, de Saint-Georges, et Heimon, moine d'Hirschau, sur l'ordre de Guillaume d'Hirschau, s'occupèrent à corriger les fautes de copies des livres des deux Testaments, pour l'usage de leur congrégation. Voir Mabillon, *Annales ordinis S. Benedicti*, Paris, 1717, t. v, p. 277; *Monumenta Germaniæ*, t. XII, p. 451. Cf. E. Nestle, *Die Hirschauer Vulgata-Revision*, dans *Theologische Studien aus Württemberg*, 1889, p. 305-310.

Nous connaissons mieux l'essai de correction de la Vulgate exécuté par saint Étienne Harding, le troisième abbé de Cîteaux (1109-1134). Mabillon avait révélé son existence, en publiant une note de l'auteur sous le titre : *Censura de aliquot locis Bibliorum*, dans *Opera S. Bernardi*, t. III, p. XI, rééditée par Migne, *Pat. lat.*, t. CLXVI, col. 1373-1376, et auparavant par Martianay, *Prolegomena ad divinam Bibliothecam S. Hieronymi*, *Pat. lat.*, t. XXVIII, col. 67-69. Or, la « Bible de saint Étienne » a été conservée et à l'époque de la Révolution française a passé de la bibliothèque de Cîteaux à la bibliothèque municipale de Dijon, nº *9 bis*. Elle comprend 4 volumes, écrits par deux mains différentes, et contient l'Ancien et le Nouveau Testament. Elle a été terminée en 1109, ainsi que l'indique une note, t. II, fol. 150 vº, qui est peut-être de la main de l'abbé. Cette note, publiée par Mabillon, nous renseigne aussi sur l'occasion, le but et la méthode de la correction. L'abbé se proposait de fournir au monastère, récemment fondé, un exemplaire type du texte sacré pour les usages liturgiques et autres de la communauté. Dans ce dessein, on rassembla des bibles et on s'adressa même à diverses églises afin d'adopter le texte le plus sûr. Or, l'une des bibles ainsi recueillies différait notablement de toutes les autres : elle avait un texte plus complet et contenait de nombreux passages qui lui étaient exclusivement propres. Quelle était la valeur de ces additions? Faisaient-elles partie du texte sacré? L'abbé de Cîteaux la fit copier et fit servir la copie pour les lectures publiques. Cependant les gloses qu'elle renfermait troublèrent les religieux : l'œuvre de saint Jérôme leur parut altérée. Pour en juger, l'abbé alla trouver des juifs, versés dans la connaissance des Écritures, et il les interrogea en latin sur les passages du texte plus complet, qui ne se lisaient pas dans les autres Bibles latines. Ceux-ci, consultant leurs livres hébreux et chaldaïques, n'y trouvèrent pas les additions qui étaient en cause. Suivant donc « la vérité hébraïque et chaldaïque » et beaucoup d'exemplaires latins, l'abbé de Cîteaux gratta sur son exemplaire tous les passages superflus, qui étaient spécialement très nombreux dans les livres des Rois. Les grattages indiquent suffisamment les leçons raturées. Étienne Harding interdit de les réintroduire dans le texte ou dans les marges et d'ajouter des notes à l'exemplaire corrigé ainsi au prix d'un si grand travail. Le Nouveau Testament, dont il n'est pas question dans cette note, a été revisé aussi bien que l'Ancien. Des notes marginales sur les Évangiles, il résulte que les corrections ont été faites d'après le texte grec et de très anciens manuscrits latins. Toutefois, le travail critique de saint Étienne n'a pas consisté exclusivement à supprimer les additions, qui n'avaient pas de texte correspondant dans l'original; il a aussi fait quelques additions ou, pour mieux dire, des modifications au texte gratté, dont l'existence est manifestée par une seconde écriture plus serrée. Les suppressions sont plus fréquentes dans l'Ancien Testament, et les additions dans le Nouveau. Quelques notes marginales, en petit nombre et pour certains livres seulement, indiquent les motifs des corrections opérées. D'un examen partiel du manuscrit de Dijon, l'abbé Paulin Martin a conclu que les omissions, notamment dans les livres des Rois, portaient sur des passages des anciennes versions latines, faites sur la traduction des Septante, qui avaient été réintroduits dans l'œuvre de saint Jérôme. *Saint Étienne Harding et les premiers recenseurs de la Vulgate latine, Théodulfe et Alcuin* (extrait de la *Revue des sciences ecclésiastiques*), Amiens, 1887. La Bible *cæteris plenior*, que l'abbé de Cîteaux avait fait copier et qu'il corrigea, était donc une Vulgate altérée, telle qu'elle était répandue au XIe siècle; les Livres Saints y étaient disposés dans le même ordre que dans les manuscrits espagnols et méridionaux; les manuscrits latins plus courts, qui ressemblaient au texte hébreu, étaient des Vulgates non interpolées. L'abbé de Cîteaux donna donc à son monastère une Bible plus pure; mais sa tentative, mal entreprise, n'eut peut-être aucun effet en dehors de l'ordre cistercien, où elle a servi pour l'usage liturgique. Ph. Guignard, *Les monuments primitifs de la règle cistercienne*, Dijon, 1878. Cf. H. Denifle, dans *Archiv für Literatur und Kirchengeschichte des Mittelalters*, Fribourg-en-Brisgau, 1888, t. IV, p. 266-270; S. Berger, *Quam notitiam linguæ hebraicæ habuerint christiani medii ævi temporibus in Gallia*, Paris, 1893, p. 9-11. A la même époque à Cluny, l'abbé Pontius (1109-1125) corrigeait une bible sur le texte d'un autre manuscrit. *Bibliotheca cluniacensis*, p. 1645.

A la fin du XIIe siècle, un diacre de l'église de Saint-Damase à Rome, Nicolas Maniacoria ou Maniacocia, qui ne fut jamais cardinal ni bibliothécaire de l'Église romaine, comme on l'a prétendu longtemps, fit aussi, avec l'aide d'un juif qui le renseignait sur le texte hébreu et les traditions hébraïques, une correction du texte latin de la Vulgate. Il savait d'ailleurs les langues hébraïque, grecque et latine, au témoignage d'Odon de Châteauroux, évêque de Frascati (1244-1273), Pitra, *Analecta novissima*, Frascati, 1888, t. II, p. 298, et il est l'auteur d'une version latine du Psautier, faite sur l'hébreu. Son *Suffraganeus bibliothecæ*, ou introduction à ses remarques critiques, n'a été longtemps connu que par un extrait qu'en avait fait le cardinal Bessarion dans une dissertation inédite et que Lindanus avait publié, *De optimo Scripturas interpretandi genere*, l. I, c. v; l. III, c. III, 1558, p. 28, 101-102. L'abbé Paulin Martin, le premier, l'a publié en entier, *Introduction générale à la critique de l'Ancien Testament. De l'origine du Pentateuque* (lithog.), Paris, 1887, t. I, p. CI-CVIII, d'après le manuscrit de Venise (Bibliothèque de Saint-Marc, lat. class. *X*, nº *178*, fol. 141, ayant appartenu à Bessarion), du XVe siècle, que le cardinal Pitra lui avait signalé et qu'il avait fait venir à Paris par la voie diplomatique. De son côté, le P. Denifle le publiait comme inédit, dans son *Archiv für Literatur und Kirchengeschichte des Mittelalters*, 1888, t. IV, p. 270-276, ainsi qu'un extrait sur la Genèse, *ibid.*, p. 475-476; S. Berger reproduisait l'édition de Denifle, *Quam notitiam*, etc., p. 12-14; Mgr Mercati, qui avait découvert à Parme un manuscrit de la version latine du Psautier, *Alcune note di letteratura patristica* (extrait des *Rendiconti del R. Ist. Lombardo di sc. e lett.*, IIe série, 1898, t. XXXI), p. 43-51, réunissait tous les renseignements connus jusqu'alors sur Nicolas Maniacoria. Spécimen d'un *Dizionario bio-bibliografico degli scrittori italiani*, série 1re, nº 4. Enfin, le P. Van den Gheyn signalait un second manuscrit du *Suffraganeus* et d'une partie de la version latine du Psautier hébraïque à la bibliothèque royale de Bruxelles, nºs *4031-4033*, fol. 1-32. *Nicolas Maniacoria*, correcteur de la Bible, dans la *Revue biblique*, 1899, t. VIII, p. 289-295. Sur les instances et aux frais de Constance, la fille de Roger II, roi de Sicile, et l'épouse de l'empereur Henri VI, devenue religieuse, le diacre romain composa sa *Bibliothèque*. Ayant constaté la diversité des manuscrits latins, il rechercha quels étaient ceux qui étaient d'accord avec le texte hébreu et il n'en trouva aucun. Comparant donc les exemplaires latins avec les manuscrits hébreux, il en retrancha les additions superflues, réforma les transformations apportées au texte et réintégra les passages omis. Il donne ensuite des exemples de trois sortes de fautes qui corrompent les manuscrits *apponendo, commutando et subtrahendo*. Ses observations critiques s'étendent de la Genèse aux Psaumes, mais la fin de son traité manque. Il s'est servi des *Quæstiones hebraicæ in Genesim* de saint Jérôme et des *Quæstiones hebraicæ in libros Regum*, attribuées à saint Jérôme, mais dont l'auteur était un contemporain de Raban Maur. Le juif, que Nicolas avait consulté, connaissait bien la Bible hébraïque et les traditions juives, telles que nous les révèle Raschi († 1105). Nous ignorons l'influence qu'a pu exercer le correctoire de Nicolas Maniacoria. Les correctoires du XIIIe siècle nous sont mieux connus depuis les travaux du P. Denifle.

5° *Les correctoires du XIIIe siècle.* — Nous avons déjà parlé ici, voir t. II, col. 1022-1026, du « texte parisien », qui s'est constitué à Paris au début du XIIIe siècle, que Roger Bacon a jugé si sévèrement et qui a été l'occasion des correctoires entrepris un peu plus tard par les dominicains et les franciscains. Cf. A. Gasquet, *English biblical criticism in the thirteenth century*, dans *Dublin review*, janvier 1898, t. CXXII, p. 1-21. Ajoutons seulement que le texte de Paris s'est fusionné avec le texte languedocien du XIIIe siècle, dont il a été question précédemment, en un certain nombre de manuscrits signalés par S. Berger, *Histoire de la Vulgate*, p. 81. Ajoutons encore que le même savant croyait avoir retrouvé un manuscrit (le seul connu) de la *Correctio Senonensis* de 1236 dans la bible de l'évêque de Strasbourg, Jean de Dürbheim. Sur la part de travail de Thibaut de Saxe, voir t. II, col. 1464. Le manuscrit unique qui porte la préface de Hugues de Saint-Cher est conservé à Vienne en Autriche, n° *1217*. Les correctoires ont réagi sur les manuscrits du texte parisien. Les grattages, les chapitres nouveaux marqués en marge par une seconde main, les préfaces nouvelles ajoutées à la fin du volume en font foi. La réforme du XIIIe siècle fut définitivement et universellement acceptée au moins dans les accessoires de la Bible. S. Berger, *Les préfaces jointes aux livres de la Bible dans les manuscrits de la Vulgate* (mémoire posthume), Paris, 1902, p. 27-31. D'après les notes manuscrites de l'abbé Paulin Martin, conservées à la bibliothèque de l'Institut catholique de Paris, nous pouvons signaler quelques Bibles, reproduisant les notes critiques des *Correctoria*, à savoir, les mss. latins *20, 22, 28, 31, 10420* de la Bibliothèque nationale de Paris et les Bibles latines, *13* de la bibliothèque Mazarine et *A. L. 3*, de la bibliothèque Sainte-Geneviève de la même ville.

6° *Du XIVe au XVIe siècle.* — Cette période de l'histoire de la Vulgate a peu d'importance. Elle se divise en deux époques distinctes, séparées par l'invention de l'imprimerie.

1. *Avant l'invention de l'imprimerie.* — *a*) On continua à transcrire le texte latin de la Vulgate, et les manuscrits de cette époque contiennent un texte mêlé de leçons anciennes. On ne connaît qu'un seul essai de correction, qui fut entrepris, dans la première moitié du XVe siècle, au couvent de Windesem (Hollande) de la congrégation de Windesheim, de l'ordre des augustins. Le *Chronicon Windeshemense*, de l'augustin J. Busch, c. XXVI, édité par Grube, *Geschichtsquellen der Provinz Sachsen*, Halle, 1886, p. 311 sq., nous apprend que les Pères de ce couvent corrigèrent l'Ancien et le Nouveau Testament d'après les anciens manuscrits réunis de diverses bibliothèques, de façon à ramener la traduction de saint Jérôme à sa pureté première. Ils mirent plusieurs années à faire un correctoire, qui indiquait tous les passages à corriger, et le chapitre général de la congrégation ordonna que tous les exemplaires des couvents seraient corrigés d'après le correctoire de Windesem, ainsi que tous les livres qui servaient pour la récitation de l'office ecclésiastique. Grube ne connaissait aucun exemplaire de la Bible, corrigé d'après ce correctoire. *Die literarische Tätigkeit der Windesheimer Congregation*, dans *Der Katholik*, 1881, t. I, p. 48-59. La bibliothèque ducale de Darmstadt possède un manuscrit en cinq volumes in-folio, transcrit de 1428 à 1439 par le célèbre Thomas a Kempis et qu'on suppose conforme au correctoire de Windesem. A. Schmidt, dans *Zentralblatt für Bibliothekswesen*, 1896, t. XIII, p. 379. Cet exemplaire a servi à la lecture publique de la Bible. Cf. F. Falk, *Die Bibel am Ausgange des Mittelalters, ihre Kenntnis und ihre Verbreitung*, Cologne, 1905, p. 7-10.

b) Si on ne multipliait pas alors les correctoires, on savait, du moins, que la Vulgate n'était pas parfaite, et ceux qui connaissaient l'hébreu recouraient au texte original pour corriger les fautes du texte latin. Tel, le franciscain Nicolas de Lyre. Voir le second prologue de sa *Postilla*. Il publia, du reste, un *Tractatus de differentia nostræ translationis ab hebraica littera in Vetere Testamento*. Voir t. IV, col. 455. Pierre d'Ailly, étant encore simple bachelier en théologie du collège de Navarre, mais déjà professeur, écrivit, probablement en 1378, une *Epistola ad novos Hebræos*, adressée à Philippe de Maizières. Il y attaquait les vues de Roger Bacon et il y soutenait que la version de saint Jérôme était absolument parfaite, en s'appuyant sur l'autorité de l'Église, qui l'a approuvée. Devenu docteur, il composa une nouvelle apologie de la Vulgate, *Apologeticus Hieronymianæ versionis*, contre le docteur anglais, mais il reconnut avec Roger Bacon la nécessité d'en corriger les exemplaires et il exprima le désir que l'université de Paris entreprît cette correction. Ces deux traités ont été publiés pour la première fois par M. L. Salembier, *Une page inédite de l'histoire de la Vulgate* (extrait de la *Revue des sciences ecclésiastiques*, 1887, 1889, 1890), Amiens, 1890. Plus tard, l'humaniste Laurent Valla (†1457) rédigea, en 1440, une série de notes sur le Nouveau Testament dans lesquelles il proposait des corrections à faire à la Vulgate surtout au point de vue de la latinité. *Annotationes in latinam N. T. interpretationem ex collatione græcorum exemplarium*. Érasme les édita, Paris, 1505. Elles se retrouvent dans ses *Opera*, Bâle, 1540, p. 803b-895b. Jacques Revius réédita ce traité : *De collatione Novi Testamenti libri duo*, Amsterdam, 1638.

La Vulgate perdait ainsi peu à peu de la grande autorité dont elle avait joui durant plusieurs siècles. Les théologiens et les commentateurs recouraient de plus en plus aux textes originaux, hébraïque ou grec. On lui préférait des versions nouvelles, faites directement sur les originaux. Le cardinal anglais Adam Easton (†1397) traduisit l'Ancien Testament, sauf les Psaumes, sur l'hébreu ; sa version, qui eut une grande diffusion, est perdue. Par ordre du pape Nicolas V, l'Italien Manetti (†1459) commença une version latine de toute la Bible ; il ne traduisit que le Nouveau Testament et une partie des Psaumes. Son œuvre est inconnue. Le Psautier seul fut traduit par le carme Jean Creston de Pavie, en 1480, et par l'humaniste Rodolphe Agricola de Groningue (1485).

2. *Après l'invention de l'imprimerie.* — *a*) *Les Bibles imprimées.* — On sait que l'art de l'imprimerie fut

inventé en vue de multiplier les exemplaires de la Sainte Écriture. La première Bible imprimée fut celle de Gutenberg, Fust et Schöffer à Mayence, sans indication de lieu ni de date. La seconde parut à Bamberg chez Pfister en 1460. La première qui soit datée est sortie des presses de Fust et de Schöffer à Mayence en 1462, sans parler du Psautier daté de 1459. On évalue à près d'une centaine les éditions de la Vulgate qui sont antérieures à 1500. W. A. Copinger en a dressé la liste. *Incunabula biblica or the first half century of the latin Bible being a bibliographical account of the various editions of the latin Bible between 1450 and 1500 with an Appendix containing a chronological list of the editions of the sixteenth century*, in-f°, Londres, 1892. Elle contient 124 éditions, dont 13 sont douteuses. Léopold Delisle en a retranché 12. *Journal des savants*, 1893, p. 202-218. Il n'en resterait donc plus que 99. De 1501 à 1520, on en compte 57 de certaines. Voir encore G. Vicaire, *Les Incunabula biblica de W. A. Copinger et la Bibliographical Society*, Paris, 1893; H. F. Moule, *Historical catalogue of the printed editions of Holy Scripture in the library of the british and foreign Bible society*, Londres, 1909, t. II. Mlle Marie Pellechet a dressé la liste de toutes les Bibles imprimées en France avant 1500, qu'elle a vues elle-même. *Catalogue général des incunables des bibliothèques de France*, 1897, t. I, n. 2263-2386. Cf. F. Falk, *Die Bibel am Ausgange des Mittelalters*, p. 23-24, 91-97. La plupart de ces éditions n'ont aucune valeur critique. Les imprimeurs ne recouraient pas aux anciens manuscrits antérieurs à Alcuin ni même aux Bibles d'Alcuin, mais à des manuscrits récents, vulgaires, écrits au XIIIe et au XIVe siècle, dont le maniement était facile en raison de leur petit format, et qu'ils publiaient tels quels. J. Wordsworth et White, *Novum Testamentum D. N. J. C. latine*, Oxford, 1898, t. I, fasc. 5, p. 721. Les premières éditions qui aient donné réellement un texte corrigé d'après les manuscrits sont, en dehors de la Polyglotte de Complute, voir t. V, col. 517-518, celles d'Adrien Gumelli, Paris, 1504, d'Albert Castellani, Venise, 1511, d'Hittorp, Cologne, 1520, de Robert Estienne, de 1528, 1532, 1534, 1540, 1545, 1546, à Paris, de 1555, 1557, à Genève, voir t. II, col. 1982; la meilleure est celle de 1540. R. Gregory, *Textkritik des Neuen Testaments*, Leipzig, 1902, t. II, p. 619. Sur les manuscrits dont s'est servi Robert Estienne, voir J. Wordsworth, *Old latin biblical texts*, Oxford, 1883, t. I, p. 47-54; G. Jacob, *Zur Geschichte des Psalmentextes der Vulgata in 16 Jahrhundert*, dans *Zeitschrift für alttestamentliche Wissenschaft*, 1900, p. 49-80. Nommons encore l'édition de Jean Benoit, qui parut à Paris en 1541 et qui eut onze autres éditions jusqu'en 1569. Sur l'édition de Castellani, voir t. II, col. 1475. Cf. F. Kaulen, *Geschichte der Vulgata*, p. 356-378.

b) Les corrections de la Vulgate. — Protestants et catholiques se mirent aussi à corriger la Vulgate sur les textes originaux. And. Osiander publia une édition ainsi corrigée en 1522 à Nuremberg. Un libraire de Nuremberg, Jean Petrejus, imprima en 1527 et 1529 deux éditions qui étaient corrigées plus complètement et qui furent plusieurs fois réimprimées par d'autres. La Bible de Wittemberg, de 1529, contenait des corrections plus arbitraires encore, et elle fut l'objet de discussions de la part des protestants eux-mêmes. Conrad Pellican mit à la base de ses commentaires une édition de la Vulgate, corrigée d'après le texte hébreu, 7 in-f°, Zurich, 1532-1640. Les catholiques imitèrent les protestants et entrèrent dans cette voie nouvelle de corriger à leur gré la Vulgate. Sur le correctoire du dominicain Jacques de Gouda, voir t. II, col. 1475. En 1527, J. Rudel publia à Cologne une revision de la Vulgate d'après les textes originaux, qui eut plusieurs éditions. En Italie, le chanoine régulier Augustin Steuchus, plus tard évêque de Gubbio, revisa l'Ancien Testament sur le texte hébreu, et son œuvre parut à Venise en 1529. Un peu plus tard, en 1542, le bénédictin Isidore Clarius éditait à Venise une Bible entière corrigée sur les textes originaux. Comme il suivait fréquemment le texte de Sébastien Munster, la Congrégation de l'Index interdit son œuvre qui n'était plus le texte de la Vulgate. F. Kaulen, *op. cit.*, p. 322-336.

c) Nouvelles versions de la Bible. — Au début du XVIe siècle, on multiplia les versions de la Bible, directement faites sur les textes originaux. Félix Pratensis, juif converti, traduisit les Psaumes sur le texte hébraïque, en 1515, et Érasme, le Nouveau Testament sur le grec, 1516. Voir t. II, col. 1903-1905; A. Bludau, *Die beiden ersten Erasmus-Ausgaben des Neuen Testaments, und ihre Gegner*, dans *Biblische Studien*, Fribourg-en-Brisgau, 1902, t. VII, fasc. 5, p. 33-48. L'opposition d'Érasme contre la Vulgate se manifestait dans ses notes. Aussi le capucin Richard du Mans et le futur cardinal Sirlet en entreprirent-ils plus tard une réfutation directe. Voir H. Höpfl, *Kardinal Wilhelm Sirlet Annotationen zum Neuen Testament*, *ibid.*, 1908, t. XIII, fasc. 2, p. 68-81. Sante Pagnino et le cardinal Cajetan traduisirent la Bible entière. Augustin Giustiniani traduisit seulement le Psautier et Job. Voir t. II, col. 1476-1477. Les protestants firent aussi des versions latines nouvelles. Il suffit de rappeler celles de Bucer, de Sébastien Munster, de Castalion et de Léon de Juda. Voir F. Kaulen, *op. cit.*, p. 336-356.

Tous ces efforts, faits en des sens divers, eurent pour résultat de discréditer de plus en plus la Vulgate et de jeter la confusion la plus grande dans le monde chrétien au sujet du texte sacré des Écritures. Il fallait apporter un remède à cette situation troublée. Seule l'autorité de l'Église catholique pouvait rétablir l'unité que les travaux des particuliers avaient rompue. L'Église le fit au concile de Trente.

V. AUTHENTICITÉ DÉCLARÉE PAR LE CONCILE DE TRENTE. — 1° *Rédaction et promulgation du décret.* — La question de la Vulgate fut mise en délibération dans les congrégations particulières des théologiens, le 1er mars 1546, à propos des « abus concernant les Livres Saints ». Il s'agissait notamment de décider quelle version on adopterait, et d'avoir une édition correcte. Le cardinal de Sainte-Croix, résumant les avis, dit qu'on choisissait la Vulgate, parce que, parmi tant d'éditions, elle est *verior et potior*. Massarelli, *Diarium III*, dans S. Merkle, *Concilium Tridentinum*, Fribourg-en-Brisgau, 1901, t. I, p. 500, 504, 506, 507; S. Ehses, *ibid.*, 1911, t. V, p. 22, 27. Cf. A. Theiner, *Acta genuina ss. œcum. Concilii Tridentini*, Agram, 1874, t. I, p. 60-63; Le Plat, *Monument. ad historiam concilii Tridentini*, Louvain, 1783, t. III, p. 393. Des délégués furent nommés, le 5 mars, pour rédiger un projet de décret sur les abus en question; ils se réunirent, le 13 mars. Merkle, *ibid.*, p. 508, 509, 512; S. Ehses, t. V, p. 27. Leur projet fut lu à la congrégation générale du 17 mars. « Le premier abus, y est-il dit, est d'avoir des éditions diverses de la Sainte Écriture et de les vouloir employer comme authentiques dans les leçons publiques, les discussions et les prédications. Le remède est d'avoir une seule édition, à savoir, l'ancienne et vulgaire, que tous emploient comme authentique dans les leçons publiques, les discussions, les commentaires et les prédications et que personne n'ose rejeter ou contredire, sans rien enlever toutefois à l'autorité de la pure et véritable traduction des Septante, dont les Apôtres se sont servis quelquefois, et sans rejeter les autres éditions, autant qu'elles aident à comprendre cette Vulgate authentique. » Le second abus était l'altération des exemplaires de la Vulgate qui étaient en circulation. Le remède était de faire une édition correcte de cette version, qu'on demanderait au pape en même temps qu'une édition correcte des textes hébreu et grec. A. Theiner, *op. cit.*, t. I, p. 64; S. Ehses, t. V, p. 29. Cf. Merkle, *op. cit.*, t. I, p. 36. En congrégation particulière, le 23 mars, deux membres demandèrent que l'approbation de la Vulgate entraînât le rejet des autres éditions. L'évêque de Fano répondit qu'on recevait la Vulgate, parce qu'elle a toujours été reçue par l'Église et parce qu'elle est ancienne, mais que les autres éditions n'étaient pas rejetées. Quelques-unes sont bonnes; la Vulgate est meilleure et il convient qu'elle seule soit tenue pour authentique dans l'Église. S. Merkle, *op. cit.*, t. I, p. 527; S. Ehses, t. V, p. 37. Cf. A. Theiner, *op. cit.*, t. I, p. 70. Ces objections furent reprises à la congrégation générale du 1er avril, et l'évêque de Fano les résolut de nouveau. L'abus, dit-il, ne consiste pas à avoir plusieurs versions de la Bible, puisque dès l'antiquité il y en a eu plusieurs; il consiste à en avoir plusieurs qui soient tenues pour authentiques. On n'en veut qu'une seule authentique, et c'est la Vulgate, parce qu'elle est ancienne, et pour que les adversaires de l'Église n'aient pas l'occasion de dire que l'Église n'a pas eu jusqu'ici de bons textes. Les autres versions, même celles des hérétiques, ne sont pas rejetées pour ne pas restreindre la liberté chrétienne. Merkle, *op. cit.*, t. I, p. 42; S. Ehses, t. V, p. 50; Theiner, *op. cit.*, t. I, p. 79. La discussion continua en congrégation générale, le 3 avril. Le cardinal de Trente accepterait une édition authentique en quelque langue que ce soit. Le cardinal de Jaen aurait voulu qu'on rejetât toutes les autres versions, sauf celle des Septante, et qu'on ne reçût la Vulgate qu'après sa correction. Son avis fut adopté par d'autres Pères. Les votes furent, d'ailleurs, assez divergents. Le président, le cardinal del Monte, les résuma ainsi : La majorité semble admettre que la Vulgate soit reçue, mais que le décret soit rédigé de telle sorte que les autres versions ne soient pas tacitement rejetées. Le cardinal Poole était d'avis qu'on eût plusieurs éditions de la Bible et qu'il allait approuver, en même temps que la Vulgate, les Septante et les textes hébreu et grec. Celui qui a un vase d'or et un vase d'argent, dit-il, ne brise pas le second pour ne se servir que du premier. La question mise aux voix, tous les membres acceptèrent que la Vulgate seule serait reçue, qu'on ne mentionnerait pas dans le décret les autres éditions et qu'on ne rejetterait pas expressément les éditions des hérétiques. La majorité repoussa le projet d'avoir une édition authentique en hébreu, en grec et en latin; elle ne voulait que la Vulgate pour authentique. Theiner, *op. cit.*, t. I, p. 79-83; Merkle, *op. cit.*, t. I, p. 42-44; S. Ehses, t. V, p. 59-66. Le décret fut rédigé en ce sens, lu et unanimement approuvé le 5 avril, enfin solennellement promulgué le 8.

En voici la teneur : « Considérant qu'il pourrait résulter pour l'Église de Dieu une assez grande utilité de connaître l'édition qu'il faut tenir pour authentique parmi toutes les éditions latines des Livres Saints qui ont cours, le même saint concile statue et déclare que c'est l'édition ancienne et vulgate, approuvée par le long usage de l'Église elle-même pendant tant de siècles, qui doit elle-même être regardée comme authentique dans les leçons, discussions, prédications et expositions publiques, et que personne ne doit avoir l'audace ou la présomption de la rejeter sous aucun prétexte. » Enfin, le concile ordonnait que la Sainte Écriture, surtout la vieille édition vulgate, fût imprimée le plus correctement possible. *Decretum de editione et usu sacrorum Librorum*, sess. IV.

Cependant ce décret, quand il fut connu à Rome, souleva de grosses difficultés. Les théologiens du pape trouvaient qu'on avait donné à la Vulgate trop d'autorité et ils refusaient d'approuver le décret en raison des fautes qui existaient dans la version latine, seule déclarée authentique. Ils délibérèrent s'il ne fallait pas retarder l'impression du décret ou en modifier la teneur. Les légats pontificaux durent expliquer par lettres les raisons et le sens du décret. Ils rappelaient en particulier que les traductions et les éditions de la Bible, faites depuis vingt ans en si grand nombre et si divergentes en des points très importants, rendaient nécessaire l'adoption d'une seule version comme authentique; qu'aucune version n'aurait pu être préférée à l'ancienne Vulgate, si estimable en elle-même, et qui n'avait jamais été suspecte d'hérésie. Leur correspondance publiée partiellement par le P. Vercellone, *Dissertazioni accademiche di vario argomento*, Rome, 1864, p. 79, et plus complètement par Druffel-Brandi, *Monumenta Tridentina*, fasc. 4, Munich, 1897, donna satisfaction à tous les esprits et décida Paul III à approuver le décret de Trente.

2° *Sens du décret.* — Il a été diversement interprété par les théologiens, les uns entendant l'authenticité de la Vulgate dans le sens de sa conformité avec le texte primitif des Livres Saints, et les autres reconnaissant seulement dans cette authenticité une autorité officielle qui rendait l'usage de la Vulgate obligatoire dans l'enseignement public et plaçait ainsi cette version au-dessus des traductions privées qui avaient cours à l'époque du concile.

1. Des débats précédemment résumés il résulte que les Pères de Trente, dans leurs délibérations, n'ont pas examiné la conformité de la Vulgate avec les textes originaux, qu'ils n'en ont parlé qu'indirectement et que cette conformité n'a pas été la raison pour laquelle ils ont déclaré la Vulgate authentique. Ils voulaient donner à l'Église un texte officiel des Livres Saints, qui fît autorité dans les écoles, la prédication et la liturgie, à l'exclusion implicite des versions récentes. S'ils ont choisi la Vulgate latine pour en faire ce texte officiel, c'est à cause de son usage ancien et universel dans l'Église, qui garantissait suffisamment sa fidélité essentielle aux originaux et son autorité ecclésiastique. L'usage de cette antique traduction était rendu obligatoire dans l'enseignement public, de telle sorte que personne n'était en droit d'en rejeter l'autorité sous aucun prétexte. Le concile ne mettait pas cette version au-dessus ni des textes originaux, hébreu et grec, ni des anciennes traductions qui avaient été en usage dans l'Église et l'étaient encore dans les Églises orientales. Il reconnaissait implicitement le droit de recourir aux originaux et aux anciennes traductions. Il imposait seulement pour l'enseignement public un seul texte, celui qui avait eu cours dans l'Église depuis tant de siècles et que cet emploi séculaire avait approuvé et consacré. Il n'approuvait pas l'œuvre de saint Jérôme, mais la version reçue à laquelle il conférait un caractère officiel pour les leçons et les prédications publiques. S'il avait eu en vue l'exactitude de la traduction, il aurait dû l'imposer même pour l'usage privé. Puisqu'il en fait un document public et officiel, il ajoute que personne n'a le droit de le récuser, quand il sera invoqué. Il employait donc le mot *authentique* dans le sens que lui donnaient alors les théologiens, les canonistes et les juristes.

Tel est le sens qu'ont donné à ce décret les théologiens du XVIe siècle, qui assistèrent au concile de Trente, et les théologiens récents qui ont étudié les Actes officiels de cette assemblée. Au nombre de ces théologiens, nous pouvons citer A. Salmeron, *Comment. in evangelicam historiam*, prolegom. III, Cologne, 1612, p. 24-25; A. Véga, qui rapporte le témoignage du cardinal Cervino, *De justificatione*, l. XV, c. IX, Cologne, 1572, p. 692; J. Lainez, dont le témoignage est invoqué par Mariana, *Pro editione Vulgata*, 21, dans *Cursus completus Scripturæ Sacræ* de Migne, t. I, col. 669; le P. Sirlet, qui était le correspondant du cardinal Cervino, voir H. Höpfl, *Kardinal Wilhelm Sirlets Annotationen zum N. T.*, dans *Biblische Studien*, t. XIII, fasc. 8, p. 4-8; cf. P. Batiffol, *La Vaticane de Paul III à Paul V*, Paris, 1890, p. 76-80; D. Payva de Andrada, *Defensio Tridentinæ fidei*, l. IV, Lisbonne, 1578, p. 257; J. Ravesteyn, de Tielt (Tiletanus), *Apologiæ seu defensionis decretorum sac. concilii Tridentini*, Louvain, 1568, p. 99; M. Zangerus, *Simplicis atque adeo prudentis catholicorum orthodoxiæ cum novatorum sectariorumque nostri exulcerati seculi idolomania collatio catholica*, c. II, Cologne, 1580 (qui cite et approuve Tiletanus); Bellarmin, *De verbo Dei*, l. II, c. x-xi; *De editione latina Vulgata*, édit. Widenhofer, Wurzbourg, 1749 (où il cite la plupart des théologiens précédents); cf. J. de la Servière, *La théologie de Bellarmin*, Paris, 1908, p. 18; X. Le Bachelet, *Bellarmin et la Bible Sixto-Clémentine*, Paris, 1911, p. 5-11, 15, 110-117; Pallavicini, *Histoire du concile de Trente*, l. VI, c. xv, trad. franç., édit. Migne, t. II, col. 90-91; E. Du Pin, *Dissertation préliminaire ou prolégomènes sur la Bible*, Amsterdam, 1701, t. I, p. 204; Du Hamel, *Institutiones biblicæ*, c. IX, Louvain, 1740; Jahn, *Introductio in libros sacros V. F.*, 2e édit., Vienne, 1839, p. 64-65; Berti, *De theologicis disciplinis*, Bamberg et Wurzbourg, 1773, t. v, p. 41; Haneberg, *Histoire de la révélation biblique*, trad. franç., Paris, 1856, t. II, p. 446-448; J. Danko, *De Sacra Scriptura*, Vienne, 1867, p. 230; F. Kaulen, *Geschichte der Vulgata*, Mayence, 1868, p. 394-419; *Einleitung in die Heilige Schrift*, 3e édit., Fribourg-en-Brisgau, 1890, p. 147-148; art. *Vulgate*, dans *Kirchenlexikon*, 2e édit., 1901, t. XII, col. 1140; A. Loisy, *Histoire du canon de l'A. T.*, Paris, 1890, p. 210-211; J. Didiot, *Logique surnaturelle subjective*, 2e édit., Paris, 1894, p. 114-124; J. Corluy, dans la *Science catholique*, 1894, t. VIII, p. 438-445; Lingens, dans *Zeitschrift für katholische Theologie*, Inspruck, 1894, p. 759-769; trad. dans la *Revue des sciences ecclésiastiques*, 1894, t. LXXI, p. 147-151; A. Vacant, *Études théologiques sur les constitutions du concile du Vatican*, Paris, 1895, t. I, p. 428-429; J. Thomas, *Mélanges d'histoire et de littérature religieuse*, Paris, 1899, p. 314-321. Léon XIII, dans l'encyclique *Providentissimus Deus*, du 18 novembre 1893, en recommandant la Vulgate, déclare qu'elle a reçu son authenticité, pour l'enseignement public, du concile de Trente. Cette authenticité consiste donc proprement dans le caractère officiel qui lui a été ainsi accordé et non dans la conformité de la version avec les originaux.

Du reste, les exégètes catholiques du XVIe siècle savaient que la Vulgate n'était pas parfaite et recouraient aux textes originaux pour expliquer ses obscurités, ses ambiguïtés et ses inexactitudes. Dans son opuscule *De editione latina Vulgata*, Bellarmin cite G. von Linden (Lindanus), *De optimo genere Scripturas interpretandi*, l. III, c. I, Cologne, 1558; Sixte de Sienne, *Bibliotheca sancta*, l. VIII, Venise, 1566; F. Foreiro, *Comment. in Isaiam*, præf., Venise, 1563; J. Oleaster, *Comment. in Pentateuchum*, præf., Lisbonne, 1556; G. Genébrard, *In Psalmos*, præf., Paris, 1577. Voir aussi la réponse de Bellarmin à une consultation, dans Le Bachelet, *op. cit.*, p. 71-72, 178-179.

2. Cependant, dès le XVIe siècle, le décret de Trente a été interprété dans un autre sens par les théologiens qui n'avaient pas assisté au concile, et on en arriva au point que des esprits indépendants, tels que Bannez et Mariana, n'osaient pas se prononcer ouvertement sur la signification de l'authenticité de la Vulgate. Le fondement principal de la nouvelle explication se trouve dans la mention de cette version dans le décret dogmatique du concile *De canonicis Scripturis*. Il y est dit que les Livres Saints, *cum omnibus suis partibus*, doivent être reçus pour canoniques *prout in veteri Vulgata editione habentur*. Il en résulte seulement que la Vulgate contient les Livres sacrés et canoniques dans leur entier et avec toutes leurs parties. Néanmoins, ce décret a donné lieu à deux opinions différentes sur l'autorité de la Vulgate.

a) Une université, dirigée par des jésuites, doutait du sens à donner à ce décret et elle demanda à la S. C. du Concile, instituée par Pie IV en 1564, si, en vertu de ce décret, on devrait imputer une erreur dans la foi à ceux qui avanceraient quelque chose de contraire à la moindre période et au moindre membre de phrase des livres canoniques, en y comprenant même les passages qui sont omis par la Vulgate, mais qui se trouvent dans les textes hébreu et grec; ou s'il fallait imputer une erreur contre la foi seulement à ceux qui rejetteraient soit un de ces livres tout entier soit une des parties dont la canonicité et l'inspiration ont été autrefois discutées. La S. C. répondit, le 17 janvier 1576, qu'on ne pourrait rien avancer qui fût contraire à l'édition latine de la Vulgate, quand ce ne serait qu'une période, une assertion, un membre de phrase, une parole, un mot ou un iota, et elle reprit sévèrement A. Véga, qui, dans son traité rappelé plus haut, avait tenu un langage audacieux. Cette décision fut publiée par Allatius, qui la croyait inédite, dans *Animadversiones in Antiquitatum Etruscarum fragmenta ab Inghiramis edita*, Paris, 1640, n. 101, p. 179. Elle avait pourtant été éditée, en partie du moins, dans divers recueils des *Déclarations* de la S. C. du Concile, dont l'un parut à Francfort en 1608 et d'autres furent publiés par Vincent de Marcylla, 1609, et par Jean Gallemart, Cologne, 1619. Suarez, *De fide*, disp. V, sect. III, n° 10, et Serarius, *Prolegomena biblica*, c. XIX, q. XI, Paris, 1704, p. 169, la connaissaient en manuscrit. Cependant les théologiens ont douté longtemps de son authenticité, ou ont prétendu au moins que son texte avait été altéré. Mais M. Batiffol découvrit à la bibliothèque Vaticane, *lat. 6326*, un commentaire du concile de Trente, fait par le cardinal Carafa, qui en 1576 était président de la Congrégation du Concile. Or, au sujet des décrets de la IVe session, le cardinal analyse la décision de la S. C. P. Batiffol, *La Vaticane de Paul III à Paul V d'après des documents nouveaux*, Paris, 1890, p. 72-76. L'authenticité de la décision est donc certaine. J. Thomas, *Mélanges d'histoire et de littérature religieuse*, Paris, 1899, p. 308, note 1.

Mais quel en est le sens? Elle ne signifie pas, comme on l'a cru, que la Vulgate était absolument parfaite, parce qu'elle interdisait d'en mettre en question le moindre mot et la plus petite syllabe. Elle n'adopte pas, en effet, le premier sentiment exprimé dans la consultation, d'après laquelle il aurait été de foi que tous les membres de phrase et tous les mots de la Vulgate, du grec et de l'hébreu seraient la reproduction exacte du texte original, inspiré et canonique, et que ce texte n'aurait subi soit dans la Vulgate, soit dans les textes hébreu et grec aucune altération de l'étendue d'une phrase, d'un mot, d'une syllabe ou d'un iota. Pour l'hébreu et le grec, la S. C. renvoie à la troisième règle de l'Index, qui déclare toutes les versions de la Bible non authentiques inférieures à la Vulgate authentique. Quant à la Vulgate, elle dit qu'on ne peut rien avancer contre elle, pas même une phrase ni un iota, parce qu'elle contient l'Écriture inspirée et canonique, les Livres Saints que le concile a reconnus pour sacrés et canoniques et dont il a dressé la liste. Cf. A. Vacant, *Études théologiques sur les constitutions du concile du Vatican*, Paris, 1895, t. I, p. 435-456.

Bien que la Congrégation du Concile n'ait pas admis

l'absolue perfection de la Vulgate, des théologiens, surtout des Espagnols, l'admirent, en se fondant sur la teneur même du décret de Trente, qui déclarait cette version authentique. Bellarmin, jeune professeur à Louvain, en parlait déjà dans une lettre qu'il adressait au cardinal Sirlet, le 1er avril 1575. Le Bachelet, *Bellarmin et la Bible sixto-clémentine*, p. 5, 104. L. de Teña, *Isagoge in totam sac. Scripturam*, Barcelone, 1620, p. 30 *b;* B. Ponce († 1626), *Quæstiones expositivæ, id est, de Sac. Scriptura exponenda*, q. III, dans *Cursus completus Sac. Scripturæ* de Migne, t. I, col. 878 (qui dit que c'est l'opinion commune de son temps); Jean de Saint-Thomas, *In IIam IIæ*, disp. III, a. 3; C. Frassen, *Disquisitiones biblicæ*, Paris, 1682, t. I. Cf. Mariana, *Pro editione Vulgata*, dans le *Cursus*, t. I, col. 590; Bannez, *Scholastica commentaria in Iam partem Sum. theol. S. Thomæ*, Salamanque, 1584, q. I, a. 8. Ce sentiment était encore soutenu en 1753 par le P. Frévier, *La Vulgate authentique dans tout son texte; plus authentique que le texte hébreu, que le texte grec qui nous restent*, Rome (Rouen). Voir Le Bachelet, *op. cit.*, p. 17-19. Cette opinion est évidemment en opposition avec la pensée des Pères du concile de Trente, et elle n'est plus depuis longtemps soutenue par aucun théologien.

b) Dès le XVIe siècle cependant, la plupart des théologiens soutinrent que la Vulgate, en raison de son long usage dans l'Église et de son adoption officielle par le concile de Trente, ne contenait aucune erreur concernant la foi et les mœurs. Mais ils ne l'estimaient pas si parfaite qu'on n'y remarquât non seulement des fautes de copiste, mais même des erreurs de traduction dans des détails qui ne sont pas du domaine de la foi et des mœurs, et qu'elle n'empêchât pas de recourir aux textes originaux pour rectifier ses erreurs et expliquer ses obscurités et ses ambiguïtés. Dans une copie du procès-verbal de la congrégation générale du 3 avril 1546, le cardinal de Jaen aurait émis l'avis que la Vulgate devait être reçue *quoad mores et dogmata.* Mais le procès-verbal officiel ne contient pas ces mots. S. Ehses, *Concilium Tridentinum*, t. V, p. 59. J. Driedo, *De ecclesiasticis Scripturis et dogmatibus*, Louvain, 1550, l. II, c. I, prop. 2a, l'affirmait expressément. M. Cano, *De locis theologicis*, Salamanque, 1563, l. II, c. XIII, et le cardinal Carafa, dans son commentaire cité du concile de Trente, voir P. Batiffol, *op. cit.*, p. 74, n'obligeaient à suivre la Vulgate que dans les passages doctrinaux et moraux. Bellarmin, dès 1575, dans sa lettre à Sirlet, dans ses *Controverses* professées à Rome dès 1576, *De verbo Dei*, l. II, c. X-XI, dans sa dissertation *De editione latina Vulgata*, dont la seconde rédaction est de 1591, expose et soutient très expressément ce sentiment; il relève les erreurs de traduction de la Vulgate. Cf. J. de la Servière, *La théologie de Bellarmin*, p. 17-24; Le Bachelet, *Bellarmin et la Bible sixto-clémentine*, p. 5, 10-16, 104, 107-125, 178-179. Ce fut l'opinion de Bonfrère, *Præloquia in Sac. Script.*, c. XV, sect. III, dans la *Cursus completus Scripturæ Sacræ* de Migne, t. I, col. 196, de Grégoire de Valence, *De objecto fidei*, q. VIII, § 43, de Suarez, *De fide*, disp. V, sect. X, n. 3. On peut dire que c'est le sentiment commun des théologiens catholiques. Les plus récents interprètent même dans ce sens l'authenticité de la Vulgate, qu'ils entendent comme supposant et entraînant la conformité substantielle de la Vulgate avec les textes originaux, conformité affirmée publiquement par l'autorité officielle de l'Église au concile de Trente. Noël Alexandre, *Hist. eccl.*, sæc. IV, diss. XXXIX, a. 5, Paris, 1699, t. IV, p. 406-410; P. Chrismaun, *Regula fidei*, § 64, dans *Cursus completus theologiæ* de Migne, t. VI, col. 917; H. Reusch, *Lehrbuch der Einleitung in das Alte Testament*, 4e édit., Fribourg-en-Brisgau, 1870, p. 210; Id., *Erklärung der Decrete des Trienter Concils über die Vulgata*, dans *Der Katholik*, 1860, t. I, p. 641; Franzelin, *Tractatus de divina traditione et Scriptura*, 3e édit., Rome, 1882, p. 512-514; Mazzella, *De virtutibus infusis*, Rome, 1879, p. 554-555; Hurter, *Theologiæ dogmaticæ compendium*, 3e édit., Inspruck, 1880, t. I, p. 165-166; Vigouroux, *Manuel biblique*, 12e édit., Paris, 1906, t. I, p. 230-237; Gilly, *Précis d'introduction générale et particulière à l'Écriture sainte*, Nîmes, 1867, t. I, p. 195-198; R. Cornely, *Introductio generalis*, 2e édit., Paris, 1894, p. 468-481; C. Chauvin, *Leçons d'introduction générale*, Paris, 1898, p. 372-375; J.-V. Bainvel, *De Scriptura Sacra*, Paris, 1910, p. 180-192, etc. Toutefois, ces théologiens ne sont pas d'accord au sujet de l'étendue de la conformité de la Vulgate avec les textes originaux, et il y a en ces matières une part d'appréciation qui tient plus ou moins compte des faits et de la critique du texte.

Voir encore Branca, *De authentia Vulgatæ Bibliorum editionis*, Milan, 1816; L. von Ess, *Pragmatica doctorum catholicorum Tridentini circa Vulgatam decreti sensum, nec non licitum textus originalis usum testantium historia*, Vienne, 1816; *Pagmatisch-kritische Geschichte der Vulgata*, Tubingue, 1824; J. Brunati, *De nomine, auctore, emendatoribus et authentia Vulgatæ dissertatio*, trad. lat. d'un écrit italien, Vienne, 1827; C. Vercellone, *Sulla autenticità delle singole parti della Bibbia volgata secondo il decreto tridentino*, Rome, 1866; trad. franç., dans la *Revue catholique* de Louvain, 1866, p. 641, 687; 1867, p. 5; Ghiringello, dans la *Rivista universale* de Gênes, février 1867; J. Corluy, dans les *Études religieuses*, novembre 1876, p. 627-631; dans la *Controverse*, 15 mai 1885, p. 55-63; 15 mars 1886, p. 379-382; dans la *Science catholique*, 15 avril 1894, p. 438-445; S. di Bartolo, *Les critères théologiques*, trad. franç., Paris, 1889, p. 238-243; J. Didiot, *Commentaire de la IVe session du concile de Trente théologique;* dans la *Revue des sciences ecclésiastiques*, mai 1889, p. 390-419; *historique*, juin 1889, p. 481-518; *traditionnel*, septembre et novembre 1890, p. 193-226, 385-400; A. Durand, dans les *Études*, 1898, t. LXXV, p. 216-229; Vindex, *Zur Frage von der Autenticität der Vulgata*, dans *Historisch-politische Blätter*, Munich, 1899, t. CXXIV, p. 102-114; Bonaccorsi, *Questione bibliche*, Bologne, 1904; E. Mangenot, art. *Authenticité*, dans le *Dictionnaire de théologie catholique*, t. I, col. 2587-2590.

VI. LA BIBLE SIXTO-CLÉMENTINE. — 1° *La revision de la Vulgate confiée au pape par le concile de Trente.* — Les Pères du concile savaient que le texte de la Vulgate était fautif dans les éditions courantes, et en même temps qu'ils déclaraient cette version authentique, ils résolurent de demander au pape d'en faire une édition aussi correcte que possible. Voir les procès-verbaux des délibérations, du 17 mars au 3 avril 1546, dans Theiner, *op. cit.*, t. I, p. 65, 79, 85; S. Ehses, *op. cit.*, t. V, p. 29, 37, 50, 59-66. Mais le décret, publié le 8 avril, ne mentionnait pas ce détail et ordonnait seulement d'éditer la Vulgate le plus correctement possible. Les théologiens romains remarquèrent cette lacune, et le 17 avril, le cardinal Farnèse écrivit aux légats pontificaux pour leur demander quelle avait été l'intention du concile à ce sujet. Les légats répondirent, le 26, que le concile les avait chargés de supplier le Saint-Père de faire corriger le plus tôt possible la Bible latine et, s'il se pouvait, la Bible grecque et la Bible hébraïque. Les théologiens romains voyaient bien les difficultés de l'entreprise; ils promirent toutefois de chercher les moyens d'en triompher. Les légats remercièrent le souverain pontife de sa sollicitude et promirent le concours des théologiens du concile. Voir Vercellone, *Dissertazioni accademiche*,

p. 79-84. Cf. Pallavicini, *Histoire du concile de Trente*, l. VII, c. xii, édit. Migne, t. ii, col. 192-194. Sur les travaux entrepris à Trente, voir dom Höpfl, *Kardinal Wilhelm Sirlets Annotationen zum N. T.*, p. 9-13, 40; Mercati, dans *Theologische Revue*, 1909, p. 60-62; Le Plat, *Monument.*, t. iv, p. 104-110.

2° *Éditions privées.* — Comme les premiers travaux furent vite interrompus, des particuliers entreprirent de corriger le texte de la Vulgate. — 1. *Éditions de Louvain.* — Les théologiens de Louvain y travaillèrent les premiers. Sur l'œuvre du dominicain Jean Henten, voir t. ii, col. 1475. Après la mort de Henten (1566), son édition fut perfectionnée, sous la direction de Luc de Bruges. Elle eut, sous cette nouvelle forme, neuf éditions (1573-1594) et celle de 1583 servit aux correcteurs romains. — 2. *Le Nouveau Testament de Zeger.* — Un franciscain flamand, Tacite-Nicolas Zeger, publia, de son côté, en 1553, des *Scholia* et des *Castigationes* sur le Nouveau Testament, et il se proposait de corriger la Vulgate d'après les leçons des Pères et des manuscrits. Voir *Critici sacri*, 3e édit., Amsterdam, 1698, t. vii. Dans une lettre du 15 août 1553, *ibid.*, p. xii-xvi, il demandait au pape Jules III d'approuver sa correction et de déclarer authentique son édition. Cf. R. Simon, *Histoire critique des commentaires du N. T.*, Rotterdam, 1693, c. xxxix, p. 573-575; *Dissertation critique sur les principaux actes manuscrits du N. T.* (à la suite de l'ouvrage précédent), p. 78-79.

3° *La Bible sixtine.* — 1. *Sa préparation.* — Les travaux de correction, entrepris à Rome dès 1546, marchèrent lentement jusqu'en 1554; Sirlet s'occupait du Nouveau Testament et Nicolas Majoranus de l'Ancien. H. Höpfl, *op. cit.*, p. 24-25, 37; Mercati, *loc. cit.* Pie IV qui, avant son élévation au siège pontifical, avait favorisé Majoranus, institua une congrégation de cardinaux et de consulteurs. Quelques manuscrits, notamment le *Paulinus*, furent collationnés, mais la mort de Faernus en 1561 interrompit les recherches, et le concile de Trente fut clos en 1563, avant que la correction officielle de la Vulgate ne fût terminée. Saint Pie V confirma la congrégation établie par son prédécesseur et nomma de nouveaux membres. On reprit tout ce qui avait déjà été exécuté, afin de profiter des leçons de manuscrits anciens, récemment apportés à Rome. On avançait si lentement que, du 28 avril au 7 décembre 1569, au cours de 26 sessions générales, on n'avait relevé les variantes que de deux seuls livres, la Genèse et l'Exode. Sous Grégoire XIII, à l'instigation du cardinal Perretti et sous sa direction, on édita la version des Septante. Voir col. 1639-1641. Devenu pape sous le nom de Sixte V, le cardinal Perretti, dès la seconde année de son pontificat (1586), fit reprendre activement la correction de la Vulgate. On avait fait venir d'excellents manuscrits latins de différentes bibliothèques de l'Italie, de l'Espagne et de la Flandre. Sixte V stimulait le zèle des correcteurs. Après plus de deux années d'étude, l'œuvre était achevée; elle fut présentée au pape au commencement de 1589. Sixte V revit lui-même le texte entier; il maintint la plupart des corrections faites, mais il en rejeta un certain nombre, malgré l'opposition du cardinal Carafa, et détermina lui-même les leçons qu'il fallait admettre à leur place, comme il s'en était réservé le droit, dès le 22 janvier 1588. *Bullarium romanum*, Naples, t. viii, p. 996. Il surveilla de très près l'impression, qui fut faite au Vatican, non pas par Paul Manuce, mais par Dominique Basa, de Venise. Voir Mgr Baumgarten, *Die Vulgata Sixtina von 1590 und ihre Einführungsbulle*, Munster, 1911, p. 1-19, 135. L'impression avait commencé avant que le pape n'eût achevé la revision de l'œuvre des correcteurs. Ainsi, le 3 juin, Sixte V disait à l'ambassadeur de Venise qu'il en était arrivé à l'Apocalypse et que le livre de la Sagesse était sous presse. *Ibid.*, p. 136. Les *Avvisi di Roma* annonçaient, le 1er novembre, que l'Ancien Testament allait paraître, et le 25, qu'il était entre les mains des cardinaux de la Congrégation de l'Index. *Ibid.*, p. 22. L'impression était terminée le 10 avril 1590. Les *Avvisi di Roma* annonçaient, le 2 mai, que des exemplaires avaient été distribués aux cardinaux et aux principaux officiers de la cour pontificale, et que la vente était confiée au seul imprimeur du palais, Dominique Basa. *Ibid.*, p. 23. Le 31 mai, Sixte V fit expédier aux princes 25 exemplaires de la nouvelle Bible, avec des brefs, datés du 29. *Ibid.*, p. 24.

2. *Sa description.* — La *Biblia sacra Vulgatæ editionis ad concilii Tridentini præscriptum emendata a Sixto V P. M. recognita et approbata* forme un volume in-f° en trois parties de 1140 pages à deux colonnes. Le texte est imprimé en grands caractères, sans séparation des versets, dont les chiffres sont indiqués à la marge et qui sont différents de ceux de Robert Estienne. L'impression est fort belle et on n'y a compté qu'une quarantaine de fautes typographiques. Le texte est précédé de la bulle *Æternus ille*, qui promulguait la nouvelle édition. On n'en connaît qu'un petit nombre d'exemplaires : 15 en Italie, 8 en Allemagne, 4 en Autriche, 8 en Angleterre, 3 à la Bibliothèque nationale de Paris (cotés A 216, 216 *bis* et 216 *ter*, réserve), 1 à Saint-Pétersbourg, 1 à Madrid et 1 à New-York. *Ibid.*, p. 66-82. On ignore quels sont les détenteurs actuels d'autres exemplaires, dont on a gardé la trace. *Ibid.*, p. 82-85. Leur prix est très élevé. Leurs dimensions ne sont pas les mêmes et le papier est différent. Il y a des exemplaires de luxe. Des fautes d'impression ont été corrigées par des moyens différents et en nombre plus ou moins grand. Le pape lui-même mettait la main à cette correction. *Ibid.*, p. 24, 95; Le Bachelet, *op. cit.*, p. 193-194.

3. *Sa publication.* — On a prétendu que Sixte V n'avait pas attribué à sa Bible une autorité définitive et qu'il ne la considérait que comme un essai. Cette opinion n'est plus soutenable. En effet, l'original de la bulle *Æternus ille*, qui promulgue l'édition sixtine et déclare qu'elle représente la Vulgate reconnue authentique par le concile de Trente, a été retrouvé aux archives du Vatican (registre des *Epistolæ ad principes*, t. xxii), avec deux épreuves successivement corrigées, et deux exemplaires d'une édition spéciale, tirée le 22 août 1590. L'original contient l'attestation des *cursores*, qui avaient affiché la bulle le 10 avril 1590 aux lieux fixés par le droit. La bulle est datée du 1er mars 1589, mais aussi de la cinquième année du pontificat de Sixte V, qui avait commencé le 24 avril 1585, par conséquent du 1er mars 1590, selon notre manière actuelle de compter les années à partir du 1er janvier, tandis que, à cette époque, la cour romaine faisait débuter l'année ecclésiastique au 25 mars. Cf. Mgr Baumgarten, *Biblische Zeitschrift*, 1907, t. v, p. 189-191; *Die Vulgata Sixtina von 1590*, p. 28-39. Dans les brefs aux princes, dont Mgr Baumgarten connaît douze exemplaires, le pape affirme qu'il a décidé par une constitution perpétuelle, déjà éditée, que sa Bible corrigée doit être reçue par tous. Les témoignages opposés, recueillis par le P. Le Bachelet, *op. cit.*, p. 81-88, perdent ainsi toute valeur, et l'hypothèse d'une anticipation de la promulgation de la bulle, hypothèse imaginée par le P. Azor, entraînerait la falsification d'un acte apostolique, soumise dès lors aux peines les plus graves. Mgr Baumgarten, *Die Vulgata Sixtina von 1590*, p. 96-134. Pour une édition diplomatique et critique de la bulle, voir *Biblische Zeitschrift*, 1907, t. v, p. 337-354; *Die Vulgata Sixtina von 1590*, p. 40-65. Dans les derniers jours de sa vie, Sixte V avait l'intention de faire imprimer une sorte

de correctoire, qui contiendrait toutes les modifications, les omissions et les additions de sa Bible et à l'aide duquel chacun pourrait corriger son propre exemplaire de la Vulgate. Mgr Baumgarten, *op. cit.*, p. 25-26.

4. *Son sort.* — Sixte V mourut le 27 août 1590. Les critiques, que les membres de la congrégation, dont il n'avait pas admis toutes les corrections, avaient soulevées, de son vivant, contre sa Bible, redoublèrent après sa mort. Le 5 septembre, les *Avvisi di Roma* annonçaient que les cardinaux, chargés de l'administration de l'Église pendant la vacance du Saint-Siège, avaient suspendu la vente de la nouvelle Bible et de l'édition séparée de la bulle de Sixte V. *Ibid.*, p. 96. Le 26 septembre, ils rapportaient l'interdiction absolue de vendre la Bible sixtine. *Ibid.*, p. 97. Cette interdiction entraînait, de fait, la suppression de l'édition corrigée. A cette date, les dispositions de la bulle *Æternus ille* n'étaient pas encore obligatoires dans l'Église universelle, puisque Sixte V avait fixé un délai de quatre mois, expiré le 10 août, pour l'Italie, et de huit mois, non encore expiré, pour les pays transalpins. En effet, du vivant du pontife, l'inquisiteur de Venise avait voulu appliquer aux libraires de cette ville les dispositions de cette bulle. Le doge fit présenter par son ambassadeur Badoer des observations au pape, qui déclara que l'inquisiteur faisait du zèle et n'avait pas alors le droit d'interdire la vente des anciennes Bibles. Ce fait prouve nettement, ainsi que d'autres dépêches du même ambassadeur qui se trouvent aux archives d'État de Venise, que Sixte V avait fait une œuvre définitive et qu'il n'avait pas l'intention de la corriger. Voir F. Amanu, *Die Bibel Sixtus V*, dans *Theologie und Glaube*, Paderborn, 1912, p. 401-402. En outre, dès le mois de février 1591, Grégoire XIV confia à la Congrégation de l'Index le soin de réformer la Bible sixtine. Ce pape, ne voulant pas condamner l'œuvre de son prédécesseur, employa l'expédient que lui avait suggéré Bellarmin. Le Bachelet, *op. cit.*, p. 37-38.

Sur la demande de Bellarmin, Clément VIII ordonna, le 15 février 1592, de racheter tous les exemplaires de la Bible sixtine, qu'on pourrait retrouver. Le nonce de Venise en rapporta plusieurs, le 24 août. Au mois de février 1593, on s'occupait de ceux que les jésuites avaient rachetés. Il était encore question de nouveaux rachats, au mois de janvier et d'avril 1594. Le Bachelet, *op. cit.*, p. 54-56, 150-152, 198-199; Mgr Baumgarten, *op. cit.*, p. 99-101.

5. *Sa valeur.* — La Bible sixtine était loin d'être dépourvue de valeur critique. Les changements, que Sixte V avait faits de sa propre autorité, n'étaient pas regrettables comme le prétendaient les adversaires de sa Bible. Ceux qu'a relevés Bellarmin, *Loca præcipua in Bibliis Sixti V mutata*, dans Le Bachelet, *op. cit.*, p. 130-134, cf. p. 44-45, sont peu importants. Voir d'autres reproches d'un censeur anonyme, *ibid.*, p. 61-62. Sixte V avait appliqué des principes critiques un peu différents de ceux qu'avait suivis la congrégation présidée par le cardinal Carafa; il n'avait pas fait de modifications arbitraires dans le texte sacré. Si parfois il a choisi une leçon moins bonne, il a édité néanmoins un bon texte de la Vulgate, et sa Bible est le fruit d'un travail réellement scientifique. E. Nestle, *Ein Jubiläum den Lateinischen Bibel zum 9 november 1892*, Tubingue, 1892, p. 17, et J. Wordsworth, *Novum Testamentum D. N. J. C. latine*, Oxford, 1898, t. I, p. 724, ont expressément reconnu les mérites critiques de la Bible sixtine.

4° *La Bible clémentine.* — 1. *Sa préparation.* — D'après les *Avvisi di Roma*, Baumgarten, *op. cit.*, p. 98, Grégoire XIV chargea la Congrégation de l'Index de ramener la Bible sixtine à son ancienne forme, en y introduisant les leçons qu'avait adoptées la congrégation présidée par le cardinal Carafa et que Sixte V avait rejetées. Dans la première réunion, tenue le 7 février 1591, on traita de la méthode à suivre, et on fixa cinq règles dans les séances suivantes. On en fit ensuite l'application, mais la revision avançait lentement, faute d'entente entre les consulteurs : on mit 40 jours à corriger la Genèse seule, et on commença l'examen de l'Exode, le 18 mars. Bellarmin écrivit probablement vers cette époque un mémoire *De ratione servanda in Bibliis corrigendis*, édité par le P. Le Bachelet, *op. cit.*, p. 126-129. Il proposait de confier la revision de la Bible latine à un petit nombre de savants, qui l'exécuteraient rapidement. Le pape institua une congrégation spéciale de deux cardinaux et de huit consulteurs, qui se retira à Zagarolo dans la maison de campagne du cardinal Marc-Antoine Colonna, son président, et qui paracheva le travail en 19 jours. Le 23 juin, les *Avvisi di Roma* annonçaient ce rapide achèvement. Baumgarten, *op. cit.*, p. 98. Cf. Le Bachelet, *op. cit.*, p. 40-44.

2. *Sa publication.* — On s'occupa aussitôt à Rome de décider si l'on publierait la nouvelle correction et comment. Sur la demande du pape, Bellarmin rédigea son avis, que le P. Le Bachelet a édité, p. 137-141. Cf. p. 45-48. Conformément à cet avis, la correction fut publiée, mais sous le nom de Sixte V : *Biblia sacra Vulgatæ editionis Sixti Quinti Pont. Max. jussu recognita atque edita*. Ce ne fut qu'en 1604 que le nom de Clément VIII fut ajouté dans le titre à celui de Sixte V. Baumgarten, *op. cit.*, p. VII-VIII. La nouvelle édition ne devait pas d'abord être déclarée obligatoire et les anciennes éditions latines devaient continuer à être vendues. Bellarmin avait fait un second mémoire à ce sujet. Voir le texte dans Le Bachelet, p. 142-144. Le 26 juin, les *Avvisi di Roma* annonçaient cette décision, en ajoutant que la congrégation ne tiendrait plus de séance ordinaire avant l'apparition de la nouvelle Bible. Baumgarten, p. 98-99. Toutefois, rien ne fut entrepris avant le pontificat de Clément VIII. Peu après son élection (30 janvier 1592), il chargea les cardinaux Frédéric Borromée et Auguste Valier avec le P. Tolet de préparer le texte pour l'impression. Le P. Tolet fit seul le travail. Baumgarten, p. 136-137. Il avait fini le tout, le 28 août. Les cardinaux désignés donnèrent leur approbation. Le 18 novembre, les *Avvisi di Roma* annonçaient la prochaine apparition de la nouvelle Bible, mais, le 25, ils expliquaient le retard, en disant que le pape avait voulu la revoir par lui-même et l'amender encore. *Ibid.*, p. 101. L'impression était surveillée par le P. Tolet, *ibid.*, p. 104, note; elle fut exécutée rapidement, et la nouvelle Bible parut avant la fin de l'année 1592.

3. *Sa description.* — Cette Bible est un beau volume in-folio, imprimé avec les mêmes caractères que la sixtine et par le même imprimeur, Dominique Basa. La préface, qui est de la main de Bellarmin, expose que cette nouvelle édition réalise un projet de Sixte V, qui avait voulu retoucher sa première œuvre dont il n'était pas satisfait. Voir Le Bachelet, p. 53, 146-149; Baumgarten, p. 108-110. Une bulle de Clément VIII, datée du 9 novembre 1592, pourvoyait à la conservation du nouveau texte corrigé. Sans condamner les anciennes Bibles, il réservait à l'imprimerie vaticane pendant dix ans le monopole de la nouvelle édition. Ce laps de temps écoulé, tout imprimeur avait le droit de la reproduire, purement et simplement. On avait repris la division ordinaire des versets et on avait reproduit, en dehors de la série des livres canoniques, le IIIe et le IVe livre d'Esdras et la Prière de Manassé, que Sixte V avait omis. Les fautes de typographie sont nombreuses, tant l'impression avait été précipitée. Voir Vercellone, *Biblia sacra*, in-4°, Rome, 1861, p. V-VII.

4. *Sa valeur*. — Bellarmin, dans la préface, reconnaît que la nouvelle Bible n'est pas parfaite, et qu'on y avait laissé à dessein des choses qui semblaient devoir être corrigées. Du reste, le travail des correcteurs n'a pas toujours été exactement reproduit, par l'incurie de l'imprimeur. Les protestants ont violemment attaqué à diverses reprises la revision pontificale de la Vulgate. En 1600, Thomas James a publié à Londres un pamphlet intitulé : *Bellum papale sive concordia discors Sixti V et Clementis VIII circa hieronymianam editionem*, dans lequel il relevait environ 2000 différences entre les deux Bibles. Une seconde édition parut en 1606, et Cox a réimprimé encore ce livre en 1840 et en 1855. L'argument est sans valeur, puisque les divergences signalées étaient volontaires, et le P. Henri de Bukentop en comptait 2134. *Lux de luce l. III*, Bruxelles, 1706. Le P. Vercellone en a remarqué 50 autres, de minime importance, il est vrai, rien que dans le Pentateuque. En 1906, le P. Hetzenauer reprenait la comparaison des deux textes et aboutissait au chiffre total de 4900 divergences, p. 367*. Les protestants prétendaient aussi que les éditeurs des Bibles sixtine et clémentine n'avaient fait que choisir des leçons différentes parmi les variantes des Bibles de Louvain. Ce reproche n'est pas fondé. Bien qu'ils aient utilisé les Bibles de Louvain, les correcteurs romains ont recouru directement aux manuscrits, aux textes originaux et aux citations bibliques des Pères, et des leçons qu'ils ont adoptées la dixième partie seulement se trouvait dans les éditions louvaniennes. Pour les Évangiles, la Bible sixtine est le plus souvent d'accord avec l'édition de Robert Estienne de 1538, tandis que la Bible clémentine se rapproche surtout de l'édition de Henten, imprimée en 1548. Cf. J. Wordsworth, *op. cit.*, t. I, p. 721-723. Les critiques actuels sont unanimes à reconnaître que la Bible clémentine est le fruit d'un travail sérieux, aussi parfait qu'on pouvait le faire alors avec les ressources critiques dont on disposait. Quoique son texte ne soit pas absolument pur et qu'il ait conservé des leçons qui n'appartenaient pas à l'œuvre primitive de saint Jérôme, il est meilleur que celui des éditions qui l'ont précédé au XVIe siècle. Il est aussi en progrès sur celui de la Bible sixtine. C'est donc une édition, qui est bonne en elle-même, très bonne pour l'époque, sans être parfaite. Cf. C. R. Gregory, *Textkritik des Neuen Testaments*, Leipzig, 1902, t. II, p. 621.

5. *Ses éditions*. — *a*) *Éditions romaines*. — En vertu du décret de Clément VIII, l'imprimerie vaticane devait publier seule, pendant dix ans, la Bible nouvelle. On en fit, en 1593, une seconde édition, dans laquelle on corrigea un certain nombre des erreurs typographiques de la première; mais celles qui furent reproduites et les nouvelles qui furent commises dépassèrent le chiffre de la première. Une troisième édition sortit des mêmes presses en 1598; elle ne corrigea qu'une partie des fautes précédentes et surpassa les deux premières éditions en négligence. Pour porter remède à un mal qui empirait, on imprima en appendice une triple liste d'*errata* des trois éditions de 1592, 1593 et 1598, dont devaient tenir compte les imprimeurs postérieurs. Mais cette triple liste n'était pas complète de sorte que, pendant longtemps, des fautes de cette nature se sont perpétuées dans les Bibles subséquentes. En 1603, Luc de Bruges releva sur les éditions romaines les principales divergences pour faciliter aux imprimeurs, et notamment à Plantin d'Anvers, l'impression correcte de la nouvelle édition : *Romanæ correctionis in latinis Bibliis editionis vulgatæ jussu Sixti V Pont. max. recognitis loca insigniora*, Anvers, 1603; 2e édit., 1618. En 1906, le P. Hetzenauer a compté 270 différences entre l'édition de 1592 et celles de 1593 et de 1598, 140 entre la seconde et la première et la troisième, 830 entre cette dernière et les deux précédentes. Le Nouveau Testament, imprimé à Rome, en 1607, n'est qu'une reproduction partielle de l'édition de 1598. Le P. Vercellone y a remarqué les mêmes fautes caractéristiques. Une table d'*errata*, qui y est ajoutée, contient des fautes qui n'ont jamais été corrigées dans les éditions romaines antérieures et postérieures. Celles de 1618 et de 1624 diffèrent à peine de la troisième. Des éditions plus correctes ont paru à Rome en 1671, 1765, 1768 et 1784. Elles ont donné occasion à cette assertion fausse que les souverains pontifes auraient introduit de nouvelles corrections dans la Bible clémentine.

b) *Autres éditions*. — Celles qui ont paru au XVIIe et au XVIIIe siècle sont trop nombreuses pour être mentionnées. Voir Le Long, *Bibliothèque sacrée*, Paris, 1723, t. I, p. 234, qui en avait dressé une liste, complétée par Copinger. Elles ne présentent pas d'intérêt, parce qu'elles dérivent toutes plus ou moins directement des éditions romaines, surtout de celle de 1598 avec sa triple liste d'*errata*. Toutefois, les fautes signalées n'ont pas toujours été exactement corrigées, et quelques erreurs se sont perpétuées d'édition en édition. On peut dire qu'aucune n'est absolument pure sous ce rapport. Au cours du XIXe et du XXe siècle, quelques éditeurs ont eu à cœur de viser à une correction plus parfaite. L'édition de Francfort en 1826, quoique louée par Léon XII, est remplie d'un grand nombre de fautes. Trois éditions constituent un progrès sérieux, dans cette voie de correction typographique : celle de Léonard van Ess, Tubingue, 1824, de Valentin Loch, Ratisbonne, 1849, l'édition de Marietti, Turin, 1851; cette dernière a été louée par la S. C. de l'Index pour sa fidélité. Voir *Analecta juris pontificii*, 1857, col. 2712. Deux autres, extrêmement soignées, sont l'œuvre du P. Vercellone, Rome, 1861 (reproduite par beaucoup d'éditeurs) et du P. Hetzenauer, 2 in-4°, Inspruck, 1906. Voir la préface de l'édition du P. Vercellone.

5° *Travaux particuliers pour l'amélioration de la Vulgate*. — Si Clément VIII avait interdit aux catholiques de publier des éditions de la Vulgate, différentes de la correction romaine, et d'ajouter des variantes aux marges de cette édition, il n'avait pas défendu de relever dans les manuscrits les leçons nouvelles, qui pourraient y être découvertes et qui pourraient servir à améliorer le texte officiel de la Vulgate. En 1605, Luc de Bruges publiait les variantes qu'il avait recueillies dans les manuscrits de l'ancienne Vulgate et du texte grec sur les Évangiles : *Notarum ad varias lectiones in quatuor Evangeliis occurrentes libellus duplex, quorum uno græcæ, altero latinæ varietates explicantur*, Anvers. Cet ouvrage était dédié à Bellarmin. Le cardinal, après avoir promis de le lire, ajoutait : « S'il me paraît certain que le texte sacré puisse être avantageusement modifié quelque part, j'en parlerai au souverain pontife et aux cardinaux intéressés dans la question. Mais vous vous rendez bien compte vous-même qu'il n'est pas facile de faire dans un texte sacré des changements de cette sorte; il n'en est pas moins fort utile que les gens doctes soient informés de diverses leçons et de l'avis d'hommes experts comme vous et vos semblables. » Lettre du 1er novembre 1606. Cf. Le Bachelet, *op. cit.*, p. 69-70, 170-173. En 1618, Luc de Bruges ajouta à la seconde édition de ses *Romanæ correctionis... loca insigniora*, un autre petit livre *continens alias lectionum varietates in iisdem Bibliis latinis, ex vetustis manuscriptis exemplaribus collectæ, quibus possit perfectior reddi, feliciter cœpta correctio, si accedat summi Pontificis auctoritas*, Anvers. *Ibid.*, p. 70, 174-185.

Au XIXe siècle, un barnabite, le P. Charles Vercellone, encouragé par Pie IX, recueillit dans les documents manuscrits des correcteurs romains, dans les manuscrits latins de la Vulgate qui sont à Rome, dans les livres liturgiques et dans les textes originaux, les variantes qui étaient de nature à servir à la correction de la Vulgate. Il a publié en 2 in-4° les résultats de ses recherches sous le titre : *Variæ lectiones Vulgatæ latinæ Bibliorum editionis*, Rome, 1860, 1864; le t. I contient les variantes du Pentateuque et le t. II celles de Josué, des Juges et des livres des Rois. Cette œuvre monumentale, interrompue par la mort de l'auteur, vient d'être reprise par ordre de Pie X et confiée aux bénédictins. Voir la lettre du cardinal Rampolla, président de la Commission biblique, à l'Abbé primat de l'ordre bénédictin en date du 30 avril 1907. Il ne s'agit d'abord que de collationner les manuscrits de la Vulgate, d'en relever exactement les leçons, en vue d'entreprendre plus tard une revision de la version officielle de l'Église catholique. Pie X a caractérisé d'une façon très précise le but et la méthode des travaux préparatoires de cette future revision, dans sa lettre à dom Gasquet du 3 décembre 1907. On peut voir les travaux déjà accomplis dans les deux Rapports de dom Gasquet (1909 et 1911). Quand cette œuvre de longue haleine sera terminée, l'autorité ecclésiastique entreprendra peut-être une nouvelle revision de la Vulgate, en d'autres termes, la restitution la plus fidèle possible de l'œuvre de saint Jérôme dans sa pureté première. Voir la *Revue biblique*, janvier 1908, p. 102-113.

6° *Éditions de manuscrits latins et de la version de saint Jérôme.* — Dans l'intervalle qui s'est écoulé entre la publication de la Bible clémentine et la nouvelle entreprise des bénédictins, divers travaux de critique textuelle ont reproduit un certain nombre de variantes latines du Nouveau Testament extraites des manuscrits. Voir TEXTE DU NOUVEAU TESTAMENT. D'autre part, des manuscrits de la Vulgate ont été édités : ainsi le *Codex Amiatinus*, par Tischendorf, Leipzig, 1854, le *Codex Fuldensis*, par Ranke, Marbourg, 1868, l'*Evangelium Gatianum*, par M. Heer, Fribourg-en-Brisgau, 1910. Des éditions critiques de la *Divina bibliotheca* de saint Jérôme ont été publiées, d'après les manuscrits, par les bénédictins Martianay et Pouget, dans *S. Hieronymi opera*, Paris, 1693, par Vallarsi, *S. Hieronymi opera*, Vérone, 1738, 1740, t. IX et X; 2e édit., Venise, 1770, 1771, t. IX et X (reproduite par Migne, *Pat. lat.*, t. XXVIII et XXIX). Paul de Lagarde a donné : *Psalterium juxta Hebræos Hieronymi*, Leipzig, 1854; *Probe einer neuen Ausgabe der lateinischen Uebersetzungen des Alten Testaments*, Gœttingue, 1885; C. Tischendorf, *Novum Testamentum latine, textum Hieronymi... restituit*, Leipzig, 1864; Ch. Heyse et T. Tischendorf, *Biblia sacra latina Veteris Testamenti*, etc., Leipzig, 1873; P. Corssen, *Epistula ad Galatas*, Berlin, 1885. J. Wordsworth et H. J. White ont commencé une édition critique du Nouveau Testament latin selon l'édition de saint Jérôme : *Novum Testamentum D. N. J. C. latine, secundum editionem sancti Hieronymi, ad codicum manuscriptorum fidem*, Oxford. Le t. Ier, comprenant les Évangiles, est complet : S. Matthieu a paru en 1889, S. Marc en 1891, S. Luc en 1893, S. Jean en 1895 et un *Epilogus* en 1898. Du t. II nous avons déjà les Actes des apôtres, 1905; l'Épître aux Romains paraîtra en 1912. M. White vient de publier, Oxford, 1911, sous le même titre, une édition manuelle du Nouveau Testament entier; elle reproduit le texte déjà édité dans l'édition critique avec un choix de variantes et la suite des Épîtres et de l'Apocalypse, qui sera dans la grande édition. C'est un travail de toute première valeur.

Sur les Bibles de Sixte V et de Clément VIII, voir *Lettera apologetica interno all'edizione fatta in Roma per comando di Sixto V della Volgata latina l'anno MDCX*, Louvain, 1754; A. M. Ungarelli, *Prælectiones de Novo Testamento et historia vulgatæ Bibliorum editionis a concilio Tridentino*, édit. Vercellone, Rome, 1847, p. 113-224; la seconde partie de cet ouvrage, qui a pour titre spécial : *De castigatione vulgatæ Bibliorum editionis peracta jussu concilii Tridentini*, a été reproduite par le P. C. Vercellone, *Variæ lectiones Vulgatæ latinæ Bibliorum editionis*, Rome, 1860, t. I, *Prolegomena*, p. XVII-LXXVI (avec des notes nouvelles); C. Vercellone, *Studi fatti in Roma e mezzi usati per corregere la Bibbia Volgata*, dans *Dissertazioni accademiche di vario argomento*, Rome, 1864; trad. franç. dans les *Analecta juris pontificii*, 1858, col. 1011-1025; Reusch, *Zur Geschichte der Entstehung der officiellen Ausgabe der Vulgata*, dans *Der Katholik*, 1860, t. II, n. 1; P. de Valroger, *Introduction historique et critique aux livres du Nouveau Testament*, Paris, 1861, t. I, p. 507; A. Giovannini, *Illustrazione di un documento inedito relativo alla correzione della Bibbia volgata fatta da Clemente VIII*, dans *Giornale arcadico di scienze, lettere ed arti*, nouv. série, Rome, 1865, t. LI (à part, Rome, 1867); Gilly, *Le concile de Trente et la Vulgate de Clément VIII*, dans *Précis d'introduction à l'Écriture Sainte*, Nimes, 1867, t. I, p. 243; F. Prat, *La Bible de Sixte-Quint*, dans les *Études*, 1890, t. L, p. 565-584; t. LI, p. 35-60, 205-224; E. Nestle, *Ein Jubiläum der Lateinischen Bibel zum 9 november 1892*, Tubingue, 1892; J. Turmel, *La Bible de Sixte-Quint*, dans la *Revue du clergé français*, 1905, t. XLI, p. 431-435; X. Le Bachelet, *Ce que Bellarmin dit de la Bible de Sixte-Quint en 1591*, dans les *Recherches de science religieuse*, Paris, 1910, t. I, p. 72-77; Id., *Bellarmin et la Bible sixto-clémentine. Étude et documents inédits*, Paris, 1911; P. M. Baumgarten, *Die Vulgata Sixtina von 1590 und ihre Einführungsbulle, Acktenstücke und Untersuchungen*, Munster, 1911; J.-B. Nisius, *Zur Geschichte der Vulgata Sixtina*, dans *Zeitschrift für Katholische Theologie*, Inspruck, 1912, p. 1-47, 209-251; F. Amana, *Die Bibel Sixtus V* (une monographie), 1912; L. Gramatica, *Delle edizioni della « Clementina »*, dans *La Scuola cattolica*, 1912, p. 186-199, 465-494.

VII. BIBLIOGRAPHIE. — Outre les nombreux travaux cités au cours de l'article : — 1° *Monographies.* — L. van Ess, *Pragmatisch-kritische Geschichte der Vulgata im Allgemeinen und zunächst in Beziehung auf das Trientische Decret*, Tubingue, 1824; G. Riegler, *Kritische Geschichte der Vulgata*, Soulzbach, 1820; A. Schmitter, *Kurze Geschichte der Hieronymianischen Bibesübersetzung*, Freising, 1842; F. Kaulen, *Geschichte der Vulgata*, Mayence, 1868; S. Berger, *Histoire de la Vulgate pendant les premiers siècles du moyen âge*, Paris, 1893; un résumé de cet important ouvrage par E. Mangenot, dans la *Revue des sciences ecclésiastiques*, juillet-septembre 1893 (et tirage à part). — Pour la critique textuelle, Ph. Thielmann, *Beiträge zur Textkritik der Vulgata, inbesondere des Buches Judith*, Speyer, 1883; E. von Dobschütz, *Studien zur Textkritik der Vulgata*, Leipzig, 1894.

2° *Introductions critiques.* — R. Simon, *Histoire critique du Vieux Testament*, l. II, c. XI-XIV, Rotterdam, 1685, p. 242-270; *Histoire critique des versions du Nouveau Testament*, ch. VII-XII, Rotterdam, 1690, p. 68-159; C. Kortholt, *De variis Scripturæ editionibus tractatus theologico-historico-philologicus*, c. IX-XIV, 1686, p. 93-251; J. G. Carpzov, *Critica sacra Veteris Testamenti*, part. II, c. VI, Leipzig, 1729; B. Walton, *Apparatus biblicus*, dans la Polyglotte de Londres, t. I, et à part, Zurich, 1673; H. Hody, *De Bibliorum textibus originalibus, versionibus græcis et latina Vulgata*, Oxford, 1705, p. 342-569; J. Mill, *Novum Testamentum cum lectionibus variantibus*, Oxford, 1707, dissert. préliminaire, p. LXXXI; J. L. Hug, *Einleitung in die Schriften des Neuen Testaments*, 4e édit., Stuttgart et Tubingue, 1847, t. I, p. 403-431;

H. J. White, *The latin versions*, dans Scrivener-Miller, *Introduction to the criticism of the New Testament*, 4e édit., Londres, 1894, t. II, p. 56-90; C. R. Gregory, *Novum Testamentum græce. Prolegomena*, Leipzig, 1894, t. II, p. 971-1108; Id., *Textkritik des Neuen Testaments*, Leipzig, 1902, t. II, p. 613-729; 1909, t. III, p. 1332-1343; F. G. Kenyon, *Handbook to the textual criticism of the New Testament*, Londres, 1901, p. 184-203; F. Vigouroux, *Manuel biblique*, 12e édit., Paris, 1906, t. I, p. 217-251; F. Kaulen, *Einleitung in die Heilige Schrift*, 3e édit., Fribourg-en-Brisgau, 1890, p. 135-153; C. Trochon, *Introduction générale*, Paris, 1886, t. I, p. 429-448; R. Cornely, *Introductio generalis*, 2e édit., Paris, 1894, p. 438-501; C. Chauvin, *Leçons d'introduction générale théologique, historique et critique aux divines Écritures*, Paris, s. d. (1897), p. 335-377.

3o *Encyclopédies et dictionnaires.* — B. F. Westcott, art. *Vulgate*, dans *Dictionary of the Bible* de Smith, Londres, 1863, t. III, p. 1696-1718; O. F. Fritzsche, art. *Lateinische Bibelübersetzungen*, dans *Realencyclopädie* de Herzog, Leipzig, 1881, t. VIII; E. Nestle, *ibid.*, 3e édit., 1897, t. III, p. 36-49; à part sous le titre : *Urtext und Uebersetzungen der Bibel in übersichtlicher Darstellung*, Leipzig, 1897, p. 96-109; F. Kaulen, art. *Vulgata*, dans *Kirchenlexikon*, 2e édit., Fribourg-en-Brisgau, 1901, t. XII, col. 1127-1142; H. J. White, art. *Vulgate*, dans *Dictionary of the Bible* de Hastings, Édimbourg, 1902, t. IV, p. 873-890.

E. MANGENOT.

W

WAHL Christian Abraham, né à Dresde le 13 novembre 1773, pasteur à Friesdorf, conseiller ecclésiastique à Dresde, publia un *Biblischer Handwörterbuch*, Leipzig, 1825, et une remarquable *Clavis Novi Testamenti philologica*, Leipzig, 1822; 2e édit., 2 in-8°, 1829; 3e édit., in-4°, 1843; édit. abrégée, 1831.

WALAFRID STRABON. Voir GLOSE, III, 1°, t. III, col. 256.

WALTON Brian, né en 1600, à Seamer, dans le Yorkshire, mort évêque de Chester, le 29 novembre 1661. On lui doit la célèbre Polyglotte de Londres. Voir POLYGLOTTE, col. 522.

WEITENAUER Ignace, jésuite allemand, né à Ingolstadt, le 1er novembre 1709, mort à Inspruck, le 4 février 1783. Parmi ses nombreux ouvrages, on remarque *Lexicon biblicum, in quo explicantur Vulgatæ vocabula et phrases*, in-8°, Inspruck, 1758; Augsbourg, 1780; Avignon, 1835; Paris, Naples, 1857; Paris, 1863; in-16, Turin, 1866. Voir Ch. Sommervogel, *Bibliothèque de la Compagnie de Jésus*, t. VIII, 1898, pl. 1051-1059.

WELTE Benedict, théologien catholique, né le 25 novembre 1805 à Ratsenried, mort le 27 mai 1885 à Rottenburg. Il fit ses études à Tubingue et fut ordonné prêtre en 1833. Il y succéda en 1836, comme professeur d'Écriture Sainte, à J. G. Herbst dont il publia l'*Historisch-kritischer Einleitung in das Alte Testament*, 1840-1844, 4 in 8°; le quatrième volume, consacré aux livres deutérocanoniques, est tout entier de Welte. En 1841 il donna son *Nachmosnisches in Pentateuch beleuchtet*, in-8°; en 1849, *Das Buch Hiob erleuchtet und erklärt*. Il commença en 1846, avec J. H. Wetzer, la rédaction du *Kirchenlexicon* qui fut publié par Herder à Fribourg de 1847 à 1860, 12 grand in-8°. La 2e édition, commencée par le cardinal Hergenröther, a été continuée par Fr. Kaulen, de Bonn, grand in-8°, 1880-1901. — Voir *Allgemeine deutsche Biographie*, 1896, t. XXI, p. 692; *Kirchenlexicon*, t. XII, col. 1319.

WETSTEIN Johannes Jacob, né à Bâle le 5 mars 1693, mort à Amsterdam le 22 mars 1754, devint professeur de philosophie et d'histoire ecclésiastique à Amsterdam. On lui doit une édition remarquable du *Novum Testamentum græcum*, 2 in-f°, Amsterdam, 1752.

WETTE (Wilhelm Martin Leberecht de), théologien protestant, né le 12 janvier 1780 à Ulla, près de Weimar, mort à Bâle le 16 juin 1849. Il fit son éducation à Iéna et à Weimar. Herder, Griesbach et Paulus eurent sur lui une influence considérable. En 1807, il devint professeur extraordinaire de théologie à Iéna; en 1809, professeur ordinaire de théologie à Heidelberg, et en 1810, à Berlin, puis, quand il fut exilé de Prusse pour avoir écrit une lettre de sympathie à Sands, le meurtrier de Kotzebue, à Bâle en Suisse. Il fut un des plus grands fauteurs du rationalisme biblique et l'un des principaux représentants du mythisme appliqué à l'Ancien Testament. On a de lui : *Lehrbuch der Einleitung in die Bücher der Alten und Neuen Testaments*, 2 in-8°, Berlin, 1817, plusieurs éditions; *Lehrbuch der Hebr. Jüd. Archäologie*, Leipzig, 1814, plusieurs éditions; *De heiligen Schriften des Alten und Neuen Testaments übersetzt*, Heidelberg, 1831, plusieurs éditions; *Commentar über die Psalmen*, Heidelberg, 1811, 4e édit., 1836; *Kurzgefasstes exegetisches Handbuch zum Neuen Testament*, 1836-1848, plusieurs éditions. Ce dernier commentaire a particulièrement joui d'une grande réputation. Voir F. Vigouroux, *Les Livres Saints et la critique rationaliste*, 5e édit., t. I, p. 494-510.

WETZER Heinrich Joseph, théologien catholique, né le 19 mars 1801, à Anzefahr, dans la Hesse électorale, mort à Fribourg-en-Brisgau le 5 novembre 1853. Il étudia les langues orientales à Tubingue en 1823. En 1824 il fut reçu docteur en théologie à Fribourg. Il alla alors à Paris, où il suivit les cours d'arabe de Silvestre de Sacy et le cours de syriaque de Quatremère. De retour à Fribourg, il y devint, en 1828, professeur extraordinaire et, en 1830, professeur ordinaire de philologie orientale. Son œuvre principale fut, à la demande de l'éditeur Herder, la publication du *Kirchenlexicon oder Encyklopädie der katholischen Theologie*, dans laquelle il eut pour auxiliaire Welte (voir col. 2501), 12 in-8°, Fribourg, 1847-1860. Il mourut avant l'achèvement complet de l'ouvrage. Une seconde édition en a paru sous la direction de J. Hergenröther, puis de Fr. Kaulen, 12 in-8°, 1880-1901.

WICLEF (John de Wicliffe), né en 1324, au village de Wicliffe, dans le comte d'York en Angleterre, mort à Lutterworth le 31 décembre 1384. Il eut une vie très agitée et fut un des précurseurs du protestantisme en Angleterre. Il est surtout connu par la traduction des Écritures en anglais de son temps. Voir ANGLAISES (VERSIONS), t. I, col. 596.

WILKE Christian Gottlob, théologien allemand, a publié une *Clavis Novi Testamenti philologica*, 2 in-8°, 1839; 2e édit., 1850. Voir t. II, col. 1421. W. Grimm en a donné des éditions remaniées. Voir GRIMM, t. III, col. 351.

WINER George Benedict, théologien allemand, né à Leipzig, le 15 avril 1789, mort le 12 mai 1858. Il passa la plus grande partie de sa vie, comme professeur de théologie, à Leipzig. Il publia un grand nombre d'ouvrages, parmi lesquels le plus connu est son *Biblisches Realwörterbuch*, 2 in-8°, Leipzig, 1820; 3e édit., 1847-1848. Voir DICTIONNAIRES DE LA BIBLE, t. II, col. 1425. Mentionnons aussi sa *Grammatik des Neuen Testaments Sprachidioms*, 1822; 6e édit., 1855; *Simonis*

Lexicon Hebraïcum et Chaldaicum ordine etymologico descriptum, in-8°, 1828.

WOIDII CODEX, manuscrit contenant la partie du Nouveau Testament conservée dans le *Codex Alexandrinus* et transcrite en 1786 par Charles Godfrey Woide qui la publia en fac-similé. Voir ALEXANDRINUS (CODEX), t. I, col. 364. Woide était un ministre socinien, né en Pologne en 1725, mort à Londres le 7 mai 1790. Il avait été élevé à Francfort-sur-l'Oder et à Leyde; il s'établit en Angleterre en 1770 et devint en 1782 aide-bibliothécaire au British Museum où il s'occupa des langues orientales et d'études coptes et égyptiennes.

WOLF Johann Christoph, hébraïsant allemand, né à Wernigerode le 20 février 1683, mort le 25 juillet 1739. Il fit des voyages scientifiques en Hollande et en Angleterre et publia des ouvrages remarquables, entre autres *Historia Lexicorum Hebraicorum*, Wittenberg, 1705; *Bibliotheca Hebræa sive notitia auctorum Hebr.*, 4 in-4°, Hambourg, 1715-1733; *Curæ philologicæ in Novum Testamentum*, 1725-1735; 5 in-4°, Bâle, 1741.

WOLFENBÜTTEL (MSS. DE). *Codex Guelferbytanus Q.* 1° manuscrit fragmentaire de l'Évangile de saint Luc : treize feuillets palimpsestes, format in-quarto, à deux colonnes de vingt-huit lignes : écriture attribuée au Ve siècle, grandes lettres onciales, des esprits, mais pas d'accents, ponctuation par simples points. Ces fragments ont été édités par Tischendorf, avec un fac-similé, dans ses *Monumenta sacra inedita*, Leipzig, 1860, t. III, p. 262-290. — 2° Même bibliothèque, *Codex Guelferbytanus P*, manuscrit fragmentaire des quatre Évangiles : quarante-trois feuillets palimpsestes, format in-folio, à deux colonnes de vingt-quatre lignes : écriture attribuée au VIe siècle, très grandes lettres onciales, des esprits, pas d'accents, ponctuation par simples points, grandes initiales. Ces fragments ont été édités par Tischendorf, avec un fac-similé, *op. cit.*, Leipzig, 1869, t. VI, p. 249-338, les deux palimpsestes appartiennent à la bibliothèque grand-ducale de Wolfenbüttel, où ils sont cotés *Weissemburg 64.* Voir Gregory, *Prolegomena*, p. 386-388. P. BATIFFOL.

WOUTERS Martin, de l'ordre des Ermites de Saint-Augustin, professeur d'Ecriture Sainte à l'université de Louvain, vivait au milieu du XVIIe siècle. On a de lui *Dilucidatio selectarum Sacræ Scripturæ quæstionum*. Le *Cursus Scripturæ Sacræ* de Migne renferme de lui ses *Dilucidatæ quæstiones in historiam et concordiam evangelicam*, t. XXIII, col. 769-1098; *in Actus Apostolorum*, col. 1375-1464; *In Epistolas S. Pauli Dilucidatio*, t. XXV, col. 469-646; *in Epistolas catholicas*, col. 1003-1038; *in Apocalypsim quæstiones selectæ*, col. 1039-1174.

X

XANTHIQUE (grec : Ξανθικός), sixième mois de l'année macédonienne. II Mach., XI, 30, 33, 38. Il correspondait à peu près au mois de nisan des Juifs. Antiochus IV Épiphane le nomme dans sa lettre aux Juifs, ỳ. 30, 33, et les Romains, ỳ. 38, dans leur lettre aux mêmes, lettre qu'ils leur écrivirent le 15 xanthique.

XERXÈS Ier, roi de Perse. L'Écriture l'appelle Assuérus. Voir ASSUÉRUS, t. I, col. 1141.

XIMÉNÈS de Cinéros Francisco, cardinal, né en 1436 à Tordelaguna, mort le 8 novembre 1517. Il fit ses études à Salamanque (1450-1456), alla en 1460 à Rome, où il étudia le droit, continua pendant plusieurs années l'étude des langues orientales qu'il avait commencée à Salamanque, entra en 1483 au novicia, des franciscains à Tolède, devint confesseur de la reine Isabelle en 1492 et en 1495, archevêque de Tolède et grand-chancelier de Castille. En 1502 il commença à recueillir les matériaux pour la première Polyglotte, dont il avait eu l'idée et qui demanda de longs travaux; elle parut en 1517. Voir POLYGLOTTE, 1°, col. 514. Il mourut peu de mois après avoir achevé sa grande œuvre. En voir l'histoire dans Hefele, *Der Cardinal Ximenes*, 2e édit., Tubingue, 1851, p. 113-147; trad. franç. par Ch. Sainte-Foy et de Bermond, *Le cardinal Ximénès*, in-8°, Paris, 1856, p. 130-165.

Y

Y. Voir IOD, t. III, col. 919.

YAHVÉH, prononciation du nom divin en hébreu. Voir JÉHOVAH, III, 3°, t. III, col. 1227.

YAQÉH. Prov., XXXI, 1. Voir JAKÉH, t. III, col. 1111.

YAREB. Voir JAREB, t. III, col. 1136.

YEUSE, chêne vert. Voir CHÊNE, t. II, col. 654.

YEUX. Voir ŒIL, t. IV, col. 1748.

Z

Z. Voir Zaïn, col. 2528.

ZAANAN (hébreu : *Ṣaʿănân;* Septante : Σεννάαρ; Vulgate : *in exitu*), ville de Juda. Michée, I, 11, faisant un jeu de mots sur son nom, dit : « L'habitante de *Ṣaʿănân* n'ose sortir. » Saint Jérôme, traduisant le nom propre, dit : *Non est egressa quæ habitat in exitu.* C'est probablement la ville qui est appelée Sanan (hébreu : *Ṣenân*) dans Josué, XV, 37. Voir Sanan, col. 1443.

ZABAD (hébreu : *Zâbâd,* forme apocopée de *Zabadia*), nom de six Israélites et d'un Ammonite.

1. **ZABAD** (Septante : Ζαβέδ; *Alexandrinus :* Σαβάτ), fils de Nathan et père d'Ophlal, de la tribu de Juda et de la descendance d'Hesron. I Par., II, 36, 37. D'après certains commentateurs, ce Zabad aurait eu pour mère Oholi et serait le même que Zabad 3.

2. **ZABAD** (Septante : Ζαβάδ), fils d'Éphraïm, père de Suthala. I Par., VII, 20-21.

3. **ZABAD** (Septante : Ζαβέτ), fils d'Oholi et un des vaillants soldats de David. I Par., XI, 41. En hébreu, le nom d'Oholi est écrit de la même manière que Oholaï. Voir Oholaï, t. IV, col. 1760; Zabad 1.

4. **ZABAD** (Septante : Ζαβέδ; *Alex. :* Ζαβέθ), Ammonite, un des deux meurtriers de Joas, roi de Juda, à Mello. Il était fils de Semmaath. II Par., XXIV, 26. Dans IV Reg., XII, 21, il est appelé Josachar. Voir Josachar, t. III, col. 1647.

5. **ZABAD** (Septante : Ζαβάδ), Israélite de la famille de Zéthua, qui avait épousé une femme étrangère et qui fut obligé de la quitter du temps d'Esdras. I Esdr., X, 27.

6. **ZABAD** (Septante : Ζαδάβ; *Alexandrinus :* Ζαβάδ), Israélite de la famille de Hason, qui avait épousé une femme étrangère et qui fut obligé de la quitter du temps d'Esdras. I Esdr., X, 33.

7. **ZABAD** (Septante : Ζαβάδ), Israélite de la famille de Nébo, qui avait épousé une femme étrangère et qui fut obligé de la quitter du temps d'Esdras. I Esdr., X, 43.

ZABADÉENS (grec : Ζαβαδαῖοι), tribu arabe qui fut battue par Jonathas Machabée. I Mach., XII, 31. Leur nom paraît survivre dans le district de Zabadani, entre Damas et Baalbek.

ZABADIA, ZABADIAS (hébreu : *Zebadyâh, Zebadyâhû,* « Jéhovah a accordé »), nom de sept Israélites, dans la Vulgate.

1. **ZABADIA** (Septante : Ζαβαδιά), quatrième fils de Baria, de la tribu de Benjamin. I Par., VIII, 15.

2. **ZABADIA** (Septante : Ζαβαδιά), fils d'Elphaal, de la tribu de Benjamin. I Par., VIII, 17.

3. **ZABADIA** (Septante : Ζαβαδιά), fils de Jéroham de Gédor. Il alla grossir la troupe de David, fugitif à Siceleg, pendant la persécution de Saül. I Par., XII, 7.

4. **ZABADIA** (Septante : Ζαβαδιά), lévite de la descendance de Coré, troisième fils de Mésélémias. I Par., XXVI, 2.

5. **ZABADIAS** (Septante : Ζαβαδιάς), fils d'Asahel et neveu de Joab, qui, du temps de David, était avec son père à la tête de 24 000 hommes. I Par., XXVII, 7.

6. **ZABADIAS** (Septante : Ζαβδείας), un des lévites envoyés par Josaphat, dans les villes de Juda, pour enseigner la Loi de Moïse au peuple. II Par., XVII, 8.

7. **ZABADIAS** (Septante : Ζαβδίας), officier du roi de Juda, Josaphat, qui lui confia des fonctions judiciaires. Il était fils d'Ismahel. II Par., XIX, 11. Il était chargé des causes civiles et le grand-prêtre Amarias des causes ecclésiastiques.

ZABBAÏ (hébreu : *Zabbaï;* Septante : Ζαβού), un des fils ou descendants de Bébaï. Il avait épousé une femme étrangère et Esdras l'obligea à la répudier. I Esd., XI, 28. — Dans Néhémie, le père de Baruch, qui travailla à la reconstruction des murs de Jérusalem, est aussi appelé Zabbaï dans le texte hébreu, mais le *keri* porte *Zaccaï* et la Vulgate lit *Zachai.* II Esd., III, 20.

ZABDI (hébreu : *Zabdî;* Septante : Ζαμβρί), nom de quatre Israélites dans l'hébreu. Dans la Vulgate, l'un des quatre est appelé Zabdias et le quatrième *Zébédéi.*

1. **ZABDI,** fils de Zaré et ancêtre d'Achan, de la tribu de Juda. Jos., VII, 1, 17, 18.

2. **ZABDI,** un des fils de Séméi, de la tribu de Benjamin. I Par., VII, 19.

ZABDIAS (hébreu : *Zabdi;* Septante : Ζαβδί), surintendant des celliers dans lesquels on conservait le vin du roi David. L'hébreu l'appelle « le Séphamite »); les Septante le qualifient ὁ τοῦ Σεφνί, la Vulgate *Aphonites.* Il devait être originaire de Séphamot dans le sud de la Palestine ou de Séphama, dans le nord. I Par., XXVII, 27. Voir Aphonite, t. I, col. 735.

ZABDIEL (hébreu : *Zabdi'êl*), nom de deux Israélites et d'un Arabe.

1. **ZABDIEL** (Septante : Ζαβδιήλ), père de Jesboam. Jesboam fut chef de la première division de l'armée de

David qui était chargée du service pendant le premier mois de l'année. I Par., XXVII, 2. Voir JESBOAM, t. III, col. 1397.

2. ZABDIEL (Septante : Βαδιήλ), chef d'une section importante de prêtres, au nombre de cent vingt-huit, qui habitèrent Jérusalem au retour de la captivité de Babylone. II Esd., XI, 14.

3. ZABDIEL (Septante : Ζαβδιήλ), chef arabe qui coupa la tête d'Alexandre Balas, roi de Syrie. I Mach., XI, 17. Voir ALEXANDRE Ier BALAS, t. I, col. 350.

ZABINA (hébreu : *Zebînâ'*; Septante : Ζεβεννάς), un « des fils de Nebo », qui avait épousé une femme étrangère et qui fut obligé de la répudier du temps d'Esdras. I Esd., X, 43.

ZABUD (hébreu ; *Zâbûd*; Septante : Ζαβούθ), fils du prophète Nathan, « ami du roi » Salomon, c'est-à-dire son conseiller intime. III Reg., IV, 5. Voir AMI 2, 7°, t. I, col. 479-480.

ZABULON (hébreu : *Zebulun*, écrit tantôt זְבֻלוּן, tantôt זְבֻלֻן, une fois, Jud., I, 30, זְבוּלוּן; Septante : Ζαβουλών), nom d'un patriarche, fils de Jacob, et d'une tribu d'Israël.

1. ZABULON, le sixième fils que Lia donna à Jacob. Gen., XXX, 19, 20; XXXV, 23. En le mettant au monde, sa mère s'écria : « Dieu m'a fait un beau don, » *zebâdani 'Ĕlôhîm 'ôṭî zébéd tôb;* « cette fois mon mari habitera avec moi (יִזְבְּלֵנִי, *izbelêni*), puisque je lui ai enfanté six fils. » « Et elle le nomma Zabulon, *Zebulûn.* » Gen., XXX, 20. Il y a ici, comme pour les autres fils de Jacob, une paronomase. Mais comment l'expliquer? *Zâbad* et *zébéd* sont des ἅπαξ λεγομένα; on les trouve cependant dans les noms propres hébreux : *Zâbâd*, I Par., II, 36, 37; *Zebadyâhû*, I Par., XXVI, 2; *Yehôzâbâd*, IV Reg., XII, 22; palmyréniens : זבד, *Zébed*, זבדא, *Zabda'*, זבדבול, *Zabdibol*, etc.; cf. E. Ledrain, *Dictionnaire des noms propres palmyréniens*, Paris, 1887, p. 20-22; de même en sabéen, זבדם. D'après l'arabe et l'araméen, la signification de « donner, don » n'en est pas moins certaine. Le sens de *zâbal*, qui est également un ἅπαξ λεγομένον, n'est pas si facile à déterminer. Le substantif *zebul*, *zebûl*, se rencontre III Reg., VIII, 13; II Par., VI, 2; Ps., XLVIII (hébreu, XLIX), 15; Is., LXIII, 15; Hab., III, 11, avec le sens de « demeure, habitation ». C'est d'après cela que la Vulgate a traduit *izbelênî* par *mecum erit*, « sera » ou « habitera avec moi ». Avec les verbes d'« habitation », on a souvent l'accusatif. Cf. Gen., IV, 20; Ps. V, 5; Is., XXXIII, 14. Aquila a de même συνοικήσει μοι. Mais les Septante ont αἱρετιεῖ με, ce qu'Hésychius explique par προτιμοτέραν με ἡγήσεται, « il me jugera préférable, plus estimée », et S. Jérôme par *diliget me*, « il m'aimera ». Ordinairement, en effet, ils rendent par αἱρετίζω les verbes *bâḥar*, « choisir », *ḥâfêṣ*, « se complaire dans ». Comment néanmoins accorder les deux sens? Plusieurs auteurs rapprochent *zâbal* de l'assyrien *zabâlu*, qui veut dire « porter », d'où aussi « élever, honorer », *zebul*, de *bît zabal*, « maison élevée ». Cf. Frz. Delitzsch, *Genesis*, Leipzig, 1887, p. 387; Brown, Driver et Briggs, *Hebrew and english Lexicon of the Old Testament*, Oxford, 1907, p. 259. Ce rapprochement donnerait une raison à la traduction des Septante. Il est combattu par Halévy, *Revue des études juives*, 1885, p. 299. Quoi qu'il en soit, la parole de Lia revient au même sens dans les deux cas : « après tant de fils donnés à mon mari, il habitera plus volontiers avec moi, il m'honorera, m'aimera plus qu'auparavant, peut-être même plus que Rachel. » Mais faut-il voir dans Gen., XXX, 20, une double explication du nom de Zabulon, l'une s'appuyant sur *zâbad*, l'autre sur *zâbal?* C'est l'opinion de A. Dillmann, *Genesis*, Leipzig, 1892, p. 345, de H. Holzinger, *Genesis*, Tübingen, 1898, p. 198, et d'autres, qui attribuent les deux étymologies à deux auteurs différents. Dans le premier cas, il faudrait supposer une forme *Zebudûn*, ou permutation du ד, *daleth*, avec le ל, *lamed*, *Zebulûn*. Mais la double assonance ne prouve pas du tout une double source. Après s'être félicitée du don que Dieu vient de lui faire, Lia exprime la raison pour laquelle son mari la recherchera davantage, et c'est sur *izbelênî* qu'elle appuie le nom de son fils. — Zabulon est mentionné dans la liste des fils de Jacob, Gen., XLVI, 14; Exod., I, 3; I Par., II, 1. Il eut lui-même trois fils : Sared, Elon et Jahelel. Gen., XLVI, 14; Num., XXVI, 26. Son nom ne paraît plus ensuite que dans l'histoire de la tribu dont il fut le père. Voir ZABULON 2. A. LEGENDRE.

2. ZABULON, une des douze tribus d'Israël (fig. 560).

I. GÉOGRAPHIE. — Le territoire de la tribu de Zabulon était situé au nord de la Palestine, enclavé entre ceux d'Aser et de Nephthali, à l'ouest, au nord et à l'est, et celui d'Issachar, au sud. Voir la carte. Nous avons à en étudier les limites, les villes principales et les caractères topographiques.

1. LIMITES. — La Bible décrit les frontières de Zabulon. Jos., XIX, 10-16. Malheureusement le texte offre des difficultés, que la critique ne parvient pas toujours à résoudre. Nous le suivons d'aussi près que possible. — ℣. 10. « Le troisième lot échut par le sort aux fils de Zabulon, selon leurs familles, et la frontière de leur héritage s'étendait *depuis* Sarid. » L'hébreu actuel porte *'ad-Śârîd*, « jusqu'à Sarid ». Il semble étonnant que la description commence par l'extrémité de la ligne-frontière sans parler du point de départ, d'autant plus que Sarid va servir de repère pour déterminer la limite méridionale, du côté de l'ouest d'abord, du côté de l'est ensuite. On peut donc, au lieu du texte massorétique, admettre la lecture *mê'ir Śârîd*, « depuis la ville de Sarid », le מ, *mem*, ayant disparu par suite d'une confusion avec le *mem* final du mot précédent. Cf. F. de Hummelauer, *Josue*, 1903, p. 414. Sârid, Septante : *Cod. Vaticanus* : Ἐσεδεκγωλά, mélange du nom avec le mot suivant; *Cod. Alexandrinus* : Σαρθίδ; plus loin, ℣. 12, Σεδδούκ; Peschito : ܐܣܕܘܕ, *Esdûd*. Les leçons grecque et syriaque supposent donc *Śâdîd*, ou *Śâdûd*. Aussi identifie-t-on généralement cette première ville avec *Tell Schadûd*, à l'extrémité nord de la plaine d'Esdrelon, au sud-ouest de Nazareth. Voir SARID, col. 1491. — ℣. 11. « Puis leur frontière montait vers l'occident, vers Merala » (hébreu : *Mar'alâh;* Septante : *Cod. Vat.* : Μαραγελλά; *Cod. Alex.* : Μαριλά, Texte reçu : Μαγελδά), peut-être *Ma'lûl*, au nord-ouest de *Tell Schadûd*. Voir MÉRALA, t. IV, col. 988. « Elle touchait à Debbaseth » (héb. : *Dabbâšéṭ;* Septante : *Cod. Vat.* : Βαιθαραβά; *Cod. Alex.* : Δαβάσθαι), peut-être *Djebata*, à l'ouest de *Tell Schadûd* (DEBBASETH, t. II, col. 1327); « puis au torrent [qui coule] devant Jéconam » (héb. : *Yoqne'âm;* Septante : *Vat.* : Ἰεκμάν; *Alex.* : Ἰεκνάμ), probablement *Tell el-Qaimûn*, près de la pointe sud-est du Carmel. Mais quel est ce torrent? L'*ouadi Malih* ou le *Nahr el-Muqatta* (Cison)? Nous croyons plutôt qu'il s'agit de ce dernier, qui se trouve « devant », c'est-à-dire à l'est de *Tell el-Qaimûn*. — ℣. 12. « De Sarid, elle tournait à l'orient, vers le soleil levant, jusqu'aux confins de Céséleth-Thabor » (héb. : *Kislôṭ Ṭâbôr*, « les flancs du Thabor »; Septante : *Vat.* : Χασελωθαίθ; *Alex.* : Χασαλωθέθωρ) qui correspond certainement à *Iksâl*, au sud-ouest du mont Thabor. Voir CASALOTH, t. II, col. 326. Cette dernière ville faisant partie du territoire d'Issachar, la frontière de Zabulon passait dans les environs. « Elle se prolongeait vers Dabereth » (héb. : *had-Dâberaṭ,* avec l'article; Septante : *Vat. :* Δαβειρώθ; *Alex.:* Δαβράθ), aujourd'hui *Debûriyéh,* à l'ouest et au pied du Thabor (DABÉRETH, t. II, col. 1195), « et montait à Japhié » (héb. : *Yâfîa';* Septante : *Vat. :* Φαγγαί; *Alex. :* Ἰαφαγαί), dont le nom est représenté par *Yafa,* au sud-ouest de Nazareth. JAPHIÉ, t. III, col. 1126. — ℣. 13. « De là, elle passait vers l'orient à Geth-Hépher » (héb. : *Giṭṭâh Ḥêfér,* avec *hé* local après le premier nom; Septante : *Vat.* Γεβερέ; *Alex. :* Γαιθθά), généralement identifié avec *El-Meschhed,* au nord-est de Nazareth (GETHHÉPHER, t. III, col. 228), « et Thacasin » (héb. : *'Iṭṭâh Qâṣîn,* avec *hé* local à la fin du premier nom; Septante: *Vat. :* ἐπὶ πόλιν Κατασέμ; *Alex.:* Κασίμ; il y a ici un embarras textuel qui rend difficile toute localisation), « et se dirigeait vers Remmon » (héb. : *Rimmôn;* Septante : *Vat. :* Ῥεμμωνά; *Alex. :* Ῥεμμωνάμ), aujourd'hui *Rummânéh,* au nord-nord-est de *Seffûriyéh* (voir REMMON 4, col. 1038), « qui confine à Noa » (héb. : *ham-meṭô'âr han-Nê'âh;* Septante : *Vat. :* Ἀμαθὰρ Ἀοζά; *Alex. :* Μαθαρὶμ-Ἀννουά), inconnu. Voir AMTHAR, t. I, col. 527; NOA 2, t. IV, col. 1635. — ℣. 14. « Elle tournait du côté du nord vers Hanathon » (héb. : *Ḥannâṭôn;* Septante: *Vat. :* Ἀμώθ; *Alex.:* Ἐνναθώθ), actuellement *Kefr 'Anân,* au sud-ouest de Safed (voir HANATHON, t. III, col. 415), « et aboutissait à la vallée de Jephtahel » (héb. : *gê Iftaḥ-'Êl;* Septante : *Vat.:* Γαιφαήλ; *Alex. :* Γαί Ἰεφθαήλ), située peut-être près de *Djéfat,* l'ancienne Jotapata. Voir JEPHTAHEL, t. III, col. 1249.

Il est facile de voir que cette description est incomplète et ne nous permet pas, à elle seule, de fixer sur tous les points les limites de la tribu. Seule, la ligne méridionale est assez bien tracée, et encore a-t-elle des incertitudes, soit quant aux noms, soit quant à la direction. Partant de Sarid, elle s'en va d'abord vers l'ouest jusqu'au Cison; peut-être rejoignait-elle, de ce côté, le coin où se rencontrent les frontières de Manassé, Issachar et Aser. Ce qui peut empêcher de la prolonger jusque-là, c'est que Abès, identifiée avec *Kh. el-Béida,* appartient à Issachar; mais l'identification est problématique. Revenant ensuite du côté de l'est, elle passe vers le Thabor; mais pourquoi le crochet vers Japhié, si réellement cette localité correspond à *Yafa?* Il est difficile de le savoir. L'auteur sacré semble, après cela, vouloir esquisser la frontière orientale, mais Géthhépher et Remmon sont les deux seuls points à peu près connus. Enfin le nord et l'ouest n'ont chacun qu'un jalon : Hanathon et la vallée de Jephtahel. De trois côtés, nous sommes donc réduits à un tracé approximatif, en nous guidant sur certains points qui limitent les tribus voisines.

II. VILLES PRINCIPALES. — La liste des villes principales est également tronquée; nous n'avons ici qu'un fragment comprenant cinq noms, au lieu de douze.

1. Cathed (hébreu : *Qaṭṭâṭ;* Septante : *Vat. :* Κατανάθ; *Alex. :* Καττάθ). Inconnue. Voir CATHED, t. II, col. 349.

2. Naalol (héb. : *Nahălâl;* Septante : *Vat. :* Ναβαάλ, *Alex. :* Νααλώλ). *Ma'lûl* suivant les uns; *'Aïn Mâhil,* suivant les autres. Voir NAALOL, t. IV, col. 1425.

3. Séméron (héb. : *Simrôn;* Septante : *Vat. :* Συμοών; *Alex. :* Σεμρών), peut-être *Semûniyéh,* à l'ouest de Nazareth. Voir SÉMERON 1, col. 1597.

4. Jérala (héb. : *Yd'âlâh;* Septante : *Vat. :* Ἰερειχώ; *Alex. :* Ἰαδηλά). Inconnue. Voir JÉDALA, t. III, col. 1216.

5. Bethléhem (héb. : *Bêṭ Laḥém;* Septante : *Vat. :* Βαιθμάν; *Alex. :* Βαιθλεέμ), bien identifiée avec *Beit Lahm,* au nord-ouest de *Semûniyéh.* Voir BETHLÉHEM 2, t. I, col. 1695.

A ces villes, il faut joindre les cités lévitiques, Jos., XXI, 34; *Jecnam* (héb. : *Yoqne'âm;* Septante : *Vat. :* ἡ Μαάν; *Alex. :* Ἐκνάμ), appelée ailleurs *Jéconam,* et dont nous avons parlé à propos des limites de la tribu; *Cartha* (héb : *Qarṭâh;* Septante : *Vat. :* Κάδης; *Alex. :* Καρθά), inconnue; *Damna* (héb. : *Dimnâh;* Septante: *Vat.:* omis ou remplacé par Σελλά; *Alex. :* Δαμνά), probablement identique à *Remmono* de I Par., VI, 77, et à Remmon, dont il est question plus haut; voir DAMNA, t. II, col. 1231; *Cétron* (héb.: *Qiṭrôn;* Septante, omis), inconnue; voir CÉTRON, t. II, col. 471.

III. DESCRIPTION. — La tribu de Zabulon était établie au centre de la Basse Galilée. Sa limite suivait, au midi, le contour des collines qui bordent la plaine d'Esdrelon, à l'est, les premières pentes qui descendent vers le lac de Tibériade; au nord, elle passait au pied des montagnes qui marquent la Haute Galilée, *Djébel Zabûd* (1114 mètres), *Djébel Djarmûk* (1198 mètres); à l'ouest, elle contournait le versant qui s'incline vers la plaine côtière. Dans cet espace assez restreint, se déroule un pays montueux, dont le niveau moyen va de 250 à 300 mètres, avec quelques points qui approchent de 600 mètres, *Djébel el-Kummanéh* (570 m.), *Djébel Tur'ân* (541 m.), *Djébel et-Tûr* ou Thabor (562 m.). Il est coupé de vallées et de plaines, dont la plus importante est celle d'Asochis ou de Zabulon, actuellement *Sahel el-Battaûf,* longue et très fertile. Les sommets que nous venons de mentionner forment une ligne de faite d'où partent des ouadis dans la direction de l'ouest, de l'est et du sud. En dehors de ces traits particuliers, le territoire de Zabulon participait aux caractères généraux de la Galilée, au point de vue de la fécondité du sol et de la population. Voir GALILÉE, t. III, col. 87.

II. HISTOIRE. — Dans le dénombrement qui fut fait au désert du Sinaï, la tribu de Zabulon comptait 57400 hommes en état de porter les armes. Num., I, 30. Elle occupait ainsi le quatrième rang au point de vue de la force, et avait pour chef Eliab, fils d'Hélon. Num., I, 9; II, 7; X, 16. Dans les marches à travers le désert, elle était à l'est du tabernacle avec Juda et Issachar. Num., II, 3, 7. C'est par les mains de son prince, Eliab, qu'elle fit ses offrandes au sanctuaire. Num., VII, 24-29. Parmi les explorateurs du pays de Chanaan, elle était représentée par Geddiel, fils de Sodi. Num., XIII, 11. Au second recensement, elle comptait 60500 guerriers, Num., XXVI, 27. Au nombre des commissaires chargés d'effectuer le partage de la Terre Promise, fut l'un de ses membres, Elisaphan, fils de Pharnach. Num., XXXIV, 25. — Après l'entrée en Palestine, elle se tint au pied du mont Hébal, pour les malédictions. Deut., XXVII, 13, et elle obtint le troisième lot dans la division du pays. Jos., XIX, 10. Quatre de ses villes furent données aux Lévites fils de Merari : Jecnam, Cartha, Damna et Naalol, Jos., XXI, 7, 34; le Ier livre des Paralipomènes, VI, 63, 77, n'en signale que deux : Remmono et Thabor. Voir ces noms. — Comme plusieurs autres tribus, Zabulon ne chassa pas les Chananéens de son territoire, en particulier des villes de Cétron et de Naalol. Jud., I, 30. Pour les combattre, Nephthali et Zabulon durent fournir dix mille hommes à Barac. Jud., IV, 6, 10; V, 14, 18. La même tribu aida également Gédéon contre les Madianites. Jud., VI, 35. Elle donna naissance à un juge, Aïalon, qui gouverna Israël pendant dix ans, mourut et eut son tombeau dans le pays de Zabulon. Jud., XII, 11, 12. — Elle envoya à David un corps auxiliaire de 50000 hommes. I Par., XII, 33, 40. — A l'appel du roi Ezéchias une partie de la population consentit à venir au temple et à célébrer la Pâque. II Par., XXX, 10, 11, 18. — Zabulon est associé à Nephthali dans la prophétie d'Isaïe, IX, 1, dont saint Matthieu, IV, 13-15, montre l'accomplissement au début du ministère de Jésus. — Dans le nouveau partage de la Terre Sainte, d'après Ezéchiel, la tribu se trouve au midi, entre Issachar et Gad. Ezech., XLVIII, 26-27. Dans sa recon-

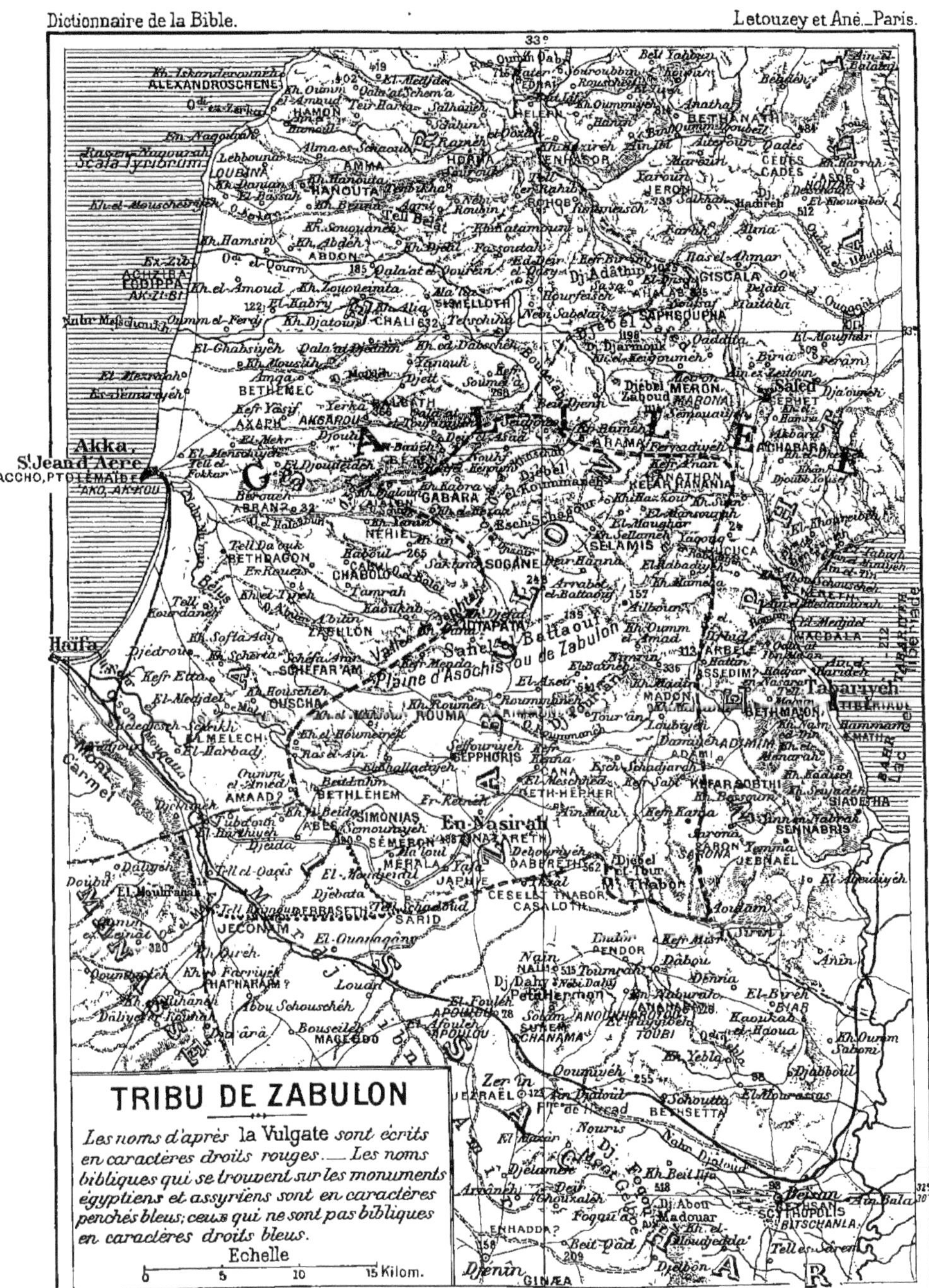

Imp. G. Deberque

stitution idéale de la cité sainte, le même prophète, XLVIII, 33, met au midi « la porte de Zabulon », avec celles de Siméon et d'Issachar. — Enfin saint Jean, dans l'Apocalypse, VII, 7-8, cite Zabulon entre Issachar et Joseph.

III. CARACTÈRE. — Comme on le voit d'après ce résumé historique, la tribu de Zabulon n'a rien qui la distingue parmi les autres. Elle eut seulement l'honneur de donner un Juge à Israël, et ses guerriers se signalèrent dans certains combats. Jud., V, 18; XII, 12. L'Écriture mentionne aussi les richesses que lui valait le voisinage des ports de mer. Deut., XXXIII, 19. S'il fallait prendre à la lettre le texte de Gen., XLIX, 13, on pourrait croire qu'elle s'étendait réellement jusqu'à la Méditerranée :

Zabulon habite au rivage de la mer,
Et encore au rivage des vaisseaux,
Et son flanc s'appuie sur Sidon.

Il semble bien cependant, d'après Jos., XIX, 10-16; 24-31, qu'elle en était séparée par Aser, comme elle était séparée par Nephthali du Lac de Tibériade. Jos., XIX, 32-39. La mention de Sidon, qui représente ici la Phénicie, montre assez qu'il ne s'agit pas de relations immédiates avec la mer. Tout au plus Zabulon pouvait-il avoir quelque débouché du côté du Carmel et de la mer occidentale. Cf. Josèphe, *Ant. jud.*, V, I, 22. On sait, du reste, qu'en certains endroits les limites des tribus se confondaient et qu'elles purent varier dans la suite des temps. C'est dans ce sens qu'il faut expliquer Deut., XXXIII, 18-19, où Zabulon est associé à Issachar pour le trafic maritime. Tous deux pouvaient avoir des entrepôts sur la côte et tirer des trésors du rivage. — Le pays de Zabulon a eu la gloire d'abriter l'enfance et la jeunesse de Notre-Seigneur, à Nazareth, et d'être le théâtre de son premier miracle, à Cana.

A. LEGENDRE.

ZABULONITE (hébreu : *Zebûlônî;* Septante; Ζαβουλωνίτης; Vulgate : *Zabulonites*), de la tribu de Zabulon. Num., XXVI, 27 (hébreu). Le juge d'Israël Ahialon était Zabulonite, Jud., XII, 11; ainsi que Jesmaïas, qui, du temps de David, fut à la tête des Zabulonites. I Par., XXVII, 19 (Vulgate).

ZACCHUR, orthographe exceptionnelle de Zachur. Voir ZACHUR, col. 2527.

ZACHAÏ (hébreu : *Zakkaï;* Septante : Ζακχού), chef d'une famille dont les membres, au nombre de sept cent soixante, retournèrent de la captivité de Babylone en Palestine avec Zorobabel. I Esd., II, 9; II Esd., VII, 14. Son nom est la forme hébraïque du nom de Zachée, laquelle est grécisée dans le Nouveau Testament.

ZACHARIE (hébreu : *Zekaryâh*, « Yâh se souvient »), nom de trente et un Israélites.

1. ZACHARIE (Septante : Ζαχαρίας), fils de Jéroboam II, quatorzième roi d'Israël, le dernier de la dynastie de Jéhu. IV Reg., XIV, 29; XV, 8-12. Son règne ne dura que six mois et fut sans éclat. Il fit le mal devant le Seigneur et périt par la main de Sellum, fils de Jabès, qui régna à sa place. La chronologie biblique à l'époque de son règne offre des difficultés. On peut placer le règne de Zacharie en 744 avant J.-C. Voir CHRONOLOGIE BIBLIQUE, t. II, col. 732; cf. col. 738.

2. ZACHARIE (Septante : Ζαχαρίου), père d'Abi, IV Reg., XVIII, 2, ou Abia, II Par., XXIX, 1, laquelle devint la femme d'Achaz et la mère du roi Ézéchias.

3. ZACHARIE (Septante : Ζαχαρία), chef des Rubénites, avec Jéhiel, lorsqu'on en fit le dénombrement. I Par., V, 7.

4. ZACHARIE (Septante : Ζαχαρίας), descendant de Coré, de la tribu de Lévi, homme très sage, portier de la porte septentrionale du Tabernacle, du temps de David. I Par., IX, 21; XXVI, 14. Il était fils de Mosollamia, ℣. 21, et l'aîné de sa famille; XXVI, 2 (où le nom de son père est écrit Mésélémia); par abréviation Sélémias, XXVI, 14.

5. ZACHARIE (Septante : Ζακχούρ), un des fils de Jéhiel, père ou fondateur de Gabaon. I Par., IX, 37. Il est appelé Zacher (Septante : Ζακχούρ). I Par., VIII, 31.

6. ZACHARIE (Septante : Ζαχαρίας), lévite qui vivait du temps de David, le premier mentionné parmi ceux qui jouaient du nable, *'al- 'ălâmôt.* Sur cette dernière expression, voir CHANTRE DU TEMPLE, t. II, col. 557. Il est nommé le premier des lévites du second ordre. I Par., XV, 18, 20. Il était en même temps portier. Il est possible qu'il soit le même que Zacharie 4.

7. ZACHARIE (Septante : Ζαχαρία), un des prêtres qui sonnaient de la trompette devant l'arche, quand on la transporta de la maison d'Obédédom à Jérusalem. I Par., XV, 24.

8. ZACHARIE (Septante : Ζαχαρίας), lévite, le second d'Asaph, établi par David pour louer le Seigneur devant l'arche. I Par., XVI, 5.

9. ZACHARIE (Septante : Ζαχαρία), lévite, fils de Jésias, de la descendance de Caath et d'Oziel. I Par., XXIV, 25.

10. ZACHARIE (Septante : Ζαχαρίας), lévite, quatrième fils d'Hosa, de la descendance de Mérari, un des portiers du sanctuaire. I Par., XXVI, 11.

11. ZACHARIE (Septante : Ζαδαίας), père de Jaddo, de la tribu de Manassé. Jaddo fut chef de la tribu de Manassé en Galaad, sous le règne de David. I Par., XXVII, 21.

12. ZACHARIE (Septante : Ζαχαρίας), un des princes de Juda que le roi Josaphat envoya dans les villes de son royaume avec des prêtres et des lévites pour enseigner au peuple la loi de Moïse. II Par., XVII, 7.

13. ZACHARIE (Septante : Ζαχαρίας), lévite, père de Jahaziel, de la descendance d'Asaph. Jahaziel vivait sous le règne de Josaphat. II Par., XX, 14. Voir JAHAZIEL 2, t. III, col. 1106.

14. ZACHARIE (Septante : Ζαχαρίας), un des fils de Josaphat, roi de Juda. II Par., XXI, 2.

15. ZACHARIE (Septante : Αζαριάς), fils du grand-prêtre Joïada et cousin germain de Joas, roi de Juda. I Par., XXIV, 20. Après la mort de Joïada, auquel il devait sa couronne, Joas se laissa entraîner à l'idolâtrie par les grands de son royaume, et comme Zacharie reprochait au peuple son infidélité, le peuple se souleva contre lui et il mourut lapidé avec la complicité du roi. ℣. 20-22. On admet généralement que c'est à ce crime que fait allusion Notre-Seigneur, Matth., XXIII, 35, lorsqu'il parle « du sang de Zacharie, fils de Barachie, tué entre le Temple et l'autel. » Le fils de Joïada est le seul Zacharie dont l'Écriture nous fasse connaître le meurtre dans le Temple. S'il s'agit vraiment de lui, la qualification de fils de Barachie peut provenir de la confusion de quelque copiste qui, le prenant pour le Zacharie, fils de Barachie, le témoin d'Isaïe, VIII, 2, inséra les mots « fils de Barachie », dans son manuscrit de saint Matthieu. Voir BARACHIE 9, t. I, col. 1447. L'addition peut provenir aussi de la confusion erronée d'un manuscrit entre Zacharie, fils de Joïada, et le onzième des petits prophètes, Zacharie, qui était réellement fils de Barachie. Zach., I, 1. Quoi qu'il en soit, le meurtre de Zacharie, fils de Joïada, avait laissé un souvenir profond dans les traditions juives, comme on le voit dans le Talmud de Jérusalem, *Taanith*, fol. 69, où il est raconté que Nabuzardan, général de Nabuchodonosor, vengea par un grand massacre le crime commis contre Zacharie. On a imaginé d'autres explications de la difficulté : on a supposé que Zacharie n'était que le petit-fils de Joïada et que son père s'appelait Barachias, que Barachias était un des noms, ou un surnom de Joïada, etc. Saint Jérôme affirme avoir lu « fils de Joïada », au lieu de Barachie, dans l'Évangile des Nazaréens, et telle a pu être la leçon primitive.

16. ZACHARIE (Septante : Ζαχαρίας), prophète qui vivait sous le règne du roi Ozias et fut son conseiller. I Par., XXVI, 5. Le texte hébreu dit qu'il avait « l'intelligence des visions de Dieu », בראות, *bire'ôt*. Mais divers manuscrits hébreux portent ביראות, *bîr'ôt*, « de la crainte (de Dieu) », ce qui signifie de la religion, et c'est ainsi qu'ont lu les Septante : ἐν φόβῳ Κυρίου, le Targum, la Peschito et plusieurs rabbins. — On ne sait plus rien de son histoire.

17. ZACHARIE (Septante : Ζαχαρίας), lévite, descendant d'Asaph, qui, sous le règne d'Ézéchias, fut un de ceux qui purifièrent le temple de Jérusalem. II Par., XXIX, 13.

18. ZACHARIE (Septante : Ζαχαρίας), lévite musicien descendant de Caath, un des chefs préposés aux travaux du Temple sous le règne du roi Josias, II Par., XXXIV, 12, et à la distribution des victimes pour la célébration solennelle de la fête de la Pâque sous le même Josias. II Par., XXXV, 8.

19. ZACHARIE (Septante : Ζαχαρίας), fils de Bébaï qui revint de la captivité de Babylone en Palestine avec vingt-huit hommes, sous la conduite d'Esdras. I Esd., VIII, 11.

20. ZACHARIE (Septante : Ζαχαρίας), chef des descendants de Pharos, qui revint de la captivité de Babylone en Palestine, avec cent cinquante hommes, en compagnie d'Esdras. I Esd., VIII, 3.

21. ZACHARIE (Septante : Ζαχαρίας), un des chefs du peuple qu'Esdras envoya sur les bords de la rivière Ahava avant le retour de la seconde caravane en Palestine. I Esd., VIII, 16. Il se tint à la gauche d'Esdras, quand celui-ci expliqua la Loi au peuple à Jérusalem. II Esd., VIII, 4.

22. ZACHARIE (Septante : Ζαχαρία), fils ou descendant d'Élam. Il avait épousé une femme étrangère et Esdras la lui fit répudier. II Esd., X, 26.

23. ZACHARIE (Septante : Ζαχαρία), de la tribu de Juda. Un de ses descendants, Athaïa, habitait Jérusalem au retour de la captivité de Babylone. II Esd., XI, 4.

24. ZACHARIE (Septante : Ζαχαρία), Israélite de la descendance de Pharès, fils du Silonite. II Esd., XI, 5.

25. ZACHARIE (Septante : Ζαχαρία), prêtre, fils de Pheshur et père d'Amsi. Il habita Jérusalem après le retour de la captivité de Babylone. II Esd., XI, 12.

26. ZACHARIE (Septante : Ζαχαρία), prêtre qui, au temps du roi Joacim, était chef de la famille sacerdotale d'Adaïa. II Esd., XII, 16.

27. ZACHARIE (Septante : Ζαχαρίας), prêtre, fils de Jonathan, qui sonna de la trompette lors de la dédicace des murs de la ville de Jérusalem du temps d'Esdras et de Néhémie. II Esd., XII, 34, 40 (hébreu, 35, 41).

28. ZACHARIE (Septante : Ζαχαρίας), fils de Barachie, contemporain d'Isaïe, que ce prophète prit comme témoin, avec le prêtre Urie, de sa prophétie d'Emmanuel. Is., VIII, 2. Cf. ZACHARIE 15.

29. ZACHARIE, le onzième des petits prophètes. — 1° Il était, nous apprend-il lui-même, fils de Barachie et petit-fils d'Addo. Esdras, V, 1; VI, 14, l'appelle fils d'Addo, mais c'est dans le sens large de descendant. — Le martyr Zacharie, également fils de Barachie, que Notre-Seigneur signale, Matth., XXIII, 35, comme ayant été tué à Jérusalem « entre le parvis et l'autel », n'a certainement rien de commun avec notre prophète. Voir le t. I, col. 1447. — 2° Il n'est pas douteux que Zacharie naquit sur la terre étrangère, durant la captivité babylonienne. Il devait être tout jeune lorsqu'il quitta la Chaldée avec son grand-père, en 536 avant J.-C., pour venir en Palestine. En effet, il résulte de Zach., II, 4, que, dix-huit ans avant la fin de l'exil, au début de son ministère prophétique, il était encore *na'ar*, « jeune homme ». Il est vrai que cette expression était assez élastique chez les Hébreux, et pouvait convenir à un homme de trente ans. On ne peut pas se fier aux renseignements mêlés de légendes que nous fournissent le Pseudo-Épiphane et le Pseudo-Dorothée, qui font de Zacharie un vieillard lorsqu'il s'établit à Jérusalem. Cf. Pseudo-Épiphane, *De vitis prophetarum*, t. XLIII, col. 412. Il commença à prophétiser seize ans après la fin de la captivité, pendant la seconde année du règne de Darius, fils d'Hystaspe, c'est-à dire, en 520 avant J.-C., deux mois après Aggée. Cf. Zach., I, 17; I Esd., V, 1-2; Agg., I, 1. Nous ignorons quelle fut la durée de son rôle prophétique. D'après Zacharie, VII, 1, il l'exerçait encore la quatrième année de Darius, en 518. Mais il est probable que sa mission se prolongea au delà de cette époque, car les oracles contenus dans les chap. IX-XIV paraissent être un peu plus récents que les précédents. — Plusieurs passages sont datés : I, 1, au huitième mois de la deuxième année de Darius, c'est-à-dire en novembre 520; I, 7, le vingt-quatrième jour du onzième mois de la même année; VII, 1, la quatrième année de Darius, le quatrième jour du huitième mois, c'est-à-dire en décembre 518. La première date domine I, 1-6, ou l'entrée en matière; la seconde concerne le livre des visions, I, 7-VI, 8; la troisième, la première section du livre des discours, chap. VII-VIII. — C'est pour n'avoir pas fait attention à ces dates, que plusieurs anciens rabbins ont confondu notre petit prophète avec son homonyme Zacharie, fils de Barachie, qui vivait au temps d'Isaïe. Cf. Is., VIII, 2; J. Fürst, *Kanon des Alt. Testam.*, p. 44. — 3° Zacharie appartenait probablement à la famille sacerdotale. Voir Cornely. *Introd. in utriusque Testam. lib.*, t. II, 2, p. 594; F. Vigouroux, *Manuel bibl.*, t. II, n. 1108. « Sa qualité de prêtre explique l'insistance qu'il met à relever le rôle du grand-prêtre Joïada, III, 1-10; VI, 9, à côté du prince Zorobabel, dans la direction de la communauté. » Hoonacker, *Les petits prophètes*, p. 577. C'est pour le même motif qu'il attache une importance considérable aux choses du culte. Esdras, I, V, 1 et VI, 14, vante le zèle qu'il déploya, de concert avec Aggée, pour la reconstruction du Temple. Il consacra ainsi tout son zèle de prêtre et de prophète à faire sortir la théocratie de ses ruines. La tradition juive nous montre aussi les deux prophètes contemporains s'intéressant à la liturgie sacrée et composant ou revisant des Psaumes. Voir les titres des Ps. CXI et CXLV dans la Vulgate, des Ps. CXXXVII, CXLV-

CXLVIII dans les Septante, et des Ps. CXXV-CXXVI dans la version syriaque. La même tradition les range aussi parmi les membres de la Grande Synagogue qui aurait organisé le canon des Saintes Écritures. *Megilla*, f° 17*a*-18*b*. Voir ZACHARIE (LIVRE DE) 32.

L. FILLION.

30. ZACHARIE (Septante : Ζαχαρίας), père de Joseph. Ce dernier était un des chefs des combattants juifs à l'époque de Judas Machabée. I Mach., V, 18. Voir JOSEPH 8, t. III, col. 1670.

31. ZACHARIE (grec : Ζαχαρίας), prêtre de la famille d'Abia, époux de sainte Élisabeth et père de saint Jean-Baptiste. Son histoire nous est racontée par saint Luc, I, 5-23; 57-80. Il n'avait point de fils. Un jour qu'il remplissait ses fonctions sacerdotales dans le temple de Jérusalem, l'ange Gabriel lui apparut et lui annonça qu'il allait devenir le père d'un fils qu'il appellerait Jean et qui serait le précurseur du Messie. Zacharie avait peine à croire à la réalisation de cette promesse, étant déjà vieux, ainsi que sa femme. L'ange lui révéla alors sa dignité et lui annonça qu'en punition de son incrédulité, il serait muet jusqu'à la naissance de son fils. Lorsque la foule, étonnée du long temps qu'il restait dans le sanctuaire, le vit enfin sortir, il était muet, et elle comprit qu'il avait eu une vision. Il retourna alors dans la ville de Juda, où il habitait. Voir JUDA 12, t. III, col. 1776, et JÉTA, col. 1917. Sur ces entrefaites eut lieu l'Annonciation de la Très Sainte Vierge et l'ange Gabriel révéla à Marie que sa cousine Élisabeth allait devenir mère. Marie se rendit aussitôt auprès d'elle et il y eut entre elles un échange de félicitations et d'actions de grâces à Dieu. Quand l'enfant d'Élisabeth vint au monde, ses parents et ses voisins vinrent la congratuler et, le huitième jour, comme on allait le circoncire, ils voulaient l'appeler, comme son père, Zacharie. Sa mère déclara qu'il s'appellerait Jean. On fit alors appel au père et il écrivit sur des tablettes : « Jean est son nom, » ce qui produisit un grand étonnement. Et aussitôt Zacharie recouvra la parole et il remercia Dieu par son cantique *Benedictus*. — Zacharie est encore nommé comme père de Jean-Baptiste, Luc., III, 2.

32. ZACHARIE (LIVRE DE). — I. SUJET ET DIVISION. — 1° L'horizon de Zacharie, dans son écrit prophétique, est plus vaste que celui d'Aggée, son contemporain. Il ne prend pas pour thème direct la reconstruction du Temple, quoiqu'il s'en occupe aussi, mais le rétablissement de la théocratie, et le futur royaume du Messie. Prononcés tandis que le peuple travaillait avec ardeur à rebâtir le sanctuaire, ses oracles l'encourageaient, le consolaient, l'exhortaient, en montrant le brillant avenir réservé à Israël, et les bénédictions abondantes qui devaient se rattacher à la restauration du temple. Tel est le sujet général du livre.

2° On a partagé cette prophétie de différentes manières. Mais, au fond, tout le monde est d'accord, tant les divisions sont nettement marquées par l'auteur lui-même. Les chap. I-VI forment un tout inséparable; les chap. VII et VIII sont pareillement associés d'une façon très étroite; enfin, il existe une remarquable unité entre les chap. IX-XIV. On reconnaît généralement aussi que les chap. VII et VIII sont comme un trait d'union entre ceux qui les précèdent et ceux qui les suivent. Au point de vue soit du sujet, soit de la forme extérieure, la division qui nous paraît la meilleure et la plus exacte consiste à admettre seulement deux parties : le livre des visions, I, 1-VI, et le livre des discours, VII, 1-XIV.

a) La première partie, qui s'ouvre par une courte exhortation à la pénitence, I, 1-VI, 15, contient une série de huit visions, révélées à Zacharie durant une seule et même nuit, et se rapportant aux destinées futures du peuple de Dieu, I, 7-VI, 8. Elle s'achève par une action symbolique, VI, 9-15. Prenant pour point de départ l'état de détresse où se trouvait alors Jérusalem, elle annonce clairement la transfiguration et l'heureux avenir de la nation théocratique. Ces visions furent réelles, objectives, et non pas une création personnelle du prophète, qui aurait eu recours à ce stratagème littéraire pour présenter ses pensées avec plus de force. Un ange les expliquait à Zacharie, au fur et à mesure qu'il les contemplait. Chacune d'elles forme un tableau à part; mais leur groupe constitue un bel ensemble, puisqu'elles se rapportent toutes à la restauration présente et future du peuple de Jéhovah. La première est celle du cavalier parmi les myrtes, I, 7-17; la seconde, celle des quatre cornes et des quatre forgerons, I, 18-21; la troisième, celle de l'homme au cordeau, II, 1-5; un petit discours explicatif lui est rattaché, II, 6-13. La quatrième nous montre le grand-prêtre Josué accusé par Satan devant l'ange du Seigneur, III, 1-5; de magnifiques promesses lui sont associées, III, 6-10. La cinquième est celle des deux oliviers, IV, 1-7; elle est complétée par un petit discours du Seigneur, IV, 8-10, et par les interprétations de l'ange, IV, 11-14. La sixième est celle du rouleau de parchemin qui s'envole, V, 1-4; la septième, celle de la femme placée dans l'amphore, V, 5-11; la huitième, celle des quatre chars, VI, 1-8.

b) La deuxième partie, ou livre des discours, reproduit, relativement à l'avenir du peuple théocratique qui se reformait lentement, humblement, les mêmes pensées consolantes que le livre des visions. Elle comprend trois discours, nettement séparés, qui se composent d'éléments identiques à ceux que renferment les écrits des autres prophètes : les reproches, les menaces et les promesses y apparaissent tour à tour; mais c'est la joyeuse et glorieuse promesse qui domine. — *A. Premier discours :* Israël dans le passé et dans l'avenir, VII, 1; VIII, 23. Les désobéissances des Hébreux aux ordres du Seigneur ont été la cause de leurs malheurs; néanmoins, Dieu est disposé à les bénir avec une générosité sans bornes. Zacharie indique brièvement l'occasion du discours, VII, 1-3 : les habitants de Béthel avaient fait demander aux prêtres et aux prophètes de Jérusalem s'il fallait continuer de célébrer le jeûne institué en souvenir de l'incendie de la capitale et du temple par les Chaldéens. Le Seigneur chargea Zacharie de communiquer sa réponse, dont la première moitié, VII, 4-14, est aussi sévère que la seconde, VIII, 1-23, est douce et réconfortante. — *B. Second discours :* prophéties relatives au peuple de Dieu et aux païens, IX-XI. — α) Tout d'abord, IX, 1-X, 12, nous apprenons que les païens seront humiliés, tandis qu'Israël sera sauvé. — 1° Annonce des jugements divins contre trois des nations païennes qui entouraient le territoire juif : les Syriens, les Phéniciens et les Philistins, IX, 1-7. — 2° Touchant contraste : le roi pacifique de Sion et son empire universel, IX, 8-10. — 3° Israël recouvrera sa liberté entière et triomphera des Gentils, IX, 11-17. — 4° La délivrance du peuple juif sera complète, X, 1-12. — β) Le prophète fait entendre ensuite de sinistres menaces : Israël sera rejeté du Seigneur, dont il aura méprisé les bontés paternelles, XI, 1-17. — 1° Prélude menaçant; XI, 1-3. — 2° Parabole du bon et du mauvais pasteur, XI, 4-17. Tout ce passage est allégorique, et expose sous d'émouvantes figures le motif pour lequel Jéhovah traitera si sévèrement sa nation privilégiée. — *C. Troisième discours :* Les jugements redoutables et les précieuses bénédictions de l'ère messianique, XII, 1-XIV, 24. — α) Les luttes et le triomphe, la conversion et la sanctification des Juifs, XII, 1-XIII, 6. — 1° Le Seigneur viendra au secours de Sion opprimée, XII, 1-8. — 2° Le grand deuil d'Israël, XII, 9-14. — 3° Dignes fruits de repentir au sein du peuple de Dieu, XIII, 1-6. — β) Après avoir encore été purifié dans le creuset de la souffrance, Israël sera transfiguré par le Seigneur, XIII, 7-XIV, 21. — 1° Le troupeau sera frappé en même temps que le pasteur, XIII, 7-9. — 2° Le grand jour du Seigneur et la nouvelle Jérusalem, XIV, 1-21 : tableau vivant et grandiose qui achève dignement la prophétie. Voir une analyse détaillée dans Cornely, *Historica et critica Introductio in libros sacros*, t. II, p. 596-601.

II. LE STYLE ET LE GENRE LITTÉRAIRE. — 1° La diction de Zacharie est assez pure, surtout pour l'époque de décadence littéraire où il écrivit ses oracles. Son style est frais, imagé, vivant. Il emploie des comparaisons très expressives. Cf. II, 8-9; IX, 15-16; X, 3-5; XI, 7, 10, 14; XII, 3, 4, 6, 8; XIV, 4, 20, etc. Certaines formules prophétiques produisent un bel effet par leur répétition. Cf. I, 3, 4; I, 17 et II, 13; IV, 9 et VI, 15; VII, 9-10 et VIII, 16-17, etc. Zacharie a formé sa diction d'après celle des anciens prophètes; aussi les aramaïsmes sont-ils assez rares chez lui. Comme écrivain, il a beaucoup plus de vie et d'entrain que son contemporain Aggée. Les chap. I-VI sont composés en prose ordinaire. On rencontre déjà plus d'élan dans les chap. VII et VIII. Les chap. IX-XIV sont en général bien écrits et rappellent les oracles d'Isaïe par leur profondeur, leur ampleur, leur variété, les ornements de leur langage. Cf. Knabenbauer, *Proph. Min.*, t. II, p. 215. Zacharie demeure original, même lorsqu'il prend les anciens écrivains pour guides. Toutefois, la multiplicité des images et le brusque passage de l'une à l'autre créent souvent une certaine obscurité, comme c'est également le cas pour le prophète Osée (t. IV, col. 1917). Les rabbins s'en sont plaints avec quelque amertume, cf. Fürst, *Zum Kanon des A. Test.*, Leipzig, 1868, p. 43. Saint Jérôme, à leur suite, t. XXV, col. 1417, nomme Zacharie « le plus obscur » des petits prophètes. Ce qui est vrai, c'est que « de nombreux détails — spécialement dans les chap. IX-XIV — demeureront toujours incompréhensibles et obscurs pour nous, parce que nous ne sommes que très imparfaitement renseignés sur toute l'époque d'après l'exil. » Cornill, *Einleitung in das A. T.*, 2e édit., p. 200. Cf. Reinke, *Beiträge zur Erklärung des A. T.*, t. VI, p. 112. — 2° Le texte hébreu ne nous a pas été transmis dans un état de parfaite préservation. On a pu, en divers endroits, le corriger au moyen du texte des LXX. Cf. Kaulen, *Einleitung in die h. Schrift*, 3e édit., p. 367; Klostermann, dans la *Theologische Literaturzeitung* de Schürer, t. IV, 1879, p. 561 sq.

III. AUTHENTICITÉ ET UNITÉ DU LIVRE. — 1° *Chap. I-VIII.* — La question d'authenticité ne présente aucune difficulté en ce qui concerne les chap. I-VIII, car elle est tellement garantie de toutes manières, par les arguments extrinsèques et intrinsèques, que les critiques eux-mêmes ne songent pas à la contester. Voir Cornill, *Einleitung in das Alte Testam.*, 2e édit., p. 195; Driver, *An Introduction to the literature of the Old Testament*, 5e édit., p. 322. La tradition de la synagogue et celle de l'Église, la situation historique et religieuse, tout indique bien l'époque marquée par l'auteur lui-même.

2° *Chap. IX-XIV.* — Il s'est ouvert depuis de longues années, au sujet de cette seconde moitié du livre, un grand débat, dont nous devons d'abord exposer l'origine et les phases principales. — *a*) Comme l'on sait, saint Matthieu, XXVII, 9, attribue à Jérémie le passage Zach., IX, 12. Sans autre motif que celui de sauvegarder la véracité de l'évangéliste, l'Anglais Joseph Mede († 1638) prétendit que le prophète d'Anathoth était l'auteur non seulement de ce verset, mais de tout l'ensemble des chap. IX-XI de Zacharie, dont il fait partie. Plusieurs autres Anglais du XVIIe et du XVIIIe siècle, entre autres, Whiston, Hammond, Kidder, etc., acceptèrent cette théorie. Dans son commentaire du livre de Zacharie publié en 1785, *An attempt towards an improved version and an exploration of the twelve Minor Prophets*, l'archevêque anglican W. Newcome enseigne que les chap. IX-XIV sont tous antérieurs à l'exil, avec cette différence pourtant, que les chap. IX-XI ont été composés quelque temps avant la fin du royaume des dix tribus (722 avant J.-C.), et les chap. XII-XIV, un peu avant la ruine du royaume de Juda et la prise de Jérusalem par les Chaldéens. Presque en même temps avait paru l'ouvrage d'un prédicateur protestant de Hambourg, B. G. Flügge, *Die Weissagungen welche den Schriften des Propheten Zacharias beigebogen sind*, Hambourg, 1784, qui développe une thèse analogue, mais par des procédés plus violents, puisque Flügge morcelle Zach., IX-XIV, en neuf fragments, qui auraient été composés à différentes époques, mais bien avant la captivité de Babylone. On les aurait ensuite juxtaposés et rattachés au livre de Zacharie. C'est surtout l'ouvrage de Flügge qui mit à l'ordre du jour la question de l'origine de ces six chapitres. Jusqu'alors aucun doute ne s'était élevé à leur sujet, malgré les assertions de Mede et de ses premiers imitateurs. — *b*) Pendant près d'un siècle, jusqu'en 1881, les critiques et les exégètes rationalistes se laissèrent fasciner par cette théorie, qui, à la manière de Newcome, faisait remonter la composition de Zach., IX-XI, au VIIIe siècle avant J.-C. et les chap. XII-XIV à la fin du VIIe siècle ou un peu plus tard. La section Zach., IX-XI, aurait donc eu pour auteur un contemporain d'Osée et d'Isaïe, peut-être le Zacharie, fils de Barachie, qui est mentionné Is., VIII, 2; elle se rapporterait surtout au royaume des dix tribus et à la catastrophe qui devait amener sa ruine. La section Zach., XII-XIV, formerait un oracle parallèle, concernant le royaume de Juda et la période qui précéda immédiatement sa fin. Sentiment assez extraordinaire en soi, puisque, dans le monde de la critique avancée, on est beaucoup plus porté à donner une date récente qu'une date ancienne aux écrits bibliques. D'assez nombreux critiques contemporains, appartenant tous au protestantisme, s'y sont ralliés et l'ont soutenu avec énergie, entre autres, L. Diestel, dans le *Bibel-Lexicon* de Schenkel, t. V, p. 129-134; Ewald, *Propheten des Alten Bundes*, 2e édit., t. II, p. 248; Bleek, *Einleitung*, 4e édit., p. 438-439; Kuenen, *Onderzoek naar het onstaan en de verzameling van de boeken des Ouden Verbonds*, Leide, 1889, p. 402-426; E. Reuss, *La Bible : les Prophètes*, t. I, p. 176-193, 347-360. Le nombre de ses partisans a beaucoup diminué de nos jours. Les principaux sont actuellement, Orelli, *Das Buch Ezechiel und die zwölf kleinen Proph.*, p. 361-363; Duhm, *Theologie der Propheten*, p. 141-143, 225-228; H. König, *Einleitung in das A. T.*, p. 364-376; Driver, *Introduction*, p. 324-332. Ces divers critiques ne sont pas d'accord sur les dates à assigner à chacune des deux sections. En outre, Kuenen suppose que les chap. IX-XI, auxquels il joint le passage XIII, 7-9, remontent dans leur ensemble au VIIIe siècle avant notre ère, mais que certains détails ont subi des modifications et ont été accommodés à une époque plus tardive par un prophète qui vivait après l'exil. — *c*) Dès l'année 1864, au tome II, p. 216, de sa *Neue exeget. krit-Aehrenlese*, in-8°, Leipzig, Böttcher protestait contre l'opinion qui regarde les chap. IX-XIV de Zacharie comme plus ou moins antérieurs à l'exil. A son sens, ils furent écrits au temps des guerres que se livrèrent Séleucus de Syrie et Ptolémée d'Égypte, après la mort d'Alexandre le Grand. Eichhorn, dans la 4e édit. de son *Einleitung in das A. T.*, descendit encore plus bas. Vatke, *Einleitung*, 1882, p. 709, qui avait d'abord placé la composition de ces chapitres sous le règne d'Artaxercès Longue-Main (464-425 avant J.-C.), se décida ensuite pour l'époque des Machabées (années 170 et suiv.). Toutes ces variations et fluctuations ne sont pas une preuve de la solidité du système. Chacun veut aller au delà de ses devanciers, et modifie pour cela ses propres théories inconsistantes. C'est le professeur Stade qui s'est fait le défenseur le plus habile et le plus écouté de la théorie nouvelle, dans trois articles successifs publiés par la *Zeitschrift für alttestam. Wissenschaft,* 1881 et 1882. Tout en maintenant que les chap. IX-XIV sont d'un seul et même auteur, il affirme qu'ils n'ont pas été composés antérieurement à l'année 280 avant J.-C. Cornill, Wellhausen, Wildboer ont admis cette conclusion. Nowack, Rubinkham et Marti ont trouvé cette date trop ancienne. Selon Marti, *Dodekapropheton,* p. 396, « l'époque qui rend intelligibles toutes les indications et allusions historiques de Zach., IX-XIV, est l'année 160 avant J.-C. » C'est donc alors seulement que cette partie du livre aurait été rédigée. Le passage Zach., XII, 7-8, ne daterait même que du début du Ier siècle avant notre ère.

IV. Réfutation des théories des néo-critiques opposées a l'authenticité et a l'unité du livre. — Pour répondre à tous ces adversaires de l'unité et de l'intégrité des oracles de Zacharie, nous avons à prouver brièvement : 1° que les chap. IX-XIV sont véritablement du même auteur que la première moitié du livre; 2° qu'on n'est pas autorisé à regarder ces chapitres comme antérieurs à la captivité de Babylone; 3° qu'il n'est pas permis non plus de retarder leur composition jusqu'après le règne d'Alexandre le Grand.

1° *Arguments qui démontrent l'authenticité du livre de Zacharie envisagé dans sa totalité.* — *a*) Si la tradition juive et chrétienne est un garant suffisant de l'authenticité des huit premiers chapitres, elle l'est aussi des six derniers. En effet, ni les Juifs, ni, à leur suite, les chrétiens des premiers siècles, n'ont jamais regardé les chap. IX-XIV comme provenant d'un auteur distinct de celui des chap. I-VIII. Cf. Fürst, *Der Kanon des A. T.,* p. 45; tr. *Sanhedrin,* 89*a*. Jamais leur tradition n'a laissé percer le moindre doute sur l'unité de la composition. Dans les plus anciens mss. hébreux et dans les plus anciennes versions, les quatorze chapitres du livre sont placés de la même manière sous la dépendance du titre « Zacharie ». Cette preuve a ici une force toute spéciale, car la tradition juive remonte jusque vers l'époque où Zacharie composa et publia ses oracles, puisque le canon juif de l'Ancien Testament a été établi peu de temps après. Ajoutons que les Juifs attachaient une importance spéciale aux écrits prophétiques; or, leur valeur dépendait de l'autorité du prophète qui les avait composés. Pour ce motif, on dut déployer une attention spéciale pour empêcher des écrits anonymes de se glisser dans la littérature sacrée. L'existence de livres prophétiques très courts, par exemple ceux d'Abdias, de Nahum, d'Aggée, etc., montre qu'on ne se souciait pas de les allonger en leur rattachant des oracles dont on ne connaissait pas l'auteur. — *b*) L'unité du livre entier est aussi manifestée par celle des sujets traités dans ses deux moitiés. Dans la première, l'auteur prédit le châtiment des ennemis d'Israël, I, 14-15, et VI, 8; dans la seconde, IX, 1-8, il signale à part quelques-uns d'entre eux, et il indique la nature de leur punition. De part et d'autre, le Messie est présenté tout ensemble comme roi et comme prêtre. Cf. III, 8; VI, 12-13; IX, 9-17. Des deux côtés, on prophétise la cessation complète de l'exil, VIII, 7-8; IX, 11-12, 16; X, 8-12; une prospérité de tout genre, I, 17; III, 10; VIII, 3-5; 11, 13; XIV, 7-10; la sainteté du royaume messianique, III, 1-10; V, 1-10 ou 11; XIII, 1-6; la protection toute paternelle de Dieu, II, 9; IX, 8, etc. Voir Cornely, *Introd.,* t. II, p. 605. Cet argument n'a pas une valeur absolue, mais il mérite quand même d'être signalé. — *c*) Les chap. IX-XIV insistent, plus encore que les premiers, sur l'avenir messianique d'Israël, avenir tout heureux et glorieux. Or, cette perspective consolante ne pouvait être que très utile au moment du retour d'exil, alors que tant d'obstacles s'opposaient soit à la réinstallation des Juifs à Jérusalem et aux alentours, soit à la reconstruction du temple. L'idée messianique soude donc, pour ainsi dire, les deux parties l'une à l'autre. — *d*) La division qui règne entre les adversaires de l'authenticité des chap. IX-XIV est aussi une preuve en son genre. Ils sont incapables de s'entendre sur l'origine et sur la date des pages qu'ils enlèvent à Zacharie. Et notons bien qu'il ne s'agit pas seulement de divergences légères, de simples nuances d'opinion, mais de détails essentiels. Il y a entre eux de longs siècles d'intervalle. De plus, ils ne peuvent alléguer que des preuves intrinsèques, dont la faiblesse est mise en évidence par les graves divergences que nous venons de signaler. Les néo-critiques reconnaissent eux-mêmes cette faiblesse, lorsqu'ils expriment toute leur pensée. « La date de cette prophétie (Zach., IX-XI), dit entre autres M. Driver, *Introd.,* 5e édit., p. 325, est extrêmement difficile à déterminer, et en fait les arguments intrinsèques marquent des directions différentes. » En effet, continue-t-il, p. 326, « il y a des indications qui semblent montrer clairement que la prophétie est antérieure à l'exil. » Et, d'un autre côté, elle « contient aussi certains passages qui semblent impliquer une date postérieure à la captivité. » Il suit de là que c'est la tradition qui doit juger en dernier ressort, et non pas une appréciation purement personnelle. — *e*) Les adversaires de l'unité ne réussissent pas à expliquer pourquoi et comment les chap. IX-XIV ont été rattachés aux chap. I-VIII, avec lesquels ils n'auraient, dans l'hypothèse, aucune relation. D'après une conjecture de Bertholdt, *Einleitung,* p. 1728, l'auteur des chap. IX-XIV se nommait aussi Zacharie, et était pareillement fils de Barachie. L'identité des noms aurait occasionné cette suture, au moment où fut organisé le recueil biblique. Ou bien, dit M. Wildeboer, *Litteratur des A. Test.,* p. 361, ces chapitres formaient une prophétie anonyme qui, dans une première collection, était placée tout d'abord à la fin du livre des petits prophètes, etc. On voit combien tout cela est arbitraire. — *f*) Rien dans la forme et le style du livre n'exige la pluralité d'auteurs. 1° Quelques hébraïsants distingués, comme M. König, *Einleitung in das A. T.,* p. 366, croient pouvoir reconnaître dans le style l'absence de tout élément constitutif de l'hébreu postérieur à l'exil; mais d'autres, notamment Böttcher, *Aehrenlese,* t. II, p. 240, voient au contraire dans les chap. IX-XIV un coloris tardif. Cela prouve combien cet argument est négatif. Cf. E. Reuss, *Geschichte der heil. Schriften Alten Testaments,* p. 266. La différence alléguée n'est pas telle, qu'elle exige des époques et des auteurs distincts. Elle s'explique fort bien par celle des sujets traités, comme le montrent des dissemblances analogues dans les prophéties d'Osée, d'Isaïe, de Jérémie, etc. C'est pour cela que, suivant la remarque faite plus haut, le style a un essor plus poétique dans la deuxième partie. Le langage est vraiment partout le produit de la même imagination très vive et très inventive. — 2° On signale aussi, comme preuve de la pluralité d'auteurs, les titres placés en tête de divers oracles, soit dans les premiers, soit dans les derniers chapitres. Là, ils indiquent la date de la révélation divine et le nom du prophète. Cf. Zach., I, 1, 7; VII, 1. Ici, Zach., IX, 1, et XII, 1, ils demeurent vagues et imprécis. « Cela est visiblement contre l'unité d'auteur, » dit König, *loc. cit.,* p. 365. Assurément non, car le prophète n'était pas tenu de répéter son nom et les dates en avant de tous ses oracles. Cf. Is., I, 1; VI, 1; XIII, 1; XV, 1; XVII, 1; XX, 1-2, où les titres des prophéties varient pareillement. Jérémie et Ézéchiel ne datent aussi qu'un nombre limité de leurs oracles. Enfin, si les prophéties des chap. IX-XIV ne portent aucune indication de temps, cela tient sans doute à ce qu'ils s'occupent surtout d'un avenir lointain, d'un avenir messianique. — 3° Autre objection. Dans les premiers chapitres, on rencontre fréquemment les formules : « Ainsi parle le Seigneur, » I, 3, 4, 14, 16, 17; II, 8; III, 7; VI, 12, etc.; « La parole du Seigneur vint à..., » I, 7; IV, 8; VI, 9; VII, 1, 4, 8; VIII, 1, 18. Or, la première de ces formules n'apparaît qu'une fois, XI, 4, dans Zach., IX-XIV, et la seconde, pas une seule fois. En outre, les mêmes chap. IX-XIV emploient souvent la locution « en ce jour-là », IX, 16; XI, 11; XII, 3, 4, 6, 8, 9, 11; XIII, 1, 2, 4; XIV, 4, 6, 8, qui est très rare dans les chap. I-VIII. Cf. III, 10, et VI, 10. Mais qui ne voit que cette prétendue divergence est toute de surface, et qu'elle s'explique par les différences du ton et du sujet dans les deux parties? — 4° Enfin, en comparant les chap. IX-XIV aux premiers, de graves auteurs, qui sont en même temps d'excellents juges en fait d'hébreu, constatent plutôt une affinité entre eux sous le rapport du langage. C'est ainsi que plusieurs expressions rares, telles que « les allants et les venants », VII, 14, et IX, 8; *he'ébîr* dans le sens d'enlever, III, 4, et XIII, 2; la désignation symbolique de la providence par l'expression « l'œil de Dieu », III, 9; IV, 10; IX, 1, 8; la désignation du peuple théocratique par les termes synonymes de Juda, d'Israël, de Joseph, d'Éphraïm, I, 12; II, 2, 12; VIII, 15; IX, 9 ou 13; X, 6; XI, 14, etc., se retrouvent de part et d'autre. Voir Keil, *Einleitung*, p. 341-342.

2° *Les chap. IX-XIV n'ont pas été composés avant l'exil, au VIIIe ou au VIIe siècle avant J.-C.* — *a*) Preuve tirée du sujet traité. Ces chapitres supposent, pour le peuple juif, des conditions semblables à celles qui existaient après la captivité de Babylone, telles que nous les connaissons par Aggée, Esdras, etc.; semblables aussi à celles qui sont décrites dans les chap. I-VIII. Quelques détails suffiront pour nous en convaincre. Zach., IX, 11-12, les exilés sont invités à revenir au plus vite à Sion; trait qui convient spécialement à l'époque de Zorobabel et de Zacharie (cf. II, 6-8); Zach., X, 2, la dispersion et la captivité de Juda sont présentées comme des faits du temps passé; X, 6, il en est de même en ce qui concerne les deux anciens royaumes israélites; X, 8, il est dit que les membres de la tribu d'Éphraïm reviendront à leur tour d'exil; d'où il suit que tous les Juifs n'avaient pas encore quitté la terre de captivité; X, 10, le prophète annonce que les captifs reviendront d'Égypte et d'Assyrie, et qu'ils habiteront Galaad et le Liban; cela prouve que Jérusalem et ses alentours étaient déjà repeuplés. Cf. Knabenbauer, *Proph. Minores*, t. II, p. 217. D'autre part, la colonie juive à laquelle s'adresse l'auteur des chap. IX-XIV est encore humble et faible, et il lui promet qu'elle s'agrandira et se fortifiera. Il ne mentionne pas de rois, mais des chefs, IX, 7; XII, 5-6. S'il parle de la maison de David et lui promet la gloire et la prospérité, c'est seulement pour un avenir lointain. Cf. XII, 7-8; XIII, 1. Les ennemis d'Israël ne sont plus les Égyptiens et les Assyriens, IX, 13; la captivité a donc pris fin. Le passage XII, 11, est généralement regardé comme se rapportant à la mort du roi Josias (609 av. J.-C.), et à la lamentation mentionnée IV Reg., XXIII, 29-30; II Par., XXXV, 22-25. Or ce trait nous rapproche beaucoup de la ruine de Jérusalem (586) et de l'exil. La « maison de Lévi » est signalée comme jouissant d'une situation indépendante, à côté de la « maison de David ». Celle-ci, après la captivité, avait perdu beaucoup de son prestige; celle-là avait au contraire ajouté au sien. On le voit, la situation historique indique nettement l'époque d'après l'exil, comme le reconnaissent Stade, Cornill, et la plupart des critiques contemporains. Si divers traits semblent revendiquer, comme date de la composition, une période antérieure à l'exil, c'est par suite d'une fiction littéraire qui n'est pas rare chez les écrivains sacrés. Dans les chap. IX-XIV, nous l'avons dit, c'est vers l'avenir que le prophète porte surtout ses regards; c'est l'avènement et la splendeur des temps messianiques qui sont l'objet principal de ses oracles : il les décrit en employant les couleurs du passé et de l'avenir. Ainsi, bien qu'ils n'existassent plus comme royaumes au temps de l'auteur, Éphraïm et Juda sont encore mentionnés, parce qu'ils formaient les éléments constitutifs de l'ancienne théocratie, et parce que la petite communauté revenue d'exil représentait ces deux anciens États. — *b*) Une autre preuve que les chap. IX-XIV n'ont pas été écrits avant l'exil, c'est qu'ils font, comme du reste la première partie du livre, de fréquents emprunts à des oracles prophétiques datant de la captivité. Ces emprunts sont faits particulièrement à Jérémie et à Ézéchiel. On peut comparer Zach., IX, 2-3, et Ez., XXVIII, 3-4; Zach., X, 3, et Ez., XXXIV, 17; Zach., XI, 3, et Jer., XXV, 36; Zach., XI, 4, et Ez., XXXIV, 4; Zach., XI, 5; et Jer., X, 7; Zach., VI, 7, 11, et Jer., LIX, 20; L, 45; Zach., XI, 8, et Jer., II, 8, 26; Zach., XI, 9, et Jer., XXXIV, 17; Zach., XI, 16, et Ez., XXXIV, 3-4, etc. Voir van Hoonacker, *Les douze petits prophètes*, p. 583; Cornely, *Introd.*, t. II, p. 604-605. Hengstenberg a fort bien mis ce fait en lumière, et le rationaliste de Wette en a été tellement frappé, qu'après avoir nié d'abord l'unité d'auteur, il l'a ensuite admise pour ce motif. *Einleitung*, 4e édit., p. 337.

3° *Les chap. IX-XIV n'ont pas été composés à l'époque tardive imaginée par les néo-critiques.* — A la démonstration positive qui vient d'être donnée, s'ajoute la preuve négative, qui consiste dans le caractère inacceptable des interprétations proposées en maint endroit. Citons quelques exemples. L'Assyrie et l'Égypte, mentionnées Zach., XI, 10-11, ne représenteraient pas les deux grands empires situés sur les rives du Tigre et du Nil, mais la Syrie des Séleucides et l'Égypte des Ptolémées. Leurs noms nous transporteraient donc à l'époque des successeurs d'Alexandre le Grand, entre les années 306 et 278 avant J.-C. De même, au passage Zach., IX, 13, les *benê Yavân*, vaincus par les fils de Sion, ne seraient autres que les Grecs postérieurs à Alexandre. Ceux qui parlent ainsi oublient que la lutte de Darius fils d'Hystaspe avec les Grecs, qui eut un retentissement si considérable, suffisait pour qu'un prophète d'Israël annonçât alors un conflit futur entre son peuple et Javan. On prétend aussi que, dans les chap. IX-XIV, l'espérance messianique revêt un caractère « fantastique », qui est l'indice d'une époque récente. Mais ce sont là des assertions non fondées. — En résumé, on n'a aucune raison suffisante d'abandonner la tradition juive et chrétienne qui regarde le livre entier de Zacharie comme l'œuvre d'un seul et même auteur. Telle est toujours l'opinion, non seulement des interprètes catholiques, mais aussi d'un nombre assez considérable de protestants orthodoxes.

V. L'IMPORTANCE THÉOLOGIQUE DU LIVRE. — 1. L'importance du livre de Zacharie est très grande sous le rapport théocratique, car toutes les visions qu'il décrit, tous les discours qu'il reproduit, annoncent tour à tour que la nation sainte ne périra pas, mais que, reconstituée sur de nouvelles bases, elle durera jusqu'à la fin des temps. Or, il est évident qu'une telle prédiction n'intéresse pas moins l'Église chrétienne que la synagogue, puisque c'est par l'Église du Christ que la théocratie juive devait être et est en réalité continuée, complétée. Il suit de là que le livre de Zacharie est tout du long messianique dans son ensemble.

2. Il ne l'est pas moins dans ses détails qui, en nombre relativement considérable, se rapportent directement à la personne et à l'œuvre du Messie. Les principaux passages de ce genre sont : III, 8, où nous trouvons le beau nom de germe, *ẓémah*, déjà employé dans le même sens par Isaïe, IV, 2, et par Jérémie, XXIII, 5,

pour désigner le futur libérateur d'Israël; VI, 13, où il est prédit que le Messie sera simultanément prêtre et roi; IX, 9-10, qui prophétise son entrée triomphale dans la capitale juive, cf. Matth., XXI, 4, et parall.; XI, 12-13, qui annonce la trahison de Judas, cf. Matth., XXVII, 9; XII, 10, où nous voyons d'avance le Sauveur transpercé par la lance du soldat romain, cf. Joa., XIX, 37; XIII, 7, qui prédit le lâche abandon des Apôtres, cf. Matth., XXVI, 31. Voir F. Vigouroux, *Manuel biblique*, t. II, n. 903; Frz. Delitzsch, *Messianic Prophecies*, in-8°, Edimbourg, 1880, p. 96-108; E. Böhl, *Christologie des A. Test.*, in-8°, Vienne, p. 288-332. S'il est vrai que les chap. I-VIII, d'après l'appréciation de Cornill, « font partie des morceaux les plus remarquables et les plus importants de la littérature d'Israël, » cela est encore plus exact des chap. IX-XIV.

VI. BIBLIOGRAPHIE. — 1° *Questions relatives à l'Introduction.* — F. Burger, *Études exégétiques et critiques sur le prophète Zacharie*, in-4°, Strasbourg, 1841; E. F. von Ortenberg, *Die Bestandtheile des Buches Zacharja*, in-8°, 1859; Vollers, *Das Dodekapropheton der Alexandriner*, 1re partie, *Naûm, Ambakûm..., Zacharias...*, in-8°, Berlin, 1880; B. Stade, *Deuterozacharja*, dans *Zeitschrift für alttestamentl. Wissenschaft*, 1881, p. 1-96; 1882, p. 151-172, 275-309; F. Montet, *Étude historique sur la date assignée aux six derniers chapitres de Zacharie*, Genève, 1882; K. Marti, *Der Prophet Sacharja, der Zeitgenosse Serubbabels, ein Beitrag zum Verständnis des A. Testam.*, in-8°, Fribourg-en-Brisgau, 1892; W. Staerk, *Untersuchungen über die Komposition und Abfassungszeit von Zach. IX-XIV*, 1891; G. K. Grützmacher, *Untersuchung über den Ursprung der in Sach. IX-XIV vorliegenden Prophetien*, in-8°, 1892; Rubinkam, *The second part of the book of Zacharja*, in-8°, Bâle, 1892; Kuenen, *Hist. kritische Einführung in die Bücher des A. T.*, t. II, Leipzig, 1892, p. 386-409; E. Eckardt, *Der Sprachgebrauch von Zach. IX-XIV*, dans *Zeitschrift für alttestam. Wissenschaft*, 1893, p. 76-109, et *Der Religionsgehalt von Zach. IX-XIV*, *ibid.*, p. 311-331; A. K. Kuiper, *Zacharja IX-XIV, eene exegetisch-critische studie*, 1894; G. L. Robinson, *The prophecies of Zechariah, with special reference to the origin and date of chapters IX-XIV*, Chicago, 1896; J. Böhmer, *Das Räthsel von Sach. IX-XI, und von Sach. XII-XIV*, dans *Evangelische Kirchenzeitung*, 1901, n. 17 et 39; A. van Hoonacker, *Les chap. IX-XIV du livre de Zacharie*, dans la *Revue biblique*, 1902, p. 161-183, 347-378; Ch. Bruston, *Les plus anciens des prophètes, Étude critique*, broch. in-8°, Paris, 1907, p. 28-37.

2° *Commentaires.* — *a*) Dans l'antiquité. Chez les Grecs : Théodore de Mopsueste, t. LXVI, col. 493-596; Théodoret de Cyr, t. LXXXI, col. 1873-1960. Chez les Latins : saint Jérôme, t. XXV, col. 1415-1544; Haymon d'Halberstadt, t. CXVII, col. 221-278; Rupert de Deutz, t. CLXVIII, col. 699-814. — *b*) Au moyen âge et dans les temps modernes. Voir Knabenbauer, *Comment. in Proph. Min.*, p. 6-8, 11; Albert le Grand, *Opera*, t. VIII, Lyon, 1651; Sanchez, *Commentarii in Zachariam*, Lyon, 1616. — *c*) De nos jours : 1° Exégètes catholiques : Ackermann, *Prophetæ minores perpetua annotatione illustrati*, in-8°, Vienne, 1840, p. 614-647; P. Schegg, *Die kleinen Propheten*, Ratisbonne, 1854, t. III, p. 265-500; L. Reinke, *Beiträge zur Erklärung des Alt. Testam.*, t. VI, in-8°, Munster-en-Westphalie, 1864 (le volume entier est consacré à Zacharie); J. Knabenbauer, *Commentarius in Proph. minores*, in-8°, Paris, 1886, t. II, p. 210-409; Trochon, *Les Petits Prophètes, Introd. critiq. et commentaires*, in-8°, Paris, 1889, p. 393-493; L. Cl. Fillion, *La Sainte Bible commentée*, in-8°, t. VI, Paris, 1903, p. 553-608; van Hoonacker, *Les douze Petits Prophètes traduits et commentés*, in-8°, Paris, 1908, p. 577-703. — 2° Exégètes protestants et rationalistes : Hitzig, *Die zwölf kleinen Propheten*, in-8°, Leipzig, 1838, 3e édit., 1863, p. 317-391; H. Ewald, *Die Propheten des Alten Bundes*, in-8°, Stuttgart, 1840-1841; 2e édit., 1867; C. Umbreit, *Praktischer Commentar über die kl. Propheten*, in-8°, Hambourg, 1844, p. 349-452; M. Baumgarten, *Die Nachtgesichte Zacharia's, eine Prophetenstimme an die Gegenwart*, in-8°, Brunswick, 1854-1855; W. Neumann, *Die Weissagungen Sakharjah ausgelegt*, in-8°, Stuttgart, 1860; A. Köhler, *Die Weissagungen, Sakarjias*, in-8°, Erlangen, 1861-1863; C. F. Keil, *Bibl. Commentar zu den zwölf kleinen Proph.*, in-8°, Leipzig, 1866, 2e édit., 1873, p. 525-676; W. Pressel, *Commentar zu den Schriften der Propheten Haggai, Sacharja...*, in-8°, Gotha, 1870, p. 33-48, 111-370; W. H. Lowe, *The Hebrew Student's Commentary on Zachariah Hebr. and LXX*, in-8°, 1872; Pusey, *The Minor Prophets*, in-4°, 1876; E. Reuss, *La Bible : Les Prophètes*, in-8°, Paris, 1876, p. 176-193, 347-360, et t. II, p. 339-362; J. P. Lange, *Die Propheten Haggai, Sacharja, Maleachi*, in-8°, Bielefeld, 1876, p. IX-XVI, 20-116; J. Bredenkamp, *Der Prophet Sacharja erklärt*, in-8°, Erlangen, 1879; C. H. Wright, *Zacharjah and its Prophecies*, in-8°, Londres, 1879; Drake, *Zachariah*, dans la *Speaker's Bible*, in-8°, Londres, 1882, t. VI, p. 702-739; *Les douze Petits Prophètes*, dans *La Bible annotée par une société de théologiens et de pasteurs*, in-8°, Paris, s. d., p. 225-297; C. von Orelli, *Das Buch Ezechiel und die zwölf kl. Propheten*, in-8°, Nördlingen, 1888, p. 359-402; W. H. Lowe, *Zechariah*, dans *Ellicott, An Old Testam. Commentary*, Londres, 1892, t. V, p. 555-593; J. Wellhausen, *Die kl. Propheten übersetzt, mit Noten*, in-8°, Berlin, 1893, p. 172-196; 3e édit., 1898; Perowne, *Haggai and Zechariah with Notes and Introd.*, in-16, Cambridge, 1893, p. 47-149; W. Nowack, *Die kleinen Propheten*, in-8°, Gœttingue, 1897, 344-388; 2e édit., 1903; G. A. Smith, *The Book of the twelve Prophets*, Londres, 1898, 8e édit., t. II, p. 255-328, 449-490; K. Marti, *Dodekapropheton erklärt*, in-8°, Tubingue, 1904, p. 391-455; B. Duhm, *Anmerkungen zu den kleinen Propheten*, in-8°, Giessen, 1911, p. 73-86.

L. FILLION.

ZACHÉE (grec : Ζακχαῖος, forme grécisée de l'hébreu *Zakkaï*, « pur »; voir ZACHAÏ, col. 2513), nom de deux Israélites.

1. **ZACHÉE**, officier de Judas Machabée, qui fut laissé par ce dernier avec Simon et Joseph, et une troupe suffisante, à Jérusalem, pour continuer le siège de deux citadelles en Idumée pendant qu'il allait lui-même combattre ailleurs. II Mach., X, 19.

2. **ZACHÉE**, publicain ou collecteur d'impôts qui habitait à Jéricho du temps de Notre-Seigneur. L'événement qui a immortalisé son nom nous est connu seulement par saint Luc, XIX, 1-10. Il était le chef des publicains chargés par les Romains de lever les impôts dans cette région, ἀρχιτελώνης, *princeps publicanorum*. Quoiqu'il fût Juif par sa naissance, υἱὸς Ἀβραάμ, *filius Abrahæ*, il était méprisé et mal vu par ses compatriotes, à cause de sa fonction qui leur était odieuse. Notre-Seigneur étant passé à Jéricho, Zachée désirait vivement le voir, et comme il était petit de taille, il monta sur un sycomore, afin de pouvoir l'apercevoir au milieu de la foule qui l'entourait. Voir SYCOMORE, col. 1894. Jésus l'aperçut et, sachant que ses dispositions étaient bonnes, il s'adressa à lui et lui dit de descendre de l'arbre, parce qu'il irait loger dans sa maison. Ces paroles provoquèrent des murmures parmi ceux qui les entendirent, mais Zachée était plein de joie et il se montra digne de la bonté que lui témoignait le Sauveur : il le reçut avec empressement et il déclara qu'il donnait la moitié de ses biens aux pauvres et que, s'il avait

fait du tort à quelqu'un, il le réparerait en lui rendant le quadruple. Il était devenu riche dans l'exercice de ses fonctions. Les palmiers de Jéricho et ses jardins de baume, uniques au monde, étaient d'un grand revenu et par suite une source de bénéfices pour les employés du fisc. Josèphe nous apprend qu'Antoine en avait fait don à Cléopâtre. Hérode le Grand les avait ensuite acquis et en avait retiré beaucoup d'argent. *Ant. jud.*, XV, IV, 2. — Les palmiers, comme les sycomores, ont disparu aujourd'hui de Jéricho, à cause de l'incurie de ses habitants et quoique le sol du pays reste un des plus fertiles de la terre. Mais il était alors parfaitement cultivé, et comme c'était là un lieu de transit des plus importants pour le commerce avec les contrées situées sur l'autre rive du Jourdain, les droits de douane que les Romains y prélevaient étaient fort considérables. Zachée devait être le représentant du chevalier romain à qui était confiée la levée des impôts dans ces parages, soit qu'il en eût totalement la charge, soit qu'il l'eût seulement en partie. De l'ensemble du récit, on peut conclure que Zachée n'avait pas volontairement commis d'injustice dans l'exercice de ses fonctions; mais la grâce du Seigneur l'avait tellement touché qu'il s'engagea à réparer au quadruple les torts qu'il pourrait avoir commis sans le savoir. La loi mosaïque obligeait le voleur à payer le quadruple ou le quintuple du vol qu'il avait commis, Exod., XXII, 1; II Reg. (Sam.), XII, 6; cependant si celui qui avait commis l'injustice la réparait de son plein gré, il n'était tenu qu'à rendre l'objet volé en y ajoutant un cinquième de sa valeur. Lev., VI, 5; Num., V, 7. Zachée fait beaucoup plus que ne demandait la Loi; il se montre déjà rempli des sentiments de la charité chrétienne. — Il est question dans le Talmud d'un Zaccaï, père du célèbre Rabbi Jochanan, mais il est différent du Zachée de l'Évangile. Voir Lightfoot, *Horæ hebraicæ, in Luc.*, XIX, 2, *Opera*, 2e édit., Franecker, 1699, t. II, p. 555. Il est cependant possible qu'il fût de la même famille.

D'après les Homélies Clémentines, III, 63-72, et les *Recognitions*, III, 65, 74, t. II, col. 152-157; t. I, col. 1310, 1314, Zachée devint dans son apostolat le compagnon de saint Pierre, qui l'établit, malgré ses résistances, évêque de Césarée. Cette tradition se lit aussi dans les *Const. Apost.*, VI, 8; VII, 46, t. I, col. 927, 1049. D'après Clément d'Alexandrie, *Strom.*, IV, 6, t. VIII, col. 1248, quelques-uns ont cru que l'apôtre saint Matthias n'était pas différent de Zachée. D'après une croyance du Quercy, Zachée se serait rendu en Gaule après la dispersion des Apôtres, et il y aurait prêché le christianisme, sous le nom d'Amator, au lieu qui s'appelle de son nom Roc-Amadour (Lot). C'est encore aujourd'hui un lieu de pèlerinage célèbre. Au sommet du rocher qui domine le village se trouve un oratoire formé de deux chapelles superposées, dédiées à la sainte Vierge et à saint Amadour, où l'on accède par un escalier de deux cents marches taillées dans le granit. Voir Ollivier, O. P., *Les amitiés de Jésus*, Paris, 1895; p. 357-368. Les Bollandistes n'admettent point ces diverses traditions. *Acta Sanctorum*, augusti t. IV, p. 18, 25.

ZACHER (hébreu : *Zakér*, à la pause, « mémorial »; Septante : Ζακχούρ), fils d'Abigabaon ou Jéhiel, qui s'établit à Gabaon. Il était de la tribu de Benjamin. I Par., VIII, 31. Voir ABIGABAON, t. I, col. 47. Zacher est appelé Zacharie, I Par., IX, 37. Voir ZACHARIE 5.

ZACHUR (hébreu : *Zakkûr*, « dont on se souvient », nom de sept Israélites.

1. ZACHUR (Septante : Ζακχούρ), fils de Hamuel et père de Séméi, de la tribu de Siméon. I Par., IV, 26.

2. ZACHUR (Septante : Σακχούρ), le troisième des « quatre fils de Mérari », lévite qui vivait du temps de David. I Par., XXIV, 27.

3. ZACHUR (Septante : Σακχούρ, Ζακχούρ), le premier nommé des quatre fils d'Asaph qui firent partie des lévites musiciens sous le règne de David. Zachur fut le chef de la troisième classe. I Par., XXV, 2, 10; II Esd., XII, 34 (Vulgate : Zéchur).

4. ZACHUR (hébreu; *Zabbûd*; Septante : Ζαβούδ), un « des fils de Bégui », qui, avec Uthaï, rentra en Palestine à la tête de soixante-dix hommes et à la suite d'Esdras. I Esd., VIII, 14. Le *chethib* en hébreu porte *Zabbûd*, mais le *Keri* a *Zakkûr*, qui paraît bien être la leçon véritable, confirmée par la Vulgate.

5. ZACHUR (Septante : Ζακχούρ), fils d'Amri, qui rebâtit une partie des murs de Jérusalem du temps de Néhémie. II Esd., III, 2.

6. ZACHUR (Septante : Ζακχώρ), un des lévites qui signèrent l'alliance avec Dieu du temps de Néhémie, II Esd., X, 12.

7. ZACHUR (Septante : Ζακχούρ), fils de Mathanias et père de Hanan. Hanan fut un de ceux que choisit Néhémie pour distribuer aux lévites les dîmes apportées par le peuple. II Esd., XIII, 13.

ZAÏN, ז, *z*, septième lettre de l'alphabet hébreu, « trait », *telum*. Voir ALPHABET, t. I, col. 408. Il est rendu ordinairement en grec et en latin par Z.

ZAMBRI, nom de deux Israélites et d'un pays dans la Vulgate. Deux autres Israélites portent le même nom, *Zimri*, en hébreu, et notre traduction latine écrit leur nom Zamri. La racine *zâmar* signifie « chanter ».

1. ZAMBRI (Septante : Ζαμβρί), fils de Salu, un des chefs de la tribu de Siméon. Num., XXV, 13. Il se laissa séduire, avant l'entrée des Israélites en Palestine, à Settim, par Cozbi, fille d'un chef madianite, qui l'initia au culte de Béelphégor. Phinées les tua l'un et l'autre dans l'acte même de leur crime. Num., XXV, 1-3, 6-8, 15-18. Voir COZBI, t. II, col. 1098-1099.

2. ZAMBRI (Septante : Ζαμβρί), cinquième roi d'Israël qui ne régna que sept jours. Il commandait la moitié de la cavalerie du roi Éla, fils de Baasa. Zambri se révolta contre lui, l'attaqua et le mit à mort au milieu d'un festin que lui donnait Arsa, chef de la maison royale à Thersa. Il s'empara ainsi du royaume, mais ce ne fut pas pour longtemps. Après avoir fait périr tout ce qui restait de la maison de Baasa, il succomba lui-même au bout d'un règne de sept jours sous les coups d'Amri, autre général d'Éla, qui faisait à ce moment-là, à la tête de l'armée, le siège de Gebbethon. Se voyant hors d'état de lui résister, il se brûla dans son palais. I (III) Reg., XVI, 9-20.

3. ZAMBRI, contrée dont Jérémie, XXV, 25, mentionne les rois, après avoir nommé les rois d'Arabie et des peuples qui habitent le désert, et avant les rois d'Élam et des Mèdes. On croit généralement qu'il désigne une tribu arabe de ce nom. D'après quelques-uns, ce serait celle qui descendait de Zamran, fils d'Abraham et de Cétura. Gen., XXV, 2; I Par., I, 32. Voir ZAMRAN. Les inscriptions cunéiformes n'ont pas fourni sur ce pays d'explication satisfaisante et sa situation est encore un problème. Quelques-uns proposent de lire Namri, pays mentionné dans les documents assyriens au nord-est d'Élam.

ZAMIRA (hébreu : *Zimri;* Septante : Ζεμιρά), fils de Béchor, de la tribu de Benjamin. I Par., VII, 8. Sur BÉCHOR, voir t. I, col. 1536.

ZAMMA (hébreu : *Zimmâh;* Septante : Ζαμμάθ), nom de deux Lévites.

1. **ZAMMA**, Gersonite, fils de Jahath et père de Joah, de la tribu de Lévi. I Par., VI, 20 (hébreu, 5).

2. **ZAMMA**, Lévite, fils de Seméi et petit-fils de Jeth, père d'Éthan, de la descendance de Gersom. I Par., VI, 42-43 (hébreu, 27-28). Plusieurs pensent que c'est le même que le précédent. D'autres croient que c'est un Gersonite postérieur qui vivait du temps d'Ézéchias. II Par., XXIX, 12. Dans ce dernier passage, la Vulgate l'appelle Zemma.

ZAMRAN (hébreu : *Zimrân;* Septante : Ζαμβράν, Gen., XXV, 2; Ζεμβράμ, I Par., I, 32), le premier des neuf fils qu'Abraham eut de Cétura. Ses descendants ne sont pas nommés dans l'Écriture. Les uns ont cru les retrouver dans les habitants de Ζαβράμ, Ptolémée, VI, VII, 5, ville située à l'ouest de la Mecque, sur la mer Rouge, mais dont l'ancienneté est douteuse. D'autres l'identifient avec le Zambri de Jérémie, XXV, 25, sur lequel on ne sait rien de positif. Voir ZAMBRI 3. On a proposé aussi de le reconnaître dans *Zimiris*, district d'Éthiopie, Pline, *H. N.*, XXXVI, 25; dans les *Zamereni*, tribu de l'intérieur de l'Arabie, Pline, *H. N.*, VI, 32; dans *Zimara* en Asie Mineure, Ptolémée, V, VII, 2; Pline, *H. N.*, X, 20; dans Ζιμύρα, en Asie. Ptolémée, VI, XVII, 8. Voir ARABIE, *Zamran*, t. I, col. 859.

ZAMRI (hébreu : *Zimrî;* Septante : Ζαμβρί), nom de deux Israélites dans la Vulgate. Deux autres Israélites et un pays qui sont appelés également *Zimrî* dans l'hébreu sont orthographiés Zambri dans la Vulgate. Voir col. 2530.

1. **ZAMRI**, le premier nommé des cinq fils de Zara, un des fils de Juda. I Par., II, 6.

2. **ZAMRI**, troisième fils de Joada et père de Mosa, de la descendance de Saül. I Par., VIII, 36. Dans la généalogie de Saül, telle qu'elle est répétée, I Par., IX, 42, Joada est appelé Jara, avec une variante d'orthographe. Voir JARA 2, t. III, col. 1128.

ZANOÉ, nom de deux localités de la tribu de Juda.

1. **ZANOÉ** (hébreu : *Zânôaḥ;* Septante : Τανώ; *Codex Alexandrinus :* Ζανώ, Ζανωά), ville de la tribu de Juda, dans la Séphéla, mentionnée entre Aséna, qui vient après Saréa, et Engannim. Jos., XV, 34. Le nom de la localité est transcrit Zanoa, II Esd., XI, 30, entre Jérimuth et Odollam. Au IVe siècle, il existait encore un village du nom de Zanoua dans le district d'Éleuthéropolis, près de la route de Jérusalem. *Onomasticon*, édit. Klostermann, Leipzig, 1904, p. 93. La même appellation, à la différence fréquente dans les noms palestiniens, de la transformation du *ḥ* en *'a*, se retrouve attachée à une grande ruine de la Séphéla, le *khirbet Zanû'a*. Cette ruine est à moins de 7 kilomètres au sud-sud-est de *Sara'a* et à 5 au sud-est d'*Umm-Djînâ*, probablement Engannim; à 7 kilomètres plus au sud, le nom de la ruine *'Aid el-Mâ* rappelle celui d'Odollam. Beit Djebrin, l'ancienne Éleutheropolis est à 12 kilomètres au sud-ouest de la ruine précédente. Située au côté occidental de *l'ouâd en-Nadjîl*, la ruine de *Zanû'a* occupe un assez vaste espace, mais ne présente aucun caractère particulier. — Après la captivité de Babylone, Zanoé fut habitée de nouveau par les fils de Juda, II Esd., XI, 30, et c'est par ses habitants que fut reconstruite la porte de la Vallée, à Jérusalem, III, 13. — Voir E. Robinson, *Biblical researches in Palestine,* Boston, 1841, t. II, p. 343; V. Guérin, *Judée,* t. II, p. 23.

2. **ZANOÉ** (hébreu : *Zânôaḥ;* les Septante, faisant un seul nom de celui-ci et d'Accain, cité après, transcrivent : Ζακαναΐμ; *Codex Alexandrinus :* Ζανωακείμ), Jos. XV, 56, ville de la région montagneuse de Juda. Elle est recensée parmi des villes dont le site se trouve au sud d'Hébron. On la reconnaît communément dans le *khirbet Zânûtah*, à 18 kilomètres au sud-ouest d'Hébron et à 12 kilomètres d'*Yaṭṭâ* (Jota). La différence dans les noms peut s'expliquer par le fait, qui se rencontre ailleurs, de l'affaiblissement de l'aspirée finale qui, devenue *h*, devait, avec la forme féminine, se transformer en *t*. C'est probablement cette Zanoé de la montagne dont la fondation est attribuée à Icuthiel, fils de Judaïa. I Par., IV, 18. Il ne reste guère de cette antique bourgade que les citernes creusées au sommet du mont sur lequel elle s'élevait. Voir V. Guérin, *Judée*, t. III, p. 200; *The Survey of Western Palestine, Memoirs*, t. II. p. 410. L. HEIDET.

ZARA (hébreu : *Zéraḥ* [à la pause *Zâraḥ*, I Par., II, 4; Gen., XXXVIII, 30]; Septante : Ζαρά et quelquefois Ζαρέ, Ζαρές; *zéraḥ* en hébreu signifie *ortus* [*lucis*]), nom de six personnages dans l'Écriture. La Vulgate écrit quelquefois le nom Zaré au lieu de Zara. Voir ZARA 2, 4.

1. **ZARA**, le second nommé des trois fils de Rahuel et petit-fils d'Ésaü. Gen., XXXVI, 13-17; I Par., I, 37-75, fut un des *allouf* ou chefs de tribu des Iduméens. Gen., XXXVI, 17.

2. **ZARA**, père de Jobab de Bosra. Jobab fut un des premiers rois d'Édom. Gen., XXXVI, 33; I Par., I, 44. Dans ce dernier passage, la Vulgate écrit son nom Zaré.

3. **ZARA**, fils de Juda et de Thamar, frère jumeau de Pharès. Gen., XXXVIII, 30; I Par., II, 4; Matth., I, 3. Voir PHARÈS, col. 205. Zara eut cinq fils, Zamri, Éthan, Éman, Chalcal et Dura. I Par., II, 6. Ses descendants sont appelés Zaréites. Num., XXVI, 20 (Vulgate : *Zare, Zareitæ*). Achan, qui s'attribua une partie du butin de Jéricho, malgré la défense de Josué, était un Zaréite. Jos., VII, 1, 17, 18, 24; XXII, 20. Voir ACHAN, t. I, col. 128. — Des descendants de Zara par Jéhuel et d'autres frères de ce dernier s'établirent à Jérusalem après la prise de cette ville au nombre de 690. I Par., X, 2-3, 6. Après le retour de la captivité, un Zaréite, appelé Phathathia, fut du temps de Néhémie *in manu regis*, c'est-à-dire agent du roi de Perse au milieu de ses frères en Palestine. II Esd., XI, 24. — Sur EZRAHITE, descendant de Zara, voir t. II, col. 2163.

4. **ZARA**, le quatrième des cinq fils de Siméon le fils de Jacob. I Par., IV, 24. Gen., XLVI, 10, il est appelé Sohar, voir col. 1821, comme Exod., VI, 15 (Vulgate : Soar, voir col. 1814). Il fut le chef de la famille des Zaréites. Num., XXVI, 13 (Vulgate : Zaré).

5. **ZARA**, lévite, de la descendance de Gersom, fils d'Addo et père de Jéthraï. I Par., VI, 21. Il fut un des ancêtres d'Asaph, ℣. 41.

6. **ZARA** (hébreu : *Zeraḥ;* Septante : Ζαρέ), probablement un Osorkon, roi d'Égypte. — On lit, II Par., XIV, 9-15, que Zara l'Éthiopien sortit contre Asa avec une armée d'un million d'hommes et trois cents chars, et

qu'il s'avança jusqu'à Marésa. Asa marcha contre lui et rangea son armée en bataille dans la vallée de Sephata, près de Marésa. Il pria le Seigneur qui jeta l'épouvante parmi les Éthiopiens, et ceux-ci prirent la fuite. Asa les poursuivit jusqu'à Gérare et les Éthiopiens tombèrent jusqu'au dernier. Le vainqueur ravagea toutes les villes des environs de Gérare, pilla les bergeries, et regagna Jérusalem chargé d'un butin énorme, traînant après soi une grande multitude de moutons et de chameaux.

Au sujet de cet événement, que racontent les seuls Paralipomènes, plusieurs opinions se sont fait jour : 1° L'opinion qu'on peut appeler radicale : le récit est *apocryphe et fabuleux*. Wellhausen, *Prolegomena zur Geschichte Israels*, 1886, p. 214; B. Stade, *Geschichte des Volkes Israel*, 1887, t. I, p. 355, note 2; Maspero, *Histoire ancienne des peuples de l'Orient classique*, t. II, 1897, p. 774, note 2, et *Histoire ancienne des peuples de l'Orient*, 6e éd., 1904, p. 413 et note 1; Budge, *A history of Egypt*, t. VI, 1902, p. 77-78. A l'avance, Wiedemann, *Aegyptische Geschichte*, 1884, p. 155, s'est élevé contre ce scepticisme portant sur une époque peu connue, mais sa conjecture d'un envahisseur éthiopien avant Piankhi, et qui aurait poussé jusqu'en Palestine, n'est qu'une pure hypothèse.

2° L'opinion de ceux que hante plus ou moins le mirage de l'Arabie. L'armée envahissante, caractérisée par ses chameaux, ne peut être, nous dit-on, qu'une armée arabe. Le nom de Zerah, *Zirriḥ*, a été récemment trouvé dans des inscriptions sabéennes; c'est le nom de plusieurs chefs de la région de Djébel Šammar (Hâïl). L'armée de Zara était donc composée de Couschites du sud de l'Arabie. Fr. Hommel, *Zerah the Kushite*, dans *Expository times*, t. VIII, 1897, p. 378. D'ailleurs, ajoute-t-on, Kûš, dans l'Ancien Testament, à une exception près, qui est certaine, IV Reg., XIX, 9 = Is., XXXVII, 9, et trois autres douteuses, Is., XI, 11, Nahum, III, 9, et Jer., XLVI, 9, désigne l'Arabie. Zaré n'est donc qu'un scheikh arabe du pays de Saba. Id., *Explorations in Arabia*, dans Hilprecht, *Explorations in Bible lands during the 19th century*, 1903, p. 732-742. Cf. Er. Nagl, *Die nachdavidische Koenigsgeschichte Israel*, 1905, p. 200-204; I. Benzinger, *Die Bücher der Chronik*, 1901, p. 101; R. Kittel, *Die Bücher der Chronik*, 1902, p. 132. Mais on oublie de nous expliquer comment ce scheikh était à la tête de trois cents chars et de l'armée considérable que suppose le nombre rond d'un million d'hommes. En outre, que devient, dans cette hypothèse, le passage parallèle, II Par., XVI, 8, où les Libyens, *Lubim*, nous sont donnés comme faisant partie de l'armée des envahisseurs, tout ainsi qu'ils faisaient naguère partie de l'armée de Sésac, II Par., XII, 3? Cf. *Revue biblique internationale*, 1897, p. 333.

3° L'opinion commune. — Pour Champollion, *Précis du système hiéroglyphique*, 2e édit., 1828, p. 257-262; Mariette, *Le Sérapéum de Memphis*, 1882, t. I, p. 171; Petrie, *A history of Egypt*, t. III, 1905, p. 242-243, Zara ne serait autre que le successeur de Sésac, Osorkon Ier, ou Serakh(on), le second roi de la XXIIe dynastie, et Petrie place la victoire d'Asa vers l'an 904 avant J.-C. Pour Ed. Naville, *Bubastis*, 1891, p. 50-51, *The festival hall of Osorkon II* (Mémoires VIII et X de l'*Egypt Exploration Fund*), et Sayce, *The Egypt of the Hebrews*, 3e édit., 1902, p. 110-112, ce serait plutôt Osorkon II dont les rapports avec l'Éthiopie et la Palestine (Haut Routenou) étaient consignés à Bubaste dans la salle de la grande fête d'Amon. Reste le fait troublant que le chroniqueur donne à Zara l'appellation d'*Éthiopien*. Peut-être le devons-nous à ce que les pharaons Sua et Tharaca étaient d'origine éthiopienne, ceux-là même qui vont bientôt intervenir dans les affaires de la Palestine. Sayce, *loc. cit.*, p. 111. Quoi qu'il en soit du chiffre d'un million d'hommes pour l'armée des agresseurs, chiffre peut-être altéré, ou simplement à prendre en général pour une grande multitude, il n'en reste pas moins vrai qu'il y a de solides raisons de voir là une invasion égyptienne menée par un pharaon égyptien. En effet, l'Égypte seule pouvait fournir une armée aussi considérable. Après une défaite sanglante, *usque ad internecionem*, les vaincus s'enfuient vers l'Égypte, non à l'est, vers l'Arabie. Les villes frappées sont les villes autour de Gérare, au sud de Gaza, sur la route de l'Égypte, villes frontières de la Palestine que très vraisemblablement avaient occupées les Égyptiens après la victoire de Sésac. III Reg., XIV, 25. De plus, les envahisseurs étaient des Éthiopiens et des Libyens, II Par., XVI, 8, ce qui peut uniquement être le fait d'une armée égyptienne. Petrie, *loc. cit.* Quant à l'argument des chameaux, il est permis de ne pas le prendre au sérieux. C. LAGIER.

ZARAHI ou plutôt **ZARAHITE** (hébreu : (*haz*)-*Zarḥî*; Septante : τῷ Ζαραΐ; Vulgate : *de stirpe Zarahi*), patronymique de Sobochaï qui était descendant de Zara, fils de Juda, et était à la tête d'un des douze corps d'armée de David. I Par., XXVII, 11. Voir SOBOCHAÏ, col. 1816. — Un autre Zarahite est nommé au ꝟ. 13; la Vulgate écrit Zaraï. Voir ZARAÏ.

ZARAHIAS, ZARAÏAS (hébreu : *Zeraḥyâh*, « Yâh a fait resplendir »; Septante : Ζαραΐα), fils d'Ozi et père de Meraïoth, de la descendance d'Aaron. I Par., VI, 6, 51 (hébreu, V, 32; VI, 30); I Esd., VII, 4. La Vulgate écrit son nom I Par., VI, 6, Zaraïas, et Zarahias, ꝟ. 51, et I Esd., VII, 4.

ZARAÏ (hébreu : (*haz*)-*Zarḥî*; Septante : τῷ Ζαραΐ; Vulgate : *de stirpe Zarai*), descendant de Zara, fils de Juda, patronymique de Maraï, un des douze commandants de corps d'armée de David. I Par., XXVII, 13. La Vulgate écrit le même mot, Zarahi, au ꝟ. 11.

ZARÉ, la Vulgate a orthographié plusieurs fois Zaré le nom propre Zara. Voir ZARA 2, 3, 4.

ZARED (TORRENT DE) (hébreu : *naḥal Zéréd*; Septante : φάραγξ Ζαρέτ, Ζαρέδ), vallée près de laquelle campèrent les Israélites, à la fin de la 38e année de l'exode et avant de pénétrer dans le désert de Moab. Num., XXI, 12; Deut., II, 14. Voir MOAB, carte, fig. 300, t. IV, col. 1145.

1° *Identification et histoire.* — Les auteurs de l'*Onomasticon* se contentent d'indiquer le Zared *in parte deserti*. Les éditeurs des *Names and places in the Old Testament* n'osent proposer aucune identification. Pour F. de Saulcy, *Dictionnaire topographique de la Terre Sainte*, Paris, 1877, p. 315, le campement de la vallée de Zared et celui de Dibon-Gad désignent un seul et même endroit; le torrent devrait être par conséquent un affluent de l'Arnon dans le voisinage de Dibân.

D'après le rabbin Schwarz, *Tebuoth ha-Arez*, Jérusalem, 1900, p. 68-69, plusieurs le voyaient dans l'*ouâdi beni Ḥamad*, au nord d'el-Kérak. Gesenius, *Thesaurus*, p. 429, et un grand nombre après lui l'identifient avec l'*ouâd' el-Kérak* lui-même. On reconnaît communément aujourd'hui le torrent de Zared dans l'*ouâd' el-Ḥésâ* ou *el-Ḥésy*. Cette vallée et sa rivière, limite actuelle entre le *Djebâl* et le territoire de *Kérak*, a formé certainement de même en tout temps la frontière entre la Gabalène et l'Idumée au sud et le pays de Moab au nord. Voir *loc. cit.* Les Israélites, dans leur marche vers le nord, se sont arrêtés à la frontière méridionale de Moab pour contourner ensuite le pays par l'est : c'est donc aux bords du *Ḥesa* qu'ils ont campé avant d'opérer ce mouvement, et cette rivière est bien le torrent de Zared de l'Écriture. L'identification devient plus certaine et le récit biblique plus clair si l'on admet, avec nous, l'identité de Ieabarim appelée Iyym, עיים Num., XXXIII, 45, et de *'Ayimeh*, عيمه. Voir Moab, t. III, col. 1140.

Arrivés à Jéabarim, les Israélites se trouvaient « aux confins de Moab. » Num. XXXIII, 44. *'Ayimeh* est à 25 kilomètres environ de la rivière *el-Ḥésâ*. Le campement devait se développer du côté de l'est, dans les campagnes qui vont rejoindre le désert se prolongeant à l'orient de l'Idumée et de Moab; d'où l'auteur sacré pouvait dire que les Hébreux « campaient au désert se trouvant devant Moab, vers l'orient. » Num., XXI, 11. De là, sans doute, Moïse envoya au roi de Moab la députation chargée de demander le passage par son territoire, Jud., XI, 17. L'autorisation en ayant été refusée et Dieu ayant défendu d'attaquer les Moabites, il ne restait aux émigrants qu'à prendre le chemin du désert, en se détournant vers l'orient. Deut., II, 8-9. Se levant donc pour franchir le torrent de Zared, ils vinrent sur ses bords. Deut., II, 13; Num., XXI, 12. La frontière orientale naturelle du pays de Kérak, qui a dû être celle de l'ancien Moab, c'est la lisière du désert. Elle est marquée aujourd'hui par le chemin du pèlerinage de Damas à la Mecque, qui divise nettement du désert la région où l'on trouve des habitations sédentaires. Au sud-est de ce pays, ce chemin aboutit au *qal'at el-Ḥesâ*, château près duquel jaillit la source abondante appelée *râs el-Ḥesâ*. Le lieu est à 30 kilomètres environ à l'est de *'Ayimeh* et d'*ét-Ṭafiléh*. C'est là, selon toute probabilité, l'endroit où Moïse et les enfants d'Israël, arrivant de Jéabarim, établirent leurs tentes avant de passer le torrent.

Plusieurs interprètes tiennent le torrent des Saules, *naḥal hâ-'Arâbîm* d'Isaïe, 15, 7, pour identique au Zared dont le nom, dans le targum de Jonathan, est d'ordinaire rendu par des expressions désignant diverses variétés de saules. Voir t. V, col. 1510, et t. IV, col. 1151.

2° *Description*. — L'*ouâd' el-Ḥésâ* offre une grande similitude avec le *Môdjeb*, la vallée d'Arnon. Comme celle-ci, c'est une large et profonde déchirure à travers le haut plateau qui s'étend à l'orient de la mer Morte et de l'Arabah. La vallée commence à la « hauteur » *Ṭaouîl Seḥâq* par le *mefra' el-Ḥésy* sa « première ramification », à 25 kilomètres environ au sud-est du *râs el-Ḥésâ*, d'où elle se développe jusqu'au *ghôr eṣ-Ṣâfiyeh* sur une étendue de plus de 50 kilomètres. Les flancs escarpés et ravinés de la vallée laissent voir, par-dessus les rochers de grès rouge qui sont à la base, des couches superposées de calcaires divers et de marnes couronnées de roches basaltiques. Le torrent ou *sêil el-Ḥesâ* est entretenu et augmenté par les eaux d'une vingtaine de petits affluents dont le principal est le *seil el-'Afrâ* qui, non loin de son embouchure, reçoit les eaux thermales et minérales du *'Ain-Ḥammâm Selîmân ibn Dâoud*. Le torrent pénètre au *ghôr eṣ-Ṣâfiyeh* près du lieu appelé *ṭaḥoudîn es-Sukkar*, regardé par quelques-uns, à tort toutefois pensons-nous, comme Ségor. Là il se divise en deux branches dont la plus septentrionale va se jeter à la mer Morte, après avoir parcouru encore près de cinq kilomètres, et l'autre va se perdre dans les marais de la *Sebghah*. — Les rives du torrent sont bordées de lauriers roses, de tamariscs mêlés d'autres essences. De distance en distance apparaissent des touffes de roseaux gigantesques. A partir de son point de jonction avec le *seil el-'Afrâ*, 15 kilomètres en amont de son embouchure où, ainsi que l'*ouâdi*, il prend le nom de *Qérâḥy*, la végétation devient luxuriante. En cette partie surtout les saules, particulièrement les deux espèces appelées par les Arabes *safsâf* et *ghaorâb* ou *'asâb*, abondent comme nulle part ailleurs. Ce fait peut expliquer l'application du qualificatif *naḥal hâ-'Arabîm*, ou « des Saules », au torrent de Zared et appuie l'identification de l'un avec l'autre. — Le *Qal'at el-Ḥesâ* a donné son nom à une des stations du chemin de fer de la Mecque. — Voir A. Musil, *Arabia Petræa, Edom*, in-8°, Vienne, 1907-1908, t. I, p. 28, 313; t. II, p. 243. L. HEIDET.

ZAREHÉ (hébreu : *Zeraḥyâh;* Septante : Ζαραΐα), père d'Élioénaï, un des fils de Phahath-Moab qui ramena avec lui deux cents hommes de la captivité sous la conduite d'Esdras. I Esd., VIII, 4.

ZARÉITES (hébreu : *haz-Zarḥi;* Septante : ὁ Ζαραΐ), membres de deux familles israélites, descendant l'une de Siméon, Num., XXVI, 13, l'autre de Juda, ỳ. 20. Voir ZARA 3 et 4.

ZARÈS (hébreu : *Zéréš;* Septante : Ζωσάρα), femme d'Aman, favori du roi Assuérus. Esth., V, 10, 14; VI, 13. Elle conseilla à son mari de faire dresser une potence pour y pendre Mardochée, V, 14, mais elle prévit qu'Aman ne pourrait triompher de son ennemi, quand elle apprit que Mardochée était Juif, VI, 13.

ZATHAN (hébreu : *Zêṭâm;* Septante : Ζεθόμ). Lévite, de la descendance de Gersom par son aïeul Léédan. I Par., XXIII, 8. Il fut chargé avec son père Jahiel ou Jéhiéli de la garde des trésors de la maison du Seigneur du temps du roi David. I Par., XXVI, 22. Voir JAHIEL 2, t. III, col. 1107.

ZAVAN (hébreu : *Ṣa'âvân;* Septante : Ζουκάμ), chef horréen, nommé le second des trois fils d'Éser. Gen., XXXVI, 27; I Par., I, 42.

ZEB (hébreu : זְאֵב, « loup »; Septante : Ζήβ), un des chefs, *sarim*, madianites qui, sous la conduite des deux rois Zébée et Salmana, avaient envahi la Palestine du temps des Juges et furent battus par Gédéon. Comme il s'enfuyait avec Oreb, autre chef madianite, les Éphraïmites les poursuivirent et les tuèrent, probablement au moment où ils allaient passer le Jourdain, Oreb à la pierre d'Oreb et Zeb au pressoir de Zeb, ainsi appelé de son nom en mémoire de cet événement. Ils apportèrent leur tête à Gédéon qui poursuivait les Madianites fugitifs à l'est du fleuve. Jud., VII, 25; VIII, 3. Le Psaume LXXXIII (LXXXII), 12, rappelait plus tard cette marque de la protection de Dieu envers son peuple. Cf. Is., X, 26. Voir OREB, t. IV, col. 1850. L'emplacement du pressoir de Zeb et de la pierre d'Oreb n'est pas connu. Tristram, *Bible places*, p. 230, suppose que « le pressoir de Zeb » est le *Trivil el-Diab*, « antre du loup », dans l'ouadi *el-Diab*.

ZÉBÉDÉE (grec : Ζεβεδαῖος, probablement forme grecque de Zabdi ou de Zabadias, Zébédias), mari de Salomé et père des apôtres Jacques le Majeur et Jean. Matth., IV, 21; XXVII, 56; Marc., XV, 40. Il gagnait sa vie en pêchant dans le lac de Galilée, et il jouissait d'une certaine aisance, ayant des serviteurs pour l'aider à la pêche, Marc., I, 20, et son fils Jean étant connu du grand-prêtre Anne. Joa., XVIII, 15. Il habitait probablement à Bethsaïde ou dans le voisinage de cette ville. Ses fils Jacques et Jean réparaient avec lui leurs filets quand le Sauveur les appela à le suivre. Matth., IV, 21-22; Marc., I, 19-20. Ce sont les seuls traits de sa vie que nous raconte l'Évangile. Il n'y est plus nommé que comme père des apôtres Jacques et Jean ou à propos de leur mère. Matth., X, 3; XX, 20; XXVI, 37; XXVII, 56; Marc., III, 17; X, 35; Luc., V, 10; Joa., XXI, 2. — Sa femme n'est désignée que comme « mère des fils de Zébédée », en deux circonstances : lorsqu'elle demanda à Notre-Seigneur pour ses fils les deux premières places dans son royaume, Matth., XX, 20-23, et lorsque, après avoir suivi le divin Maître dans ses courses apostoliques, elle assista à sa mort sur la croix, XXVII, 55-56. Zébédée était sans doute mort avant la Passion.

ZÉBÉDÉI (hébreu : *Zabdî;* omis dans les Septante), fils d'Asaph et père de Micha. Le fils de ce dernier, Mathanias, était un des chefs des Lévites dont la fonction consistait à louer le Seigneur du temps de Néhémie. II Esd., XI, 17. Zébédéi est appelé Zéchur (hébreu : *Zakkur*) II Esd., XII, 34 (hébreu, 35), et Zéchri (hébreu : *Zikrî*) I Par., IX, 15. Voir ZÉCHRI 5 et ZÉCHUR 2.

ZÉBÉDIA (hébreu : *Zebadyâh,* « don de Yâh »; Septante : Ζαβαδίας, Ζαβδία), nom de deux Israélites dans la Vulgate. Six autres portent le même nom dans l'hébreu et la Vulgate les appelle Zabadia, Zabadias.

1. **ZÉBÉDIA,** fils de Michaël, « des fils de Saphatias, » qui revint de la captivité de Babylone avec quatre-vingts hommes de sa parenté sous la conduite d'Esdras. I Esd., VIII, 8.

2. **ZÉBÉDIA,** prêtre, « des fils d'Emmer, » qui avait épousé une femme étrangère. Esdras la lui fit répudier. I Esd., X, 20.

ZÉBÉE (hébreu : *Zébah;* Septante : Ζεβεέ), un des deux rois madianites qui, du temps de Gédéon avaient envahi la Palestine. Il fut battu, poursuivi et mis à mort avec Salmona son confédéré par Gédéon. Jud., VIII, 6-21. Voir GÉDÉON, t. III, col. 148; MADIANITES, t. IV, col. 535. Le Psaume LXXXII (LXXXIII), 12, rappelle cet événement.

ZEBIDAH (hébreu : *Zebiddâh; qerî : Zebûdâh;* Septante : Ἰελδάφ), fille de Phadaïa, de Ruma, femme du roi Josias et mère du roi Joakim. IV Reg., XXIII, 36.

ZÉBUL (hebreu : *Zebul;* Septante : Ζεβούλ), gouverneur (hébreu : *pâqîd;* Septante : ἐπίσκοπος; Vulgate : *princeps*), de Sichem, placé par Abimélech à la tête de cette ville pendant son absence. Les Sichémites s'étant révoltés contre le fils de Gédéon, ayant à leur tête Gaal, fils d'Obed, Zébul fit prévenir aussitôt secrètement Abimélech, qui vint attaquer Gaal sans retard. Lorsque apparurent les troupes conduites contre Sichem, Zébul se mit à railler son ennemi. Gaal marcha contre elles, mais elles le forcèrent à fuir; il perdit beaucoup de monde en s'efforçant de rentrer dans Sichem et Zébul l'en chassa avec le reste de ses gens. Jud., IX, 26-41. On ne sait plus rien de Zébul.

ZÉCHRI (hébreu : *Zikrî*), nom de douze Israélites.

1. **ZÉCHRI** (Septante : Ζεχρεί), le dernier des trois fils d'Isaar. Isaar était fils d'Amram et petit-fils de Caath, qui était lui-même fils de Lévi. Exod., VI, 21. Voir CAATH et CAATHITES, t. II, col. 1 et 3.

2. **ZÉCHRI** (Septante : Ζαχρί), le second des neuf fils de Séméi, de la tribu de Benjamin. I Par., VIII, 19.

3. **ZÉCHRI** (Septante : Ζεχρί), le cinquième des onze fils de Sésac, de la tribu de Benjamin. I Par., VIII, 23.

4. **ZÉCHRI** (Septante : Ζεχρί), le dernier des six fils de Jéroham, de la tribu de Benjamin. I Par., VIII, 27.

5. **ZÉCHRI** (Septante : Ζεχρί), lévite, fils, c'est-à-dire descendant d'Asaph, père de Micha. I Par., IX, 15. Il est appelé Zébédéi, II Esd., XI, 17, et Zéchur, II Esd., XII, 35. Voir ZÉBÉDÉE et ZÉCHUR 2, col. 2534, 2536.

6. **ZÉCHRI** (Septante : Ζεχρί), descendant d'Éliézer, fils de Moïse. Son père s'appelait Joram (voir JORAM 4, t. III, col. 1646) et son fils, qui fut trésorier des choses saintes du temps de David, Sélémith. I Par., XXVI, 28. Voir SÉLÉMITH, col. 1579.

7. **ZÉCHRI** (Septante : Ζεχρί), Rubénite, père d'Éliézer. Celui-ci fut chef de la tribu de Ruben sous le règne de David. I Par., XXVIII, 16. Voir ÉLIÉZER 5, t. II, col. 1680.

8. **ZÉCHRI** (Septante : Ζαρί), père d'Amasias, de la tribu de Juda. Amasias vivait sous le règne de Josaphat, roi de Juda, et commandait deux cent mille hommes de son armée, d'après II Par., XVII, 16.

9. **ZÉCHRI** (Septante : Ζαχαρίας), père d'Élisaphat. Ce dernier fut un de ceux qui aidèrent Joïada à établir sur le trône de Juda le jeune Joas qui avait échappé au massacre d'Athalie. II Par., XXIII, 1. Voir ÉLISAPHAT, t. II, col. 1690.

10. **ZÉCHRI** (Septante : Ζεχρί), homme puissant d'Éphraïm. Il était un des chefs de l'armée de Phacée, fils de Romélie, roi d'Israël, qui fit la guerre à Achaz, roi de Juda. Pendant cette guerre, Zéchri tua Maasias, fils du roi Achaz, Ezricam, chef de la maison royale, et Elcana, le second après le roi. II Par., XXVIII, 7. Quelques-uns ont supposé que ce Zéchri était le fils de Tabéel que Phacée et Razin auraient voulu établir roi de Juda. Cf. Is., VII, 6. Voir MAASIAS 4, t. IV, col. 469; EZRICAM 4, t. II, col. 2164; ELCANA 8, col. 1647; TABÉEL, t. V, col. 1951.

11. **ZÉCHRI** (Septante : Ζεχρί), père de Joël. Celui-ci, au retour de la captivité, sous Esdras, fut à la tête d'une partie des Benjamites qui habitèrent Jérusalem. II Esd., XI, 9. Voir JOEL 14, t. III, col. 1582.

12. **ZÉCHRI** (Septante : Ζεχρί), prêtre de la famille d'Abia, qui vivait du temps du grand-prêtre Joacim. II Esd., XII, 17.

ZÉCHUR (hébreu : *Zakkûr*), nom de deux Israélites dans la Vulgate. Dans le texte hébreu, sept Israélites portent le nom de *Zakkur*, notre version latine n'a transcrit le nom que de cinq d'entre eux. Voir ZACHUR, col. 2527.

1. **ZÉCHUR** (Septante : Ζαχούρ), Rubénite, père de Sammua. Ce dernier est le premier des douze Israélites qui furent désignés par Moïse pour aller du désert de Pharan explorer la Terre Promise. Num., XIII, 5 (hébreu 4).

2. **ZÉCHUR** (Septante : Ζακχούρ), Lévite, fils d'Asaph chef de la troisième division des chanteurs du Temple telle qu'elle avait été organisée par David. II Esd., XII, 34. La Vulgate écrit son nom Zachur, I Par., XXV, 2, 10. Voir ZACHUR 3.

ZÈLE (hébreu : *qin'âh;* Septante), ardeur que l'on déploie pour le bien ou ce qu'on croit tel. Le zèle est souvent désigné, surtout dans l'Ancien Testament, sous le nom de jalousie. Voir JALOUSIE, t. III, col. 1112. — 1° Les auteurs sacrés célèbrent le zèle, pour la loi divine, de Phinées, Num., XXV, 13; I Mach., II, 54, celui d'Élie, III Reg., XIX, 10, 14; I Mach., II, 58, des serviteurs de Dieu, Judith, IX, 3, de Jéhu, IV Reg., X, 16, de Mathathias, I Mach., II, 26-27. Le zèle du vrai Israélite le consume, à la vue de ceux qui font mal. Ps. CXIX (CXVIII), 139. — 2° A l'époque du Nouveau Testament, les pharisiens se montraient pleins de zèle pour faire des prosélytes. Matth., XXIII, 15. Voir PROsélyte, col. 759. Saint Paul, qui partagea ce zèle, Act., xxii, 3; Gal., i, 14, jusqu'à se faire persécuteur des premiers disciples du Christ, Phil., iii, 6, reconnaît l'ardeur des sentiments qui animent ses compatriotes, cf. Act., xxi, 20, mais juge leur zèle mal éclairé. Rom., x, 2. Lui-même apparaît animé du plus grand zèle pour la conversion des Juifs et des Gentils. Rom., ix, 3. — Saint Jacques, iii, 14, recommande aux chrétiens d'éviter le zèle amer, que le défaut de charité rend plus nuisible qu'utile. — A l'ange de Laodicée, dont il déplore la tiédeur, saint Jean conseille d'avoir du zèle. Apoc., iii, 19. H. Lesêtre.

ZÉLOTE (hébreu : *qannâ'*), celui qui déploie une grande ardeur pour la défense d'une cause. — Le mot est employé pour marquer le caractère transcendant de Dieu, qui est un Dieu « jaloux », ne pouvant tolérer aucune atteinte à sa majesté suprême. Exod., xx, 5; xxxiv, 14. — Un des Apôtres, Simon, porte le surnom de Zélote. Luc., vi, 15; Act., i, 13. Ailleurs il est appelé Καναναῖος, *Chananæus.* Matth., x, 4; Marc., iii, 18. Ce dernier terme ne désigne nullement un « Chananéen » ni un homme originaire de Cana; il n'est que la traduction de *qannâ'*, devenu dans l'hébreu plus récent *qanna'y*, *qan'ân*, *qan'ânayyâ'*, *qannâ'în*. Cf. *Sanhedrin*, ix, 6. Lorsque les Romains prirent l'administration directe de la Palestine et y établirent le premier procurateur, Coponius (6-9 après J.-C.), un parti se forma, à l'instigation de Judas de Gamala et du pharisien Sadduk, pour faire opposition à la domination étrangère. Voir Judas le Galiléen, t. iii, col. 1805. Les partisans de cette opposition prirent le nom de « zélotes ». Beaucoup d'entre eux obéissaient à une préoccupation purement religieuse; la fidélité à leur loi et l'attente du Messie, seul libérateur efficace de leur nation, dominaient toutes leurs pensées. D'autres envisageaient surtout le côté politique de la situation, et, réduits à l'impuissance pour le moment, ils devinrent plus tard des patriotes exaltés et contribuèrent plus que personne à déchaîner la guerre de Judée. Cf. Josèphe, *Bell. jud.*, IV, iii, 9; v, 1; vi, 3; VII, viii, 1. Simon l'apôtre ne fut évidemment pas un zélote politique. Il le fut au point de vue religieux, sans qu'on puisse dire cependant s'il appartenait au parti qui portait ce nom. Il se peut qu'il ait été simplement comme ces zélotes, ardents partisans de la Loi, qui se convertirent plus tard à l'Évangile, Act., xxi, 20, ou comme saint Paul lui-même, zélote dévoué des traditions paternelles. Gal., i 14. Pour mériter un pareil surnom, Simon dut se distinguer par un zèle plus qu'ordinaire ou par quelque action d'éclat. H. Lesêtre.

ZELPHA (hébreu : *Zilpâh;* Septante : Ζελφά), servante que Laban donna comme esclave à sa fille Lia, lorsque celle-ci épousa Jacob. Gen., xxix, 34. Lia la donna plus tard à Jacob comme femme de second rang, xxx, 9, afin d'augmenter le nombre de ses enfants, Zelpha devint ainsi la mère de Gad et d'Aser, xxxv, 26; xxxvii, 2; xlvi, 18.

ZEMMA (hébreu *Zimmâh;* Septante : Ζεμμάθ), Lévite gersonite, dont le fils ou le descendant Joah vivait du temps du roi Ézéchias. II Par., xxix, 12. Sur ce Joah, voir Joah 2, t. iii, col. 1551. Cf. Zamma 2.

ZÉNAS (grec: Ζηνᾶς, contraction de Ζηνόδωρος), chrétien nommé par saint Paul, Tit., iii, 13, qui le recommanda à Tite et aux fidèles de Crète, en même temps qu'Apollos. Il lui donne le titre de νομικός, qui désigne probablement un docteur juif, quoique quelques-uns entendent par ce titre un jurisconsulte romain. Le pseudo-Dorothée en fait un des soixante-douze disciples. *Chronic. pasch.*, liii, t. xcii, col. 524. Voir *Acta Sanctorum*, 27 septembre, t. vii septembris, p. 390-391.

ZÉPHRONA (hébreu : *Zifrônâh*, pour *Zifrôn* avec *âh* local; Septante : Δεφρωνά; *codex Alexandrinus* : Ζεφρωνά), ville à la frontière septentrionale de la Terre Promise. Num., xxxiv, 9. Elle est mentionnée entre Émath et Sedada d'une part et « le village d'Énan » d'autre part. — Les exégètes, voyant dans la frontière décrite en ce passage la frontière réelle du pays conquis par Josué, cherchent Zéphrona au midi du Liban et du grand Hermon. Le P. Van Kasteren propose de la reconnaître soit dans *Ṣarîfâ*, village de la haute Galilée situé à 9 kilomètres environ au nord de Tibnîn, soit dans *Furûn* voisin du précédent au nord-est, tous deux au sud du *nahar el-Qasmiyet* et à peu de distance; ou bien, dans le cas que Ziphron serait identique, comme plusieurs le pensent, à la Sabarim d'Ézéchiel, xlvii, 16, on pourrait la voir au *khirbet Sanbariyet*, à moins de 4 kilomètres sud-ouest de *Tell el-Qâdy* et à 7 de Serâdâ. Voir Chanaan, t. ii, col. 534-535; *Revue biblique*, 1895, p. 30-31. Les deux premières localités avaient été proposées déjà par F. de Saulcy, *Dictionnaire topographique de la Terre Sainte*, Paris, 1877, p. 316. — A la suite des anciens interprètes juifs et de saint Jérôme, un grand nombre d'autres exégètes considèrent la frontière du livre des Nombres comme conditionnelle et purement idéale; ils cherchent en conséquence Zéphrona et les autres villes nommées avec elle beaucoup plus au nord. Saint Jérôme, *In Ezech., loc. cit.*, l'identifie avec Zéphyrium de Cilicie, t. xxv, col. 477. De l'avis des commentateurs modernes, c'est la chercher trop loin; Zéphrona était au sud d'Émath, incontestablement *Ḥamah*. Divers auteurs, tenant pour une seule localité Zéphrona et Sabarim, croient reconnaître ce dernier nom dans *Šômeriyeh* à l'est et non loin du lac de Ḥomṣ. C'est ce que semble exprimer Riess, *Bibel-Atlas*, 3e éd., 1895, p. 29, en proposant l'opinion, avec réserve toutefois, et en plaçant, carte iv, Siphron au lieu où se trouve *Šômeriyéh*. Fürrer, dans *Zeitschrift des deutschen Palästina-Vereins*, t. viii, p. 27-34, identifie Zifrôn avec *Zaferânê*, village syrien situé à environ 30 kilomètres au sud de *Ḥamah* et à 15 au nord de Ḥomṣ. Le nom est écrit moins exactement *ez-Za'ferânéh* par E. Robinson qui a été le premier à proposer cette identification, *Biblical researches*, Boston, 1841, t. iii, *Appendix*, p. 184; cf. Baedeker (Socin), *Palestine et Syrie*, édit. franç., 1882, p. 584. Ce qu'elle a en sa faveur, outre le sentiment général des anciens appuyé par Deut., I, 7; xi, 24; Jos., I, 4, c'est la parité, on peut dire parfaite, des noms dans le cas particulier et pour la plupart des autres noms. La difficulté résultant de la place de Zéphrona dans l'énumération qui rompt la suite du tracé de la frontière, peut s'expliquer facilement. On le voit par la plupart des descriptions des territoires des tribus d'Israël, les écrivains hébreux n'entendent pas indiquer seulement la suite régulière des localités qui bordent la frontière de ce côté; mais ils tiennent à faire connaître en même temps les principales localités situées de ce côté dans l'intérieur du territoire. L. Heidet.

ZÉRET, nom hébreu d'une mesure de longueur, d'une demi-coudée. Les Septante l'appellent σπιθαμή et la Vulgate *palmus*. Exod., xxviii, 16; xxxix, 9; I Sam. (Reg.), xvii, 4; Is., xl, 12; Ezech., xliii, 13. Dans notre système métrique, il vaut 0m262. Voir Palme 2, 1°, t. iv, col. 2058; Mesures, II, 2°, *Empan*, col. 1042.

ZÉTHAN, nom de deux Israélites dans la Vulgate.

1. **ZÉTHAN** (hébreu : *Zêtân*, « olivier »; Septante : Ζαιθάν), cinquième fils de Bâlan et petit-fils de Jédihel, de la tribu de Benjamin. I Par., vii, 10.

2. **ZÉTHAN** (hébreu : *Zêtâm*, « olivier »; Septante: Ζηθάν, I Par., XXIII, 8; Ζεθόμ, XXVI, 22), Lévite gersonite, fils ou descendant de Léédan. I Par., XXIII, 8. Plus loin, XXVI, 22, il est donné comme fils de Jéhiéli (Jéhiel) et petit-fils de Léédan.

ZÉTHAR (hébreu : *Zêṭâr;* Septante : Ἀβαταζά), un des sept eunuques qui servaient le roi de Perse Assuérus, Esth., I, 10, et qu'il chargea d'amener la reine Vasthi dans la salle où il donnait un festin aux grands de sa cour.

ZÉTHU (hébreu : *Zattû';* Septante : Ζαθουία), chef d'une famille dont les membres retournèrent de la captivité de Babylone en Palestine avec Zorobabel et qui signa l'alliance du peuple avec Dieu. II Esd., X, 14. Son nom est écrit Zéthua, I Esd., II, 8; III Esd., VII, 13. Son nom paraît omis dans la liste. I Esd., VIII, 5. Cf. III Esd., VIII, 32.

ZÉTHUA (hébreu : *Zattû;* Septante: Ζατθουά), un des chefs israélites dont les fils revinrent de Palestine avec Zorobabel au nombre de 945, d'après I Esd., II, 8, au nombre de 845, d'après II Esd., VII, 13 (Septante : Ζαθουΐα). La Vulgate écrit son nom Zéthu dans II Esd., X, 14.

ZIÉ (hébreu : *Zi'a;* Septante : Ζουε), le sixième des sept fils d'Abihaïl, fils d'Huri, de la tribu de Gad. I Par., V, 13.

ZIO ou **ZIV** (hébreu : *Ziv;* Septante : « au quatrième mois »), « le mois des fleurs », le second mois de l'année hébraïque, commençant à la seconde partie d'avril et comprenant la première partie de mai. III Reg., VI, 1, 37 (Vulgate : mense Zio). C'est le même mois qu'Iyar. Voir Gesenius, *Thesaurus*, p. 407. Cf. CALENDRIER, t. II, col. 66.

ZIPH (hébreu : *Zif*), nom d'une personne, de deux villes et du désert voisin de l'une d'elles.

1. **ZIPH** (hébreu : *Zif;* Septante : Ζίφ; *Alexandrinus :* Ζιφαί), fils aîné de Jaléléel, de la tribu de Juda. I Par., IV, 16.

2. **ZIPH** (hébreu : *Zif*, Jos., XV, 24; omis dans les Septante, *Vaticanus*; son nom est confondu avec le précédent dans l'*Alexandrinus*, où pour Jethnam et Ziph on lit Ἰθναζίφ; Ζίφ, I Par., II, 42, est sans doute le même nom), localité indiquée, Jos., XV, 24, parmi les villes situées « à l'extrémité de la tribu des fils de Juda, aux confins d'Édom, au midi (Négéb). » Mésa, fils aîné de Caleb, frère de Jeraméel, en est appelé le père, c'est-à-dire le fondateur. I Par., II, 42. On peut inférer de là que Ziph, si elle n'appartenait pas à la terre de Jéraméel, se trouvait du moins sur ses confins. — A près de 40 kilomètres au sud-sud-ouest de Tell'Arad, à 6 ouest-sud-ouest de *Qornub* (Thamar) et sur la lisière du territoire de Hadiréh, *Qôz el-Ḥadirêh*, on rencontre, marqué par des citernes et quelques monceaux de pierres, l'emplacement d'une ancienne localité désigné par les Bédouins sous le nom de *khirbet ez-Zeiféh*, زيفة. C'est évidemment, avec l'adjonction de la terminaison ة, *h*, si fréquente dans les anciens noms, le nom même de Ziph. La situation correspondant si bien aux indications bibliques, il est permis de croire qu'il est toujours demeuré attaché à la même place (fig. 561). Voir Al. Musil, *Arabia Petræa, Edom*, II, in-8°, Vienne, 1907-1908, p. 30.

L. HEIDET.

561. — *Tell ez-Zif.* D'après une photographie de M. L. Heidet.

3. **ZIPH** (hébreu : *Zîf;* Septante : ordinairement Ζίφ), ville de la région montagneuse de Juda. Elle est mentionnée, Jos., XV, 55, entre Maon et Carmel d'une part et Jota d'autre part. *L'Onomasticon,* édit. Klostermann, Leipzig, 1904, p. 92, la rattache au territoire de la Daroma dépendant l'Éleuthéropolis ou Bethdjibrin, et la place près de Carmel de Juda, au huitième mille d'Hébron, à l'orient. Cette dernière indication fait sans doute allusion au désert voisin plutôt qu'à la ville. — Le nom de Ziph est porté aujourd'hui par une colline, *Tell ez-Zîf,* située à 7 kilomètres au sud-sud-est d'Hébron. De 878 mètres d'altitude au-dessus de la Méditerranée, elle domine toutes les hauteurs des alentours. *Yaṭṭâ* (Jota), à moins de 5 kilomètres au sud-ouest, a seulement 837 mètres; Carmel, à 5 kilomètres au sud, 819; seul *Tell-Ma'în* (Maon), mais à 2 kilomètres plus au sud, s'élève d'un mètre et demi plus haut. Le site, on ne peut le nier, convenait admirablement pour servir d'assiette à une ville fortifiée. Toutefois, on ne remarque à son sommet aucune trace ni de fortifications ni d'habitations. La ruine *khirbet ez-Zîf,* en contrebas sur le côté méridional, ne semble pas remonter à une époque reculée ni avoir jamais été fortifiée. Aussi plusieurs palestinologues, entre autres V. Guérin, tout en tenant le *tell* pour une partie du territoire de Ziph qui a conservé son nom, croient-ils devoir chercher l'emplacement et les restes de la ville elle-même dans quelqu'une des ruines importantes qui l'entourent. Plusieurs, particulièrement les *khirbet Abu el-Ḥamâm* et *khirbet el-Ghunâîm,* peuvent prétendre à ce titre et, dans ces conditions, il est difficile de se prononcer. Ce qui est certain, c'est que le nom d'*ez-Zîf* fixe en général au moins le territoire de la localité et désigne la région déserte et montueuse se développant à l'est vers la mer Morte pour le désert de Ziph. Le même nom porté par un des fils de Jéleléel, I Par., IV, 16, permet de le considérer comme le fondateur de la ville. Au temps de Saül, les habitants de Ziph se montrèrent aussi peu généreux que ceux de Céila, en allant, à deux reprises, dénoncer au roi la retraite de David sur leur territoire, s'engageant en outre à le lui livrer. I Reg. (Sam.), XXIII, 19-24; XXVI, 1. David, Ps. LIII (LIV), 5, les appelle des étrangers et des ennemis et il invoque la justice de Dieu contre eux. La ville fut fortifiée par Roboam. II Par., X, 8. Au IVe siècle, elle était encore habitée. *Onomast., loc. cit.* — Voir Éd. Robinson, *Biblical researches in Palestine,* Boston, 1841, t. II, p. 190-191; V. Guérin, *Judée,* t. III, p. 159-160.

562. — Désert de Ziph, à l'est du tell. D'après une photographie de M. H. Lekdet.

4. **ZIPH (DÉSERT DE)** (hébreu : *midbar Zîf;* Septante : ἐν τῇ ἐρήμῳ ἐν τῷ ὄρει Ζίφ), I Reg., XXIII, 14, portion du désert de Juda entre la ville de Ziph et la mer Morte (fig. 562). — Le texte l'indique simplement « dans la montagne », *bâ-har;* la situation du désert de Ziph à l'est du *tell ez-Zîf* est incontestable. Il y a peu d'années, nous y avons vu encore de nombreux buissons de chênes-verts, que dévoraient les chèvres de *Yaṭṭâ,* témoigner que jadis il y avait eu là d'épais bocages.

Le désert de Ziph est célèbre pour avoir donné refuge à David fuyant la poursuite de Saül après qu'il eut quitté Céila. Il s'y tenait, avec ses six cents compagnons, dans les lieux les plus inaccessibles, *bam-meṣṣâdôṭ, in firmissimis locis.* I Reg., XXIII, 14. Jonathas vint l'y trouver pour l'encourager et renouveler avec lui l'alliance contractée autrefois. La rencontre eut lieu « dans la forêt » où demeurait David, selon la Vulgate; à Καινῇ ou Καινῇ Ζίφ, « la nouvelle Ziph », d'après les Septante; à l'endroit nommé *Ḥorsâh,* d'après plusieurs interprètes modernes, qui l'identifient avec la ruine *Ḥurêsah* située à 2 kilomètres au sud-ouest de *Tell ez-Zîf,* à côté d'*et-Ghandim*. I Reg., XXIII, 15-18. Cf. Buhl, *Geographie des alten Palästina,* Leipzig, 1896, p. 95. A l'approche de Saül, informé par les Ziphéens de la présence de David dans leur voisinage, celui-ci passa au désert contigu au midi de Maon. ℣. 19-24. Après y avoir erré quelque temps et dans les régions voisines du désert de Juda, David revint au désert de Ziph. Saül, averti de nouveau par les Ziphéens, descendit à son tour et vint camper avec les trois mille hommes d'élite qu'il avait pris avec lui, près de la colline d'Hachila où David était caché. C'est là que le fils d'Isaï pénétra la nuit jusqu'à la tente de Saül, d'où il enleva la lance et la coupe placées près de sa tête. I Reg., XXVI. Ne croyant pas pouvoir se fier à la promesse du roi qui plusieurs fois déjà avait manqué à sa parole, David prît le parti de quitter le désert de Ziph et de se retirer au pays des Philistins. I Reg., XXVII, 1-2. — Le désert de Ziph, ainsi que celui de Maon, fait aujourd'hui partie du territoire parcouru par les Arabes *Djahâlin*. — Voir HACHILA, t. III, col. 390-391; Ed. Robinson, *Biblical researches in Palestine*, in-8°, Boston, 1841, t. II, p. 190-193; V. Guérin, *Judée,* t. II, p. 160-161.

L. HEIDET.

ZIPHA (hébreu : *Zifâh;* Septante : Ζαφά), le second des fils de Jaléléel, de la tribu de Juda. I Par., IV, 16.

ZIPHÉENS (hébreu : *Zifîm;* Septante : Ζιφαῖοι), habitants de Ziph. I Sam. (Reg.), XXIII, 19; XXVI, 1; Ps. LIV, 1 (LIII, 2). Ils dénoncèrent à Saül la présence de David dans leur pays.

ZIZA, nom de quatre Israélites dans la Vulgate. Leur nom a une orthographe légèrement différente en hébreu.

1. **ZIZA** (hébreu : *Zâzâ';* Septante : 'Οζάμ), le second et dernier des fils de Jéraméel, de la tribu de Juda. I Par., II, 33.

2. **ZIZA** (hébreu : *Zîzâ';* Septante : Ζουζά), fils de Séphéi, de la tribu de Siméon. Il fut un des Siméonites qui, sous le règne d'Ézéchias, allèrent attaquer à Gador les descendants de Cham qui y faisaient paître leurs troupeaux, les anéantirent et s'y établirent à leur place. I Par., IV, 37-41.

3. **ZIZA** (hébreu : *Zîzâh;* Septante : Ζιζά), Lévite, le second des quatre fils de Séméi de la descendance de Gersom. I Par., XXIII, 10-11. Dans le texte hébreu, ℣. 10, le nom est écrit *Zînâh,* par suite d'une erreur de copiste.

4. **ZIZA** (hébreu : *Zîzâ';* Septante : Ζηζά), fils de Roboam et de Maacha, fille ou plutôt petite-fille d'Absalom. II Par., XI, 20.

ZIZANIE. Voir IVRAIE, t. III, col. 1046.

ZIZYPHUS SPINA CHRISTI. Voir COURONNE D'ÉPINES, III, 1°, t. II, col. 1087; JUJUBIER, t. III, col. 1861.

ZOAR (hébreu : *Ṣô'ar;* Septante ordinairement : Σηγώρ; Vulgate : *Segor*). Voir SÉGOR, col. 1561.

ZODIAQUE (hébreu : *mazzâlôṯ;* Septante : μαζουρώθ; Vulgate : *duodecim signa*), zone céleste, d'environ 18° de largeur, faisant le tour du ciel parallèlement à l'écliptique, et dans laquelle se meuvent les planètes. Cette zone est divisée en douze parties, dont chacune porte le nom d'une constellation. Les anciens ont laissé plusieurs représentations figurées du zodiaque. Voir t. I, fig. 341, col. 1193. Sur un monument funèbre trouvé en Nubie (fig. 563), le mort est représenté les deux bras en l'air, encadrant quatre scarabées, symboles de la résurrection. Les signes du zodiaque sont figurés à ses côtés; à sa droite, le verseau, les poissons, le bélier, le taureau, les gémeaux et le cancer; à sa gauche, le lion, la vierge, la balance, le scorpion et le

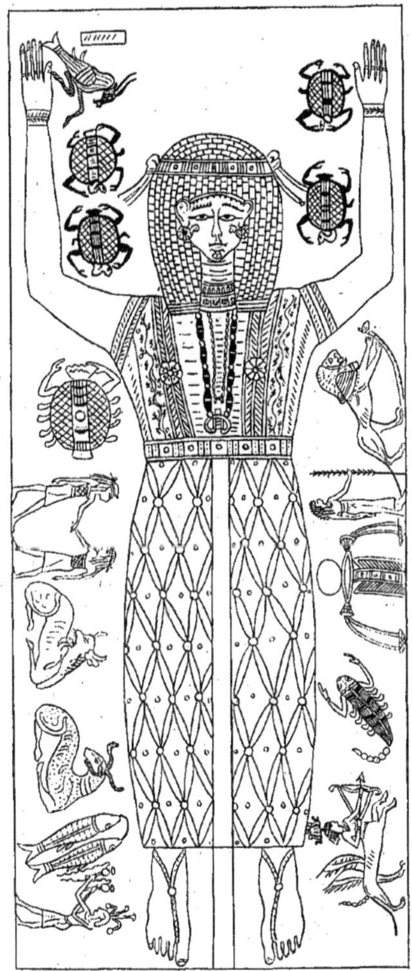

563. — Le zodiaque sur un sarcophage.
D'après Ménard, *Vie privée des anciens,* t. II, fig. 80.

sagittaire. Le capricorne est en haut, près de la main droite du personnage, indiquant sans doute le signe sous lequel il était mort. Les signes du zodiaque rappellent ici les espaces célestes que le défunt doit parcourir à l'exemple du soleil. — Il est raconté que Josias chassa les prêtres des idoles qui offraient des parfums à Baal, au soleil, à la lune, aux *mazzâlôṯ* et à toute l'armée du ciel. IV Reg., XXIII, 5. Les *mazzalôt* sont ici des constellations; d'après Jensen, *Die Kosmologie der Babylonier*, Strasbourg, 1890, p. 348, les astres qui servent d'habitations aux dieux, les *manzallu* assyriens. La tradition, que représente la Vulgate, y a vu les signes du zodiaque, en syriaque *mavzaltu'*, en arabe *menâzil*. Suidas rend μαζουρώθ par ζωδία, « les signes du zodiaque ». — Le mot employé par les Septante traduit l'hébreu *mazzârôṭ*, qui se lit dans Job, XXXVIII, 32, et qui correspond aux *mazarati* assyriens, les stations ou veilles de la nuit. Cf. Frz. Delitzsch, *Das Buch Iob*, Leipzig, 1876, p. 502. L'auteur de Job dit : « Est-ce toi qui fais lever les *mazzârôṭ* en leur temps? » Les Septante et Théodotion traduisent ici par μαζουρώθ, identifiant ainsi les *mazzârôṭ* et les *mazzalôt*. Mais les *mazzârôṭ* sont pour le syriaque la grande Ourse, pour la Vulgate Lucifer, pour d'autres les Hyades. Il est probable que, de part et d'autre, il s'agit des signes du zodiaque. H. LESÈTRE.

ZOHAR (SÉPHER HA-), « Livre de la Splendeur », compilation rabbinique sur le Pentateuque. — Cette œuvre, considérable par son étendue, aurait été composée à l'époque de Titus par Simon ben Yochaï, mais l'existence n'en fut révélée qu'à la fin du XIIIe siècle par le rabbin Moïse de Léon. Drach, *De l'harmonie entre l'Église et la Synagogue*, Paris, 1844, t. I, p. 155, croit à sa haute antiquité dont l'archaïsme du style serait une preuve; il suppose même que Simon ben Yochaï ne fit que mettre par écrit ce qui s'était enseigné longtemps avant lui. Mais cette attribution est contredite par les allusions qu'on trouve dans le Zohar à des événements relativement récents, comme les croisades, et surtout par le silence absolu que dix siècles ont gardé sur une œuvre aussi importante pour le rabbinisme. Il est plus probable et communément admis aujourd'hui que l'auteur du Zohar n'est autre que Moïse de Léon, rabbin de la fin du XIIIe siècle, qui vivait en Espagne et compila son livre en se servant de toutes sortes d'écrits antérieurs ou contemporains, auxquels il mêla libéralement ses propres élucubrations. On sait que beaucoup de rabbins du moyen âge écrivaient l'araméen chaldaïque, la langue talmudique, au moins aussi facilement que l'hébreu, ce qui coupe court à toute prétention de dater le Zohar d'après l'idiome employé.

L'ouvrage se compose d'ailleurs de commentaires et de différents appendices portant des titres distincts : le Livre des Mystères, la Grande et la Petite Assemblée, le Mystère des mystères, les Palais, le Pasteur fidèle, les Secrets de la Thorah, le Midrasch occulte, la Spéculation du Vieux et celle du Jeune, Matnitin et Tosefta. Dans ce soi-disant commentaire du Pentateuque, il n'est jamais question du texte qui sert de thème au développement rabbinique. L'exégèse et la théologie n'ont donc rien à y prendre. Par contre, on y trouve toutes les idées de la Kabbale, voir KABBALE, t. III, col. 1881, et les doctrines les plus étranges sur Dieu, la création, l'homme, sa nature et sa destinée, etc. Ces doctrines contredisent aussi formellement les enseignements de l'Ancien Testament que ceux du Nouveau.

Quand le Zohar parut, il fut accueilli avec enthousiasme par les Juifs kabbalistes, qui en firent le code de l'occultisme, révélé par Dieu aux anges, transmis par les anges à l'homme et parvenu de patriarche en patriarche, de prophète en prophète jusqu'à Simon ben Yochaï. Les chrétiens eux-mêmes s'y laissèrent prendre et crurent y trouver la confirmation de leurs croyances sur Dieu, la Trinité, le Messie, la rédemption et d'autres dogmes fondamentaux. La date mieux connue de la composition du Zohar ôtait toute valeur traditionnelle à ses affirmations dogmatiques, et l'immense développement de ses élucubrations ne permettait guère d'admettre qu'elles aient pu se transmettre par voie de tradition orale. On renonça donc à l'idée d'exploiter l'ouvrage dans un but apologétique pour la conversion des Juifs, et Clément VIII, *Constit.* du 28 février 1692, frappa d'une même condamnation les livres kabbalistiques, talmudiques et autres ouvrages pernicieux des Juifs.

Le Zohar a été traduit en français par Jean de Pauly et magnifiquement édité par Ém. Lafuma-Giraud, 6 in-8°, Paris, 1906-1911. Cette publication constitue « un monument littéraire de tout premier ordre. » Cf. H. Hyvernat, *Sépher ha-Zohar*, dans la *Revue biblique*, 1908, p. 588-592; S. Karppe, *Étude sur les origines et la nature du Zohar*, Paris, 1901; Is. Broydé, article *Zohar*, dans *The Jewish Encyclopedia*, in-8°, New York, t. XII, 1906, p. 689-693. H. LESÈTRE.

ZOHÉLETH [PIERRE DE] (hébreu : *'Ébén Zôḥéléṭ*; Septante : Λίθη τοῦ Ζωελεθί), endroit où Adonias, fils de David, fit préparer un sacrifice pour se faire proclamer roi par ses partisans et empêcher Salomon de monter sur le trône. Voir ADONIAS, t. I, col. 225. Cette pierre était située au sud de Jérusalem, près de la fontaine de Rogel. III Reg., I, 9. D'après divers commentateurs, *Zohéleth* signifiant « serpent », de *zâḥal*, « ramper », Gasenius, *Thesaurus*, p. 413, est une pierre située près ou sur la fontaine des Serpents (Vulgate : *Fons Draconis*), dont parle II Esd., II, 13, ou « près de la piscine des Serpents », τῶν Ὄφεων κολυμβήθρα, que mentionne Josèphe, *Bell. jud.*, V, III, 2. Plusieurs identifient cette fontaine avec celle qu'on appelle aujourd'hui « Fontaine de la Vierge ». Voir ROGEL, col. 1107. Cette identification n'est pas certaine; on peut cependant la considérer comme très vraisemblable, quoi qu'il en soit d'ailleurs de l'étymologie du mot Zohéleth, que les lexicographes expliquent très diversement.

ZOHETH (hébreu *Zôḥêṭ*; Septante : Ζωάν; Lucien : Ζαώθ), fils de Jési, de la tribu de Juda. I Par., IV, 20.

ZOHRAB Jean, religieux mékhariste de Venise, né à Constantinople en 1756, mort en 1829. On lui doit la meilleure édition de la *Bible arménienne*. *Աստուածաշունչ մատեան Հին և Նոր կտակարանաց*. Dans la première moitié du Ve siècle (vers 432) les Saintes Écritures ont été traduites en arménien par le patriarche S. Isaac et le docteur Mesrob-Maschetotz, avec le concours de leurs disciples, sur la version des Septante de la recension d'Origène dite des Hexaples : en effet, les manuscrits arméniens portent les signes critiques d'obèles, de métobèles et d'astérisques ⁓, ÷, ※, qui en sont la preuve évidente. La langue en est du siècle d'or de la littérature arménienne et quant à la version on l'a déjà proclamée la reine parmi toutes les traductions de la Bible. Zohrab a eu sous la main 9 manuscrits pour l'Ancien Testament et 30 pour le Nouveau; il a reproduit le meilleur texte, en notant au bas des pages les différentes variantes des autres manuscrits. Le livre de l'Ecclésiastique n'a été inséré que dans l'Appendice, car il dénotait une version récente : l'ancienne a été postérieurement découverte et publiée. Voir PACRADOUNI, t. IV, col. 1949. On a fait deux éditions de la susdite Bible, l'une en un volume in-4° et l'autre en 4 vol. in-8°, Venise, 1805. J. MISKGIAN.

ZOMZOMMIM (hébreu : *Zamzummîm*; Septante : Ζοχομμίν), nom de peuple qui ne se lit qu'une fois dans l'Écriture, Deut., II, 20-21, où nous lisons : « [La terre d'Ammon] était réputée terre des Rephaïm (Vulgate : *terra gigantum*). Les Rephaïm y habitaient auparavant, et les Ammonites les appellent Zomzommim. C'était un peuple grand, nombreux et de haute taille comme les Énacites. Voir ÉNACITES, t. II, col. 1766. Jéhovah les détruisit devant les Ammonites qui les chassèrent et habitèrent à leur place. » C'est tout ce que nous savons des Zomzommim, à moins qu'on n'admette qu'ils sont les mêmes que les Zuzim, lesquels, comme nous l'apprend la Genèse, XIV, 5, furent battus par Chodorlahomor et ses alliés. Nombre de savants modernes soutiennent cette identification, qu'ils expliquent différemment. M. H. Sayce, *The higher criticism*, in-12, Londres, 1894, p. 160-161, croit que le nom de Zomzommim et de Zuzim est le même, mais que les scribes hébreux, qui les ont trouvés dans les documents assyriologiques, l'ont lu sous ces deux formes différentes. D'après plusieurs Zomzommim et Zuzim sont une onomatopée imitant le jargon inintelligible de ces Rephaïm. D'autres rattachent leur nom à diverses racines arabes dont aucune n'est satisfaisante. Voir Gesenius, *Thesaurus*, p. 419. Cf. ZUZIM, col. 2550; RAPHAÏM 1, col. 976.

ZOOLOGIE BIBLIQUE. Voir ANIMAUX, t. I, col. 603.

ZOOM (hébreu : *Zâham;* Septante : Ζαάμ), fils de Roboam, roi de Juda, et d'Abihaïl. II Par., XI, 19. Voir ABIHAÏL 4, t. I, p. 50.

ZOROBABEL (hébreu : *Zerûbbâbél;* Septante : Ζοροβάβελ), chef des Israélites au retour de la captivité.

1° *Ses deux noms.* — Le nom de *Zerûbbabél* est d'origine babylonienne. Il correspond à *Zir-Babili*, « semence (rejeton) de Babel », comme l'hébreu *Zera'-Babél*, et indique probablement que le personnage qui le porte est né à Babylone. Zorobabel est également désigné par le nom de Šêšbaṣṣar, Σαναβάσσαρος qui peut représenter *Šamaš-apla-uṣur*, « ô Schamasch (ô soleil), garde le fils! » ou *Sin-apla-uṣur*, « ô Sin (ô lune), garde le fils! » Le nom de *Šêšbaṣṣar*, si cette explication est fondée, serait donc théophore. On a cru le reconnaître dans celui d'un fils de Jéchonias, *Sén'aṣṣar*, Σανεσάρ. I Par., III, 18. Cf. Maspero, *Histoire ancienne*, t. III, p. 639. L'identité du personnage désigné par les deux noms différents résulte des observations suivantes. Sessabasar est « prince de Juda », et il reçoit de Cyrus les objets sacrés qui doivent être rapportés au Temple de Jérusalem. I Esd., I, 8-11. Zorobabel prend ensuite la tête des exilés qui retournent dans leur pays. I Esd., II, 2. L'absence de Sassabasar ne s'explique pas dans ce second cas, s'il est différent de Zorobabel. La seconde année de Darius, Zorobabel est *péḥâh* de Juda, c'est-à-dire gouverneur du pays au nom du roi de Perse. Agg., II, 2. En cette qualité, il préside à la reconstruction du Temple. I Esd., III, 2-IV, 5; Zach., IV, 6-10. D'autre part, d'après un rapport de Thathanaï, c'est Sassabasar qui rebâtit le Temple. I Esd., IV, 14-16. Le *tiršâṭâ'*, « gouverneur », I Esd., II, 63; II Esd., VII, 65, 70, remplissant une fonction officielle au nom du roi, prend à la fois des mesures d'ordre civil, vis-à-vis des Samaritains, I Esd., IV, 3, et d'ordre religieux vis-à-vis des prêtres. I Esd., II, 63; II Esd., VII, 65. Il est donc en même temps préfet civil, *péḥâh*, et préposé au soin des choses religieuses au sein de son peuple, avec le titre équivalent de *tiršâṭâ'*. Il n'y a pas à s'étonner qu'un même personnage porte deux noms à cette époque en Babylonie. Voir SASSABASAR, col. 1495. Daniel et ses compagnons reçurent des noms chaldéens à la place de leurs noms hébreux. Zorobabel, né en Babylonie et probablement élevé dans l'entourage du roi, y fut connu sous le nom de Sassabasar, qui se retrouve dans les passages où le prince juif est en relations avec le monde officiel. I Esd., I, 8, 11; V, 14, 16. Mais comme ce nom impliquait un hommage aux divinités chaldéennes, Schamasch ou Sin, Zorobabel l'abandonna dans son pays pour en prendre un autre qui froissât moins ses sentiments et ceux de ses compatriotes. On s'explique ainsi la mention de ce Sassabasar, qui paraît tout d'abord investi d'un rôle important par Cyrus et dont bientôt après on ne voit plus trace. Il est vrai que, dans le troisième livre apocryphe d'Esdras, VI, 18, on lit que Cyrus livra les vases du Temple « à Zorobabel et à Sanabassar, gouverneur. » Mais si telle est la leçon de l'*Alexandrinus*, celle du *Vaticanus* identifie les deux personnages : « Il les livra à Sanabassar Zorobabel, gouverneur. » Quant au *Sén'aṣṣar* ou Sennéser qui est indiqué comme fils de Jéchonias, et dont le nom voisine avec celui de Zorobabel, I Par., III, 18, 19, l'état du texte hébreu ne permet pas de conclure à une identification soit avec Sassabasar, soit avec Zorobabel.

2° *Son origine.* — D'après I Par., III, 19, Zorobabel est fils de Phadaïas et neveu de Salathiel, tous deux fils du roi Jéchonias. Mais on ne peut se fier à ce texte probablement altéré par les copistes, et dans lequel les noms de Sassabasar et de Zorobabel étaient peut-être primitivement juxtaposés, comme au troisième livre d'Esdras. Partout ailleurs, Zorobabel est dit fils de Salathiel. I Esd., III, 2; V, 2; Agg., I, 1, 12; II, 3, 24; Matth., I, 12; Luc., III, 27. Voir SALATHIEL, col. 1368. La faveur dont Jéchonias fut l'objet de la part du roi de Babylone, Évilmérodach, IV Reg., XXV, 27; Jer., LII, 31, profita sans doute à son fils aîné, Salathiel, et au fils aîné de ce dernier, Zorobabel, que son droit d'aînesse rendait d'ailleurs héritier royal. La suite des événements montre que Zorobabel fut élevé conformément à son rang, de telle sorte qu'il se trouva prêt quand la Providence lui confia une importante mission.

3° *Sa mission.* — Lorsque, en 539, Cyrus se fut emparé de Babylone, il s'empressa de renvoyer dans leur pays toutes les divinités que Nabonide avait réunies dans cette capitale. La religion perse se rapprochait beaucoup plus de celle des Israélites que du polythéisme babylonien. Aussi le conquérant n'en fut-il que plus porté à rendre leur liberté aux adorateurs de Jéhovah. Cf. P. Dhorme, *Cyrus le Grand*, dans la *Revue biblique*, 1912, p. 22-49. Il fallait naturellement un chef qui présidât au retour des exilés et qui fût investi d'une autorité assez grande pour les protéger en route et dans leur patrie. A ce titre, l'héritier des anciens rois de Juda s'imposait. Les Israélites le reconnaissaient comme leur prince, et Cyrus ne demandait sans doute pas mieux que de lui confier le gouvernement d'une province éloignée que devaient occuper ses compatriotes. Ainsi procédaient les anciens rois assyriens pour l'administration de certaines parties de leur empire.

« Cyrus apparaît comme le restaurateur des cultes détruits. Son premier soin, à Babylone, est de faire retourner les divinités locales chacune dans sa ville : « Depuis le mois de Kisleu (nov.-déc.) jusqu'au mois « d'Adar (fév.-mars), les dieux d'Akkad (Babylonie) que « Nabonide avait amenés à Babylone retournèrent dans « leurs villes. » Non seulement il les rend à leurs cités, mais il prend soin qu'on y rebâtisse leurs temples, afin qu'ils puissent habiter une demeure éternelle. » *Chron. Nabonide-Cyrus*, verso, I, 21; *Cyl. de Cyrus*, 32; Dhorme, *loc. cit.*, p. 44. Il ne peut renvoyer Jéhovah à Jérusalem; mais, fidèle à sa ligne de conduite, il publie un édit pour que sa maison soit rebâtie et pour qu'il soit pourvu aux dépenses de cette reconstruction. I Esd., I, 2-4. Au prince de Juda, Zorobabel, il restitue les nombreux vases et ustensiles d'or et d'argent qui ont été pris à Jérusalem par Nabuchodonosor, afin qu'il les emporte avec lui. I Esd., I, 8-11. Zorobabel se mit à la tête des exilés, au nombre de 42360, qui formèrent sans nul doute plusieurs caravanes successives. Son premier soin fut de s'assurer des titres généalogiques des prêtres. On exclut du sacerdoce ceux de ces derniers qui ne purent justifier authentiquement de leur descendance et le gouverneur leur interdit de prendre part à la manducation des gâteaux et des viandes provenant des sacrifices. I Esd., II, 62-65. A Jérusalem, Zorobabel, de concert avec le grand-prêtre Josué, fit aussitôt relever l'autel sur son ancien emplacement et on l'inaugura en célébrant solennellement la fête des Tabernacles. I Esd., III, 1-7. On se mit ensuite à la reconstruction du Temple, conformément aux intentions de Cyrus. On fit appel aux Sidoniens et aux Tyriens pour la fourniture des bois de cèdre et on s'assura le concours des tailleurs de pierre et des charpentiers nécessaires. Le second mois de la seconde année du retour (535), Zorobabel et Josué prirent la direction des travaux, qui commencèrent au milieu de grandes démonstrations de joie. I Esd., III, 7-13. Mais les Samaritains voulurent être admis à y prendre part. Zorobabel et Josué leur signifièrent qu'ils ne pouvaient l'être, et dès lors ils s'employèrent de toutes manières à entraver l'œuvre commencée et intriguèrent à prix d'argent dans l'entourage du roi pour qu'on en interdit la continuation. Ces menées ne paraissent pas avoir réussi du temps de Cyrus. Elles reprirent sous Cambyse et aboutirent à l'interruption des travaux jusqu'à la seconde année de Darius Ier (520). I Esd., IV, 1-5, 24. A cette époque, les prophètes Aggée, I, 1-13, et Zacharie, VIII, 9-13, engagèrent les Juifs à se remettre à l'œuvre. Thathanaï, satrape de Syrie et de Phénicie, vint s'enquérir du droit qu'ils avaient de le faire. Ils répondirent « en disant les noms de ceux qui construisaient cet édifice, » par conséquent, en évoquant l'autorité de Zorobabel. Thathanaï se contenta d'en référer à Darius, qui, après avoir fait rechercher dans les archives l'édit de Cyrus, ordonna à Thathanaï de laisser toute liberté au gouverneur de Jérusalem, de favoriser l'exécution de son entreprise et de châtier ceux qui y mettraient obstacle. I Esd., V, 3-VI, 12. Aggée, II, 3-9, dit alors : « Courage, Zorobabel, dit Jéhovah, courage, Jésus, fils de Josédec! » et il annonça que la gloire de cette maison dépasserait celle de la première. Le Temple fut achevé le troisième jour d'adar de la sixième année de Darius (516). I Esd., VI, 15. Le service religieux fut réorganisé, sous l'autorité de Zorobabel et plus tard de Néhémie. I Esd., VI, 18; II Esd., XII, 46.

En terminant sa prophétie, Aggée, II, 21-23, s'adresse à Zorobabel et, après avoir annoncé la destruction des ennemis d'Israël, ajoute : « En ce temps-là, dit Jéhovah des armées, je te prendrai, Zorobabel, fils de Salathiel, mon serviteur, et je ferai de toi comme un anneau à cachet, parce que j'ai fixé mon choix sur toi. » Il est à remarquer que, pour signifier à Jéchonias qu'il le rejette, le Seigneur lui fait dire : « Quand Jéchonias serait un anneau à ma main droite, je l'arracherais de là. » Jer., XXII, 24. Il veut donc faire savoir à Zorobabel que, par lui, la lignée des rois de Juda va rentrer en grâce, et il l'appelle son serviteur. Il ne suit nullement de cet oracle que Zorobabel sera personnellement investi du pouvoir royal, comme ses ancêtres, ni qu'il deviendra le libérateur définitif qu'ont prédit les anciens prophètes. Zorobabel est un des types du Messie futur, dont il eut l'honneur d'être l'ancêtre. Son rôle historique fut d'ailleurs assez grand pour attirer sur lui l'admiration et la reconnaissance de ses contemporains. L'Ecclésiastique, XLIX, 11, redit de lui le même éloge : « Comment célébrer Zorobabel? Car il est comme un anneau de cachet à la main droite. »

La fin de l'histoire de Zorobabel n'est pas connue, car l'historien sacré passe de suite de l'achèvement du Temple (516) à l'arrivée d'Esdras en Palestine sous Artaxerxès Ier (465-424).

Le troisième livre d'Esdras, II, 1-VII, 15, que suit servilement Josèphe, *Ant. jud.*, XI, III, 1-IV, 9, voir ESDRAS (TROISIÈME LIVRE D'), t. II, col. 1944-1945, fait un récit différent des événements auxquels fut mêlé Zorobabel. L'auteur de l'apocryphe ne prend pas assez garde que les documents insérés I Esd., IV, 6-23, et datés des règnes d'Assuérus (Xerxès Ier) et d'Artaxerxès Ier, se rappportent à la reconstruction des murs de Jérusalem, et non des édifices du Temple, et il en fait état dans l'histoire de Zorobabel. D'après lui, Cyrus remet les vases du Temple à Salmanasar (Sassabasar, dans Josèphe : Zorobabel), et celui-ci revient à Jérusalem; mais, en raison de l'opposition faite auprès d'Artaxerxès, l'édification du Temple est empêchée jusqu'à la seconde année de Darius. III Esd., II, 12-31. Cependant Zorobabel, qui remplit les fonctions de page à la cour du prince, a le dessus dans une joute oratoire qui roule sur la force du vin, du roi, des femmes et de la vérité. Ayant rendu la vérité triomphante, il demande à Darius de restituer les vases sacrés de Jérusalem et de permettre la restauration du Temple. III Esd., III, 4-IV, 63. Sa requête accordée, Zorobabel se met en route avec une nombreuse troupe d'exilés, auxquels Darius adjoint une escorte de mille cavaliers jusqu'à Jérusalem. Là, Zorobabel se retrouve avec deux prêtres, Néhémie et Astharas, qui excluent les indignes du sacerdoce, et il commence la construction du Temple. Les Samaritains interviennent et arrêtent les travaux tout le temps de la vie de Cyrus et jusqu'au règne de Darius. III Esd., V, 40-73. On se remet alors à l'œuvre, Sisennès (Thathanaï) et Sathrabuzanès (Stharbuzanaï) viennent s'enquérir pour en référer au roi, et tout se termine grâce au concours de Cyrus, de Darius et d'Artaxerxès. III Esd., VI, 1-VII, 15. — Dans Josèphe, le rôle de Zorobabel est plus mouvementé. Cyrus fait remettre les vases sacrés à Abassare, et Zorobabel, prince des Juifs, part pour Jérusalem et se met à rebâtir le Temple. Mais les intrigues des Samaritains font que Cambyse arrête les travaux. Zorobabel se retrouve ensuite à Babylone, sous Darius, et y triomphe dans la fameuse discussion. Le roi lui accorde l'autorisation de bâtir le Temple, lui restitue tous les vases sacrés et met des ressources à sa disposition. Un nombreux retour d'exilés a lieu, le Temple se relève, les Samaritains en appellent à Darius, qui fait rechercher l'édit de Cyrus et permet de poursuivre les travaux. L'édifice sacré est enfin terminé et inauguré. Zorobabel retourne à Babylone avec quatre notables, pour se plaindre des Samaritains, et Darius écrit une lettre à ces derniers pour les mettre à la raison. — Toutes ces additions et ces modifications apportées au récit du livre canonique d'Esdras ne méritent aucune créance. Elles sont même parfois en contradiction les unes avec les autres, et la scène oratoire qu'elles supposent à la cour de Darius n'est qu'une *hagada*, comme il s'en rencontre tant dans la littérature juive. — Cf. Van Hoonacker, *Zorobabel et le second Temple*, Gand, 1892; Id., *Notes sur l'histoire de la restauration juive*, dans la *Revue biblique*, 1901, p. 5-10.

H. LESÊTRE.

ZUZIM (hébreu : *Zûzîm*; Septante : ἔθνη ἰσχυρά), peuple qui habitait à l'est du Jourdain. Il fut battu avec les Raphaïm par Chodorlahomor et ses alliés, au temps d'Abraham. Gen., XIV, 9. Les Zuzim sont mentionnés entre les Raphaïm d'Astaroth-Carnaïm (Basan) et les Émim qui occupaient alors le pays connu depuis sous le nom de Moab; ils étaient donc à cette époque possesseurs du territoire où s'établirent plus tard les Ammonites. Comme nous lisons, Deut., II, 10, que les Zomzommim avaient occupé autrefois la même région, divers savants en concluent que les Zuzim sont les mêmes que les Zomzommim. Voir ZOMZOMMIM, col. 2546. Mais Zuzim et Zomzommim ayant disparu sans laisser d'autre trace de leur existence que cette brève notice dans le Pentateuque, on ne peut faire sur leur histoire que des hypothèses sans fondement.

F. VIGOUROUX.

FIN

Paris. — Typ. Ph. Renouard, 19, rue des Saints-Pères. — 51109.

www.ingramcontent.com/pod-product-compliance
Ingram Content Group UK Ltd.
Pitfield, Milton Keynes, MK11 3LW, UK
UKHW012238240726
13966UKWH00003B/1146